영어의 힘

THE ADVENTURE OF ENGLISH
Copyright © 2003 by Melvyn Bragg
All rights reserved.

Korean translation copyright © 2019 by SA-I PUBLISHING
Korean translation rights arranged with Sheil Land Associates through EYA(Eric Yang Agency).

이 책의 한국어판 저작권은 EYA(Eric Yang Agency)를 통한 Sheil Land Associates 사와의 독점계약으로 사이가 소유합니다. 저작권법에 의하여 한국 내에서 보호를 받는 저작물이므로 무단전재와 무단복제를 금합니다.

영어의 힘

수많은 경쟁과 위협,
몰락의 순간에서
세계 최고의
히트상품이 되기까지

멜빈 브래그
김명숙, 문안나 옮김

사이

차례

들어가는 글 … 11

불현듯 악동처럼 등장한 영어, 그 파란만장한 성장 모험담

1 게르만 전사들이 갖고 온 영어,
낯선 땅에서 자신의 운명을 시험하다 … 17

훗날 영어가 될 언어, 그 시작은 어디에서였을까 | 침략자인 영어, 켈트어는 학살하고 켈트인은 노예로 만들고 | 전 세계적으로 가장 사용 빈도가 높은 영어 단어 100개 | 교회, 무식하고 혈기왕성한 영어에 라틴어와 철학을 공급하다 | 문자를 갖다, 자신감을 갖게 되다

2 바이킹의 공격을 받는 영어,
굴복하거나 혹은 견뎌내거나 … 38

알프레드 대왕, 위험에 처한 영어를 구해내다 | 바이킹의 말들, 영어 속에 한자리 차지하다 | 변방의 교역 도시에서 일어난 문법의 대변화, 영어는 완전 탈바꿈한다 | 권력집단의 언어, 외곽으로 쫓겨나다 | 데인족의 거듭된 침략, 땅은 차지했지만 영어는 끝내 장악하지 못하다

3 노르만족의 침략, 영어 일생 중 최대 위기에 봉착하다 … 61

승리한 프랑스어, 영어를 발아래 파묻어 버리다 | 영어는 자기 나라에서도 3등으로 전락했다

4 포위되어 있을지라도 영어는 아직 살아 있다 … 75

정복당해 꺼져가는 영어, 추방당하는 처지에도 자신의 상처를 돌보다 | 로맨스, 기사도! 프랑스에서 수입된 단어가 삶에 파고들다 | 그럼에도, 영어는 거리에 살아남아 있었다 | 영어를 사용하는 하류층 vs. 프랑스어를 사용하는 상류층

5 주먹으로 한 방 맞긴 했어도 영어는 이제 막 왕관을 차지하려는 참이다 … 93

한 번의 패배는 영어를 위협했으나 또 한 번의 패배는 영어에게 희망을 주었다 | 오랜 기간 꽁꽁 언 채 땅 속에 묻혀 있던 영어, 이제 땅을 뚫고 나오기 시작하다 | 흑사병과 농민반란, 마지못해 왕실과 귀족이 영어에 손을 내밀다 | 많은 피를 흘린 후 영어는 다시 한 번 왕좌에 오르다

6 중세, 드디어 영어에 봄날이 오다 … 113

제프리 초서, 영어가 문학에 적합하다는 것을 보여주다 | 영어에 대한 자신감을 심어 놓다

7 영어, 교회 안으로 들어가는 것이 금지되다 … 132

영어로 쓴 성경, 이단으로 몰리다 | 교회로 들어가는 문은 여전히 라틴어가 독점하고 있었다 | 영어 성경의 패배, 하지만 교회의 권위에 주먹을 날리다

8 모든 사람이 이해할 수 있는 표준화된 영어가 필요했다 … 152

people을 나타내는 단어만 20여 개, 통일된 하나의 단어가 필요하다 | 영어가 항상

이성적 판단만을 해온 것은 아니다 | 공문서 서기와 인쇄소 식자공, 영어의 철자 통일을 가져온 1등 공신들

9 영어는 드디어, 하느님을 자신의 편으로 만들었다 … 167

평생을 도망 다닌 자, 영어 성경을 영어의 땅에 상륙시키다 | 수백 년의 탄압과 억압 끝에 전지전능하신 그분에게 인정받다

10 어느 누구도 영어의 식욕을 제어할 수 없었다 … 185

지치지 않은 영어의 식욕, 세계 각지에서 단어를 수입해 오다 | 영어는 승리하자 과거의 적인 라틴어와 그리스어를 약탈했다 | 영어에 대한 최초의 논쟁, 영어에 들어온 침입자들은 쫓아내야 한다?

11 영문학, 상류층의 최신 유행이 되다 … 204

영어를 실험할 국민 문학을 찾아 나서다 | 필립 시드니, 영어에 세련됨을 입히다 | 이제 영어에서도 계급의 차이가 드러나기 시작하다

12 셰익스피어는 어떻게 영어에 반란을 일으켰을까 … 223

대학도 못 나온 벼락출세한 까마귀? | 인간의 감성을 영어로 표현할 줄 아는 사람이 등장하다 | 가져올 수 있는 모든 곳에서 단어를 챙겨오다 | 그는 지팡이를 내려놓았지만 영어는 그 덕분에 신세계로 들어섰다

13 미국, 영어의 가장 중요한 상속자가 되다 … 243

미국에 갓 도착한 영어, 구세주를 만나다 | 원주민의 언어를 배우는 것은 거부하고 원주민이 영어를 배우게 만들다 | 미국영어, 열심히 힘을 모으고 있는 중! | 결국 모든 면에서 영국영어를 능가하다 | 영어의 미래는 이제 미국인의 손에 달렸다

14 서부로 달려간 영어, 굶주린 사자처럼 먹어대다 … 273

묘사할 것이 많은 광활한 서부, 미친 듯이 단어에 달려들다 | 서부로 향하는 배, 영어는 도박과 술에 취해 있었다 | 굶주린 사자와도 같고 미친 곰과도 같은 서부 개척지의 영어 | 기원도 출처도 모르지만 전 세계에서 가장 많이 사용되는 단어, OK! | 골드러시와 카우보이, 동부 영어와는 완전히 다른 길을 가다

15 영어, 강 아래로 팔려가다 … 300

미국 남부로 실려온 노예들의 언어, 백인들의 영어 속으로 들어갈 수 있을까 | 성경, 남북전쟁 그리고 KKK단 | 흑인영어로 쓴 『허클베리 핀』, 동부에서는 금서가 되다

16 과연 영어는 타락하고 있는 것일까 … 318

흥분한 독자들, 영어를 실컷 먹어대다 | 젊은 귀족들, 영어를 타락의 길로 인도하다 | 영어는 변하지 않고 고정되어 있을 수 있을까 | 영어를 미라처럼 가두려는 자들, 결국 영어에 굴복하다 | 혼자서 7년 동안 만든 사전, 학술원 역할을 하다 | 결국 영어는 스스로 수위를 조절할 것이다

17 영어는 사람들을 분열시키기도 한다 … 350

발음의 차이는 사회 분열을 더 키울까 | 스코틀랜드어는 저급하고, 영어는 우월한가? | 평범한 단어를 사용한 평범한 화법의 힘 | 검열관, 영어를 감시하다 | 영어는 사람들을 묶어주기도 하지만 분열시키기도 한다

18 산업혁명, 영어를 롤러코스터에 태우다 … 377

경제 발전과 조우한 영어, 산업혁명의 엔진 역할을 하다 | 오래된 단어가 다시 등장하다 | 가장 저급하고 야만적인 발음?

19 영국의 지배가 끝났는데도
왜 영어는 인도에서 계속 번창하고 있는 걸까 ··· 398

아첨하고 간청하고 고개를 숙여도 영어는 아직 인도에 안착할 수 없었다 | 상황은 역전되었다, 영어는 더 이상 인도에 아첨할 필요가 없어졌다 | 이제 영어는 특권과 승진의 언어가 되었다 | 인도에서도 단어 사냥은 멈추지 않았다 | 간디의 간절한 외침에도 영어는 인도에서 사라지지 않았다

20 당신이 〈h〉를 발음하지 않는다고 해서
당신을 죽여야 하나요? ··· 421

청소부처럼 땅과 바다를 가리지 않고 쓸어 담다 | 살아남기 위해 아프리카어 문법을 적용하다 | 서인도제도의 영어는 과연 열등하고 무식한 것일까

21 죄수들과 함께
오스트레일리아로 유배를 떠나는 영어 ··· 436

범죄자들이 쓰는 속어, 사방으로 퍼지다 | 새로운 표현으로 자신들의 정체성을 드러내다 | 젊은 영어의 펄펄 뛰는 생명력

22 영어는 어떻게 세계를 정복했는가 ··· 455

모욕하고, 경멸하고, 차별하는 영어 | 세계어를 향한 아슬아슬한 전쟁에서 영어는 어떻게 패권을 잡을 수 있었을까 | 영어의 첫 번째 사상자, 웨일스어 | 영어의 냄비는 다시금 끓고 있다

23 홈팀인 영국영어는
상대팀인 미국영어에게 과연 따라잡힐까 ··· 471

영어는 홈그라운드에서의 경기를 끝내가고 있는 걸까 | 흑인영어, 전 세계 젊은이들을 사로잡다 | 영국으로 달려간 미국영어, 영국인들은 미국영어를 환영할까, 두려워할까 | 영어의 가격은 6,171조 4,241억 원!

24 미래에도 영어는
승승장구할 수 있을까 … 488

세계는 새로운 영어를 맞이하고 있는 중 | I love you 대신 i luv u

감사의 말 … 499

| 일러두기 |

1. 본문 속의 각주는 모두 옮긴이들이 첨가한 것이다.
2. 본문 속 성경의 한글 번역은 대한성서공회의 『공동번역성서』 개역개정판(1998)과 『우리말성경』(두란노, 2004)을 참조하였다.
3. 본문 속 철자는 원서에서 사용한 영국식 철자를 그대로 사용했기에 미국식 철자와는 차이가 있을 수 있다. 또한 고유명사의 표기는 표준한글맞춤법을 따랐다.
4. England와 Britain은 역사적 순서와 문맥에 따라 잉글랜드, 대영제국, 브리튼, 영국 등으로 옮겼다.
5. 본문에서 언급하는 '우리'는 영국인을 지칭한다.

들어가는 글

불현듯 악동처럼 등장한 영어,
그 파란만장한 성장 모험담

15만 명에 불과한 소수 부족이 말하던 게르만어의 지역 방언이 오늘날 약 15억 명의 사람들이 말하고 알아듣는 영어라는 언어로 성장한 과정은 엄청난 모험의 특성을 지니고 있다. 그 모험의 과정이 바로 이 책이 전하고자 하는 이야기다. 마치 살아 있는 유기체처럼 영어는 1,500여 년 전 그 씨앗이 뿌려지면서 영국의 잉글랜드 지방은 영어의 첫 번째 고향이 되었다. 하지만 영어는 시작부터 경쟁자들과 위험과 위협에 노출되었다. 그 과정에서 소멸될 위기를 간신히 모면하기도 했고 질식할 뻔했다가 겨우 살아남기도 했다. 또한 다른 언어를 약탈하기도 했으며 때로는 아주 대담하기도 했고 기회를 붙잡았다가 놓치기도 했다. 그 과정에서 사상자가 생겨났고 지금도 속출하고 있다. 주로 누구의 언어가 지배할 것인가 하는, 단어를 둘러싼 격전이었지만 이 과정에서 얻은 보물도 있다. 문학작품, 단일화된 통치력, 그리고 오늘날 전 세계 사람들이 영어로 대화할 가능성이 열린 것이다.

이 책은 영어가 어디에서 왔으며 어떻게 해서 오늘날 그처럼 성공적인 모습으로 변모할 수 있었는지에 대한 것이다. 또한 우리가 살고 있는 방식을 묘사하는 단어들, 우리가 생각하고 노래 부르고 말하는 단어들, 우리의 상상력을 키워 나가는 단어들, 우리가 과연 누구인지를 말해 주는 바로 그 단어들에 대한 이야기다. 영어는 수많은 개인 사용자들의 입과 정신과 펜에서만 존재하는 것이기는 해도 영어만의 특성과 현존의 모습을 갖고 있다고 나는 느끼게 되었다. 물론 전문 언어학자들은 이렇게 생각하지 않을 것이다. 하지만 일부 역사학자들이 영국이라는 나라가 특정 시기에 고유의 생명력을 갖고 있었다고 생각하는 것과 마찬가지로 나는 언어 또한 그 자체를 〈살아 있는 유기체〉로 볼 수 있다고 생각한다.

언어가 어디서부터 어떻게 진화해 왔는지는 아무도 확실히 모른다. 10만 년 전이었을까? 아니면 그보다는 나중일까? 아마도 언어는 수많은 신호들과 외침과 몸짓, 얼굴 표정과 신체 표현들에서 시작되었을 것이며 아직도 우리는 이들을 많이 사용하고 있다. 우리는 몸짓 언어body language에 대해 말한다. 어떤 사람이 사용하는 신체적인 표현을 통해 그 사람이 무슨 말을 하고 싶어 하는지 알 수 있다. 물론 말로 표현할 수도 있지만, 끔찍한 공포나 황홀경의 상태에서 지르는 비명은 10만 년 전 우리들의 선조인 호모 사피엔스가 지르던 비명과 별 차이가 없을 것이다. 그러나 언어는 만들어지기 시작했다. 물론 그 기반을 누가 닦았는가에 대해서는 결코 알 수 없을 것이다. 스티븐 핑커를 비롯한 몇몇 학자들은 호모 사피엔스가 내재적인 언어 능력, 즉 언어 본능language instinct을 갖고 태어났다고 생각한다. 이제 남은 일은 그 본능을 단어로 바꾸어 놓은 방법과 기회를 찾아내는 것이다.

그러나 누가 첫 단어를 찾아냈을까? 아니, 지금도 누가 새로운 단어들을 찾아내고 있을까? 셰익스피어가 적어도 2천 개가 넘는 새로운 단어를 작품에 썼다는 건 알고 있지만 대부분의 단어들은 특정한 개인이 아닌 대중에게서 나온 것이다. 데이비 크로켓 같은 미국의 개척자들도 케임브리지 대학의 교수만큼 훌륭한 단어 직조공이 될 수 있다. 초기의 단어들은 땅을 직접 경작하던 사람들에게서 나왔다. 수세기 동안 사람들은 땅과 함께하며 자연의 시시콜콜한 면까지 잘 알게 되었고 바로 이들이 필요에 의해 자신들이 본 것들, 즉 자신들에게 위험하거나 영양분을 공급해 주는 생명체들에게 이름을 붙여야 했을 가능성이 가장 높다. 사물에 이름을 주는 일은 우리 역사상 가장 민주적인 공동체의 노력이라고 간주할 수 있을 것이다. 따라서 언어는 가장 훌륭한 문화 업적이며, 내가 볼 때 영어는 이 섬나라(영국)가 세계에 기여한 많은 것들 가운데 가장 뛰어난 것이다.

몇 년 전, 나는 BBC 라디오 4(영국 공영방송 BBC의 라디오 방송 가운데 하나로 뉴스, 시사, 교양 프로그램을 주로 방송한다.)에서 「영어의 여정The Routes of English」이라는 25부작 프로그램을 제작했다. 이 프로그램의 출발점은 영어가 언어라는 측면에서 어떻게 변천해 왔고 어떻게 발전해 왔는지에 대한 것이었다. 내 개인적인 출발점은 고대 스칸디나비아어 어휘가 섞인 강한 억양의 사투리를 사용하는 내 말을 초등학교 선생님들이 알아들을 수 없었기에 표준영어, 아니 일반적으로 BBC 영어라고 부르는 말투로 고쳐야만 했던 어린 시절의 경험이었다. 내가 사용하던 사투리는 로마니어에 속하는 방언이었고 그 언어는 농경세계, 즉 도시 성벽 밖의 세계에 확고한 기반을 두고 있었다.

그럼에도 나는 만들고 싶은 또 다른 프로그램이 있었는데, 그것은 바로 내가 대학 시절에 읽은 역사를 대학 시절 이전부터 그리고 지금까지 읽은 영어와 결합시켜 〈영어의 역사〉를 설명해줄 프로그램이었다. 영국 ITV(Independent Television, 영국 지역민영방송사 연합체)가 이에 대한 내 제안을 받아들여 시리즈물로 제작했다. 이 책은 내가 만든 TV 프로그램들보다 훨씬 더 깊은 내용으로 가득 차 있지만, 책의 구조는 영어의 역사를 말하기에는 가장 좋다고 일찌감치 판단했던 〈모험 이야기〉라는 구조를 바탕으로 하고 있다.

나는 언어학자는 아니지만 많은 학자들의 도움을 받았다. 학자들뿐만 아니라 이 나라에는 생물학자이면서 조류학자인 의사들, 과학자이자 동물학자이면서 역사학자인 지주들, 마치 백과사전처럼 박식했던 성직자들처럼 여러 학문 분야에 걸쳐 경계 넘기가 허용되는 아마추어의 전통이 존재하고 있다. 그리고 나는 내 자신이 이들 아마추어들의 반열에 받아들여지기를 희망한다.

그 결과, 이 책은 할 수 있는 한 철저히 연구를 해서 쓴 책이기는 하지만 학문적인 교재는 아니다. 이 책은 일반 독자들을 위한 것이다. 가령 영어 단어의 철자는 매우 자주 급격하게 변해 왔는데 그런 내용을 어느 정도까지 알려줄 것인가는 결정하기 힘든 대상이었다. 원래 갖고 있던 철자가 이야기를 전개해 나가는 데 아주 중요하다고 생각될 때는 그 철자를 보여주기로 했다. 그러나 논의를 전개하거나 예를 들 때 현대 철자로 충분히 보여줄 수 있다고 생각되면 그쪽을 택했다.

다니엘 디포Daniel Defoe는 'Your Roman-Saxon-Danish-Norman English(여러분의 로마인-색슨족-데인족-노르만족의 영어)'라는 유명한 표현을 썼다. 만약 오늘날 디포가 다시 이러한 형식을 빌려 영어를 표현한다면 아마도 여러 다른 언어를 더 첨가해야만 할 것이다. Indian(인디언의), West Indian(서인도제도의), global and technical(세계적이고 기술적인), 그리고 무엇보다도 American(미국의)이라는 수식어가 필요할 것이다. 영어에 대한 〈미국의 영향〉은 아주 중요하게 작용해 왔고 앞으로도 계속 작용할 것이다. 영어의 모험 중 운이 좋았던 전환점 중 하나는 이 새롭게 발견된 땅, 새롭고 현대적인 세계의 엔진 역할을 하는 미국이라는 땅이 채택한 언어가 프랑스어나 스페인어나 독일어가 아니라 영어였다는 점이다. 미국은 영어의 〈가장 중요한 상속자〉가 되었다. 미국은 어휘의 보고에 수많은 보물을 가져다주었을 뿐만 아니라 자신이 계승한 대영제국처럼 미국의 영어 또한 수많은 사상자들을 냈으며, 이 두 제국에서의 사상자들은 영어의 모험 일부가 되고 있다.

이 책은 시간과 공간을 넘어 여행하고 있다. 5세기의 프리슬란트(Friesland, 네덜란드 북부 지역)에서부터 21세기의 싱가포르까지, 영국 알프레드 대왕의 웨섹스에서부터 미국 서부의 버펄로 빌까지, 인도의 평원에서부터 영국의 홀리 아일랜드의 수도원까지, 영국의 웨스트민스터 사원에서부터 미국의 저 깊은 남부까지. 이 길을 따라가면서 이 책은 옛날로 돌아가 라틴어와 그리스어, 히브리어, 그리고 산스크리트어에까지도 잠깐 손을 뻗치고 있다. 이 여정에서 프랑스어, 이탈리아어, 아랍어, 중국어와 그밖에 스무 가지가 넘는 다른 언어들에서도 단어를 가져오고 있다. 영어는 아직도 첫 침략자의 단어를 기초적인 어휘로 사용하고 있지만 거기에 새로운 단어들과 새로운 생각들의 탑을 계속 덧쌓아 가고 있다. 그리고 지구촌 곳곳에서 사람들은 영어 단어를 통해 감정과 생각을 쏟아내고 있다. 영어는 어디에 가든지 새로운 영어를 재창조해 내고 있으며 그 기세를 누그러뜨릴 기미는 전혀 보이지 않고 있다.

1

게르만 전사들이 갖고 온 영어, 낯선 땅에서 자신의 운명을 시험하다

그렇다면 영어는 어디에서 시작되었을까?

10억 명 이상의 사람들이 사용하는[1] 현대영어Modern English는 처음에 어떻게 자신의 목소리를 발견했을까? 언제 어디서 움직이기 시작해 우리가 아는 형태를 취하기 시작하고 우리가 영어라고 알아들을 수 있는 소리를 내기 시작했을까? 어떻게 영어는 그렇게 외딴 곳, 세계 지도에도 없을 것 같은 작은 곳에서 출발하여 눈부신 성공으로 가는 길을 닦았을까?

영어가 된 언어는 바다를 건너온 게르만족 전사들과 함께 5세기에

---

[1] 영어 사용자의 수는 범위를 어디까지 넓히느냐에 따라, 산출 시기가 언제냐에 따라 달라진다. 데이비드 크리스털 교수는 영어를 모국어로 사용하는 화자는 약 3억 5천~4억 명, 제2언어로 사용하는 화자는 약 4억 명, 그 외 모국어나 제2언어가 아닌 외국어로 사용하는 화자는 6억~7억 명으로 언급하고 있다. 따라서 영어 사용자 최대수를 합치면 15억 명 정도가 된다. Crystal, David, 2006.

영국, 당시에는 브리타니아로 불리던 곳에 도착했다.[2] 게르만족 전사들은 처음에는 로마제국이 떠난 후 남겨진 폐허를 지키기 위한 용병으로 불려와 그곳에 머무르며 전리품을 함께 나누었고 그 후 그곳에 삶의 터전을 마련했다.[3] 이 침략자들은 그들의 승리를 자축하는 연대기(『앵글로색슨 연대기 Anglo-Saxon Chronicle』) 449년 기록의 첫 부분에서 언급하기를, 원주민인 켈트족, 즉 브리튼족은 쓸모가 없었으며, 땅의 비옥함은 탐하지 않을 수 없었다고 했다. 이 부분은 나중에 기록되었을지도 모르지만 요점은 충분히 명백하다. 그곳은 빼앗기에 충분히 비옥했다는 것이다. 앵글로색슨족 출신의 8세기 역사학자인 비드Bede는 로마의 집정관 아에티우스에게 보내는 편지에서 브리튼족의 신음에 대해 보고하고 있다. 그 신음은 게르만족의 지배하에 고통당하던 브리튼인들에게서 나왔다. "그 야만인들(게르만족)은 우리(브리튼족)를 바다 쪽으로 몰고 간다. 바다는 우리를 야만인들 쪽으로 되돌아가게 한다. 우리는 죽임을 당하거나 물에 빠져 죽는다."

지옥의 맹렬한 기세로 현장에 도착한 영어. 그것은 강렬한 이미지였다. 파도의 말(배)을 타고 고래의 길(바다)을 달려온 두려움 없는 이교도 전사들이 로마제국의 버려진 변방 식민지인 잉글랜드의 완만한

---

[2] 영어는 영국에서 처음 사용된 것이 아니고 게르만족이 유럽에 거주할 때부터 사용했다. 따라서 게르만족이 훗날 잉글랜드로 불리게 된 지역에 도착한 이후 사용한 언어가 영어라는 역사적인 사실부터 언급하고자 한다는 것을 의미한다.

[3] 기원전 55년 로마제국의 카이사르가 영국에 살고 있는 브리튼족을 처음 공격했으나 식민지로 만드는 데 실패했다. 하지만 기원후 43년 클라우디우스 황제의 침공이 성공하여 410년경까지 브리튼족의 브리타니아는 로마의 지배를 받게 되었다. 로마군이 철수한 이후 원주민인 브리튼족은 북쪽의 픽트족, 서쪽의 스콧족에게 괴롭힘을 당한다. 이들로부터 스스로를 지킬 수 없었던 브리튼족은 유럽 본토의 게르만족에게 도움을 청하게 된다.

해안으로 영어를 가져온 것이다. 이것은 1,500년 동안, 자주 야만스럽게, 수차례 현실과 대적해 왔던 영어의 전파 이미지다. 이 극적인 〈식민지화〉는 세월이 흐르는 동안 영어의 주요 특성들 가운데 하나가 되었다.

또 다른 이야기도 있다. 평화로운 이민자로 온 사람들이 많았는데 그들은 주로 농민들로, 삶의 근간을 황량한 평지에서 비옥한 초지로 바꾸어 가면서 소출이 많은 땅을 경작하고 비교적 평화로운 가정을 일구었다. 그들이 그곳에 거주함에 따라 영어가 〈토착화〉되었다. 타국의 영토에 깊이 뿌리내리는 이러한 능력은 영어의 또 하나의 강력한 특징이 되었다.

게다가 유럽에는 여러 부족, 즉 소왕국이 있었는데 한때는 12개에 달했다. 이들은 다양한 시기에 영국으로 건너왔으며 서로 다른 정도의 힘을 지니고 있었다. 영국으로 온 주요 부족은 색슨족Saxons, 앵글족Angles, 주트족Jutes이었지만 안팎에 다양한 방언을 사용하는 소수파들이 있었다. 그들은 서로 말은 통했지만 자주 싸웠다. 이 같은 영어의 변이형들 역시 우리가 다룰 영어의 모험 이야기의 일부이며, 영국 내의 지역 방언뿐만 아니라 해외에서 강렬한 햇빛처럼 퍼져나간 변이형들도 마찬가지로 우리의 이야기에 포함된다.

브리튼족의 신음에도 불구하고 게르만족은 영국을 쉽게 포기하지 않았다. 게르만족과 영국의 켈트족과의 싸움은 100년 넘게 계속되었는데 이는 주로 뒤에서 적을 방어하는 후위 군대의 지연작전으로 이루어졌다. 이 전쟁은 브리튼족에게 그들의 가장 위대한 신화적 영웅인 아서 왕을 가져다주었지만 게르만족은 영국 정복이라는 그 목적을 달성했다. 하지만 게르만족의 파죽지세에도 불구하고 그토록 위협받던 켈트어(켈트족이 사용하는 언어)는 보존되었다. 웨일스, 콘월, 스코틀랜드 북부, 게일(스코틀랜드 고지대와 아일랜드)에서 켈트어는 그 순수성을 유지했다. 이것 또한 영어의 모험 일부다. 영어라는 이 굶주린 존재는 갈수록 더 많은 백성들을 요구했기 때문에 이 가운데에는 사상자도 있었고 생존자도 있었다.

당시 영국에서 사용되던 여러 지역 언어들 중에서 영어가 가장 앞선 월등한 언어가 되기까지는 200~300년이 걸렸다. 처음부터 영어는 살아남아 흡수하는 전략을 구사하며 전투에 단련되어 있었다. 앵글족, 색슨족, 주트족 등 최초의 부족들이 잉글랜드 지역에 도착한 후 어떤 지역 언어가 우세하게 될 건지는 확실하지 않았다. 영토의 혼란 때문에 당시 대부분의 화자들은 켈트어를 사용했는데 때로는 라틴어 잔재가 섞여 있기도 했다. 부족의 독립과 지역적 지배권이 철저하게 지켜지던 곳에서는 영어가 공용어로 부상하는 데 시간이 걸렸다. 운이 좋았지만 교활함도 있었는데 이때부터 영어의 가장 교묘하고 무자비한 특성, 즉 〈다른 언어들을 흡수하는 능력〉이 생겨나기 시작했다.

훗날 영어가 될 언어, 그 시작은 어디에서였을까

―

네덜란드 북해 연안 지역인 프리슬란트에 가보면 전문가들이 영어의 조상어 발음에 가장 가깝다고 믿는 말소리를 들을 수 있다. 우리가 그곳 라디오나 TV에서 나오는 단어를 들으면 눈은 이질감으로 경악해도 귀로는 이해할 수 있는 경우가 많다. 그 지역의 기상예 보관이 "En as we dan Maart noch even besjoche, Maart hawwe we toch in oantal dajan om de froast en freizen diet it toch sa'n njoggen dagen dat foaral oan'e grun."이라고 말하는 것을 들으면, 좀 더 이해하기 쉽게 trije(three, 셋), fjour(four, 넷), froast(frost, 서리), frieze(freeze, 얼다), mist(안개), blau(blue, 푸른)를 듣게 되면 우리는 무언가 어떤 흔적을 발견할 수는 있지만 그래도 흠칫 물러나게 된다. 하지만 이 단어들이 발음될 때 동시에 자막으로도 나온다면 그 단어들은 금방 익숙해 보일 것이다. 자세히 들으면 과거의 시간, 한때 우리가 있었던 시대로 되돌아간 느낌까지 받게 된다. 만약 노르만족이 영국을 침략하지 않았다면[4] 우리 역시 "Also there's a chance of mist, and then tomorrow quite a bit of sun, blue in the sky(또한 안개가 낄 가능성이 있으며 내일은 햇빛이 많이 나고 하늘은 푸르겠습니다)."라고 말하지 않고 "En fierders, de kais op mist. En dan moarn, en dan mei flink wat sinne, blau yn'e loft en dat betsjut dat."라고 말할 수도 있었을 것이다.

프리슬란트의 테르스헬링 섬을 둘러보면 이곳에서 다시 철자는 물론 발음도 영어와 아주 유사한 단어들을 마주치게 되어 두 언어 관계에 대해 갖는 모든 의심이 사라지게 된다. 프리슬란트를 포함한 프리지아 지역에서 사용되는 언어인 프리지아어Frisian는 영어의 확실한 부모이다. 그곳에는 laam(lamb, 양), goes(goose, 거위), bûter(butter, 버터), brea(bread, 빵), tsiis(cheese, 치즈)가 있다. 야외에는 see(sea, 바다),

---

4 노르만족은 프랑스의 노르망디에 살던 게르만족을 지칭한다. 1066년 이들이 영국을 정복했으며, 이때부터 프랑스어 단어들이 영어에 대량 유입된다. 3장에서 관련 내용을 다룬다.

stoarm(storm, 폭풍), boat(boat, 보트), rein(rain, 비), snie(snow, 눈)가 있다. 실내에는 miel(meal, 식사)과 sliepe(sleep, 잠)가 있다. 심지어 당신이 길거리에서 엿듣는 완전한 문장들조차, 그리고 당신이 해석할 수 있는 단어가 하나도 없는 문장들조차 신기하게도 익숙하게 들린다. 당신은 그것을 알았던 것처럼 느끼게 된다. 이것이 바로 친족어다.

그렇다면 프리지아어는 어디에서 왔을까?

1786년 인도에서 근무하던 영국인 판사이자 아마추어 언어학자인 윌리엄 존스는 적어도 기원전 2000년경부터 존재해온 산스크리트어의 베다(Veda, 고대 인도의 종교 문헌) 찬미가를 자세히 연구한 후에 이렇게 썼다. "고트어와 켈트어는 아주 다른 관용어들로 섞여 있지만 두 가지 모두 산스크리트어와 같은 기원을 갖고 있다."

그가 옳았다. 원인도유럽어(Proto Indo-European, 모든 인도유럽어의 조상어로 여겨지는 고대어)는 우리 모두의 모계어다. 산스크리트어는 이 어족에 속한다고 입증된 것들 중 보다 오래된 언어인데 이 어족으로부터 유럽의 거의 모든 언어들과 아시아의 많은 언어들이 파생되었다.

그 유사성은 놀랄 정도다. 산스크리트어에서 아버지에 해당하는 단어는 pitar이고 그리스어와 라틴어에서는 pater, 독일어에서는 Vater, 영어에서는 father이다. brother는 영어고 덴마크어로는 broeder이며 독일어로는 Bruder, 산스크리트어로는 bhratar이다. 언어의 전파와 흐름 그리고 여러 민족들이 상호 관련되어 있다는 것을 보여주는 예로 이보다 더 명확한 것은 거의 없다.

그 후 지금으로부터 4,000여 년 전 〈영어가 될 언어〉는 인도의 평야지대에서 어딘가로 이동하기 시작했다. 그 언어는 서쪽으로 달려가 유라시아 본토 끝까지 갔고 더 서쪽으로 가 영국을 지나 다시 서쪽을 향해 미국으로 갔으며, 거기서 더 서쪽의 태평양으로 가서 그곳에서 아시아를 건너 극동으로 들어가는 영국 무역상을 만났다. 영어는 그렇게 지구를 한 바퀴 돌았다.

침략자인 영어,
켈트어는 학살하고 켈트인은 노예로 만들고

8세기 초에 쓴 비드의 글에 따르면 에섹스, 서섹스, 웨섹스 지방에는 색슨족이 자리잡았고, 동앵글리아, 머시아, 노섬브리아 지역에는 앵글족이 자리잡았다. 주트족은 켄트와 위트섬을 차지했다. 그들 세 부족은 무자비했을 것이다. 한 예로 켈트족이 피신해 있던 고대 로마 요새인 페븐시성에서는 모든 남녀와 아이들이 침략자들에게 학살당했다고 기록되어 있다. 서기 500년과 750년경 사이에 잉글랜드로 변한 곳에서 원주민 언어인 켈트어에도 똑같은 일이 일어났다.

압도적인 대다수 인구가 사용했음에도, 게르만족의 침략 이전부터 존재했고 감탄할 만한 문명을 만들어 냈음에도 켈트어는 영어에 거의 흔적을 남기지 않았다. 24개가 넘지 않는 켈트어 단어들만이 정복어(영어)에서 사용되었다고 추정된다. 이들 단어들은 주로 주변 경치의 특징을 묘사하는 것들이다. 예를 들어 내가 살고 있는 산이 많은 영국의 호수지역에는 토펜하우Torpenhow나 펜리스Penrith처럼 '언덕 또는 언덕 위'라는 의미를 갖는 tor나 pen이란 말이 여전히 마을과 도시 이름에 남아 있다. 내셔널 트러스트(National Trust, 영국에서 시작된 자연과 문화유산을 보호하는 비영리 단체)가 지정한 자연보호 지역이 시작되는 케스

윅에는 crag(울퉁불퉁한 바위)이라는 단어가 수사의 바위Friar's Crag라는 지명에 남아 있다. 또한 호수를 뜻하는 luh나 lough가 있다. 그리고 가슴에 사무칠 만큼 애절한 단어들로 템스Thames, 돈Don, 에스트Est, 와이Wye, 에이본(Avon, afon은 강이라는 뜻의 웨일스어) 등의 여러 강 이름들이 있다. 영국의 상징이면서 중요한 두 도시인 도버Dover와 런던London은 켈트어 이름이다. 그렇다면 외래어 단어들을 거부감 없이 포용함으로써 성장해 나갈 언어에 어떻게 이처럼 적은 수의 켈트어 단어들만이 파고들 수 있었을까?

이 질문에 대한 가능한 하나의 대답은 침략자들이 정복당한 사람들을 경멸했다는 것이다. 그들은 켈트족을 웰라스Wealas라고 불렀는데, 이 단어는 1,500년 전에는 노예나 외국인을 의미했다. 켈트인들은 자기 나라였던 곳에서 노예나 외국인으로 간주된 셈이다. 또 다른 대답은 켈트인들과 그들의 언어는 자신들만의 나라, 즉 웨일스와 콘월, 브리타니아, 그리고 게일어를 사용하는 영토들을 발견했고 그곳에서 그들은 켈트어를 구해내어 문화적 지속성을 유지하려는 당당한 전략으로 자신들의 언어를 키워 나갔다는 것이다. 좀 더 멋있게 말하자면, 영어는 새로운 정착지를 발견하고 바다 건너에 있는 과거의 뿌리로부터 자신의 강력한 목소리를 자유롭게 하고 앞으로의 존재를 모색하면서 자신이 차지할 수 있는 모든 공간을 원했다. 영어가 충분한 힘을 키우기 위해서는 다른 언어들을 때려눕히고 무자비하게 난도질해야만 했다. 신참들을 대적할 만큼 충분한 자신감을 키울 때까지 영어는 호흡할 수 있는 공기와 장소가 필요했다. 침략자들은 자신들이 가진 어휘의 보고에 자신이 있었고 처음에 그들은 그것만으로 지내면서 새로운 땅에서 자신들의 위치를 만들어 나갔다.

비록 침략자들이 켈트족이 사용하던 라틴어를 약간 차용하기는 했지만 켈트어와 같은 일이 로마제국으로부터 물려받은 유산인 라틴어에도 일어났다. 로마인들은 기원후 43년부터 기원후 410년까지 브리타니아를 지배했다. 켈트족인 브리튼족은 라틴어를 몇 가지 사용했거나 좀 알고 있었던 것으로 보인다. 그러나 처음 150년 동안 침략자들의 영어에 로마인들이 미친 영향은 아주 미미했다. 기껏해야 약 200개의 라틴어 차용어가 있을 뿐이다. planta(plant, 식물), win(wine, 와인), catte(cat, 고양이), cetel(kettle, 주전자), candel(candle, 촛불), ancor(anchor, 닻), cest(chest, 상자), forca(fork, 포크)와 weall(wall, 벽), ceaster(camp, 군대 진영), straet(road, 도로), mortere(mortar, 모르타르), epistula(letter, 편지), rosa(rose, 장미) 등이 라틴어에서 유입되었다. 로마인들의 영향은 그리스도교의 재도입을 통해 다시금 부활하게 되어 있었다. 그러나 켈트족과 마찬가지로 앵글족, 색슨족, 주트족은 처음에는 라틴어를 아주 조금만 받아들였다. 그들은 라틴어에게, 더 나아가 로마인들에게, 즉 역사적으로 그들보다 우위에 있다고 주장된 민족에게 머리를 조아리고 싶지 않았기 때문에 로마인들을 거부했을 수도 있다. 더불어 대다수를 차지하던 켈트인들은 노예가 되었을 것이고 그들의 언어도 거부되었을 것이다. 마찬가지로 로마제국의 잔재도 추방되었고 그들의 위대한 고전 문장들 역시 거부당했다. 고대영어Old English의 기본 어휘 가운데 외래어는 3퍼센트가 채 안 된다. 침략자들은 영어를 엄격하게 관리, 유지했다. 마치 그들의 후예인 청교도들이 1,000년 후에 미국에 가서 그랬던 것처럼 말이다.

전 세계적으로
가장 사용 빈도가 높은 영어 단어 100개

순수주의자들purists[5]은 영어가 알프레드 대왕 시대인 9세기 말 이전에는 충분히 자리잡지 못했다고 주장하지만, 당시 게르만어의 많은 변이형들(혹은 지역 방언들)이 영국에서 점차 하나로 통합됨에 따라 그 중 하나에서 비롯한 영어(잉글랜드로 불리는 지역의 언어)가 훨씬 일찍 공용어로 정해졌다는 것은 의심할 여지가 없다.

오늘날 잉글랜드 지방에서 이를 가장 명확하게 알 수 있는 것은 지명이다. 현대의 지명 중에서 어미 '-ing'는 '~의 사람들'이란 뜻으로 우리 주변에서 얼마든지 찾을 수 있다. 일링Ealing, 도킹Dorking, 워딩Worthing, 리딩Reading, 헤이스팅스Hastings 등. '-ton'은 '울타리로 둘러쳐진 땅이나 마을'을 의미하는데 내 고향인 위그턴Wigton과 월턴Wilton, 톤턴Taunton, 브리들링턴Bridlington, 애시턴Ashton, 버턴Burton 등에서 볼 수 있다. 버밍햄Birmingham, 치펜햄Chippenham, 그랜섬Grantham, 풀햄Fulham, 토튼햄Tottenham, 노팅햄Nottingham에서 '-ham'은 농장을 의미한다. 그 외에도 수백 가지 예가 있다. 이들은 영토에 대한 게르만족의 솔직한 요구였다. 영어는 이렇게 말했다. "우리는 여기에 머물려고 왔으며, 우리가 이름을 짓고, 우리가 이 땅을 소유한다."

그리고 위대한 작업인 영어의 기초를 놓는 일이 일어났고 이는 지

---

[5] 초기 현대영어 시기(1500~1800년)의 문법과 언어에 대해 바른 문법, 바른 표현에 절대 불변의 기준이 존재한다고 믿었던 사람들이다. 이들은 라틴어를 본래의 완벽한 상태를 유지한 언어로 여겼으며 영어도 여기에 따라야 한다고 생각했다.

금까지도 활발히 지속되고 있다.

우리의 일상적인 대화는 여전히 고대영어에 기초하고 있으며 그것의 지원을 받고 있다. 다음의 단어들은 모두 고대영어다. is(~이다), you(너, 당신), man(남자, 사람), son(아들), daughter(딸), friend(친구), house(집), drink(마시다), here(여기), there(저기), the(그), in(~안에), on(~위에), into(~안으로), by(~옆에), from(~로부터), come(오다), go(가다), sheep(양), shepherd(양치기), ox(황소), earth(지구), home(집), horse(말), ground(땅), plough(쟁기), swine(돼지), mouse(쥐), dog(개), wood(나무), field(들판), work(일), eyes(눈), ears(귀), mouth(입), nose(코), broth(국물), fish(물고기), fowl(가금), herring(청어), love(사랑), lust(욕망), like(좋아하다), sing(노래하다), glee(기쁨), mirth(환희), laughter(웃음), night(밤), day(낮), sun(태양), word(말). 이 단어들은 영어의 기반을 이룬다. 우리는 지금도 고대영어로 서로 이해할 수 있는 대화를 나눌 수 있으며 거기에서 벗어날 필요도 거의 없다. 영어 단어 중 전 세계적으로 가장 사용 빈도가 높은 100개의 단어는 거의 모두가 고대영어에서 왔다. 이 가운데 고대 스칸디나비아어Old Norse[6]에서 온 단어가 딱 세 개 있는데 〈they, their, them〉이 바로 그것이다. 그리고 첫 번째 프랑스어 차용어는 76번째 단어인 number다.

그 100개 단어는 다음에 나오는 도표와 같다.

---

[6] 북게르만어가 세분화되기 이전의 조상어로서 스칸디나비아 반도에서 사용되는 언어들로 노르웨이어, 아이슬란드어, 스웨덴어, 덴마크어 등이 여기에 속한다.

전 세계적으로 가장 많이 사용되는 영어 단어 100가지

1	the	2	of	3	and	4	a	5	to
6	in	7	is	8	you	9	that	10	it
11	he	12	was	13	for	14	on	15	are
16	as	17	with	18	his	19	they	20	I
21	at	22	be	23	this	24	have	25	from
26	or	27	one	28	had	29	by	30	word
31	but	32	not	33	what	34	all	35	were
36	we	37	when	38	your	39	can	40	said
41	there	42	use	43	an	44	each	45	which
46	she	47	do	48	how	49	their	50	if
51	will	52	up	53	other	54	about	55	out
56	many	57	then	58	them	59	these	60	so
61	some	62	her	63	would	64	make	65	like
66	him	67	into	68	time	69	has	70	look
71	two	72	more	73	write	74	go	75	see
76	number	77	no	78	way	79	could	80	people
81	my	82	than	83	first	84	water	85	been
86	call	87	who	88	oil	89	its	90	now
91	find	92	long	93	down	94	day	95	did
96	get	97	come	98	made	99	may	100	part

영어는 또한 가족, 우정, 땅, 충성심, 전쟁, 숫자, 기쁨, 축하, 동물, 생명의 양식(하느님의 말씀), 세상의 소금(그리스도인) 속으로 파고들어 갔다. 이처럼 깊이 오랫동안 단련된 영어는 학문과 문학의 기념비적인 작품들과 초현실적인 농담, 화려하고 감상적인 노래들의 기초가 되었다.

이제 와서 곰곰이 생각해 보면 마치 영어는 자신이 하는 일을 정확히 알고 있었던 듯하다. 서서히 그리고 오랫동안 지속되도록 구축해 나가고, 다가올 몇 세기 동안 경쟁 국가들 사이에서 시험받는 것처럼 자신을 시험하고, 필요한 만큼이나 어려운 싸움에 대비하여 영어에 품질을 매기는 일들 말이다. 겉으로 보기에는 단순하게 단도직입적이고 비교적 제한된 어휘(오늘날의 수십만 단어 가운데 고대영어 단어는 25,000개가 남아 있을 뿐이다.)를 갖고 있었음에도 불구하고 영어는 늘 중요한 위치로 올라갈 수 있었다.

1940년에 처칠은 이렇게 말했다.

> We shall fight on the beaches, we shall fight on the landing grounds, we shall fight in the fields and in the streets, we shall fight in the hills; we shall never surrender.

> 우리는 해안에서 싸울 것입니다. 우리는 착륙장에서 싸울 것입니다. 우리는 들판에서 그리고 거리에서 싸울 것입니다. 우리는 언덕에서 싸울 것입니다. 우리는 절대로 항복하지 않을 것입니다.

여기서 surrender만이 고대영어가 아니다. 그것 자체로도 의미심장하다고 볼 수 있다.

**교회,
무식하고 혈기왕성한 영어에
라틴어와 철학을 공급하다**

—

로마는 칼이 아니라 십자가를 가지고 다시 돌아왔다. 597년 아우구스티누스(Augustine, 앵글로색슨족을 그리스도교로 개종시킨 최초의 로마 선교사)가 켄트에 도착했는데, 그는 그레고리 교황으로부터 교회의 전권을 부여받고 신성한 로마에서 파견되었다. 635년에 에이단(Aidan, 아일랜드 수사)은 아일랜드 켈트족의 교회가 지니고 있던 십자군적인 맹렬함을 습득한 후 사도다운 열정을 가지고 홀로 영국 북부에 도착했다. 외딴 수도원과 폐쇄적인 종교적 위계질서 속에서 비밀스러운 예배와 혼신을 다한 독실한 학자정신으로 이들과 후계자들은 성장하는 영어에 교회에서 사용하는 라틴어를 공급해 주었다. 나는 영어가 변방에서 기도하는 성직자들을 통제할 수 있었기에 점차 고대 세계의 두 번째 고전어인 라틴어를 받아들였다고 생각한다. 그리고 라틴어는 첫 번째 고전어인 그리스어를 은밀히 차용했다. 모두 흡수하고 겹쳐 입으려는, 식욕이 왕성한 영어의 특징은 소위 이 같은 〈차용어loan words〉에서 시작되었다.

이러한 단어들은 이교도 영어pagan English[7]의 관심사 바깥 테두리에서부터 살금살금 기어 들어오기 시작했다. angel(천사), mass(미사), bishop(주교)이 영어에 들어왔고, altar(제단), minister(목사), abbess(수

---

[7] 그리스도교로 개종하기 전 게르만족이 가졌던 다신 종교 및 정신을 이교도주의paganism라고 부르는데 이교도 영어는 이들 게르만족이 사용하던 영어를 말한다.

녀원장), monk(수사), nun(수녀), verse(운문)가 라틴어에서 들어왔다. 그리스어는 라틴어를 통해 슬그머니 영어로 들어왔는데 alms(구호품), psalm(찬송), apostle(사도), pope(교황), school(학교) 등이 그 예다. 기존의 고대영어 용어들 또한 새로운 힘, 즉 새로운 철학을 부여받았다. 예를 들어 heaven and hell(천국과 지옥), Halig Gast(Holy Ghost, 성령), Domesday(Judgement Day, 심판의 날)가 있다. 에오스트레Eostre는 유명한 이교도 여신이었지만 그리스도교의 축제일 가운데 가장 중요한 날에 그녀의 이름이 주어지게 되었다.[8] 그리스도교를 통해 영어는 처음으로 문학에 입문하는 기록도 갖게 되었는데, 그것은 보통 사람이었던 목자 캐드몬의 작품으로 그는 아무런 지도도 받지 않고 오로지 신앙만으로 영감을 얻어 영어로 다음과 같은 찬미가를 지었다고 한다. (두 번째 영어 문단은 현대영어로 표기한 것이다.)

Nu scylun hergan hefaenricaes uard
metudæs maecti end his modgidanc …

Now we shall praise the Keeper of the Heavenly Kingdom
The power of the Lord of Destiny, and his imagination …

이제 우리는 하늘나라의 수호자를 찬미하리라
운명의 주님의 힘과 그분의 상상력을 …

---

8 부활절을 의미하게 된 영어 단어 Easter를 말한다. 철자의 차이는 그 이후의 음 변화 때문이다.

이 찬미가는 8세기 필사본에서 비롯한다. 그러나 여기서 가장 중요한 것은 그가 사용한 단어들만이 아니다. 중요한 점은 그 단어들을 통해 영어를 갈고닦던 대부분의 앵글족, 색슨족, 주트족에게 새로운 신앙과 그 속의 관념들이 전해진 것이라고 나는 생각한다. 부활과 사후의 삶에 대한 관념은 게르만 문화의 일부였으나 천국과 지옥은 다른 차원이었다. 성자들, 천사들의 무리, 죄, 특히 온유한 구세주, 전사가 아닌 하느님에 대한 관념이 다른 차원 안에 있었듯이, 로마 신앙의 모든 지적인 복잡성과 물질적인 세상을 바라보는 뒤틀리고 고뇌에 찬 시각도 그러했다. 예를 들어 martyr(순교자)라는 단어는 비그리스도 교도들(이교도였던 게르만족)을 혼비백산시킬 만한 가능성을 열어주었다.

교회가 영국에서 점차 더 퍼져나감에 따라, 적어도 성녀 힐다처럼 부유하고 학식 있는 귀족 여성들을 새로운 신자로 삼는 것을 통해서는 아니었지만, 교회의 전체적인 철학이 번성해 나갔다. 그러면서 딱딱한 껍질로 둘러싸인 영어 속으로 라틴어가 슬며시 들어왔고 다시는 내쳐지거나 무시당하지 않게 되었다. 이는 가장 조용하지만 아마도 장기간에 걸쳐 가장 성공적이었던 〈영어로의 접목〉이었다. 왜냐하면 거의 불학무식했던 이 혈기왕성한 언어에 책으로 검증된 사고방식과 인생관 전체의 방향을 정해줄 수 있는 단어들을 가져다주었기 때문이다. 그리스도교의 메시지와 단어들은 1,000여 년 동안 영어를 먹여 살렸다. 결과적으로 보면 영어는 침략해 오는 관념의 세력을 처음으로 마주친 것이며, 오랫동안 지켜온 관습과 미신을 타파하며 수백 년간 천천히 이들을 받아들였다. 더불어 단단하게 결속되었던 지역 방언들은 개방되기 시작했다.

문자를 갖다,
자신감을 갖게 되다

부자였던 주교들은 로마에 가서 그림과 책, 성인들의 유물, 그리고 무엇보다도 〈문자writing〉를 가져왔다. 문자는 영어의 틀을 만들고 개선시키기 시작했다.

앵글족, 색슨족, 주트족은 자신들의 글자를 영국으로 가져오지 않았다. 그들은 룬문자(runic alphabet, 고대 게르만어를 표기하기 위해 사용했던 글자)를 사용했다. 룬문자는 주로 직선으로 만들어진 기호들로 되어 있어 돌이나 나무, 뼈에 새길 수 있었다. 이는 짧고 실용적인 메시지를 전달하기에는 가장 잘 갖추어진 문자였다. 룬문자로 시를 쓸 수도 있었는데, 스코틀랜드의 덤프리즈 인근에서 발견된 그리스도의 일생이 새겨진 8세기의 루스웰 십자가에서 그 예를 볼 수 있다. 그리스도의 수난을 그가 못 박혔던 십자가의 관점에서 이야기하고 있는 「십자가의 꿈Dream of Rood」이란 시에서처럼 룬문자로 된 시행들도 있다. 십자가가 말을 한다. (첫 번째 줄이 룬문자다.)

I.ᛋ ᚠᚫᚻ ᛗᛁᚦ ᛒᛚᚩᛞᛖ ᛒᛁᛋᛏᛖᛗᛖᛞ

I was with blood bedewed.

나는 피로 적셔졌다.

룬문자는 이처럼 시에 사용될 수 있었을 뿐만 아니라 『전쟁과 평화』를 번역할 수 있을 정도로 발달된 문자였다. 그러나 룬문자의 직선들은 나무나 금속, 돌, 뼈와 같은 딱딱한 표면에 새기거나 깎아내는 데 적합했다. 그리스도인들은 문헌과 함께 송아지나 양의 가죽으로 만든 피지에 쓰기에 더 적합한 다른 글자를 가져왔다. 영어는 여러 부족어의 혼돈 속에서 자원이 풍부한 언어로 부상하고 있었지만 훌륭한 문자가 없었고, 그것 없이 소리로만 살아남으려고 시도하다가는 섬나라에 갇혀 뒤떨어진 언어가 되어 결국 망각되고 마는, 전 세계 속어들의 변방에 영영 갇히게 되고 마는 운명이 되었을 것이다. 언어를 잃는다는 것은 삶을 알아가는 독특한 방식을 잃는 것이라는 점을 알고 있는 몇몇 생존자들을 통해 필사적으로 언어가 부활하는 경우도 있다. 문자만이 언어를 보호할 수 있다. 문자는 후손들에게 그들이 필요로 하는 해결책을 준다. 그리고 모든 경계선을 넘을 수 있다. 문자 언어는 정확성을 부여하고 생각을 구체화시키고 분실로부터 안전하게 해준다. 단어들은 일단 종이에 적히면 나중에 그것을 만나게 될 사람들에 의해 도전을 받기도 하고 아름답게 꾸며지기도 한다. 문자는 2차적인 도구로 시작됐지만 곧 많은 사람들에게 가장 중요한 근원이며 수호자, 권위, 그리고 언어의 혼이 된다.

 문자로 쓴 단어들은 어떤 다른 외면적인 실체(불, 폭풍, 천둥)만큼이나 상상력을 자극한다. 그러면서도 내면적인 실체(희망, 철학, 기분)를 표현할 수 있고 거기에 놀라운 능력을 끌어들여 더 많은 단어들을 만들어내어 눈에 보이는 정신의 지도에 더해갈 수 있다. 문자는 우리가 더 온전하게 인간다워지는 것이 무엇인지를 충분히 볼 수 있게끔 도와준다. "The Word was made flesh, and dwelt among us(말씀이 육신이 되어 우리 가운데 거하셨다)."라는 말은 그리스도는 물론 알파벳에도 적용할 수 있다. 알파벳은 새로운 세계를 창조하여 풀어놓았다.

최초의 필사본은 에이단과 몇몇 아일랜드인 선교사들이 노섬브리아로 가져온 로마자 알파벳으로 쓰여 있다. 그것은 고대영어 알파벳의 기초가 되었다. 이름이 알려지지 않은 성직자들이 그 씨앗을 뿌렸을 가능성이 큰 알파벳은 라틴어에서 자라나오기 시작했고 놀라울 정도로 빠른 시기인 7세기 초에 고대영어는 자신만의 고유한 알파벳을 수립하게 되었다. 이는 〈지성의 불〉을 발견한 것과도 같았다. a, æ, b, c, d, e, f, g, h, i, k, l, m, n, o, p, r, s, t, þ, ð, u, uu(한참 후에 w가 됨), y. 이렇게 스물네 개의 글자로 시작했으나 이 적은 수의 글자에서 헤아릴 수 없을 정도의 변이형과 세밀한 구분과 번득이는 재치가 왕성하게 꽃을 피우게 된다. 셰익스피어에서 제임스 조이스에 이르기까지, 데이비드 흄에서 노엄 촘스키에 이르기까지, 프랜시스 베이컨에서 크릭과 왓슨의 DNA, 그리고 수만 가지의 정기 간행물, 소설, 잡지, 신문에 이르기까지 말이다.

초기에 영어는 자신의 자리를 알고 있었는데 그 자리는 문자 그대로 변방이었다. 우리는 영국인들의 영혼을 구원하려고 하느님의 말씀을 가져온 장엄하게 우뚝 솟은 라틴어 글자들 위로 느릿느릿 움직이며 조심스럽게 번역하는 한 작고 평범한 영국인의 손을 본다. 우스꽝스럽지만 나는 영어로 된 최초의 위대한 예술작품인 『린디스판 복음서 Lindisfarne Gospels』가 책이었다는 사실이 언제나 만족스러웠다. 다른 나라에서 온 장인들을 고용하긴 했지만 이 책은 훗날 영국이 된 노섬브리아 지역에서 만들어졌다. 이 책은 밝은 색상으로 제작되었고 게르만, 아일랜드, 비잔틴의 모티브가 혼합되었으며 아주 정교하게 디자인된 글자들과 보석으로 장식되어 있어 대중을 압도하는, 하느님을 찬양하는 작품이었다.

몇 마일 떨어진 자로의 성 바오로 수도원에서는 8세기 초, 즉 이 복음서가 제작된 때와 거의 같은 시기에 7살의 나이로 수도원에 들어갔던 이 지역 소년이 위대한 역사학자인 비드가 되어 『영국민의 교회사 Ecclesiastical History of the English Nation』를 썼다. 이 책은 앵글족, 색슨족, 주트족에게 지위와 혈통을 부여했다. 시간을 초월하는 그의 탁월한 기술과 재능은 영어 사용자들 역사의 기초를 놓았다. 그는 30여 권의 책을 라틴어로 썼지만 민중의 언어 역시 사용되어야 한다고 믿었다. 비드 이후 머지않아 영어는 감히 경쟁하기 시작했다. 대부분의 경우 실제적인 문제들(법, 헌장, 정의를 내려야 하는 일상적인 것 등)이 초기 영어로 기록되었는데, 당시에는 지루했지만 그 정보는 수백 년이 지나는 동안 황금으로 변해 갔다. 하지만 때로는 7세기부터 그 새로운 언어는 대담하게 만물의 한가운데로 들어갔다.

영어는 뿌리를 내림에 따라 이제 책 속의 〈새로운 선수〉로 자신감을 갖고 문학에도 파고들어 갔다. 「방랑자 The Wanderer」, 「항해자 The Seafarer」, 「베오울프 Beowulf」 같은 작품들이 정확히 언제 창작되었는지는 입증하기 어렵지만 당시 7세기와 8세기의 지적인 야망에서 나온 작품이라고 볼 수 있다.

고대영어 시 가운데 가장 위대한 작품은 서기 900년경에 쓴 「베오울프」로, 괴물인 그렌델에 대항해 덴마크 왕인 흐로스가를 지키기 위해 온 스칸디나비아 영웅에 관한 이야기다. 이는 영어로 된 최초의 위대한 서사시로 불리고 있다. 우리는 다시금 우리의 언어를 듣고 있다. 그러나 이번에는 시문학의 자질인 여러 테크닉을 이용한 시인 또는 시인들의 예술작품을 통해 듣고 있다. 영어는 이제 연금술에 의해 문학작품으로 변화되었다.

주기도문, 법률, 「베오울프」 사이에 영어는 문자를 통해 이미 연결 기둥을 깊게 박아놓았다. 라틴어와 그리스어는 고전기에 방대한 문학작품을 창조했다. 같은 시기에 동양에서는 아랍어와 중국어가 시어로 사용되고 있었다. 그러나 당시 그리스도교 세계의 그 어떤 언어도 교회 안팎에서 「베오울프」의 시인이나 익명의 동시대 시인들의 업적에 버금갈 수 없었다.

고대영어는 자신의 고향을 찾았다. 그것은 새롭고 풍요롭고 다양성을 가진 이 나라에서 우위를 차지하기 위해 투쟁해 왔다. 영어의 모험은 계속 진행되고 있었다.

그러나 영어의 원천이 5세기 네덜란드 프리슬란트 해변에서 솟아올랐던 것처럼, 8세기 말 영어의 〈잠재적 파괴자〉, 즉 바이킹은 이보다 북쪽으로 500마일 떨어진 곳에서 다른 언어로 함대에 명령을 내리고 있었다.

2

바이킹의 공격을 받는 영어, 굴복하거나 혹은 견뎌내거나

『앵글로색슨 연대기』의 한 판본은 793년을 다음과 같이 기술하고 있다. "이 해에는 노섬브리아 전역에서 무시무시한 징조가 나타나 사람들을 깜짝 놀라게 했다. 이례적으로 굉장한 번개가 치면서 불을 뿜는 용들이 하늘을 날아다니는 것이 보였다. 이러한 전조가 있은 직후 대기근이 이어졌고 얼마 후인 같은 해 6월 8일에 이교도(바이킹)의 약탈로 린디스판에 있던 하느님의 교회가 처참하게 파괴되었다."

바이킹들이 몰려왔는데, 거의 300년 동안 이 스칸디나비아 전사들의 습격과 정착은 영국의 광대한 지역을 황폐화시켰으며 동시에 아주 놀라운 가능성을 보여주기 시작한 언어, 즉 영어를 밀어내려고 위협했다. 노르웨이인들은 스코틀랜드의 북쪽과 서쪽 외곽 지역을 침략했고 영국 북서쪽의 컴브리아로 물밀듯이 쳐들어왔다. 그럼에도 가장 군사력이 강했던 이들은 바로 데인족(Danes, 덴마크인)이었다. 이들의 군대는 약탈을 자행했고 영국 중부와 동부 지역의 막대한 영토를 차지했다. 『앵글로색슨 연대기』에서 지적한 대로 그들은 이교도였으며, 실전에 매우 능했고, 영어와 같은 뿌리에서 났지만 다른 언어로 발달한 자신들의 언어를 버릴 이유가 전혀 없었다. 과거 켈트어가 그랬던 것처럼, 영어는 이제 이 언어에 의해 압도당하거나 〈망명을 가야만 할 위험〉에 처하게 되었다.

우리가 영어English라는 단어를 사용할 때 주의해야 한다고 강조하는 것은 중요하다. 일부 켈트어가 여전히 사용되었고 서로 알아들을 수는 있었지만 상이했던 게르만 부족들의 방언들은 결코 하나로 통합되지 못했을 가능성이 있다. 하지만 우리에게는 영국 역사의 기초를 닦은 위대한 역사가인 비드가 있다. 그가 쓴 『영국민의 교회사』를 예로 들어보자. 이 책은 초기 고대영어 번역본과 더불어 본질적으로 논리정연한 언어인 라틴어의 짜임새가 자리를 잘 잡고 있음을 강력하게 보여주고 있다. 그런데 데인족은 이 책을 완전히 찢어놓았다.

그들은 『린디스판 복음서』와 같은 값비싼 필사본 장정에서 보석을 뜯어내어 장신구로 걸쳤다. 복음서들 자체는 파괴를 면했는데, 어떤 이들은 그것을 기적이라고 말할지도 모른다. 그들은 『린디스판 복음서』를 노략질하고 난 이듬해에 다시 와서 자로를 약탈했으며 비드에게 지적 자양분을 공급해 주었던 대도서관을 불태워 버렸다. 일부가 살아남기는 했지만 그들 데인족의 습격은 마치 영어에게 절호의 생존 기회를 주었던 책들을 짓밟으려고 계획된 것 같았다. 9세기 중엽에 데인족은 지배적인 세력이었다. 865년에 그들은 동앵글리아에 강력한 군대를 이끌고 상륙하여 최후의 살육을 위해 남쪽으로 이동했다. 878년에 그들은 치펜햄에서 결정적인 것처럼 보이는 승리를 거두었다. 최후의 고대왕국이었던 웨섹스는 사라지게 될 상황이었다. 이때 영국 군대의 지도자였던 알프레드 왕은 평지로 알려진 길을 찾기 힘든 소머세트 습지 안으로 도주했다. 당시의 기록에 따르면 그와 함께 살아남은 소수의 무리는 어렵게 숲을 통과하여 쉽게 접근할 수 없는 장소로 이동했다. 결국 데인족이 지배하게 됐다. 그들이 말했던 언어는 함께 떠났다.

**알프레드 대왕,
위험에 처한 영어를 구해내다**

알프레드Alfred는 대왕the Great으로 알려진 유일한 영국 군주다. 그는 영국의 구원자로 칭송받아 왔다. 하지만 엄밀한 의미에서 그것은 논란이 될 수 있다. 당시만 해도 아직 하나의 영국은 없었고 하나로 통합되기를 기다리고 있던 연방이 있었기 때문이다. 그래도 알프레드는 〈영어를 구해냈다〉고 주장할 만하다. 영어를 나타내는 Englisc라는 말이 맨 처음 출현한 기록들 가운데 하나가 그가 번역한 그레고리 교황의 『사목교서Pastoral Care』 서문이다. 그러나 알프레드는 영어를 구했을 뿐만 아니라 영어를 국민을 결집시키는 힘으로, 좀 더 중요하게는 집중 교육 프로그램의 통로로 국민들 마음속에 훨씬 더 깊게 심어 놓았다.

그러나 민담에서처럼 신분을 숨기고 가난한 여인의 오두막집에 숨어들어 앉아 공상을 하느라 지켜봐야 할 밀가루 빵을 태워버려 야단을 맞았던 그 젊은 왕이 이런 일을 해내리라고는 도저히 불가능해 보였을 것이다. 하지만 패배 속에서도 그는 비정규전에 적극적이었는데 데인족 침략자였던 구드럼이 이끄는 점령군에게 게릴라 공격을 감행했다.

그는 게릴라전으로는 결코 충분치 않다는 것을 깨달았다. 데인족을 무찌르기 위해서는 그들을 공개전투로 불러내야 했다. 그의 군대는 흩어지고 많은 수가 살육당했지만 전멸한 것은 아니었다. 878년 봄에 알프레드는 카운티에 주둔하는 대연대의 기반인 주shire 군대에 소집령을 내렸다. 약 4,000명의 장정이 그에게 합류했는데 주로 윌트셔와 소머세트 출신이었다. 이들은 방패, 전투용 도끼, 투창으로만 무장했다고 전해진다.

이들은 오솔길과 산등성이길이 만나는 에그버츠스톤에 집결했다. 이틀 후 그들은 영리하게 솔즈베리 평원 서쪽 끝 에단듄의 높은 구릉에 진을 치고 있던 약 5,000명의 데인족 전사에게 대항하여 진격하기 시작했다. 그들은 젊은 왕의 진두지휘하에 방패를 두드리며 언덕으로 돌격했다. 당시의 설명에 따르면, 그 다음에는 데인족의 참패와 대량학살이 이어졌다고 한다. 현대의 역사가들은 그 사실에 의문을 제기하지만 알프레드 왕과 그의 군사들이 우세했던 것은 의심의 여지가 없다. 그의 왕권과 왕국은 수복되었다. 데인족은 항복했다. 그들의 지도자 구드럼은 화친하는 자리에서 알프레드와 함께 그리스도인으로 세례를 받았다. 거대한 백마가 이 승리를 기념하기 위해 윌트셔의 한 산허리에 새겨졌다. 이것은 떠오르는 영국에게 가장 중요한 승리였으며 영어에게도 중대한 승리였음이 분명하다. 알프레드가 영어를 구한 것이다.

일어났을지도 모를 일에 대해서도 몇 문장 할애할 만한 가치는 있다. 데인족은 잔인하고 정복하는 부족이었기 때문에 그들이 영국, 즉 잉글랜드의 땅을 점령했다면 최종 언어는 영국의 방언들이 아닌 그들의 방언들에서 나왔을 가능성이 매우 높다. 그 점이 중요했을까? 아주 중요했을 것이라고 나는 생각한다. 그들의 문자 기록은 그들이 파괴하기만 했던 이 풍요로운 섬들에 이미 잘 세워져 있던 전통에 비하면 미미했다. 문자 언어에 대한 그들의 기본 태도는 불태워 버리거나 그나마 미래를 위해 다행스럽게도 내팽개쳐 두는 것이었다. 그들의 게르만어 방언은 시간이 지나면서 뿌리를 내렸을지도 모르지만 아마도 수백 년이 걸렸을 것이고, 영어의 뿌리 깊은 완고함과 실제로 소멸당할 위험에 처했을 때 보여주는 놀랄 만한 융통성, 그리고 중요한 생존전략인 모든 언어를 빨아들이는 흡수력 등의 결합이라는, 영어의 생명에 없어서는 안 될 결합력을 지체시켰을지 누가 알겠는가.

에단듄 전투 이후 영어에게 일어난 일은 영어는 인내했을 뿐만 아니라 번성하고 성장했다는 것이다. 공격을 받으면서도 확고함을 유지하며 앞으로 나아갔다. 이에 대한 두 가지 주된 이유는 알프레드 자신과, 서서히 그리고 끈질기게 마치 연금술에 의해 변한 것처럼 그 모습을 영어로 변신해 왔던 언어의 완전한 자기 보존성 때문이다.

나는 가끔 빅토리아 여왕 시대(1819~1901년) 사람들이 알프레드를 대왕이라고 부른 것을 애석하게 생각한다. 이 호칭은 그를 다소 유치원의 영웅처럼 만든다. 그는 훨씬 더 훌륭한 사람이었다. 여기서 그의 업적을 일일이 나열할 수는 없겠지만 영어에 대한 그의 공헌은 유일무이한 것이었다.

데인족은 패배했지만 끈질긴 적이었다. 그들은 다시 돌아오려고 했으며 정말 계속해서 되돌아왔다. 알프레드는 승리했지만 전쟁은 끝나지 않았다. 그는 자신이 지휘하는 왕국과 부족들이 그동안 당한 패배로 인해 아직 상처가 아물지 않았다는 것을 알았다. 그들은 안전하다고 느낄 필요가 있었고 보호받고 있다는 걸 느낄 필요가 있었으며 승리자의 편이라는 것을 느낄 필요가 있었다. 알프레드는 영어를 사용하여 그들을 단결시켰다. 그는 공동의 언어에 호소함으로써 충성심과 힘이 나올 수 있다는 것을 알았던 첫 번째 인물이었지 결코 마지막 인물은 아니었다. 그는 언어 자체 안에, 일상의 단어들 안에 불러내올 수 있는 역사와 지속성의 공동체가 놓여 있음을 알았다. 그는 영국민들에게 영어를 가르치기 시작했고 영어에 대한 자부심을 갖게 했으며 영어 주변에 모여 그것을 위해 싸울 준비를 하게 만들었다.

그는 데인족들이 복속을 거부할 것이며 그들에게 복속을 강제할 인력도 자신에게는 없다는 것을 인식했다. 그래서 그는 템스 강에서 워틀링가의 옛 로마 도로까지 대각선으로 국토를 가로지르는 경계선을 그었다. 북쪽과 동쪽의 땅은 데인로Danelaw로 알려지게 된 곳으로 데인족의 관할지역이 된다. 남쪽과 서쪽의 땅은 웨스트색슨족의 관할지역으로 새로운 영국의 핵심부가 된다. 이 경계선은 절대 눈속임이 아니었다. 아무도 경계선을 넘을 수 없었는데 한 가지 목적만 예외였다. 그것은 바로 교역이었다. 이러한 상업적 현실주의 조치는 영어의 구조를 이전이나 이후의 그 어느 것보다 더 급격히 변화시키게 된다. 교역은 영어를 다듬어 더 유연성 있게 만들었다.

바이킹의 말들,
영어 속에 한자리 차지하다

바이킹은 자신들의 언어, 특히 데인족의 언어를 가져왔지만 동족어인 노르웨이어에 기반을 둔 언어도 가져왔다. 서기 1000년경까지 이 언어들은 차이가 거의 나지 않아 고대 스칸디나비아어로 알려졌다. 데인로의 내륙에서 군사 주권을 강요했던 것처럼 그들은 이 언어를 강요하려고 시도했다. 흥미로운 결과는 중대한 문법적 문제들을 빼고는 그들의 시도가 제한적으로만 성공했다는 것이다. 나중에 가면 영어는 다른 언어를 흡수하여 그것을 바꾸어 놓고 자신의 기본 어휘와 의미의 기반은 양보하지 않은 채 다른 언어들을 탑재할 수 있는 무한한 능력을 지닌 언어가 되었다. 그러나 지금 이 초기 단계에서는, 즉 프리지아 부족들과 다른 부족들이 영국인이라는 이름을 가질 민족에게 영어의 뿌리를 가져다준 이후 400년 동안 영어는 여전히 놀라울 정도로 완고했다. 불과 24개의 켈트어 단어가 영어에 허용되었을 뿐이다. 또한 200개 정도의 라틴어 단어가 영어에 차용되었으며 심지어 이때도 압도적인 데인족 침략자들의 언어에서 150개 미만의 단어가 약 25,000개의 영어 단어 창고에 더해졌을 뿐이다. 이는 부분적으로는 권력이 윈체스터에 있었고 전국의 문헌들이 그곳에서 웨스트색슨 방언으로 필사되었기 때문이다. 그러나 또한 이 단계에서 영어가 아주 깊이 뿌리내려 있어서 꿈쩍도 하지 않았기 때문이었을지도 모른다. 내 견해로는 위에서 살펴본 것과 같은 완고함의 결과로 영어가 그토록 견고하게 뿌리내리게 되었고 훗날 노르만족이 와서 훨씬 더 파괴적인 결과를 야기했을 때에도 깊이 박힌 뿌리로부터 여전히 영양분을 빨아들일 수 있었던 것으로 보인다.

그럼에도 불구하고 바이킹들(데인족과 노르웨이인)은 영어를 대단히 풍요롭게 만든 단어들을 가져왔다. 〈새로운 침략자들의 단어〉는 잉글랜드 지방의 남쪽보다 북쪽에서 훨씬 더 우세하여 남북의 경계를 드러내주었다. 언어학자들에 따르면 억양(요크셔, 노섬브리아, 조디, 컴브리아의 억양들) 역시 이 긴 배를 탄 사람들의 발음에서 유래한다. 이들의 비할 데 없이 훌륭한 선박 제작 기술은 먼 미국까지 그리고 지중해로 자신들을 물에 띄워 보낼 수 있었다.

바이킹들의 흔적은 발진이 돋듯 데인로 지역 전체에 퍼져나간 지명들 속에 가장 현저하게 살아남아 있다. 지역적으로 강력한 영향을 주어 확고하게 유지되었다. 이런 지명들은 적어도 1,500개가 남아 있다고 하는데 그 중 600여 개는 농장이나 소도시를 뜻하는 스칸디나비아어 단어인 '-by'로 끝난다.

나는 영국 북서단 호수지역의 몇 마일 밖에서 자랐다. 400여 개의 산과 33개의 호수가 있는 호수지역은 노르웨이 바이킹들이 깊숙이 정착했던 곳이다. 그들의 대부분은 더블린에 있던 본거지에서 건너왔다. 그들이 가져온 단어들은 1,000여 년 동안 대체로 방해받지 않은 채 지역 방언 속으로 파고들어 갔다. '-by'를 예로 들어보자. 내가 자라난 마을 위그턴의 몇 마일 이내에는 아이러비Ireby, 터스비Thursby, 위건비Wiggonby, 코비Corby, 레이전비Lazenby 등이 있으며 더 널리 알려진 예로는 더비Derby, 내서비Naseby와 럭비Rugby가 있다. 마을village을 의미하는 '-thorpe' 어미는 스쿤소프Scunthorpe, 알소프Althorp, 린소프Linthorpe에서 볼 수 있다. 땅의 일부를 의미하는 '-thwaite' 어미도 북쪽 전역에 퍼져 있는데 호수지역만 해도 바센스웨이트Bassenthwaite, 루스웨이트Ruthwaite, 미클스웨이트Micklethwaite가 있다. 집터와 부속 건물을 나타내는 '-toft'는 로스토프트Lowestoft, 이스토프트Eastoft, 샌드토프트Sandtoft에서 볼 수 있다. 그리고 덜 알려졌지만 여전히 남아 있는 바이킹 지명들도 있다. 계곡은 고대 스칸디나비아어로 dale이었는데 호수지역은 이 단어들로 굽이굽이 고랑을 이루고 있다. 보로우데일(Borrowdale, 요새가 있는 계곡), 와스데일(Wasdale, 호수가 있는 계곡), 랭데일Langdale, 에스크데일Eskdale 등이 바로 그것이다. 때로는 블레너하세트Blennerhasset라는 컴브리아의 한 마을처럼 합성어도 있다. 이 단어는 켈트어로 언덕 꼭대기를 의미하는 blaen과 고대 스칸디나비아어로 건초 목장을 의미하는 heysætr의 합성어다. 호수지역의 주요 마을 가운데 하나인 케스윅Keswick은 치즈 농장을 의미하는 고대영어에서 온 cesewic이 굳어진 형태다. 그러나 바이킹의 영향이 없었다면 Cheswick이나 Cheswich로 불렸을 것이다. 요약하자면, 데인족은 전쟁을 위해 기지들을 세웠고 그 기지마다 자기네 언어로 이름을 붙여 자신들의 소유임을 강조했으며 지금도 여전히 그 지명들이 건재하다는 것이다.

마찬가지로 바이킹의 성family names들도 북쪽 지방에 훨씬 더 많이 남아 있다. 데인족 방식으로 이름을 짓는 방법은 아버지의 이름에 '-son'을 붙이는 것이다. 과거 데인로에 속했던 지역의 신문을 보면 이러한 son들을 사방에서 발견하게 된다. 내가 다니던 학교에는 존슨Johnson, 패티슨Pattison, 롭슨Robson, 해리슨Harrison, 롤린슨Rawlinson, 왓슨Watson, 니콜슨Nicholson, 깁슨Gibson, 디킨슨Dickinson, 허드슨Hudson, 휴이트슨Hewitson, 스티븐슨Stevenson이 여러 명 있었다. 수백 년 동안 이 비교적 작은 섬들 전역에서 사람들이 이동했음에도 불구하고 영국의 다른 어느 지역보다도 이곳에는 Harrison, Johnson, Wilkinson과 같은 상점 이름들과 son들이 아직도 뚜렷이 더 많다.

그들은 이렇게 자신들이 도착한 장소에 표시를 하고 자기네 이름을 가져왔다. 일반적으로 통용된 그들 단어의 수는 침략의 강도로 미뤄볼 때 예상만큼 많지는 않았다. 그러나 마치 그에 대한 보상이라도 하듯이 그 단어들의 다수가 영어의 핵심 단어가 되었다. 예를 들어 they, their, them은 서서히 고대영어의 초기 형태들[9]을 대체했다 (비록 15세기까지는 런던 영어에 들어오지 않았지만). 초기의 차용어에는 score(득점)가 있으며 steersman(조타수)은 고대 스칸디나비아어를 본따서 만들어졌다. 그러나 get(얻다), both(둘 다), same(같은), gap(격차), take(잡다), want(원하다), weak(약한), dirt(진흙) 같은 차용어들은 공용어 속으로 확산될 수 있었다. 인상적인 것은 이 단어들의 평범함이다. 다른 스칸디나비아어 차용어로는 birth(탄생), cake(케이크), call(부르다), dregs(잔재, 찌꺼기), egg(알), freckle(주근깨), guess(짐작하다), happy(행복한), law(법률), leg(다리), ransack(샅샅이 뒤지다), scare(깜짝 놀라게 하다), sister(자매), skill(솜씨), smile(미소 짓다), thrift(절약), trust(신뢰)가 있다. sk 소리는 고대 스칸디나비아어의 특성이었는데 영어는 score(득점), skin(피부), sky(하늘) 같은 단어들을 차용했다. 이 외에도 knife(칼), hit(때리다), husband(남편), root(뿌리), wrong(틀린)이 고대 스칸디나비아어에서 왔다.

따라서 이 단어들은 수가 많지는 않아도 영어 토양의 일부가 되었

---

9 고대영어 시기의 게르만어에서 비롯한 3인칭 복수형 대명사는 모두 h로 시작한다. 따라서 현대영어의 they, their, them은 고대 스칸디나비아어의 형태를 차용한 것이고 고대영어에서는 hie, hire/heora, him/heom이 사용되었다.

다고 주장할 수 있다. 아마도 영어는 자신의 세계를 묘사하는 데 도움이 되는 단어들, 기존의 어휘 창고를 건드리지 않은 채 뿌리내릴 수 있는 단어들만을 허용하는 단계에 있었을 것이다. 이는 초기의 단어 쌍에서 가장 잘 볼 수 있다. (앞에 나오는 단어가 고대 스칸디나비아어다). hale(건강한)은 whole(온전한)과 같이 사용되었다. 스칸디나비아어에서는 아프면 ill이라는 단어를 사용하지만 고대영어에서는 sick를 사용했다. skill은 craft와 함께 자리잡았다. skin(피부)은 hide(짐승 가죽)에 합세했다. (이 단어들 가운데 일부는 노르만족의 정복 이후에나 가서야 폭넓게 사용되었다.) 이 단어들은 동일한 사물이나 조건을 가리키면서 공용어인 영어에서 그 생명을 시작했을 가능성이 크지만 시간이 지남에 따라 좀 더 세분화되어 약간 다른 의미들을 지니게 되었다. 나중에 의미가 나뉘면서 조금은 다른 길로 가기는 했어도 이러한 짝짓기는 영어의 가장 풍요롭고 창조적인 특징들 중 하나가 되었다. 이러한 특징이 노르만 시대 이전에 소규모이지만 지속적으로 사용되는 단어 쌍들에서 작용하고 있음을 명확히 알아차릴 수 있다.

변방의 교역 도시에서 일어난 문법의 대변화, 영어는 완전 탈바꿈한다

데인로의 경계를 따라 위치한 교역지에서는 〈문법의 대변화〉가 일어나기 시작했다. 이는 역사상 언어의 전체 구조가 변한 유일한 경우다.

고대영어에서 의미는 굴절어미(inflection, 성, 수, 격, 시제와 같은 문법적 기능을 하는 어미)로 전달되었으며 그 기능은 라틴어에서와 마찬가지였다. 굴절어미의 본질적 특성은 어순이 현재보다 훨씬 더 자유로웠다는 것이다. 대체로 고대영어는 지금 가장 흔히 사용되는 주어, 동사, 목적어의 어순을 이미 사용하고 있었다. 그러나 이 어순은 확고히 굳어진 규칙은 아니었다. 그래서 앵글족 사람이 'The dogs killed the cat(개들이 고양이를 죽였다).'이라는 말을 하려면 의미를 명확히 하기 위해 cat을 직접목적격 형태로 만들고 동사형도 맞추어 사용해야 개들이 아닌 고양이의 죽음을 가리키는 메시지가 되었을 것이다. 그들의 문장은 어순을 통해서가 아니라 관사, 대명사, 명사 같은 단어에 어미를 붙임으로써 성립되었다. 하지만 영어가 전적으로 다르지는 않은 데인족의 언어와 접촉하게 되면서 수많은 굴절어미가 뚜렷한 특성을 잃기 시작했다. 변방의 교역도시에서는 새로운 문법적 융합이 일어나는 경향이 있었다. 단어들은 교역로를 따라갔다. 상거래를 위한 명료성이 주요한 동인이었을 것이다.

굴절어미는 사라져 갔다. 전치사가 등장하면서 당시 영어는 게르만어에서 떨어져 나와 좀 더 영어다운 모습을 하게 되었다. 단어 끝에 굴절어미를 붙이는 대신에 to나 with를 사용하게 된 것이다. I gave the dog to my daughter(나는 그 개를 내 딸에게 주었다). I cut the meat with my knife(나는 칼로 고기를 썰었다). 어순이 중요해졌고 전치사는 문장 전체의 길잡이로 더 흔히 쓰이게 되었다.

이러한 언어 형태가 반드시 굴절어보다 더 단순하다고 말할 수는 없지만 영어를 현대어로 한 발짝 더 나아가게는 해주었다. 영어를 제2외국어로 사용하는 사람들은 단어 형태를 잘못 말하더라도 문장의 어순이 의미에 깊이 관여해서 뜻이 통하게 만들기 때문에 영어를 통한 의사 전달이 더 쉬워진다. 문법의 변화는 영어에 더 큰 유연성을 가능하게 했다.

사실 이러한 변화는 바이킹이 도착하기 이전에 이미 어느 정도 시작되었다. 이것은 수백 년에 걸쳐 점진적으로 심지어 주춤거리기도 하며 불안정하게 진행된 과정이었다. 그러나 굴절어미가 줄고 전치사와 어순에 의존하는 이 변화는 데인로의 경계선을 따라 가속화되어 또 하나의 강점이 되었다.

권력집단의 언어, 외곽으로 쫓겨나다
—

아마도 영어에 대한 나의 관심은 적어도 두 종류의 영어를 말하던 어린 시절부터 시작되었을 것이다. 이 두 영어에는 수백 년도 훨씬 이전부터 뒤섞여 변화하던 영어의 소리와 의미 같은 어떤 것이 있었던 것 같다.

열여섯 살 무렵까지 나는 컴브리아에서 강한 억양의 방언을 사용했다. 그 말에는 순전히 그 지역에서만 사용되는 어휘가 많이 포함되었다. 그 후 학교와 BBC 영어의 영향이 그 억양을 걷어내기 시작했다. 나는 카운티 밖으로 여행하기 시작하면서 내가 살던 지역의 방언 단어들을 버리게 되었는데, 이유는 단지 아무도 그 말을 알아듣지 못했기 때문이다. 그러나 여러 해 동안 나는 언제든 어린 시절 방언의 억양으로 되돌아갈 수 있었고 그 단어들을 기억했다. 고향친구들은 아직도 부분적으로 그 단어들을 구사하고 있다. 그들도 나처럼 필요할 때는 주류 영어로 전환할 수 있었다. 어휘들은 서로 맞물려 있었는데 때로는 새로운 단어가 옛 단어를 지워버리기도 했고, 뒤범벅으로 쓰였으나 결코 다루기는 어렵지 않았으며, 놀림과 무시의 대상이 되기도 했고, 그리고 옛 단어가 새로운 단어에 밀려날 때는 약간의 서운함도 있었다.

나는 지역적이고 훨씬 더 작은 범위의 내 경험이 9세기의 구어 영어spoken English와 어느 정도 유사성이 있을지도 모른다고 생각했다. 나는 이것을 시험해 보려고 내가 가장 흔하게 사용하는 몇 단어를 컴브리아 방언 어휘집에서 찾아보았다.

그래도 첫 번째는 억양이다. 1940년대와 1950년대의 다른 소도시나 작은 마을 사람들처럼 위그턴 사람들도 전쟁이 일어나 남자들이 끌려가거나 절망적이거나 대담한 가족들이 이주해 나가는 경우 외에는 대부분 한 지역에서 거의 움직이지 않았다. 이 지역은 여전히 농업과 농업 관련 용어들의 영향을 많이 받았는데, 그 용어들은 100년 혹은 심지어 200~300년 전보다 더 이전에 흔히 쓰던 것들이었다. 이곳의 억양은 개구음의 특성을 지닌다. 세련된 화자들에게는 이 억양이 거칠게 들릴 수도 있다. 신분상승을 원하는 사람들은 그 말을 심지어 이해할 수 없거나 인간 이하의 것인 양 여길 수도 있다. 그러나 이 억양은 오랜 역사를 지녀왔으며 어쩌면 여러 세기 동안 발음이나 어휘에서 언어를 변화시키지 않고 그대로 지녀왔는지도 모른다.

'I(나는)'라는 단어는 늘 Aah로 발음되었다. 정관사 the는 t로 줄여 the bike는 t bike로, the horse는 t horse로 발음할 때가 많았다. r은 정당하게 대접하여 right를 rrreet로 발음했고, remember의 마지막 r은 입천장을 살짝 치면서 발음했다.

사람들은 그 미묘한 차이를 정확히 감지했는데, 다윈의 핀치새에서 첫 번째 변이형들 사이의 구분만큼이나 외부인들은 눈치 챌 수 없는 작은 차이였다. 위그턴의 방언은 8마일 떨어진 아스파트리아의 방언이나 11마일 떨어진 칼리슬의 방언과 달랐을 것이고, 60마일 떨어진 뉴캐슬의 방언과는 아주 많이 달랐을 것이다. 이는 아직도 영어라는 덮개 아래 몇 가지 분파가 있는 것이라기보다는 상호 이해 가능한 방언들을 모아 놓은 것이라고 말할 수 있었다. 간단히 말해, 이 방언은 9세기와 다음 1,000년 동안 많은 경우에 그랬던 것처럼 바닥에서부터 위로 성장해 나갔다고 생각된다.

우리가 blood 대신에 blud라고, ground 대신에 grun이라고 말했을 때, 그 발음은 BBC 영어보다도 고대영어에 더 가까웠다. 1940년대나 1950년대에는 아무도 우리에게 그런 말을 해주지 않았다. 그랬다면 우리는 1,500년 전 우리 어족의 기초를 놓은 위대한 전사로부터 직접 이어받은 이 어투를 자랑스러워했을 것이다. 그랬다면 우리에게 유익했을 것이다. 대신 우리는 컴브리아의 좁은 땅을 배회할 때마다, 특히 고대 노섬브리아 왕국의 경계를 벗어나 좀 더 세련된 장소라고 생각한 곳에서 말을 내뱉고 있을 때면 마치 자신이 조잡한 기계장치 같다는 느낌이 들었다. 우리는 우리의 입술에서 방언을 지워버리도록 자극받았다.

역사의 흐름은 옛 권력자와 지배자의 강력한 언어를 지방의 방언으로 전락시켰다. 언어가 억압을 받아서 그렇게 된 것이 아니라면 틀림없이 문명화를 측정하는 언어 현상, 즉 문명에서 멀어질수록 〈경계선 밖의 언어〉가 되고 마는 그런 일이 일어났음에 틀림없다. 이처럼 위상이 추락했어도 컴브리아 방언은 여전히 고대영어의 초석, 즉 공통 어휘, 언어의 주요 부분들, 문법, 감정의 강력한 표현이라는 초석 위에 세워졌다. 컴브리아 방언은 변화시키려는 그 어떤 시도에도 살아남을 것 같다. 그러나 이 언어를 낳고 키워준 억양과 문맥은 새로운 세력들에게 굴복했으며 켈트어처럼 변방으로 밀려났다.

내가 어렸을 때, 이 지역 방언은 여전히 번성했다. 1940년대에 연합군이 아이슬란드를 점령했을 때 해럴드 매닝이라는 젊은 병사가 그곳에 갔다. 그는 컴브리아 남부 지역 출신이었고 그의 어휘에는 그 지역 방언에 있던 고대 스칸디나비아어 단어들이 섞여 있었다. 고대 스칸디나비아어를 마치 방부 처리한 것처럼 가장 잘 보존하고 있던 곳인 아이슬란드에서 그는 자신의 고향 방언 단어들을 사용해 의사소통을 했다. 1~2주 안에 그는 아이슬란드인들과 대화를 나누게 되었다. 고대 스칸디나비아어는 고대 영국의 북부 지역에 깊이 스며들어 있었던 것이다.

영국의 남부와 북부를 나누는 가장 기초적인 그리고 자주 눈에 띄는 구분이 되는 핵심에는 항상 고대영어를 기반으로 하는 북유럽적인 요소가 있었다. 이 요소는 심지어는 오늘날 언어의 평준화와 함께 북부 지역을 영국의 다른 지역과 구분하는 경계선 역할을 한다. 또한 이 경계선은 영국이 이 지역에 대한 장악력을 결국 상실하게 되면 노섬브리아는 지방 정부의 형태로 되돌아갈 발판을 제공할 것이다. 그러나 그것은 또 다른 이야기다. 9세기에 이런 전망은 사치에 불과했을 것이다. 영어는 놀라울 정도로 적은 기회를 가졌지만 통찰력 있는 전략으로 이 위기를 잘 빠져나갈 수 있었다.

혼성방언들은 영국에서는 지역적 자부심이 강한 소수 부족 사람들이 사용했는데 이제는 그들도 도시로 이주함에 따라 사라지고 있다. 방언을 살리기 위해, 그리고 어투에 들어 있는 역사를 통해 옛 언어와 새 언어들을 함께 꿰매어 가고 있었던 그 시대와 접촉하기 위해 방언학회들과 지역 출판업자들이 하고 있는 노력들을 보면 인상적이다. 그러나 꽤 최근까지도 여전히 우리는 1,000년도 훨씬 전에 서유럽의 해안에서 언어를 가져온 사람들(게르만족)과 다르지 않게 발음했다.

데인족의 거듭된 침략,
땅은 차지했지만 영어는 끝내 장악하지 못하다

영어는 데인족의 침략에도 살아남았을 뿐만 아니라 결국 이익을 얻었다. 알프레드 대왕은 당시 기록 문화의 상태를 둘러보고 그 황폐함을 발견했다. 그는 영어를 이용해 사기가 떨어진 유약한 백성을 단합시키는 데 도움이 되게 했다. 통찰력 있는 빅토리아 여왕 시대 사람들이 그를 사랑했던 또 다른 이유가 알프레드의 강력한 그리스도교적 사명감이 특히 수백 년 동안 가장 손쉬운 목표물이 되었던 수도원으로 하여금 데인족의 침략에 의해 심하게 고갈된 학문과 교육을 재건하도록 했다는 것 또한 사실이다.

웨섹스 전역에서 알프레드는 라틴어를 읽고 이해할 수 있는 사제들을 거의 찾아볼 수가 없었다. 라틴어를 이해할 수 없다면 미덕 있는 삶을 살도록 사람들을 인도하는 종교 서적들의 가르침을 전수할 수 없게 된다. 따라서 그들은 영혼을 구할 수 없었다. 알프레드는 자신의 왕국에서 영혼의 고질병을 발견했고 전쟁에서처럼 최전방에서 백성들을 이끌었다. 결국 그는 40세에 자신이 직접 영어로 번역을 하기 위해 라틴어를 배웠다. 그는 근본적인 해결책을 마련했는데 이는 라틴어가 아닌 번역을 통한 영어에 바탕을 두었다. 번역 작업을 함으로써 그는 영어를 최고의 성취 단계로 새로이 올려놓았다.

알프레드는 손수 영어로 번역한 그레고리 교황의 『사목 교서』의 서문에 다음과 같이 썼다.

"영국이 약탈당하고 불에 타기 전에 어떠했는지 나는 기억한다. 나는 영국 전역에 보물과 책이 가득한 교회들이 어떻게 서 있었는지를 보았다. 그리고 거기에는 수많은 하느님의 종들이 있었지만 그 책들로부터 거의 아무런 이익도 얻지 못했다. 그들은 그 책들이 자신들이 사용하는 언어로 쓰여 있지 않아 전혀 이해할 수 없었던 것이다."

그들 자신의 언어는 물론 영어였다. 알프레드는 영어를 통해 라틴어의 서재로 가려로 결심했다. 가장 훌륭한 학자들은 라틴어를 계속 배워 신성한 수도회에 입회할 수 있었다. 나머지 사람들도 영적인 안내에 접근할 수 있었지만 그 안내서들은 영어로 쓰여 있을 것이다. 수도인 윈체스터를 중심으로 알프레드는 아주 특별히 상상력이 뛰어난, 유럽의 어느 곳에서도 대적할 수 없는 계획을 마련했다. 그 계획은 많은 사람들이 거부했던 하느님의 말씀을 그들에게 전해줄 뿐 아니라 문맹률을 낮추고 학문을 부흥시키고 나라의 단합을 돕기 위한 것이다. 그는 이렇게 썼다.

"우리는 사람들에게 가장 필요한 책들을 우리 모두가 알고 있는 언어로 번역해야 하고 또한 하느님의 도움으로 세상이 평화롭다면 이 일을 아주 쉽게 할 수 있겠다. 그리고 이 책들을 잘 정리해 주어 영국인들 가운데 자신에게 헌신할 수 있는 모든 젊은 자유민들이 학문에 전념할 수 있도록 만들어 주어야 한다. 그리고 영어로 쓰인 것을 잘 읽을 수 있을 때까지 공부하도록 이 일을 해야 한다."

위기에 처한 영어에게 승리를 안긴 알프레드 대왕

그리고 여기서 영어라는 단어는 라틴어라는 단어만큼이나 자신감을 갖고 사용되었다. 알프레드의 힘과 지성이 언어의 지도에 영어를 올려놓았다.

그는 종교적 가르침, 철학, 역사에 관한 다섯 권의 책을 라틴어에서 영어로 번역했다. 이는 고되고 비용이 많이 드는 공익사업이었으나 평화를 유지하기 위해 영국을 가로질러 경계선을 긋고, 해군을 창설하고, 윈체스터를 왕국의 수도로 건설한 알프레드 대왕의 한결같은 철저함과 비전으로 진행되었다. 그 후 이 책들의 사본은 왕국의 주교 12명에게 보내졌다. 책의 중요성을 더욱 강조하기 위해 알프레드는 본문 내용에 줄을 긋는 데 사용하는 값비싼 서표들도 함께 보냈다.

이 서표들 가운데 하나의 윗부분이 1693년 소머세트에서 발견되었다. 크리스털, 에나멜, 금으로 세공된 그것은 지금은 옥스퍼드에 있는 애시몰리언 박물관에 전시되어 있다. 거기에는 'Ælfred had me made(알프레드가 나를 만들도록 했다).'라고 영어로 새겨져 있다. 알프레드 대왕은 영어라는 언어를 그의 왕관에 박힌 보석으로 만들었다. 그의 웨섹스 방언이 첫 표준영어가 되었다.

그는 윈체스터에 사실상 출판사라고 할 만한 것을 설립하기도 했다. 영국민이라는 그의 의식이 그가 출판한 모든 것을 통해 퍼져나갔다. 예를 들어 『앵글로색슨 연대기』는 여러 판본으로 수백 년 동안 존재해 왔다. 알프레드는 이 사본들을 한데 모아 편찬했는데 이는 학문적 행위 못지않게 애국심의 행위로도 보인다.

알프레드 이후 100년이 지나 데인족은 다시 광포하게 날뛰었다. 991년 몰든 전투에서 데인족은 영국을 다시 한 번 패배시켰다. 데인세(Danegeld, 데인족에게 공물을 바치기 위해 영국민에게 부과하던 세금)가 징수되었고, 1013년 영국의 애설레드 왕은 노르망디로 추방되었다. 데인족의 왕 스웨인(영국을 지배한 첫 번째 덴마크 왕으로 노르웨이의 왕이기도 했다.)이 영국의 왕이 되었다. 영토에 대한 권한은 다시 전쟁터에서 결정되었다. 그러나 알프레드 덕분에 언어에서의 권위는 안정되었다. 몰든 전투를 묘사한 시는 고대영어로 쓰였는데 두운의 격렬함으로 가득 차 있고 신중하게 선택된 단어들로 잘 짜여 있다. 그 단어들은 지금도 여전히 사용되고 있다. 즉 heard(hard, 힘든), swurd(sword, 칼), wealdan(wield, 휘두르다), feoll(fell, 때려눕히다), god(good, 좋은)과 같은 단어들이며 그리고 내가 무엇보다도 최고라고 생각하는 단어는 word(word, 단어)이다. 대체로 역사를 쓰는 사람들은 승자들이다. 여기서는 패자인 영국인들이 그 작업을 했는데, 이는 비록 데인족이 그 땅을 다시 차지했지만 언어는 소유할 수 없다는 것을 증명한다.

다시 시작된 데인족의 침략이 최악이었을 때도 앨프리치 수사는 윈체스터에서 저술 작업을 했으며 체르네 아바스에서는 같은 민족들, 즉 알프레드가 원래 목표로 삼았던 젊은 자유민들에게 영어로 라틴어를 가르쳤다. 앨프리치는 영어로 작품을 많이 썼다. 위대한 성인의 삶에 관한 책들은 극적이었고 인기가 많았다. 라틴어로 쓴 그의 대화서들은 교사와 학생들이 서로 묻고 대답하는 일련의 대담 형식으로 구성됐는데 앨프리치는 그것을 연극 작품으로도 썼다. 그는 학생들에게 농부, 어부, 빵 굽는 사람, 양치기, 수도사 등의 역할을 부여하고 그들이 하는 일에 대해 질문을 했다. 이는 학생들에게 자신들만의 단어를 사용해 자연스럽게 개인적이면서도 창의적인 답변을 할 수 있는 기회를 주었다. 그리고 몇 년 후 라틴어 위에 그 단어에 해당되는 고대영어를 써넣었을 때, 이러한 방법들은 영어 자체에 자유로운 훈련법을 가져다주었다.

울프스탄 대주교의 작품을 보는 것도 매우 흥미롭다. 그는 데인족이 영국민을 가장 지독하게 박해한 1014년에 영국민들을 대상으로 설교문을 썼다. 영국민을 위한 울프의 설교라고 불리는 이 설교문은 다음과 같이 시작한다.

> 사랑하는 여러분, 진리가 무엇인지를 아시오. 이 세상은 급하게 종말로 다가가고 있습니다. 따라서 이때가 길어질수록 세상은 더욱더 악해질 것입니다. 그리고 적그리스도의 출현에 앞서 사람들의 범죄의 결과로 훨씬 더 악해질 것이 틀림없으며 실로 온 세상이 끔찍하고 잔인해질 것입니다. 이제 여러 해 동안 마귀가 이 국가를 너무나 멀리 잘못된 길로 이끌었다는 것과 사람들이 미사여구를 늘어놓았지만 그들에게 충성심은 거의 없었으며 이 땅에 너무나 많은 부정이 난무하고 있다는 것도 제대로 이해하십시오.

그 당시, 즉 그리스도 탄생 혹은 죽음 이후 서기 1,000년에는 세상이 종말에 가까워 간다고 널리 믿었다. 계시록의 표징들이 그것을 암시해 주었다. 적어도 울프스탄은 국민들에게 그들의 죄와 끔찍한 단점들에 대해 설교할 수 있는 기회를 놓치지 않으면서도 데인족을 묵시록, 심지어 적그리스도와 연관시키려고 했을 가능성이 있어 보인다. 그런 의미에서 그는 두 영토의 주인들을 섬기면서 양쪽 모두를 편들고 있었는데 침략자들에게는 묵시록의 상징성을 부여하여 구실을 주고, 자국민들에게는 참회할 것을 촉구한 것으로 보인다. 좀 더 현실적인 수준에서 볼 때, 울프스탄 대주교는 추방된 영국의 왕 애설레드를 섬기면서 동시에 데인족 왕실에서 필요한 법률 제정을 구상하고 준비하는 데 똑같이 적극적이었다. 영국 통치자들의 국적이 변했다(1016년 크누트 왕을 시작으로 데인족 왕조가 1042년까지 계속되었다). 하지만 영어와 그 언어를 구사하던 사람들은 남아서 알프레드가 그들에게 준 단어들을 통한 힘 안에서 견고히 자리잡았다.

데인족은 전복되어 다시 한 번 영국인(에드워드 왕)이 군주로 즉위하는 선서를 하게 된다. 11세기 중엽, 영어로 맹세함으로써 그는 알프레드의 유산을 물려받았다. 알프레드의 관심 영역은 자국의 기록된 역사, 철학, 법률, 시 등에 걸쳐 있었기에 유럽 본토 어느 곳에도 필적할 만한 상대가 없었다. 해럴드가 왕이 되었을 때는 영국뿐만 아니라 영어도 안전해 보였다. 그러나 그는 또 다른 침략자들과 맞닥뜨리게 되고 그들과 함께 영어는 여태껏 경험하지 못한 가장 큰 위협에 직면하게 된다.

3

노르만족의 침략,
영어 일생 중 최대 위기에 봉착하다

알프레드는 바이킹 데인족과의 전쟁에서 승리하여 영어를 구했다. 그러나 그 후 200년도 채 못 되어 해럴드는 프랑스의 노르만족에게 패배하여 영어를 〈파멸의 위기〉로 몰고 갔다. 이것은 영어의 역사가 진행되는 동안 이 언어에 가장 큰 영향을 미친 사건이었다. 그 패전의 결과로 결국 고대영어 어휘의 85퍼센트를 잃게 되었는데, 지금은 일부 역사가들이 영어의 생존은 필연적이었다고 간주하지만 당시에는 좀처럼 그럴 가능성이 희박해 보였다. 연대기 편찬자들은 노르만의 정복 이후 300년 동안 줄곧 이 언어를 염려했다. 영국과 영어는 새로이 영국을 지배한 사람들의 말에 압도당하고 억눌리고 두들겨 맞았다. 헤이스팅스 전투(1066년 10월 14일 노르망디의 윌리엄 공작 군대와 영국 왕 해럴드의 군대가 영국의 헤이스팅스에서 벌인 전투)에서의 영국의 처참하고 철저한 패배는 유럽 전역을 놀라게 했다고 전해진다.

1066년은 영국 역사에서 무척이나 화창한 시기여서 오늘날 우리는 이때를 영국과 영어에 파멸을 가져온 시기로 보는 것은 좀 어렵다는 것을 안다. 영국 역사를 가장 흥겹게 표현한 역사서인 『1066년과 그 모든 것1066 and All That』은 마치 아무런 해코지도 하지 않는 온화한 할아버지처럼 보이는 시기로만 그때를 강조한다. "우리는 결코 정복당한 적이 없오."라고 엘리자베스 1세 여왕이 말했다고 전해진다. 진짜 그랬는지는 알 수 없지만 말이다. "노르만족한테만 빼고 말이지요."라고 한 대담한 신하가 대답했다. "그러나 그들이 우리가 아니었더라면 그렇게 할 수 없었을 것이오."라고 여왕은 말했다. 나름대로 이것은 사실이다. 영어는 결국 정복자를 흡수했던 것이다.

다음은 1066년에 대해 기록한 『앵글로색슨 연대기』의 한 필사본을 번역한 것이다. 이 연대기는 일찌감치 구조되어 알프레드가 재정리했지만 이런 기록이 나오리라고 예상한 것은 아니었다.

 그때 윌리엄 공이 마이클마스(성 미카엘 날인 9월 29일) 전야에 노르망디에서 페븐시로 왔고, 그들은 계속 진군할 수 있게 되자마자 헤이스팅스에 성을 세웠다. 해럴드 왕은 이 소식을 듣고 그와 대적하기 위해 대군을 소집하여 회색빛 사과나무가 있는 곳에 왔다. 그래서 윌리엄은 왕의 군대가 전열을 갖추기 전에 기습공격을 했다. 그럼에도 불구하고 왕은 자신을 기꺼이 지지하는 사람들과 함께 열심히 항전했고 양측 모두 막대한 사상자가 발생했다. 그곳에서 해럴드 왕이 죽고 그의 형제들인 레오프위네 백작과 기르스 백작 그리고 많은 훌륭한 남자들이 죽었으며, 프랑스인들은 전장의 주인으로 남았다. 마치 백성의 죄로 인해 하느님이 그들에게 승리를 허락하신 것 같았다.

이 『앵글로색슨 연대기』에 대해 맨 처음 할 수 있는 말은 이 기록이 아주 명확하며 권위가 있다는 것이다. 이 연대기는 정확한 기록이 가능한 언어로 우리에게 탁월한 역사적 설명을 해주고 있다.

이 구절은 노르만족의 침략 배경은 언급하지 않고 있지만 바이외 태피스트리Bayeux Tapestry에는 그 배경이 그려져 있다. 거기에는 노르망디를 사랑한 참회왕 에드워드(노르만족의 정복 이전 앵글로색슨계 최후의 영국 왕, 1042~1066년 재위)가 노르망디의 공작 윌리엄(훗날 영국의 윌리엄 1세로 즉위하면서 노르만 왕조를 연다.)을 후계자로 지명하는 모습이 보인다. 그리고 에드워드 왕의 처남으로 영국의 백작들 가운데 가장 부유하고 강력했던 동앵글리아의 백작 해럴드 고드위네선이 노르망디에서 성스러운 유물이 담긴 두 유골함 위에 손을 얹고 윌리엄에게 충성을 맹세하는 모습도 보인다. 그 다음에 일어난 일은 반역이었을까? 태피스트리는 에드워드가 웨스트민스터 사원에 묻히던 바로 그날에 해럴드가 그곳에서 왕관을 쓰는 모습을 보여준다.

그러나 윌리엄은 신이 자신의 편이라고 생각했다. 연대기는 이 나라의 죄들에 대해 기록함으로써 영국의 패배가 당연한 형벌이었다는 데 동의한다. 스탬퍼드 다리Stamford Bridge 전투[10]를 치른 후 서둘러 진군해 흥망이 걸린 헤이스팅스 전투의 최전방에 가장 훌륭한 부하들을 모두 출전시킨 해럴드의 위험한 전략은 이곳에서 영국의 백작들과 수장들을 잃게 만들었다. 그들은 바로 지도자와 조직가로, 죽지 않

---

[10] 윌리엄 공과 싸우기 전에 해럴드는 영국의 왕위 계승자라 주장했던 또 다른 사람인 노르웨이 왕 해럴드 하드라다와 스탬퍼드 다리에서 전투를 벌여 승리를 거둔다. 이 전투가 있은 지 이틀 후에 해럴드 왕은 노르망디에서 에섹스로 온 윌리엄과 싸우러 남쪽으로 거의 200마일을 내려갔지만 헤이스팅스에서 대패했다.

헤이스팅스 전투 장면. 영국이 헤이스팅스 전투에서 노르망디의 윌리엄 공작에서 대패하면서 영어 또한 프랑스어에게 패배하게 되었다.

았다면 훗날 다시 모여 의사 전달 체계가 신통치 않은 적에 대항할 수도 있었을 것이다. 그러나 신은 스페인의 필립 2세 왕의 거대한 무적함대와 멈춰 선 소함대에 있는 나폴레옹 보나파르트 휘하의 군인들은 얻지 못한 순풍을 윌리엄에게 주었다. 해럴드의 총체적인 패배 덕분에 1066년 이후 윌리엄에게 대적할 자는 하나도 남지 않았는데, 다만 정복자를 독자적으로 상대할 수 있다고 믿었던 북쪽의 백작들만은 예외였다. 그들은 거래를 시도했다. 하지만 그들 역시 실패했다. 결국 북쪽은 황폐화되었다. 연대기 편찬자는 같은 구절에서 계속 이렇게 말한다.

"오도 주교와 윌리엄 백작은 뒤에 남아 이 나라의 방방곡곡에 성을 세웠다. 그래서 곤고한 민중을 비탄에 빠뜨렸으며 그 후에는 언제나 상황이 훨씬 더 악화되어 갔다. 신께서 원하실 때 그 결말이 선하게 되기를!"

연대기 편찬자는 여기서 자신의 관점을 재조정한 것처럼 보인다. "악이 아주 많이 증가해 왔다."라고 그는 쓰고 있는데, 이전에는 "그는 자신이 침략한 나라 전체를 파괴했다."라고 썼다. 그는 조심스럽게 새 주인인 노르만 왕조를 인정하면서 신을 그들의 편에 두었다. 그는 또한 노르만족의 엄청난 파괴력이 된 힘이 무엇이었는지 밝히는 데도 용의주도했다. 이제 영국은 양도되었다. 영국은 노르망디에 기반을 둔 권력의 앞바다에 있는 부속국이 되었고 오랫동안 그렇게 남아 있게 되는데, 그 권력자들은 영국을 땅과 전리품이 가득한 보고로 보았다. 5세기에 프리지아인들이 그랬던 것과 아주 흡사하게 말이다.

승리한 프랑스어,
영어를 발아래 파묻어 버리다
—

영어도 위험에 처하게 되었다. 앵글로색슨족은 영어가 될 언어에서 기존의 켈트어를 거의 제거해 냈다. 데인족 바이킹들도 영어에 똑같은 짓을 할 뻔했다. 하지만 첫째, 고대영어는 다른 언어를 받아들이지 않으려는 무자비한 결심을 보여주었다. 둘째, 고대영어는 가장 비범한 전사 겸 학자인 알프레드 왕의 도움을 받았다. 또한 위협적인 언어인 덴마크어를 잘 다루고 끌어들여 필요한 것은 받아들이기 시작했다. 그러나 이제는? 지도자도 없이 억압당하며 노르만족의 발아래 정복되었나?

그 이름 자체에 즉각적인 단서가 있다. 헤이스팅스Hastings란 단어는 '－ing('~의 사람들'이라는 뜻의 고대영어)'에서 파생되어 '해스타Hæsta의 사람들 또는 그 지역'을 의미하며, 여기서 해스타는 폭력을 의미하는 고대영어 hæst에서 유래했다. 이름에 폭력이라는 의미를 가진 헤이스팅스에서 영국군은 노르만족에게 대패했고 영국의 체제는 전복되었다. 그 패배는 제2차 세계대전 당시 덩케르크 대패에 버금간다. 영국의 대패와 더불어 영어도 노르만어에 패배하여 〈영어 대패의 날〉로 명명식을 갖게 되었다. 교전이 벌어진 실제 현장에는 fight(싸움)와 같은 영어 단어가 아닌, 노르만 승자들의 단어인 battle(전투)로 이름 붙여졌다. 이것이 새로운 현실이었다.

영국을 정복한 노르만족은 혈통적으로는 고대 스칸디나비아인이었으므로 그들의 언어는 영어와 잘 맞아들어 갔을 것이라고 당연히 기대할 수 있다. 그러나 페븐시에 있는 고대 색슨족의 해변, 프리지아인들이 491년에 상륙했던 바로 그 지점에 노르만족의 배가 도착할 당시 그들이 사용한 언어는 프랑스어의 한 변이형이었다. 다윈주의적인 속성들(적자생존의 법칙)이 인간 언어에 진화론적인 방식으로 작용해 프랑스어가 그들의 고대 스칸디나비아어를 삼켜버렸던 것이다. 노르만족이 사용한 앵글로 노르만어, 즉 프랑스어의 뿌리는 영국에 온 게르만족의 언어들이 아니라 라틴어에 있었다. 고대 스칸디나비아인들의 언어가 프랑스에서는 거의 일소되었던 반면에, 그들의 가까운 친족어는 영국의 북쪽에서 실제로 싸움을 벌여 고대영어 속으로, 심지어는 고대영어 문법의 뿌리 속으로까지 들어갔다는 사실은 대단히 흥미롭다.

노르만족은 외국어를 가지고 와서 그것을 강요했다. 1066년 크리스마스에 윌리엄 1세로 즉위하는 윌리엄 공은 웨스트민스터 사원에서 대관식을 거행했다. 의식은 영어와 라틴어로 거행되었다. 하지만 윌리엄은 내내 프랑스어로 말했다. 그는 영어를 배우려고 시도했지만 포기했다고 한다. 통치권, 권력, 권위 그리고 우월성을 가진 프랑스어는 영어를 묻어버렸다.

윌리엄 1세는 돌로 쌓은 성들을 연이어 세워 자신의 새 왕국을 유지했다. 그 성들은 당시에도 이후에도 오랫동안 난공불락으로 보였을 것임에 틀림없다. 그는 요크에서처럼 커다란 성읍 전체를 완전히 파괴하고 가장 유리한 요충지인 탁 트인 지역 한가운데에 우뚝 솟은 성을 세우는 데 결코 주저하지 않았다. 심지어 지금도 로체스터에 있는 성을 보면 부서져 있음에도 불구하고 힘이 드러나는 것을 볼 수 있다. 성벽들은 권력을 잡은 자들을 지키고 보호해 주었다. 노르만 정복자들은 돌을 다루는 자신들의 힘을 증명하고 강조하기 위해 성당들도 세웠다. 더햄, 요크 같은 거대한 성당들은 "하느님은 우리 편이다."라고 말했다. "우리 정복자들이 만들 수 있는 거대한 건축물들을 보고 행여나 우리에게 대항해 봉기할 생각은 단념하라." 1층 아니면 아주 드물게 2층으로 된 낮은 건축물이 주로 있었던 사회에서 새 건축물들의 크기와 구조와 거대함은 경외감을 불러일으키는 효과를 냈

영국이 노르만족에게 정복당하기까지의 과정을 정리한 당시 자료

을 것이다. 바야흐로 새로운 세계가 도래한 것이다.

돌과 함께 단어에도 새로운 세계가 왔다. 이후 200년 이상 프랑스어가 영어에 억수같이 쏟아져 내렸다(이하 괄호 안에 있는 단어는 출처가 되는 프랑스어다). army(armée, 군대), archer(archer, 사수), soldier(soudier, 병사), guard(garde, 지키다) 등 전쟁 관련 어휘들은 모두 정복자들로부터 나왔다. 프랑스어는 사회 계층을 나타내는 새로운 언어도 철자화했다. 그러한 단어들로 crown(corune, 왕관), throne(trone, 왕좌), court(curt, 궁정), duke(duc, 공작), baron(baron, 남작), nobility(nobilité, 귀족), peasant(paisant, 농부), vassal(vassal, 신하), servant(servant, 하인) 등을 들 수 있다. govern(지배하다)이란 단어도 프랑스어 governer에서 왔으며 authority(autorité, 권위), obedience(obedience, 복종), traitor(traitre, 배반자)도 마찬가지다.

이 짧은 예에서 새로운 세계가 떠오른다. 우리는 실권을 잡은 자가 누구인지, 즉 〈언어를 가진 자〉가 누구인지 안다. 침략자들의 입지를 강화하는 하나의 체제가 자리를 잡아가는 것이 보인다. 언어가 그것을 말해 준다. 그 체제는 지배자와 피지배자들의 이름을 새로 지어주고 프랑스어에 영어를 구속시켰다. 그리고 그것은 사방으로 퍼져나갔다.

법률 분야를 보면 felony(중죄)는 프랑스어 felonie에서, arrest(체포하다)는 areter에서, warrant(보증하다)는 warant에서, justice(정의)는 justice에서, judge(판사)는 juge에서, jury(배심원)는 juree에서 왔다. 예를 더 들어보면 accuse(고소하다)는 프랑스어 acuser에서, acquit(무죄방면하다)는 aquiter에서, sentence(선고하다)는 sentence에서, condemn(비난하다)은 condemner에서, prison(교도소)은 prisun에서, gaol(감옥)은 gaiole에서 왔다.

노르만족의 잉글랜드 정복 이후 300년 동안 아마도 1만 개에 달하는 프랑스어 단어가 영어를 식민화한 것으로 추정된다. 그것들이 모두 한 번에 들어온 것은 아니다. 물론 권위, 법률 및 규정에 관한 단어들은 즉시 강제되기는 했다. 1066년은 프랑스어 단어들에 물꼬를 터주었고, 이 단어들은 14세기까지 마구 밀려들어 오다가 그 이후부터는 간헐적으로 유입되었다. battle(전투), conquest(정복), castle(성), arms(무기), siege(포위), lance(창), armour(갑옷과 투구)가 맨 처음 들어와 자리잡게 되었다. 오늘날 이 단어들은 ground, blood, sword, son만큼이나 영어처럼 들린다. 새로운 법정 구호는 'Honi soit qui mal y pense(악을 생각하는 자에게 악이 임하기를)!'였다. 노르만족은 권력의 중심부

노르만족의 침략, 영어 일생 중 최대 위기에 봉착하다 69

를 장악했고, 그들이 전파하려고 들여온 새로운 질서를 기술한 것은 바로 그들의 언어였다.

그 다음 300년 동안 우리 자신의 것이 된 프랑스어 차용어들은 예술, 건축과 건물, 교회와 종교, 연예, 패션, 음식과 음료, 정부와 행정, 가정생활, 법률과 법정 업무, 학자와 학문, 문학, 의학, 군사 업무, 승마와 사냥 그리고 사회 계급에서 지배적인 위치에 포진되었다.

영어는
자기 나라에서도 3등으로 전락했다

뻣뻣한 태도로 복종을 요구하는 자들이 주도한 이러한 침략을 받고 영어는 어떻게 살아남을 수 있었을까? 심지어 야심이 크지 않은 영국 남녀마저도 권력이나 문화의 공기를 조금이라도 마실 수 있는 유일한 방법은 프랑스어를 배우고 영어는 주방에 남겨두는 것이었다.

그러나 주방에서조차 영어는 안전하지 않았다. 음식, 식사, 조리에 관련된 대략 500개의 단어들이 프랑스어에서 영어로 들어왔다(이하 괄호 속 앞의 단어는 영어, 뒤의 단어는 출처가 되는 프랑스어다). 어떤 도시(city, cité)에서든지 생선(porters, portiers) 거래가 있었다. 연어(salmon, saumoun), 고등어(mackerel, mackerel), 굴(oysters, oistres), 혀넙치(sole, sole) 등. 고기로는 돼지고기(pork, porc), 소시지(sausages, saussiches), 베이컨(bacon, bacon)이, 과일(fruit, fruit)로는 오렌지(oranges, orenges)와 레몬(lemons, limons), 심지어 포도(grapes, grappes)도 있다. 타르트(tart, tarte)에는 비스킷(biscuit, bescoit)과 약간의 설탕(sugar, çucre) 혹은 크림(cream, cresme)이 들어간다.

여러분이 레스토랑에 가서 메뉴(레스토랑과 메뉴 또한 프랑스어로, 음식을 묘사하거나 문맥 속에 넣어 설명할 때 사용하는 용어들의 침략은 지금까지도 멈춘 적이 없다.)를 달라고 요청하면 중세에 들어온 단어들도 만나게 될 것이 분명하다. 우리는 물론 테이블table을 앞에 두고 의자chair에 앉아 포크fork로 접시plate에 있는 음식을 먹을 것이다. 이 단어들은 모두 프랑스어에서 왔거나 프랑스어의 영향을 받아 지금의 의미로 확장되었다. fry(frire, 튀기다), vinegar(vyn egre, 식초), herb(herbe, 약초), olive(olive, 올리브), mustard(moustarde, 겨자) 그리고 이 모든 것들의 핵심은 appetite(apetit, 식욕)이다.

이러한 치밀한 점령으로 프랑스어는 앞에서 나열한 범주 전체에 영향을 끼쳤으며 언제나 핵심 위치를 차지하는 것처럼 보였다. 프랑스어는 노르만 프랑스 군대만큼 무자비했으며 전략적으로 빈틈이 없었다. 노르만 군대가 이 땅을 지배할 방도를 찾아냈던 것과 똑같이 프랑스어는 영어를 지배할 수단을 찾아냈다.

둠스데이(Domesday, 토지대장)는 여기에 적합한 단어다. 헤이스팅스 전투가 벌어진 지 20년 후에 윌리엄 1세는 관리들을 내보내 자기 왕국[11]의 재산을 조사하도록 했다. 피터보로의 수도사들은 여전히 『앵글로색슨 연대기』에 역사적 사건들을 기록하고 있었다. 그들은 한 조각의 땅도 측량을 피할 수 없었다며 불만을 토로했다. 심지어는 황소, 암소, 돼지 한 마리도 피해갈 수 없었다. 윌리엄 1세는 그 모든 것을 차지했다.

---

11 영국을 가리킨다. 노르만 왕들은 영국에는 거의 거주하지 않고 주로 노르망디에 거주하면서 영국을 지배했다.

두 권의 둠스데이가 있는데, 이는 노르만족이 영국 토지를 얼마나 철저히 접수했으며 그들의 영향과 언어가 얼마나 널리 퍼졌는가를 보여준다. 나라의 절반이 단 190명의 수중에 있었다. 그 중 절반을 단 11명이 차지했다. 그 중 일부의 이름은 다음과 같다.

William de Warenne(와렌의 윌리엄)

Roger of Mowbray(모우브레이의 로저)

Richard fitzGilbert(리처드 피츠길버트)

Geoffrey de Mandeville(만데빌의 제프리)

William de Briouze(브리우즈의 윌리엄)

이 대지주들 가운데 영어를 말하는 사람은 단 한 명도 없었다. 둠스데이는 라틴어로 쓰여 있다. 이것은 영어로는 표현할 수 없는 방법으로 법적인 권위를 강조하기 위함이었다.

단어가 일상적인 용도보다 더 깊은 역사와 의미를 지니는 경우가 많다고 믿는다면, 우리는 노르만족의 침입과 함께 절대적인 권력의 이동을 보게 된다. 사회를 규제하고 위계를 실행했던 단어들, 법률을 제정했던 단어들, 자신들의 사용에 사회가 관여하는 즐거움을 누렸던 단어들은 정상에 위치해 무자비하게 노르만 프랑스어(Norman French, 노르만족이 프랑스에서 사용하던 프랑스어 방언 중 하나)를 강요했다. 라틴어는 성직자나 상류층이 사용하는 언어로 확고하게 자리잡았다. 영어는 자기 나라에서 불쌍하게도 3등이었다.

사후 판단으로 명백히 영어가 살아남았을 거라고 말하기는 쉽다. 그러나 그런 사후 판단은 역사의 독약이다. 사후 판단으로 영국이 워털루에서 나폴레옹을 패배시켰을 거라고 말하기는 쉽다. 하지만 승리를 거둔 정직한 장군에 의하면 근소한 차이로 이겼다고 한다. 제2차 세계대전에서 영국이 승리했다고 말하기는 쉽다. 하지만 1940년 켄트에서 영국 본토 항공전의 혼전을 지켜본 사람들에게 물어보라. 베를린 장벽이 무너질 수밖에 없었다고 말하기는 쉽다. 하지만 1980년대에 어느 영향력 있는 해설가나 여론 단체들이 그런 말을 했던가. 사후 판단은 우리가 역사라고 부르는 난장판을 걸레로 닦아내는 쉬운 방법이다. 이는 질서정연함을 좋아하는 이들의 도피처가 되는 경우가 너무나 많으며 먼지가 가라앉은 후에는 가지런한 패턴을 만들어낸다. 흔히 그렇듯이 먼지가 날리고 있던 당시에는 결과가 어떻게 될지 아무도 몰랐다.

  그런 정신으로 말하자면, 내 생각으로는 프랑스어의 쇄도가 많은 영국민들, 특히 교육받은 이들에게는 그 땅에서 자신들이 지녔던 권위의 종말이자 자국어의 종말처럼 보였을 것이 틀림없다는 것이다. 일부 켈트족이 로마화했던 것처럼, 일부 영국인은 노르만화했다. 그것만이 유일한 신분상승의 방법이자 탈출구였다. 향후 적어도 150년 동안 프랑스어가 영어에 미친 영향은 극심했으며 그 후 150년 동안 영어는 계속해서 투쟁해야 했다. 이때는 데인족을 상대할 때처럼 살아남기 위해서가 아니라, 이 〈괴물 같은 외래어 군단〉을 어떻게든 삼키고 소화하고 흡수하기 위해서였다. 그들은 무더기로 몰려들어 왔으므로 거부되고 패배하거나 아니면 어떻게든 우리의 영어 단어가 되어야 할 필요가 있었다. 그렇지 않았다면 프랑스어는 틀림없이 영어의 기를 꺾어 효과적으로 제거하고 영어가 지녔던 최고 지위에 대한 모든 권리를 무효로 만들었을 것이다.

노르만족에게 정복된 지 300년 후, 영어가 드디어 다시 등장했을 때 영어는 극적으로 변화되어 있었다. 그러나 처음에는 정복자를 받아들여야 했고 어떻게 해서든지 그들을 다시 정복해야 했다. 영어는 1066년에 해럴드의 군대가 실패했던 일을 해야 했다.

해럴드 왕은 300년 동안 영어를 사용한 마지막 왕이자 영어로 대관식 선서를 한 마지막 왕이 된다.

4

포위되어 있을지라도 영어는 아직 살아 있다

정복왕 윌리엄 1세가 지배하는 영국은 노르망디 공국의 영토가 되었다. 새 왕은 1077년 템스 강변에 화이트 타워의 건설을 명하면서 자신의 의도를 알렸다. 타워는 궁전이자 국고이자 감옥이자 요새로 쓰이게 된다. 심지어 지금도 그 타워는 웅장하고 위풍당당하게 서 있고, 그곳을 지키는 듯한 살찐 사나운 까마귀들은 마치 영국의 마지막 침략자 윌리엄 1세의 잔혹한 힘을 여전히 지닌 것처럼 보인다. 그 침략자는 노르만 프랑스어라는 엄청난 짐을 가져와 영국의 영토뿐만 아니라 영어 또한 위협받게 했다.

윌리엄 1세의 계승자들은 무자비한 독점이라는 그의 단순한 정책을 유지했다. 영국 전역에서 윌리엄의 사람들은 국가와 교회의 모든 요직을 차지했다. 헤이스팅스 전투가 끝난 지 60년이 채 못 되었을 때 수사이자 역사가였던 말메즈베리의 윌리엄은 이렇게 썼다.

"현재 백작이나 주교나 수도원장 자리에 있는 영국인은 단 한 명도 없다. 새로 온 자들이 영국의 부와 내장을 갉아먹고 있다. 이 비극을 끝낼 어떤 희망도 없다."

이보다 훨씬 이후에 나온 증거로 무장한 채 영어의 생존 불가피성에 대해 말하는 사람들은 12세기 초반에 이 분별력 있는 역사가의 대화를 상상해 보는 것이 좋을 것이다. 그의 견해, 즉 전방에서 보는 견해는 자신감이 훨씬 덜했을 것이다. 그는 라틴어로 글을 썼다. 노르만 족의 정복 이전에 그토록 위엄 있게 자리잡았던 문자 영어Written English는 급속히 외곽으로 밀려나고 있었다.

문자 영어의 가장 자랑스러운 기능 가운데 하나는 『앵글로색슨 연대기』의 기록 언어였다는 것인데 이 책에는 지난 600년간의 중대한 사건들이 기록되어 있다. 하지만 12세기 중엽, 피터보로 수도원에서는 영어의 최고 기능, 독특한 전통이 마지막 숨을 내쉬었다. 『앵글로색슨 연대기』는 민중의 언어로 기록되어 왔다. 유럽 본토의 어디에도 이와 같은 것은 없었다. 영국은 이미 자신의 언어로 쓴 오랜 역사를 지닌 곳이었다.

『앵글로색슨 연대기』들은 여러 수도원 건물에 보존되어 왔다. 그리고 노르만 정복 이후 하나씩 버려졌다. 피터보로 연대기가 마지막으로 살아남았다. 1154년에 피터보로 수도원의 한 수사는 윌리엄 드 워터빌이라는 프랑스 이름을 가진 새 수도원장이 부임했다고 기록했다. 그는 이렇게 적었다. "그는 좋은 출발을 했다. 주님께서 그가 마무리도 잘 할 수 있도록 허락하시기를." 영어로 적어 넣은 이 글을 마지막으로 600여 년 동안 글로 기록되던 역사는 끝이 났다. 고대영어는 자신의 나라에서 인정받고 존경받는 〈기록 언어〉가 되기를 중단했다. 역사는 더 이상 앵글로색슨족과 함께하지 않았다. 한 인격을 파괴하는 방법은 기억을 잘라내는 것이다. 한 나라를 파괴하는 방법은 역사를 잘라내는 것이다. 특히 역사가 모국어에서 나올 때는 더욱 그렇다. 위상은 사라지고 지속성은 단절되었다. 『앵글로색슨 연대기』들이 그토록 세심하게 기록했던 영국민들의 형성에 관한 내용은 모두 쓸모가 없어졌다. 백성을 한데 묶었던 문자 언어는 점차 촛불이 꺼져가듯 사그라져 갔다.

정복당해 꺼져가는 영어,
추방당하는 처지에도 자신의 상처를 돌보다
―

그러나 5~6세기에는 켈트어가 영국에 살던 주민 대다수가 사용하는 언어였음에 틀림없던 것과 마찬가지로, 1066년 이후의 영어는 여전히 〈민중의 언어〉였다. 처음에 노르만 프랑스인은 전체 인구의 3~5퍼센트를 넘지 않았을 것으로 추정된다. 하지만 로마인들이 훨씬 더 적은 비율의 인구로도 광대한 면적의 땅을 정복할 수 있음을 증명했듯이, 많은 제국들에서 군사력을 숫자로 비교하는 것은 하찮으며 오히려 불균형한 것처럼 보일지도 모른다. 인도에서 영국이, 중앙아프리카에서 프랑스가, 지중해와 동양의 주변에서 이슬람이 그랬던 것처럼 말이다. 정복군의 엘리트는 깜짝 놀랄 만한 기념비를 세울 수 있는데 노르만 프랑스인들도 그것을 증명해 냈다. 영국인들은 사실상 지도자가 없었고, 그들의 최고 전사들은 살해되거나 붙잡히거나 도망갔고, 북쪽에 남은 마지막 군사기지는 침략자들의 상대조차 되지 못했다는 것도 도움이 되었다. 그리고 침략자들은 어떤 자비도 베풀지 않았다. 비참함, 황폐함, 약탈, 파괴. 이 단어들은 노르만족이 칭기스칸과 같은 위력으로 치명적으로 약화된 나라를 휩쓸며 전진하던 모습을 묘사하는 단어들이다.

점령당한 자들의 언어는 더 이상 중요하지 않았다. 그러나 노르만 프랑스어의 가혹한 탄압에도 불구하고, 영어는 마치 언어 그 자체가 저항운동인 것처럼 계속 사용되었을 뿐만 아니라 발전해 갔다. 여기서 증거가 될 만한 것으로 문법을 얘기하면 호기심을 돋울 수도 있겠다. 환대를 떠올리는 말로 대접받은 것은 아니지만 문법이야말로 유용한 증거다. 문법이 변해 가며 자리를 잡아가고 새로운 도전을 맞이한다면, 또한 언어의 내부 엔진이 새로 군림하는 언어에 개의치 않고 주어진 조건 속에서 여전히 변화와 적응에 맞추어져 있다면, 이는 언어가 포위되어 있을지라도 살아 있다는 좋은 증거이기 때문이다.

케이티 로 박사는 데인족과 웨섹스 중심의 영국인들이 10세기에 데인로 경계를 넘어 교역을 시작했을 때 상이하지 않았던 두 언어 사이의 마찰이 당시 사람들이 말하던 방식과 지금 우리가 말하는 방식에 지대한 영향을 준 변화를 가져왔음을 지적했다. 그녀는 'The King gave horses to his men(왕이 부하들에게 말들을 주었다).'라는 문장을 예로 들었다. 고대영어로는 'Se cyning geaf blancan his gumum.'이었을 것이다.

이 문장에는 to라는 전치사가 없다. 대신 단어의 굴절어미들이 그 역할을 한다. gumum의 끝에 붙은 um이 gum이라는 명사가 복수이고 문장의 간접목적어임을 말해 준다. 이 문장에서 um은 to와 동일하다. 말의 복수는 an을 붙여 만든다. 그래서 blancan은 horses라는 뜻을 갖게 된다. 문제는 이 두 단어가 섞였을 때 um과 an의 구분이 불분명하게 되었다는 점이다. 그래서 단순 복수형과 형태가 동일한 gumum 대신에 guman이 사용될 수 있었다. his blancan(horses, 말들) 대신에는 his blancum(to horses, 말들에게)이 사용되었다. 따라서 이 간단한 문장은 결국 'The King gave men(guman) to his horses(blancum).'를 뜻할 수도 있었다. 물론 의미가 복잡해질수록 오해의 여지는 더 커졌다. 그 문제를 to라는 단어가 해결했고 더 많은 전치사들이 이 시기에 그 역할을 담당했다.

이러한 변화가 12세기에도 여전히 계속되고 있었다는 것은 의미심장하다. 특히 북부에서는 명시(clarification, 굴절을 통해 문법 범주를 명확히 표시하는 것)에 대한 요구가 끊이지 않았다. 고대영어에서 복수는 다양한 방법으로 표시될 수 있었다. 대략 이 시기에는 많은 고대영어 명사들이 그랬던 것처럼 s를 붙여 더 많은 복수형을 만들었다. 예를 들어, names의 고대영어 복수형인 naman은 이 시기에 nam-es가 되었고 나중에 names가 되었다. to, by, from과 같은 전치사들은 이전의 단어 어미들이 가졌던 기능을 더 많이 담당하게 되었고 어순 자체는 보다 더 고정되었다. 또 고대영어에서 정관사를 나타내기 위해 사용되었던 당황스러울 정도로 다양한 단어들 대신 the가 사용되었다.

영어는 공식적으로 무시당하고 문자 언어의 많은 전통이 제거되었음에도 불구하고 이처럼 계속 변화하며 견뎌나갔다. 침략자의 언어에 저항하면서도 그것을 흡수하고 골라내는 동시에 추방당하고 상처받은 짐승처럼 자신을 돌보며 다시 부상할 기회를 얻기 희망했다.

로맨스, 기사도!
프랑스에서 수입된 단어가 삶에 파고들다

1154년에는 그런 일이 실현되기는 요원해 보였다. 1154년의 운명적인 피터보로 연대기는 "이 해에 영국민들은 정복자 윌리엄의 손자이며 플랜태저넷 왕가(Plantagenet, 헨리 2세부터 리처드 3세까지 영국을 통치한 왕조)의 시조인 프랑스 앙주의 헨리Henry 백작을 새 왕으로 맞게 되었다."라고 기록했다. 그는 학문 애호가였고 프랑스어뿐만 아니라 라틴어에도 능통했다. 그러나 영어는 하지 못했다. 그의 왕비는 아키텐의 엘레오노르Eleanor of Aquitaine였는데 아키텐의 왕 윌리엄 10세의 딸이었다.

헨리 2세는 영국 무대에 프랑스풍의 새로운 힘을 선언하고 과시하는 웨스트민스터 사원의 화려한 예식을 통해 왕위에 올랐다. 사제는 이전에 영국에서 볼 수 있었던 그 어떤 옷보다 더 비싼 실크 가운을 입었다. 왕, 왕비, 대남작은 실크와 수를 놓은 브로케이드 예복을 입었는데, 이러한 사치는 그토록 많은 땅과 부를 긁어모은 것을 엄숙히 축하하는 자리에 어울린다고 생각되었다. 마찬가지로 이 예식은 1066년의 승리를 통해 너무나 탐욕스럽게 이득을 취했던 중무장한 기병들만큼이나 나름대로 영어를 모든 면에서 위협했다.

헨리 2세는 정복왕 윌리엄 1세가 소유했던 영국과 북부 프랑스의 땅을 물려받았다. 서유럽에서 가장 막대한 재산을 상속받은 왕비 엘레오노르는 현재 프랑스 루아르 강에서 피레네 산맥까지, 론 강에서 대서양까지 이르는 땅을 가지고 있었다. 이는 거대한 왕국이었는데 대부분이 영국해협 건너 프랑스어가 사용되는 지역이었다. 이 왕국이 커짐에 따라 영국의 땅과 영어는 훨씬 덜 중요하게 되었다. 프랑스어와 라틴어가 정부와 법정은 물론 새로운 문화의 언어로 훨씬 더 확고하게 자리잡았다.

그러나 이처럼 대단한 경우에도, 즉 영국이 훨씬 더 축소된 것처럼 보였을 때에도 영어에는 여전히 생명과, 심지어 희망도 남아 있었다. 헨리 2세와 엘레오노르가 런던의 스트랜드 거리를 행진하고 있을 때 국민들은 왕의 만수무강을 기원하며 고대영어와 라틴어로 "Wes hal!", "Vivat Rex."라고 외쳤다고 한다. (두 표현 모두 '왕이여 만수무강하소서!' 정도로 해석될 수 있다.) 영어는 거리에 살아남아 있었다.

그러나 헨리와 엘레오노르는 더 많은 단어를 가져왔다. 정복 후 첫 100년 동안 차용된 단어들은 대부분 노르망디나 프랑스 북부의 피카르디에서 왔다. 하지만 헨리 2세의 통치기(1154~1189년)에는 다른 방언들, 특히 중부 프랑스어인 프랑시엥Francien이 영어에 기여했다. 따라서 노르만 프랑스어에서 차용된 catch(붙들다), real(진짜의), reward(보수), wage(급여), warden(관리인), warrant(정당한 이유) 등의 단어들은 프랑시엥에서 차용된 chase(뒤쫓다), royal(왕의), regard(여기다), gauge(계량), guardian(보호자), guarantee(보증)와 같은 단어들과 함께 존재했다.

아마도 어휘보다 더 중요했던 것은 단어들 사이에서 날개를 달게 되는 개념들ideas이었다. 이는 몇 번이고 되풀이해서 발생했던 사건을 명확히 보여주는 예로 〈새로운 단어들은 새로운 개념의 씨앗을 뿌린다〉는 것이다. 영국해협을 건너 이제 궁전으로 들어온 새로운 개념들은 널리 퍼져나갔다. 새 개념들을 표현한 단어들에는 courtesy(cortesie, 예의), honour(honor, 명예), tournament(torneiement, 토너먼트)가 있다. romance(로맨스)와 chivalry(기사도)란 단어는 9세기에 알프레드 대왕이 국민을 재교육시키기 시작한 이후 영국에 가장 커다란 문화적 충격을 가져왔다. 그러나 알프레드 왕이 신을 위해, 국가의 단합을 위해 국민을 재교육했던 곳에서, 헨리와 엘레오노르의 왕실은 문화와 즐거움을 위해 이 일을 했다. 엘레오노르는 유럽에서 가장 교양 있는 여성으로 여겨졌다. 그녀는 비운을 맞이한 밟히고 점령된 변방 식민지 섬의 감성을 바꾸려고 시도했다. 그녀는 어느 누구보다도 시인과 음유시인들을 많이 후원했다. 당시 그들의 시와 노래는 중세가 기사도 시대라는 로맨틱 이미지를 만들어 냈다. 하지만 이 이미지는 영광스러운 비전이었으나 아름답게 묘사되고 장식된 중세 문학작품의 밖에서는 거의 현실화되지 못했다.

새로운 개념들은 들어왔고 영국에 자신들의 잠자리를 마련했으며 적어도 앞으로 다가올 7세기 동안 문화를 만들어 나갔는데 이는 마치 젠틀한 기사가 신사가 되는 것과 같았다. 엘레오노르가 영국에 도착하기 전, 말horse과 관련되어 만들어진 단어인 chevalerie는 단순히 기병대cavalry를 의미했다. 그것은 헤이스팅스 전투에서 승리한 말 탄 전사들의 사나움을 뜻했고 그 이후 많은 영국인들은 노르만 기사들을 단순히 말을 탄 살인자이자 못살게 구는 사람들로 여겼다.

하지만 이제 엘레오노르의 영향 아래 말을 탄 기마병들은 기사로 변모하기 시작했다. chivalry란 단어는 명예와 이타주의가 함께 융합되어 있는 많은 개념과 행동을 뜻하게 되었다. 자신이 섬기는 왕, 동료들, 적 그리고 무엇보다도 아름다우면서 잔인한 여인들에게 어떻게 행동해야 하는가를 규정했던 단어였다. 이 단어는 궁정의 보호구역에서 왕실에 자신의 자리가 없었던 영어가 당시로서는 가질 수 없었던 위상을 선점했다. 사회 자체가 중요시했던 방식은 점점 극적으로 다른 방향을 향하게 되었는데 처음에는 고대영어 시기의 영국이나 고대영어와는 아무런 상관이 없었다. 두 가지 모두 필요 없었다.

역사나 전설로부터 아서 왕과 그의 기사들 이야기를 끄집어내어 시를 짓거나 전설을 더욱 강화시킨 것도 바로 엘레오노르의 통치 기간에 이루어졌다. 이 새롭게 풍요로워진 언어에서 시적 전통이 점차 자라나고 있었다. 12세기에는 아서 왕의 로맨스를 지은 위대한 시인 크레티앵 드 트루아와 마법 우화작가 마리 드 프랑스가 활약했다. 두 사람 모두 프랑스어로 궁정시를 썼는데, 마리는 그녀 자신의 설명에 따르면 영국에서 시를 썼다고 한다.

흥미롭게도 식민지 개척자들이 모두 그랬던 것처럼 이 두 작가 모두 영국의 자산을 가로챘다는 증거가 좀 있다. 크레티앵은 영국에서 시의 소재를 얻었는데, 아마도 몬머스 드 제프리가 쓴 『영국 왕들의 역사 Historia Regum Brittaniae』를 웨이스가 프랑스어로 번역한 것을 통해 얻어낸 것으로 보인다. 마리 드 프랑스는 자신의 이야기 일부를 영어에서 프랑스어로 번역했다고 말하고 있다.

이제 영어는 자력으로 세련되어졌고 최초 노르만 정착자들의 언어보다 훨씬 더 풍요로워졌다. 시인들은 엘레오노르에 대한 낭송 서사시를 지었는데 그녀를 이 세상에서 가장 아름다운 여성으로 칭송하면서, 궁정에서 사랑의 중심에 있었던 이 완벽한 여성에 대한 현실적으로 불가능한 갈망을 쏟아냈다. 이 시들은 훗날 연애, 즐거움, 사랑의 고통에 관한 시와 노래에 막대한 영향을 주었으며 지금도 그러하다. 이는 셰익스피어의 소네트 sonnet와 낭만주의 연애시를 거쳐 오늘날의 유행가 가사까지를 관통하는 하나의 문학 경향을 형성했다. 이러한 개념들이 당시에 주었던 효과를 측정하고 그 무게를 재는 것은 불가능하다. 그렇다 해도 수입된 프랑스의 궁정 개념들이 우리의 사고방식, 즉 어떻게 행동을 해야 하고 또 할 수 있으며 어떻게 사랑에 빠졌다가 그 끝을 내야 하는가에 관한 사고방식에 깊숙이 침투해 있었다는 것에 대해서는 논의할 여지가 없을 만큼 명백하다.

**그럼에도,
영어는 거리에 살아남아 있었다**

영국의 평신도, 즉 성직자가 아닌 일반인이 쓴 중세 최초의 자서전은 기사 윌리엄 마셜의 것이다. 그는 펨브로크의 백작이자 직업군인, 왕실 자문관이었고 마상시합의 우승자였으며 영국의 섭정이었다. 자서전은 19,000행이 넘는 시로 13세기 초에 프랑스어로 써졌다. 당시에는 오히려 이런 의도에 잘 들어맞는 영어가 영국 사람의 자서전에서조차 적합하지 않다고 여겨졌다.

그러나 글자로 쓴 영어 단어들은 완전히 사라지지는 않았다. 노르만족의 정복 후 처음 150년 동안 이들 단어들은 변방에 머물러 있었는데, 이는 18세기에 계몽주의가 승리한 후 영어 방언들이 문학의 영역 밖으로 밀려나 사회의 더 낮은 변방에 머무르게 되었던 현상과 아주 유사했다.

예를 들어 12세기 말 북부의 링컨셔에 살던 수사 옴이 쓴 『오뮬룸 *Ormulum*』(옴의 강론집)이라는 책이 있다. 그는 영어로 신앙을 가르치고 싶었고 그래서 그의 시들은 크게 소리 내어 읽혀지도록 되어 있었다. 여기 자신의 책에 대한 옴의 설명이 있다. (이후에 나오는 원문은 모두 중세영어다.)

þiss boc iss nemmned Orrmulum

forrþi þat Orrm itt wrohhte ⋯

Icc hafe wennd inntill Ennglissh

Goddspelles hallghe lare

Affterr þatt little witt þat me

Min Drihhtin hafeþþ lenedd

이 책을 오를름이라 명명한다

왜냐하면 옴이 지었으므로 ⋯

나는 영어로 바꾸어 놓았다

복음서의 신성한 지식을

나의 주님이 내게 허락해 주신

작은 지혜에 따라서

  이 시는 지역적 특성을 갖고 있는데, 그곳은 노르만족에 대항했던 마지막 색슨족 가운데 하나인 웨이크의 헤리워드가 살던 소택지대 가까이 있던 지역이다. 이 시는 지방에서 얻을 수 있는 자유를 잘 사용했던 헌신적인 성직자들의 오랜 전통을 따르고 있다. 하지만 감동적이고 중요하긴 해도 일반인이 복음서에 접근할 수 있게 만드는 전국적인 추진 운동의 일부가 아니라 물가에 머물러 있어 오히려 동떨어진 느낌이었고 심지어 경계선 끝에 있다는 느낌을 준다.

  이와 거의 동일한 시기에 「부엉이와 나이팅게일The Owl and the Nightingale」이란 시는 주로 남동부 방언으로 써졌다. 이것은 길드포드의 니콜라스 교수의 작품으로 간주된다.

Ich was in one sumere dale

In one suþe digele hale

Iherde Ich holde grete tale

An hule and one nihtingale

Þat plait was stif an starc an strong

Sumwile softe an lud among

나는 여름날의 계곡에 있었다

아주 외딴 구석에

나는 부엉이와 나이팅게일이

대단한 논쟁을 벌이고 있는 것을 들었다

논쟁은 완강하고 거칠고 강력했다

때로는 조용했고 때로는 큰소리를 냈다

 이 시의 각운 형식은 프랑스어식이거나 프랑스어에서 영감을 받은 것이다. 이 각운은 이 작품을 그 어떤 시보다 더 시답게 만들고 있는데 많은 학자들은 이 시를 훌륭한 작품으로 받아들이고 있다. 이 시는 영어로 쓰여 있는데 이는 문자 영어에 대한 지속적인 독자층이 존재하고 있었다는 증거가 된다. 그러나 여기서조차, 즉 문자 영어의 중심부인 시에서조차 프랑스어의 영향력은 피할 수 없었다.

 영어가 궁전이 아닌 다른 영역에서 살아 있었다는 것을 가장 상쾌하게 보여주는 노래가 있다. 이 작품은 리딩 수도원에서 발견되었는데 악보도 갖추고 있으며 오늘날에도 비교적 쉽게 알아볼 수 있는 영어로 된 최초의 작품들 중 하나다. 약간 어색하게 보일 수 있는 몇몇 단어들조차 앞뒤가 잘 들어맞게 자리하고 있다.
다음은 그 첫 소절이다.

Sumer is icumen in

Lhude sing, cuccu.

Groweþ sed and bloweþ med

And springþ the wude nu.

Sing cuccu.

Awe bleteþ after lomb

Lhouþ after calve cu

Bulluc sterteb, bucke verteþ,

Murie sing cuccu!

Cuccu, cuccu

Wel singe þu cuccu

Ne swikþu naver nu.

여름이 왔다
큰소리로 노래한다, 뻐꾹.
씨앗이 자라고 목초지에 풀이 돋아나고
그리고 나무에 싹이 튼다.
노래하라, 뻐꾹!
암양은 새끼양 뒤에서 '매애' 하며 울고
암소는 송아지 뒤에서 '음매' 하며 울고
수소는 껑충거리고, 수사슴은 방귀를 뀐다,

즐겁게 노래하라, 뻐꾹!

뻐꾹, 뻐꾹

노래를 잘하는구나, 뻐꾹

이제 결코 멈추지 않는구나.

이 노래에서 주목할 만한 점은 프랑스어 단어가 하나도 없다는 것이다. summer, come, seed와 같은 단어들은 게르만어에서 왔다. spring과 wood는 「베오울프」에서도 발견되는 단어들이다. loud와 sing은 알프레드 대왕이 인정한 작품들에 나온다. 이 노래에는 고대 영어 어휘의 순수한 계보가 있으며, 베르트랑 드 본이 쓴 기사도에 관한 노래와는 상상할 수 있는 한 아주 동떨어진 영어 노래에 대한 취향이 담겨 있다. 헨리와 엘레오노르의 프랑스 문화는 공용어, 즉 영어를 제거하지 못했다.

영어를 사용하는 하류층 vs. 프랑스어를 사용하는 상류층

영어는 늘 시간을 다투는 경주를 해야만 했다. 노르만 프랑스어가 의사소통의 모든 고지를 더 오랫동안 지배할수록 영어는 더욱 약화되었다.

대략 첫 150년 동안 윌리엄 1세가 도입한 봉건제도는 모든 경제적 및 사회적 관계들, 즉 villein(농노), vassal(가신), labourer(노동자), bailiff(집행관) 등과 같은 프랑스어 단어로 표현된 관계들을 정의했다. 중세시대에 전체 인구의 95퍼센트가 거주했던 시골에서는 영국인들이 여전히 억압받고 무시되고 있던 영어로 말하면서 본질적으로 농노(serfs, 프랑스어임)의 삶을 살고 있었는데, 이들은 법적으로는 노예가 아니었으나 영주의 영지에 일생 동안 묶여 있었다. 영지에서 그들은 주인을 위해 일하면서 최저생계를 유지했다.

영어를 사용하는 농부들은 작은 방 하나가 있는 진흙과 잔가지로 만들어진 오두막집에서 살았던 반면, 프랑스어를 사용하는 주인들은 돌로 지은 높은 성에서 살았다. 우리가 갖고 있는 현대 어휘의 많은 측면이 이들 사이의 구분을 반영한다.

영어 사용자들은 우리가 지금도 고대영어로는 ox(황소), 현재는 좀 더 흔하게 cow(소)라고 부르는 살아 있는 가축을 돌보았다. 반면 프랑스어 사용자들은 프랑스어로 beef(소고기)라고 부르는 식탁에 올라온 조리된 고기를 먹었다. 마찬가지로 영어의 sheep(양)은 프랑스어로 mutton(양고기), calf(송아지)는 프랑스어로 veal(송아지고기), deer(사슴)는 프랑스어로 venison(사슴고기), pig(돼지)는 프랑스어로 pork(돼지고기)가 되었다. 이 모든 예에서 영어는 동물을, 프랑스어는 동물의 고기를 뜻한다.

영국인들은 노동을 했고, 프랑스인들은 잔치를 벌이며 즐겼다.

그럼에도 이러한 단절은 어쨌든 영어에 이익이 되도록 작용해 왔다. 심하게 이질적이지는 않지만 좀 더 극단적인 경우는 노예들이었는데, 자신들의 모국을 뺏긴 이들은 정체성을 지키기 위해, 비밀스러운 의사소통을 위해, 사랑 때문에, 그리고 분명한 완고함 때문에 자신들의 언어를 단단히 붙잡고 놓지 않았다. 봉건시대에는 여러 분야에서 서로 단절되어 있었는데 역할과 계층 사이에 거리가 있었고 그 차이는 거의 메워질 수 없었다. 정복당한 영국인은 쪼그리고 앉아 프랑스어의 사악함과 이 세상의 불의에 대해 곰곰이 생각하면서, 영어를 자신의 정체성과 위엄을 나타내는 진정한 상징으로 돌보며 때를 기다렸다가 부자 외국인들로부터 그들의 언어를 몰래 훔쳐올 수 있었다.

놀랄 일은 아니지만 그들이 즐긴 오락이 그 증거를 제공해 준다. 프랑스어는 어떤 곳에서도 멈출 수 없는 것처럼 보였다. 아랫사람들에게 많은 것들을 요구하던 귀족들이 일상적으로 하던 매사냥은 점령 초기의 한 예를 제공한다. falcon(매)이란 단어 자체는 프랑스어에서 왔다. 새를 붙잡아두는 데 사용된 가는 끈을 가리켰던 leash(가죽끈)와 새가 서 있는 block(받침대)도 마찬가지다. 모든 단어들은 일찍감치 쉽게 동화되었다. 영어 단어인 codger(괴짜 노인)는 매를 codge(cage, 새장)에 가지고 다니면서 매를 부리는 사람을 도와주던 나이 많은 사람이라는 뜻에서 유래했을 것이다. bate(날개 치다)는 새가 날개 치며 날아가려고 애쓰는 것을 묘사했다. check(저지하다)는 처음에는 새가 사람의 주먹 위로 날아와 앉기를 거부하는 것을 뜻했다. lure(미끼)는 매를 훈련하는 데 지금도 사용되는 가죽장비에서 나왔다. quarry(사냥감)는 사냥감을 죽인 매에게 주던 상이었다. 새가 털갈이하는 것을 to mew라고 했는데 이 단어에서 매를 가둔 건물의 이름인 mews가 나왔다.

위에서 언급한 매사냥이라는 하나의 활동에서 나온 프랑스어 단어 9개가 영어에 들어왔다. 어휘와 관련하여 프랑스어가 영어에 미친 영향은 다른 그 어떤 언어도 필적할 수 없을 정도였다. 그러나 곧 프랑스어 단어들은 발음 면에서, 궁극적으로는 흔하게 사용되었다는 점에서 영어가 되었다.

프랑스어는 영어 단어도 대체했는데, fruit은 고대영어 wæstm을 대체했다. 그러나 충분할 정도로 영어 단어들은 프랑스어 단어들과 나란히 존재했다. 고대영어 æppel은 모든 종류의 과일을 의미했다. 하지만 fruit이 사용되자 이 단어는 apple(사과)로 스스로 물러났다. 그러나 사라지지는 않았다.

오늘날 노르만 정복 후 300여 년 동안 프랑스어에서 차용된 단어들을 보면 그것들이 지금 얼마나 영어처럼 보이는지 깜짝 놀라게 된다. 가정에서는 blanket(담요), bucket(물통), chimney(굴뚝), couch(긴 의자), curtain(커튼), kennel(개집), lamp(등불), pantry(식료품 저장실), parlour(응접실), porch(현관), scullery(식기실)가 차용되어 쓰이고 있다. 이 단어들을 사용한 영어로 된 가정소설도 있다. 예술 분야에는 art란 단어 자체와 chess(체스), dance(춤), melody(멜로디), music(음악), noun(명사), paper(종이), poet(시인), rhyme(각운), story(이야기)가 있는데, 예술 잡지는 위에서 언급한 단어를 모두 사용할 수 있었다. 법률 분야에는 arrest(체포하다), bail(보석금), blame(나무라다), crime(범죄), fine(벌금), fraud(사기), pardon(용서), verdict(평결)가 있다. 의상과 패션 분야에는 boot(부츠), buckle(버클), button(단추), frock(원피스), fur(부드러운 털), garment(의복), robe(길고 헐거운 겉옷), veil(면사포), wardrobe(옷장)가 있다. 과학과 학문 분야에는 calendar(달력), grammar(문법), ointment(연고), pain(아픔), plague(전염병), poison(독)이 있다. 일반명사로는 adventure(모험), age(나이), air(공기), country(나라), debt(빚), dozen(열 둘), hour(시간), joy(기쁨), marriage(결혼), people(사람들), person(사람), rage(분노), reason(이유), river(강), sound(소리), spirit(정신), unity(단일), vision(시각)이 있고, 일반형용사로는 active(활동적인), calm(고요한), cruel(잔혹한), honest(정직한), humble(겸손한), natural(자연의), poor(가난한), precious(귀중한), single(단 하나의), solid(고체의), strange(이상한) 등

이 프랑스어에서 차용되어 쓰이고 있다. 이런 단어들은 계속된다. 행정에도, 종교에도, 군대에도, 그리고 구의 형태로도 있다. by heart(암기하여), do justice(공평하게 다루다), on the point of(막 하려 하는), take leave(휴가를 내다) 등. 이들은 중세영어에서 온 단어들이지만 지금 생각해 보면 어떻게 이 단어들이 영어가 아닌 그 무엇이 될 수 있었겠는가? 중세에 있었던 프랑스어 단어들의 영향에 대해서는 이 책의 수십 쪽을 할애할 수도 있을 것이다. 지금 그 단어들은 성공적으로 영어화되었음을 알 수 있다.

영어는 프랑스어 단어들로 넘쳐났다. 그것은 거대한 홍수였고, 방주는 눈에 보이지 않는 것 같았다. 그렇다면 영어는 어떻게 살아남아 다시금 부상했을까?

이제 영어는 전쟁을 겪어야 했고, 애국심에 기반한 영어 위상의 회복을 받아들였으며, 또한 그 누구도 지금까지 겪어보지 못했던 가장 커다란 자연재해들 가운데 하나를 겪어야 했다.

5

주먹으로 한 방 맞긴 했어도
영어는 이제 막 왕관을 차지하려는 참이다

상거래는 노르만 프랑스어 사용자들과 영국인들 사이의 유대를 느슨하게 만들었다. 13세기 중엽, 모직 무역은 영국의 일부 지역을 부유하게 만들었다. 심지어 소규모 마을에도 커다란 교회가 건립되었다. 도시들은 커졌고 노위치나 노팅햄에서처럼 때로는 프랑스 자치구들과 영국인들의 정착지가 함께 커나가기도 했다. 13세기에 런던의 인구는 두 배가 되었는데 시골에 있는 영어 사용자들이 런던으로 몰려왔다. 영어가 노르만족이 건설한 성들을 급습하는 것은 거의 불가능해 보였다. 도시라면 더 좋은 기회를 제공할지도 모른다. 도시에는 프랑스어를 사용하는 궁정의 관리들, 행정관리들, 법률가들, 거상들이 있었다. 하지만 영어는 확실히 언어라는 사다리에서 훨씬 아래에 있는 발판 하나를 가질 수 있을 정도였다.

심지어 도시(런던)도 힘들었던 것 같다. 프랑스어는 상거래 도구에 프랑스어식 이름을 붙여주는 장인들을 자기편으로 끌어들였다. 그 예로 measure(재다), chisel(끌), pulley(도르래), bucket(물통), trowel(모종삽) 등을 들 수 있다. 거래 또한 일방통행으로만 이루어진 것 같았다. 런던의 페티 프랑스Petty France라는 지명은 이곳이 원래는 당시 무역의 중심이 되었던 프랑스 이민자들의 공동체였다는 사실을 보여준다(영국의 여러 도시에 이와 같은 지역들이 있었다). 영어 사용자들과 프랑스어 사용자들이 서로 섞여 어울렸지만 시장을 지배한 것은 프랑스어였다. merchant(marchant, 상인), money(monai, 돈), price(pris, 가격), bargain(bargaine, 싼 물건), contract(contract, 계약), partner(parcener, 파트너), embezzle(enbesilier, 횡령하다) 등의 단어들이 모두 프랑스어에서 왔다(괄호 안의 단어는 프랑스어다).

영어는 어디를 가든지 또 다른 밀집대형의 프랑스어를 만났던 것 같다. 프랑스어는 영어 이름도 앗아갔다. 고대영어로 된 이름들이 소멸되기 시작했다. 앨프리치Aelfric, 애셀스탄Athelstan, 둔스탄Dunstan, 울프스탄Wulfstan, 울프리치Wulfric가 사라졌고, 리처드Richard, 로버트Robert, 사이먼Simon, 스티븐Stephen, 존John 그리고 모든 이름들 가운데 가장 인기 있고 아첨하는 이름인 윌리엄William이 들어왔다.

영어 추종자들이 수적으로 우세했음에도 불구하고 영어는 지도자나 전략이 없는 대중과 같았고, 영어 단어들은 들판에서 노래로 불리웠고 필사본에서 어른거렸으나 결코 프랑스어에 대적할 수는 없었다. 영어는 어쩔 수 없는 억압 앞에서 무기력한 것처럼 보였다. 즉 궁극적으로는 영어를 먹어 없애 그 힘을 약화시켜 결국 점점 더 많은 사용자들이 영어를 한쪽으로 밀쳐내야만 한다는 느낌을 갖게 하려는 침투작용 앞에서 무기력한 것처럼 보였다. 영어는 발전하는 언어가 아니었고, 힘을 가진 언어도 아니었으며, 어려운 상거래의 언어도, 심지어 교육받은 사람들의 대화 언어도 아니었다.

**한 번의 패배는 영어를 위협했으나
또 한 번의 패배는 영어에게 희망을 주었다**
—

하지만 1204년, 전쟁터와 프랑스 안에서의 패배는 영어가 모든 것을 잃지 않을 수도 있다는, 진정으로 고무적인 첫 번째 징후였다. 노르망디와 아키텐 그리고 영국의 왕이었던 존은 프랑스의 훨씬 더 작은 왕국과의 전쟁에서 노르망디 땅을 잃었다. 정복자 윌리엄 조상의 땅이자 그의 문화와 언어의 고향인 노르만 공국은 이제 다른 제국의 일부가 된 것이다. 바야흐로 영국의 노르만 남작들은 어디에 충성할 것인지 선택해야만 했다. 프랑스의 필립 2세는 분열된 충성은 허용하지 않았다. 선택이 이루어졌다. 시몽 드 몽포르는 그의 형제로부터 영국에 있는 모든 재산을 접수하고 대신 노르망디에 있는 자신의 땅을 주었다.

무엇보다도 중요한 것은 이제 프랑스인들이 외국인으로 여겨지기 시작했다는 것이다. 이는 결코 과대평가라고 할 수 없다. 나중에 13세기 말에 헨리 3세가 프랑스어를 사용하는 자연스러운 노르만적인 행동을 하고 그의 궁정에서 프랑스어 표현을 강화했을 때, 강한 반反프랑스 감정은 물론 런던은 외국인들로 가득 차 있다는 불만들이 나왔다. 한 번의 패배(노르만족의 잉글랜드 정복)는 영어를 위협했으나, 128년 후 또 한 번의 패배(존 왕의 패배)는 영어에게 희망을 주었다. 영국의 노

라틴어로 적힌 마그나 카르타에 존 왕이 서명하고 있다.

르만인들은 자신들을 반노르만인으로 여기기 시작해야만 했다.

이것은 아주 긴 여정의 첫걸음이었다. 선택의 여지가 없었기 때문에 영국은 이제 노르만인들의 고향이 되었다. 그러나 영어를 받아들이는 일은 뒤따르지 않았다. 남작들이 존 왕에 대항하여 반란을 일으키고 역사상 가장 유명한 문서인 대헌장 마그나 카르타Magna Carta에 자신들의 요구를 표현했을 때, 그들은 라틴어로 대헌장을 작성했다. 라틴어는 하느님의 언어이자 깊은 전통을 가진 언어였으며 문명화된 서구 세계의 공통어이자 신성한 언어였다. 심지어 1258년 또 다른 반란이 일어났을 때, 이번에는 헨리 3세에 대항하면서 남작들은 다시 왕에게 라틴어로 글을 썼다. 그들은 국민들에게 자신들이 무엇을 원했는지 알리기 위해 각 주에도 편지를 보냈는데 이 편지는 영어로 써졌다. 그러나 왕권은 그 왕권이 통치하고 있는 나라의 기본 언어로 표명되지 않았는데, 이는 영국의 왕들로 하여금 진정으로 영어를 대중 앞에서 인정하도록 유혹하고 강요하는 싸움으로 그 싸움은 알프레드 대왕과 해럴드 왕의 통치하에 영어가 누렸던 위치를 회복하기 전에 영어가 이루어야 할 많은 중요하고도 필수적인 승리들 가운데 첫 번째 싸움이 될 운명이었다.

그러나 제오열(第五列, 주로 적들과 내통하는 이적행위를 하는 내부 세력이나 반란자에게 동조하는 사람들)이 있었다. 바로 영국의 여성들이었다. 초기부터 노르만족과 앵글로색슨족 간에 결혼이 이루어졌다는 유력한 증거가 있다. 영국 여성들은 프랑스어를 사용하는 집에 시집가서 프랑스어를 배우는 것이 당연시되었고 또 프랑스어를 배워야 했지만, 그 집 뒷문 밖에서는 자신들의 영어를 결코 떠날 수 없었다. 이는 영국의 어떤 반란자 무리도 기대할 수 없는 방법으로 난공불락의 성 내부로 파고들었다. 그리고 그들은 하인과 유모를 데리고 갔다. 요람을 흔드는 손이 세상을 지배한다고 흔히 말하듯이 어떤 집에서는 아이들이 두 언어를 배우면서 자랐을 것이다. 이는 마치 오늘날 많은 어린이들이 자신들의 고향 사투리나 집안에서 내려오는 말투를 쓰다가 학교나 정부에서 요구하는 표준어로 언어를 쉽게 바꿀 수 있는 것과 마찬가지였을 것이다.

오랜 기간 꽁꽁 언 채 땅 속에 묻혀 있던 영어,
이제 땅을 뚫고 나오기 시작하다
—

그러나 기록은 13세기 중엽 이후에도 프랑스어가 영어에 계속 유입되고 있었음을 보여준다. 걱정스러운 것은 1250년 이전보다 훨씬 더 많은 단어들이 유입되었다는 점이다. 영국이 프랑스에 대항하여 스스로를 바로 세웠음에도 불구하고 프랑스어 단어들은 갈라진 틈을 찾아 영국해협을 건너 수천 개씩 쏟아져 들어왔다. 그러한 단어들을 몇 가지 살펴보면 다음과 같다(괄호 안은 프랑스어다). abbey(abbaïe, 대수도원), attire(atirer, 옷차림새), censer(censier, 향로), defend(defendre, 방어하다), leper(lepre, 나병환자), malady(maladie, 병), music(musik, 음악), parson(persone, 교구목사), plead(plaidier, 변호하다), sacrifice(sacrifice, 희생), scarlet(escarlate, 주홍색), spy(espier, 간첩), stable(stable, 마구간), virtue(vertue, 미덕), park(parc, 공원), reign(regne, 치세), beauty(beauté, 아름다움), clergy(clergie, 성직자), cloak(cloke, 망토), country(cuntrée, 나라), fool(fol, 바보).

프랑스어는 당시 국제 교역 언어였기 때문에 동양의 시장에서 온 단어들이 흘러들어 오는 수도관의 역할도 했는데, 때로는 라틴어를 경유해 들어오는 경우도 있었다. 프랑스어가 영어에 가져다준 아랍어들은 다음과 같다(괄호 안은 프랑스어다). saffron(safran, 사프란), mattress(materas, 매트리스), hazard(hasard, 위험), camphor(camphre, 장뇌), alchemy(alquimie, 연금술), amber(ambre, 호박), syrup(sirop, 시럽). checkmate(체스에서의 장군)란 단어는 프랑스어 eschec mat에서 왔는데, 이는 '왕이 죽었다'라는 의미의 아랍어 'Sh h m t'에서 온 것이다. 아주 단순하게 말하면 한 단어가 하나의 창이 된다. 그런 경우에 영어는 아마도 어둠만큼이나 빛에도 위협받았으며, 새롭게 밝혀지는 사실들의 무게에 묻히는 만큼이나 그 사실들에 의해 눈이 멀게 되는 위험에 처하게 되었다.

그러나 영어의 가장 좋은 점은 어떻게 해서든지 이 두 가지 운명을 모두 용케 피했다는 점이다. 영어는 문법을 그대로 간직했고 기본 단어들을 유지했으며 기본적인 중추 체계를 지켰다. 그러나 영어가 가장 현저하게 했던 일은 프랑스어를 하나의 층위로, 즉 대체 수단이 아니라 영어를 더욱 풍요롭게 만드는 것으로 받아들이고 흡수했다는 점이다. 이는 고대영어가 고대 스칸디나비아어를 만났을 때 이미 시작한 일이었다. 이제 영어는 훨씬 더 강력한 적인 프랑스어 앞에서 모든 힘을 사용했다. 스칸디나비아어의 수용은 어휘에 국한되었다. 이때에도 영어는 엄지손가락 톰(Tom Thumb, 영국 전래동화에 등장하는 주인공으로 아주 작은 사람이나 사물을 가리킨다.)처럼 미미한 존재였다. 그러나 영어는 온갖 어렵고 다양한 모험을 했다.

그래서 영어에서 토끼 가운데 새끼 토끼young hare는 프랑스어 단어인 leveret(한 살 미만의 새끼 토끼)로 불렸으나 leveret가 영어 단어인 hare를 완전히 대신하지는 않았다. 즉, 작은 토끼가 아닌 토끼는 여전히 hare라 불린다. 영어 swan(백조)과 프랑스어 cygnet(백조의 새끼)도 마찬가지다. 영어의 작은 도끼small axe는 프랑스어 hatchet로 대체되었으나 일반적으로 도끼는 여전히 axe로 불린다. 영어에는 이러한 예가 수백 개 있는데 마치 주먹으로 한 방 맞긴 했지만 그 기반을 물려주지는 않은 것과 같다.

더 미묘한 차이들이 계속해서 생겨났다. 영어 ask(묻다)와 프랑스어에서 나온 demand(요구하다)는 처음에는 같은 목적으로 사용되었지만, 중세에는 미세한 의미들이 서로 차별화되었을지도 모르는데, 지금 우리는 두 단어를 비록 가깝기는 하지만 눈에 띄게 다른 용도로 사용한다. I ask you for 10 pounds. I demand ten pounds. 이 두 문장은 전적으로 서로 다른 의미다.[12] bit(작은 조각)와 morsel(한 조각), wish(희망하다)와 desire(원하다), room(방)과 chamber(침실)도 그러하다. 당시에 프랑스어는 영어를 대신하게 될 것을 기대했을지도 모른다. 그러나 그렇게 되지 않았다. 아마도 그 주된 원인은 같은 단어라고 여겨지는 두 단어들 사이의 의미를 세분화함으로써 사고의 명확성과 표현의 정확성을 증대시킬 수 있는 가능성을 보았기 때문일 것이다. 표면적으로 이들 단어 가운데 일부는 서로 교환하여 사용할 수 있는 것처럼 보이고 때로는 그렇게 쓰이기도 한다. 그러나 훨씬 더 흥미로운 것은 이들의 〈세분화된 차이〉들이다. 이 미묘한 차이는 처음에는 머리카락 하나의 정도였지만 시간이 지남에 따라 점점 그 격차가 벌어져서 몇 배의 차이가 되었다. 마치 ask가 demand로부터 아주 멀리 벗어나 발달하게 된 것처럼 말이다.

단어들은 표류하여 뿔뿔이 흩어졌을 뿐만 아니라 또 다른 일도 일어났는데 이는 역사뿐만 아니라 계층class도 언어에 얼마나 깊이 박혀 있는지를 보여준다. 우리는 치즈 한 입(영어로 a bit)을 먹을 수 있고 대부분의 사람들도 그렇다. 좀 더 우아한 말을 사용하고 싶다면 우리는 소량(프랑스어로 morsel)의 치즈를 먹는다고 할 것이다. 의심할 여지없이 프랑스어는 더 나은 계층의 언어로 생각된다. 하지만 내 생각으로는

---

12 ask는 '부탁하다, 간청하다'의 의미지만, demand는 고자세의 명령조로 강하게 요구하는 것이다. 첫 문장은 10파운드를 달라고 부탁하는 것이고, 다음 문장은 10파운드를 달라고 강요하는 것이다.

bit가 더 많은 스태미나, 즉 지구력을 가진 것으로 입증될 것 같다. 우리는 회의를 시작하거나start 개회할commence 수 있다. 비록 내 귀에는 start가 더 나은 소리와 의미를 갖고 있다고 해도 프랑스어에서 차용한 commence가 좀 더 문화적인 영향력을 갖게 된다. 그러나 그것은 포용이었고 승리였다. 한 번도 하나인 적이 없었던 짝짓기였다.

 이것이 영어의 아름다움이다. 이것은 영어가 프랑스어에 가한 달콤한 복수였는데, 영어는 프랑스어를 영어화했을 뿐만 아니라 자신의 힘을 기르기 위해 노르만의 침략을 이용했다. 영어는 강탈자들을 강탈했고 자신들을 약탈했던 사람들을 약탈했으며 약점으로부터 강점을 가져왔다. respond(반응하다)는 answer(대답하다)를 위한 것이 아니다. 이제 두 단어는 거의 독립된 삶을 살아가고 있다. liberty가 항상 freedom인 것은 아니다.[13] 생각의 미묘한 차이를 나타내는 의미의 미세한 차이는 당시 영어와 영국인의 상상력에 대량으로 흡수되었다. 그것은 새로운 등불이자 오래된 등불이었다.

 유사동의어almost synonyms로 불리는 단어들의 폭넓은 다양성은 영어의 영광들 가운데 하나가 되었으며 영어에 놀랄 만한 정확성과 유연성을 주었고, 여러 세기에 걸쳐 영어의 화자와 작가들로 하여금 무엇이 정확하게 바른 단어인지 발견하도록 허락해 주었다. 프랑스어는 영어를 대신하기보다는, 영어 자신이 해야 할 역할을 다시 할 수 있도록 준비하는 것을 도왔다.

 심지어 프랑스어의 거대한 요새인 왕실의 가족조차도 프랑스어가

---

[13] freedom은 현재 제한, 속박, 억압이 없는 상태를, liberty는 이전에 존재했던 제한, 속박, 억압으로부터 해방되어 누리는 자유로 세분화되기도 한다.

무자비하게 채워주었던 영어로 나라를 통치할 수 있게 된 자신들의 행운에 감사해 하는 데 믿기 어려울 정도로 느렸지만 이제야 상황을 파악하기 시작했다.

웨스트민스터 사원 안의 에드워드 1세의 무덤에는 '스코틀랜드인들의 망치The Hammer of the Scots'라고 라틴어로 써져 있다. 하지만 영어에 더 중요했던 것은 에드워드와 그의 새로운 거대한 적인 프랑스와의 관계였다. 프랑스의 필립 4세가 1295년 영국을 침략하려고 위협했을 때, 에드워드는 국민들의 적극적인 지지를 받기 위해 국민의식의 상징으로 영어를 사용했다.

"만약에 필립이 의도하고 있는 모든 악을 행할 수 있다면, 그는 신이 우리를 보호하고 있는 것으로부터 우리의 영어를 빼앗아 지구상에서 완전히 없애려고 계획하고 있다."라고 그는 말했다. 이는 곧 제1언어가 프랑스어였고 그의 직계 조상이 영국과 영어를 짓밟히는 위치로 몰아넣었던 왕에게서 나온 말이었다. 물론 문장 그대로 뜻하긴 했겠지만 그래도 아주 아이러니컬하다. 그는 이 말을 새로운 혼성민족의 재결속을 위한 외침으로 보았다. 하지만 필립의 침략은 이루어지지 않았고, 에드워드는 영어에 대한 자신의 기회주의적인 충성심을 옆으로 밀어놓았다. 모든 공식적인 자리에서 라틴어와 프랑스어는 여전히 교회와 정부의 지배적인 언어였다.

그러나 영어에 대한 에드워드의 필사적이면서도 영감을 받은 듯한 신속한 대응은 잘 계산된 것이었다. 13세기가 지나고 14세기가 되면서 영어는 이 나라에서 모든 사람들이 알고 있는 것으로 생각되는 세 가지 언어들 중 하나가 되어 가고 있었다. 1325년 연대기 학자인 내싱턴의 윌리엄은 다음과 같이 기록했다.

> Latyn, as I trowe, can nane
>
> But þo þat haueth it in scole tane
>
> And somme can Frensche and no Latyn
>
> Þat vsed han cowrt and dwellen þerein …

이를 산문으로 번역하면 다음과 같을 것이다. "나는 학교에서 라틴어를 배운 사람들을 제외하고는 아무도 라틴어를 말하지 못할 것이며, 궁정생활에 익숙하고 그곳에서 사는 사람들은 프랑스어는 알고 있으나 라틴어는 알지 못할 것이라고 믿고 있다."

계속해서 그는 이렇게 말한다.

"프랑스어를 이해하는 사람들은 라틴어를 약간, 그러나 불확실하게 알고 있다. 영어를 잘 이해하는 사람들은 라틴어도 프랑스어도 알지 못한다. 그러나 교육을 받은 사람들이든 받지 못한 사람들이든 늙은이든 젊은이든, 그들 모두는 영어를 이해한다."

마지막 문장은 〈영어의 해빙기〉가 시작되고 있음을 알려준다. 영어는 오랜 기간 꽁꽁 얼어 땅에 묻혀 있었고 또한 많은 단어들이 노르망디에서 불어온 광풍에 얼어붙어 시들어 있었는데 이제 다시 한 번 땅을 뚫고 나오기 시작했다. 아직 과거의 지배적인 지위와는 한참 멀었지만 그래도 위로 상승할 준비를 갖추고 있었다. 프랑스 음유 서정시 형식으로 써진 노래들에서도 영어 단어들이 등장했다. 몇몇 지역에서는 고대영어로 된 설교집이 계속해서 필사되어 사람들에게 돌아가며 읽혀졌는데 이것은 그리스도교 교리의 다른 측면에도 영향을 미치기 시작했다.

영어는 교회 안에서 자신에게 적절한 자리를 차지하기 위해 순교자가 속출하는 지루하고 피비린내 나는 처절한 싸움을 하게 된다. 교회 속으로의 침투는 불길한 징조였다. 그 징조는 야수들 사이를 지나 조용히 그리고 몰래 들어왔다.

**흑사병과 농민반란,
마지못해 왕실과 귀족이 영어에 손을 내밀다**
―

모든 기록된 전염병들 가운데 가장 대단했던 전염병이 발생했다. 1348년 라틴어 학명이 라투스 라투스Rattus rattus인 검은 쥐는 중세의 동물 우화집에 등장하는 바로 그 악마였다. 이 곰쥐들은 영국 남서부 해안 도시인 웨이머스에 정박했던 유럽 대륙에서 온 배를 황폐화시켰다. 그들은 치명적인 화물을 가지고 왔는데, 현대과학 용어로는 파스퇴렐라 페스티스Pasteurella pestis이며 14세기에는 대페스트Great Pestilence라고 명명되었고 사람들에게는 흑사병Black Death으로 알려진 것이었다. 최악의 전염병이 영국에 들어오자 언어를 포함한 많은 것들이 급격히 변화하게 된다.

감염된 쥐들은 동쪽으로, 다음에는 북쪽으로 확산되어 갔다. 쥐들은 사람들의 거주지를 찾아 바닥에 둥지를 틀고 나뭇가지와 회반죽으로 된 벽을 기어올라 가면서 그들의 피를 빤 벼룩들을 쏟아내며 림프절 흑사병을 전염시켰다. 당시 400만 영국 인구 가운데 3분의 1 정도가 흑사병으로 사망한 것으로 추정된다. 살아남은 사람들은 평생 허약하게 지냈다. 어떤 곳에서는 마을 전체가 싹 쓸려 나갔다.

허트포드셔의 애시웰에 있는 교회의 종탑에서는 아마도 교구 사제일지도 모르는 어떤 절망한 사람이 어설픈 라틴어로 가슴 아픈 연대기를 벽을 긁어 써놓았다. "첫 번째 페스트는 1350년 빼기 1년에 있었고 … 1350년의 페스트는 무자비하고 거칠고 난폭했으며 겨우 찌꺼기 같은 사람들만 살아남아 그 얘기를 전한다."

그 찌꺼기들은 우리의 영어 이야기가 계속되는 바로 그곳에 있다. 그 찌꺼기들은 흑사병에서 살아남은 영국의 소작인 계층이었다. 흑사병은 재앙이었지만 동시에 일련의 사회적 대변동을 일으켰는데, 이는 영어를 원주민의 승인된 언어로서 완전한 회복의 길로 질주하게 만드는 변화였다. 그 찌꺼기들이 흑사병이 초래한 새로운 시작점으로 영어를 이끌고 갔다.

흑사병으로 수급 불균형이던 많은 수의 성직자가 죽자 영국 전역에서 라틴어의 지배력이 약화되었다. 수도원이나 다른 종교 집단들처럼 성직자들은 공동체를 이루고 살았는데 그런 곳이 전염과 사망의 발생 범위가 압도적으로 높았다. 지방에서는 수많은 교구 사제들이 교구민들을 돌보다가 흑사병에 걸렸고 많은 사제들이 도망치기도 했다. 결과적으로 라틴어를 말하는 성직자들이 많이 줄었는데 어떤 지역에서는 거의 절반으로 줄었다. 그들을 대신했던 많은 이들이 평신도들이었는데 그들은 간신히 문맹에서 벗어난 사람들로 그들의 유일한 언어는 영어였다.

더욱 중요한 것은 흑사병이 뿌리에서부터 사회를 변화시켰다는 것이다. 그 뿌리는 영어가 가장 완강하게 자리잡고 있었던 바로 그곳이었으며 영어는 그곳에서 여전히 발전하고 있었고 보금자리로 자리잡고 있었다.

당시 영국 대부분 지역에는 밭에서 일하거나 가축을 돌봐줄 사람들이 거의 남지 않았다. 노동력의 극심한 부족은 처음으로 기본적인 일만 했던 사람들이 봉건주의 과거로부터 벗어날 수 있는 힘을 가지게 되었다는 것, 그리고 더 나은 조건과 더 많은 임금을 요구하게 되었다는 것을 의미했다. 정부는 노동자들이 흑사병 이전의 임금수준과 요구사항을 유지하도록 강요하면서 임금인상을 시도하는 것을 금지하는 장문의 엄한 공고문을 내걸었고 동시에 동요하고 고분고분하지 않는 사람들의 불만을 진압하기로 결정했다. 하지만 정부는 실패했고 임금은 상승했으며 자산가치는 떨어졌다. 많은 소작인들, 장인들, 소위 노동계급으로 불리는 사람들은 흑사병으로 인해 주인이 없어진 빈 농장과 상류층의 집을 차지했다.

영국민과 영어는 이 난관을 타개해 나가고 있었다. 와트 타일러Wat Tyler는 농민반란을 이끌었는데, 단 5일 동안 지속되었던 반란 기간 동안에 그는 프랑스 혁명가들이 1790년이 되어서야 프랑스를 위해 했던 일들의 대부분을 1381년에 영국을 위해 하겠다고 위협했다. 이 반란이 한 사람의 하나의 행동 때문에 실패로 돌아갔다고 말할 수 있다면 그 사람은 바로 13세의 소년왕 리처드 2세였다. 그는 스미스필드에서 와트 타일러와 반란군(그들은 그때까지 난공불락이었던 런던의 화이트 타워를 점령했다.)을 만나는 배짱과 책략이 있었기에 반란을 진압할 수 있었다. 왕은 그들에게 영어로 연설했다. 스미스필드에서 왕은 협박당하는 가운데 영어를 사용해 와트 타일러를 함정에 빠뜨려 그를 살해했다. 왕은 즉시 과감하게 말을 타고 반란군에게 가서 다시 영어로 연설을 했다. 그는 그들을 달래서 고향으로 돌려보내겠다고 약속했지만 그 약속은 곧 깨졌고 그들은 이후 고향에 가서 박해를 당했다. 그러나 영어는 이 사건의 중심에 있었다. 우리가 아는 한, 리처드 2세는 노르만족의 정복 이후 영어만을 사용한 것으로 기록된 군주 가운데 첫 번째 사례다. 그는 자신의 왕국이 완전히 바뀌는 것을 보기 몇 분 전에 영어에 손을 내밀었다.

이와 더불어 중요한 사실은 이 반란이 설교자 존 볼에 의해 촉발되었다는 것이다. 존 볼이 사용하는 단어들은 이미 악명이 높았는데, 반란군이 런던으로 행진하기 하루 전 그리니치에서 행한 그의 설교는 이렇게 시작된다. "아담이 땅을 파고 이브가 물레를 돌리고 있었을 때 그 당시에 누가 신사이었던가?(When Adam delved and Eve span, who was then the gentleman?)" 그가 한 말은 모두 영어로 되어 있고 운율도 잘 맞추는 그의 재능은 수입된 프랑스 중세 음유시인들의 우아한 시보다는 고대영어 서사시에 훨씬 더 어울렸다.

영어는 〈저항의 언어〉였고 그래서 이 나라에서 가장 높은 사람 앞에서 자신의 권리를 주장하면서 항의했다. 그리고 1381년, 영어를 사용하는 수천 명의 사람들이 일으킨 반란을 진압하기 위해 이 나라에서 가장 높은 사람 리처드 2세는 영어를 사용했다.

많은 피를 흘린 후
영어는 다시 한 번 왕좌에 오르다
—

영어가 학교 교실에서 프랑스어를 대체한 것도 이맘때(1402년)였는데 그 근거는 콘월 지방 사람인 트레비사의 존에게서 찾을 수 있다. 1387년에 그는 옥스퍼드에서 라눌프 히그덴이 천지창조부터 1352년까지의 여러 시대 연대기를 라틴어로 쓴 『여러 시대의 연대기

Polychronicon』를 영어로 번역했다. 히그덴은 흑사병이 처음 발발하기 이전의 언어 상황을 검토해서 결론을 내렸다. 그의 결론은 앵글족과 노르만족의 혼성결혼과 이에 따른 앵글로 노르만 어린이들의 이중 언어 사용이 영어에 미친 긍정적인 효과에 기반한 추측에 도전하도록 만들었음에 틀림없다. 그의 견해에 따르면 영어는 1066년 이후 계속 큰 위험에 처해 있었다. 히그덴은 흑사병 이전 시기에서 영어의 쇠퇴를 발견했는데 존 트레비사의 번역에서 그는 이렇게 설명하고 있다. "On ys for chyldern in scole agenes þpe vsage and manere of al oþer nacions, buþ compelled for to leue here oune longage …"

현대영어로 옮기면 다음과 같다.

> One (reason) is that children in school, contrary to the usage and custom of all other nations, are compelled to abandon their own language and carry on their lessons and their affairs in French, and have done so since the Normans first came to England. Also the children of gentlemen are taught to speak French from the time that they are rocked in their cradle and learn to speak and play with a child's trinket, and rustic men will make themselves like gentlemen and seek with great industry to speak French to be more highly thought of.

한 가지(이유)는 모든 다른 나라들의 용례와 관습과는 반대로 학교에 다니는 어린이들은 자신들의 언어를 버리고 프랑스어로 공부하고 일하도록 강요받는데, 노르만족이 영국에 처음 들어온 이후부터 쭉 그렇게 해오고 있다는 점이다. 또한 젠틀맨 계급의 아이들은 요람에서 말하기를 배우고 어린이용 장신구를 갖고 노는 시절부터 프랑스어를 배운다. 시골 사람들은 스스로를 젠틀맨처럼 만들 것이며, 좀 더 고상하게 여겨지기 위해서 아주 부지런히 프랑스어를 말하기 위해 노력할 것이다.

히그덴의 견해, 즉 외국인의 요새 안으로 자신들의 모국어를 가지고 들어간 영어 사용자들이 또 다른 영어 사용자 아이들을 양육했다고 보는 견해는 서로 다른 종족 간의 결혼이라는 좀 더 안이한 견해보다는 더 강경한 것이었다. 양쪽 설명 모두에 진실이 있다는 것은 의심할 여지가 없다. 그러나 나는 히그덴의 강력한 어조, 즉 어떤 일이 의미가 있었으며 그 일이 후손뿐만 아니라 일반인에게 어떻게 영향을 미쳤는지, 요람에 있는 아이들뿐만 아니라 지배 계층에 합류하려고 프랑스어를 배우는 시골뜨기들에게 어떻게 영향을 미쳤는지 상기시켜 주는 그의 말을 좋아한다.

그러나 히그덴이 원본을 쓴 지 50년 후 트레비사의 번역에서는 이 부분에 다음과 같은 주석을 달아놓았다. "Þis manere was moche y-vsed tofore þe furst moreyn … (이 관습은 흑사병이 처음 발발하기 이전에 많이 행해졌다 …)"

> This practice was much used before the first plague and has since been somewhat changed. For John Cornwall, a teacher of grammar, changed the teaching in grammar school and the construing of French into English; and Richard Penkridge learned that method of teaching from him, and other men from Penkridge, so that now,

AD 1385, the ninth year of the reign of the second King Richard after the Conquest, in all the grammar schools of England, children abandon French and compose and learn in English …

이러한 관습은 흑사병이 처음 발발하기 이전에 많이 행해졌고 그 이후로 얼마간 변화해 왔다. 문법교사인 존 콘월은 문법학교에서 교수 방법을 바꾸고 프랑스어를 영어로 설명했다. 그리고 리처드 펜크리지는 그로부터 교수법을 배웠고 다른 사람들은 펜크리지에게서 배웠다. 그래서 지금 1385년, 리처드 2세 통치 9년째 되는 해에 영국의 모든 초등학교에서 어린이들은 프랑스어를 버리고 영어로 작문을 하고 배운다.

이것은 엄청난 변화였다. 교육을 받고 글을 읽고 쓸 줄 아는 인구 비율이 높아짐에 따라 영어로 쓴 책들에 대한 수요도 증가했다. 영어는 기나긴 행진을 다시 시작했다.

1362년, 거의 300년 만에 처음으로 영어는 〈공식 업무의 언어〉로 인정받았다. 노르만 정복 이래로 법정 소송은 모두 프랑스어로 이루어졌다. 하지만 이제 법률 분야에서도 아주 소수만 프랑스어를 이해하고 있다는 것을 인정했는데 아마도 성직자들과 마찬가지로 교육을 받은 많은 법률가들이 흑사병으로 죽었기 때문일 것이다. 이제부터는 영어로 소송이 진행되고 변론되고 논의되고 판결될 것이라고 공포되었다. 같은 해, 웨스트민스터 궁전의 커다란 대들보 기둥이 있는 대연회장에서 의회가 열렸다. 대법관은 그곳에 모인 사람들에게 사상 최초로 프랑스어가 아닌 영어로 연설을 했다. 하지만 놀랍게도 그때 말한 단어들에 대한 기록은 남아 있지 않다.

그러나 이때가 절정은 아니었다. 노르만 프랑스어를 사용하는 왕권이 영어에 무릎을 꿇기까지는 37년이 더 걸렸다. 이미 61년 동안이나 간헐적으로 지속되었던 프랑스와의 끝없이 계속되는 전쟁으로 확실하게 자극을 받은 영국의 왕좌에 앉았던 사람들은 민중의 언어를 사용할 수밖에 없다는 것을 느꼈다.

1066년 해럴드 왕 이후로 영어로 대관식을 거행한 군주는 없었다. 그 이후로 이 나라에 영어를 모국어로 사용하는 왕이 있었는지도 논쟁거리다. 그러나 영어는 이제 막 왕관을 차지하려는 참이다.

1399년 리처드 2세는 랭커스터의 공작 헨리에 의해 왕위에서 쫓겨났다. 그의 퇴위를 증언하는 서류들과 퇴위 연설은 영어로 써져 있다. 웨스트민스터의 대연회장에서 의회가 소집되었다. 공작들과 영주들, 성직자들과 의회 의원들이 모였다. 황금빛 휘장이 쳐진 왕좌는 비어 있었다. 헨리가 앞으로 걸어나가 스스로 왕관을 쓰고 왕위에 올랐다. 이 대단히 상징적인 순간에 그는 국사에 사용하는 언어인 라틴어나 왕실의 언어인 프랑스어가 아닌 공식적인 역사가 명시적으로 '그의 모국어'라고 불렀던 영어로 연설을 했다.

> In the name of Fadir, Son, and Holy Gost, I, Henry of Lancaster chalenge this rewme of Yngland and the corone with all the members and the appurtenances, als I that am disendit be right lyne of the blode comying fro the gude lorde Kyng Henry Therde, and thorghe that ryght that God of his grace hath sent me, with the helpe of my kyn and of my frendes, to recover it – the whiche rewme was in poynt to be undone for défaut of governance and

undoing of the gode lawes.

성부와 성자와 성령의 이름으로 나, 랭커스터의 헨리는 모든 재산과 권한과 더불어 영국의 영토와 왕권을 요구한다. 왜냐하면 나는 선왕인 헨리 3세로부터 적법하게 피를 물려받았기 때문이다. 그리고 신의 은총이 나에게 허락하신 권리에 의해 나의 가족과 친구들의 도움으로 이 모든 것을 되찾고자 하는데, 그 영토는 정부의 부재와 훌륭한 법의 파기로 인해 폐허가 될 위험에 처해 있다.

랭커스터 공작인 헨리는 헨리 4세 왕이 되었고 영어는 다시 한 번 〈왕실의 언어〉가 되었다. 영어는 여러 번 아슬아슬한 경험을 했다. 그리고 라틴어와 프랑스어는 공식 업무 수행용 언어와 교회 언어로서의 지배력을 아직 잃지 않았다. 그러나 영어는 300년 동안 가장 대담하게 대중의 지지를 얻었으며 다시 한 번 왕좌에 올랐다. 마침내 대세는 영어에 호의적인 쪽으로 기우는 것 같았다. 비록 영국인의 삶과 관련된 모든 면에 있어서 제1언어의 지위를 얻기까지 많은 피를 흘렸어야 했지만 말이다.

어쨌든 이제 영어는 승리를 축하하면서 지금까지 어려운 시기를 넘기고 강인하게 살아남은 자신에게 적합한 문학작품, 즉 위대한 이야기와 시를 쓸 수 있는 새로운 능력을 발휘할 수 있는 한 사람의 작가, 곧 최초이자 진정으로 위대한 문학의 승리자를 환영하는 것 같았다.

6

중세, 드디어 영어에 봄날이 오다

제프리 초서(Geoffrey Chaucer, 1343~1400년)는 새롭게 등장한 영국의 첫 번째 작가였다. 그는 우리가 어떤 모습인지 우리에게 들려주었다. 특히 『캔터베리 이야기 The Canterbury Tales』[14]에서 그는 우리 주변에서 지금도 볼 수 있는 여러 인물들을 묘사했는데 새로운 영어인 중세영어 Middle English로, 즉 프랑스어가 가한 강타를 어쨌든 견뎌내고 자신을 키워준 나라에서 지배권을 되찾기 위한 싸움을 시작하러 돌아온 영어로 그들에 대해 썼다.

『캔터베리 이야기』에서 14세기 말의 영어 사용자들은 순례자들

---

[14] 영국의 캔터베리 대성당을 참배하러 가는 다양한 계층의 순례자가 런던 템스 강변의 한 여관에서 모이는 것으로 이야기가 시작된다. 순례를 다녀오는 동안에 각자 재미있는 이야기를 들려주자는 여관주인의 제의로 번갈아 이야기를 하는 형식으로, 미완성을 포함하여 24편의 이야기가 실렸다.

의 무리가 런던의 서더크에서 캔터베리 대성당까지 말을 타고 가면서 시간을 보내기 위해 들려주는 솜씨 있는 이야기들을 통해 우리에게 직접적으로 말한다. 잠시 멈추어 초서와 함께 영어의 세계를 둘러볼 만한 여러 가지 이유가 있지만 내게 가장 중요한 이유는, 그가 개별적으로 현실화된 일련의 인물들, 신분이 높은 사람과 낮은 사람, 상스러운 사람과 세련된 사람 등 이 모든 인물들과 각각의 인물에 맞는 일련의 단어들, 거칠면서 섬세한, 냉소적이면서 영웅 흉내를 내는 단어들을 무대로 가져왔으며, 그 단어들은 영문학의 미래뿐만 아니라 영어의 삶에 대해서도 많은 부분에서 안내를 해주고 있다는 것이다. 무엇보다도 가장 중요한 것은 초서가 자신이 잘 알고 있는 언어인 라틴어가 아니라, 그리고 번역을 하면 그에게 더 큰 명성을 주었을지도 모르는 프랑스어가 아니라, 바로 자신의 영어인 런던 영어London-based English로 쓰기로 결심했다는 점이다. 권력은 웨섹스에서 벗어나 이제는 런던에 있었으며, 런던은 쌍둥이 대학인 옥스퍼드와 케임브리지 대학과 함께 많은 원망과 저항의 대상이 될 표준영어Standard English를 점차 확립시켜 나가게 된다.

초서는 혼자가 아니었다. 윌리엄 랭글런드의 「농부 피어스Piers Plowman」와, 중세 영국 로망스 문학의 대표작 『가원 경과 녹색기사Sir Garwain and the Green Knight』가 있었으며, 사방에서 쏟아져 나온 설교문들과 각운과 시들이 있었다. 한마디로 억압에서 풀려났을 뿐만 아니라 억압에 의해 에너지를 받아 더 강인해진 영어의 봄날이었다. 초서는 당시 최고였다. 그에게 집중함으로써 그리고 순례자들이 여행을 했듯이 우리도 그의 여정을 따라감으로써 노르만화된 지난 300년 동안에 영어가 이루어 놓은 것을 조금은 이해하게 되기를 희망한다. 연구할 것은 많다. 초서는 43,000행의 시, 상당한 양의 두 편의 산문, 그리고 아들인 루이스를 교육시키기 위한 『아스트롤라베에 관한 논문A Treatise on the Astrolabe』과 같은 호기심을 불러일으키는 작품들을 썼다.

초서의 일생은 충분히 잘 알려져 있는데, 아마도 2세기 후에 등장한 셰익스피어보다 세부적인 면에서는 더 확실할지도 모른다. 그는 런던 사람으로 1340년대 중반에 런던의 포도주 양조장 주인이었던 존 초서의 아들로 태어났다. 청소년기에 클라렌스 공작의 시중을 드는 소년 시종이 되었고 후에 에드워드 3세의 왕실에서 시중을 들었다. 오늘날과 비교했을 때 당시의 런던은 약 4만 명의 인구를 가진 작은 도시였다. 비좁고 복잡하고, 아마 당신이라면 위험을 무릅쓰고 물을 마시지 않았을 정도로 심각하게 오염된 곳들에는 장엄함과 시궁창이 서로 얽혀 존재하고 있었다.

궁정의 어린 시종은 아마도 서신을 전달하거나 사소한 심부름을 하기 위해 도시 이곳저곳을 다녀야 했고 그래서 그 가운데 만났던 모든 다양한 인생들을, 거리에서 살아온 많은 인생들을 접해 봤을 가능성이 가장 크다.

초서는 백년전쟁(1337년부터 1453년까지 영국과 프랑스가 벌인 전쟁) 중 한 전투에 참전했다가 포로로 잡혔다 돈을 주고 풀려났다. 초서는 페인 로에트 경의 딸과 다소 성대한 결혼을 했는데 나중에 부인의 여동생은 곤트의 존과 결혼해서 초서와 존을 연결시켜 주었다. 초서는 자신의 결혼을 통해 적어도 상류사회에서 나도는 소문들을 접하게 되었고 권력의 중심부에도 접근할 수 있었다. 작가가 작품만 쓰면서 생계를 유지할 수 있다는 생각은 당시에도 별로 받아들여지지 않았다. 초서는 수입이 될 만한 걸 찾았다. 그는 그 방법을 찾아냈다. 지금 보기에 그것은 한편으로는 돈의 세계였으나 한편으로는 지적인 세계였으며, 사교와 신분의 세계에서 구매 욕구를 만족시키면서도 동시에 작가로서의 능력을 발전시킬 수 있게끔 훌륭히 계획된 것처럼 보인다. 1370년대에 그는 왕을 대신하는 외교사절로 해외여행을 시작했다. 제노바에는 협상해야 할 무역조약이 있었다. 밀라노에서는 임무를 수행하는 동안 이탈리아 시의 눈부신 업적을 우연히 만났다. 그곳에는 이탈리아의 시인이자 인문주의자인 페트라르카와 보카치오가 살아 있었고, 단테는 가슴속에 소중히 간직되어 있었고 그에 대해 많은 논의가 이루어지고 있었다. 초서의 많은 작품에 이들이 영향을 끼쳤다는 증거가 있다.

말을 타고 해외를 10년 이상 돌아다니면서 그는 「새들의 의회The Parliament of Fowls」, 「트로일러스와 크리세이드Troilus and Criseyde」를 썼고, 보에티우스(Boethius, 로마의 철학자이자 최초의 스콜라 신학자)의 『철학의 위안The Consolation of Philosophy』을 번역했다. 이렇게 10년을 보낸 후에는 런던에 정착해 소관세 감독관이 되었다. 1386년에는 기사가 되어 켄트 주의 하원의원으로 선출됐다. 그는 『캔터베리 이야기』 집필을 시작했는데, 리처드 2세의 젊음이 궁정에서의 음모를 부추기게 되면서 그의 운명이 요동치게 된 것도 바로 이 시기다. 하지만 초서는 빚을 지게 된다. 그러다 왕의 건축공사 서기가 되면서 빚을 갚고 회복한다. 하지만 얼마 지나지 않아 그 일을 그만두고 소머세트의 페터턴에서 별로 매력적이지 못한 자리인 산림 대리인이 된다. 그 후 1399년 웨스트민스터 사원의 정원에 있는 집에 세를 들어 살다가 이듬해에 죽는다. 그의 일생은 당대에 중요한 모든 것을 거의 다 아우르는 삶이었는데, 바로 그 안다는 것과 경험하며 살았다는 것이 『캔터베리 이야기』에 역사적 힘을 부여한다. 물론 등장인물과 이야기는 창작한 것이었음에도 불구하고 그것은 당시 세상에 대한 작가의 자세한 관찰과 경험에 기반하고 있다고 우리는 느낀다. 초서의 영국은 믿을 만한 곳이다.

**제프리 초서,
영어가 문학에 적합하다는 것을 보여주다**
―

다음은 『캔터베리 이야기』의 도입부를 현대영어로 옮긴 것이다. 이야기는 비오는 봄에 시작된다.

> When April with his sweet showers
> Has pierced the drought of March to the root
> And bathed every vein in such moisture
> Which has the power to bring forth the flower,
> When also Zephyrus with his sweet breath
> Has breathed spirit into tender new shoots
> In every wood and meadow …
> Then people love to go on pilgrimage

> 4월이 그 달콤한 소나기로
> 3월의 가뭄을 뿌리까지 적시고
> 꽃을 피우는 힘을 가진
> 그러한 물기로 모든 줄기를 목욕시킬 때,

또한 서풍이 부드러운 숨결로
모든 나무와 숲의
부드러운 새 줄기에 생명을 불어넣을 때 …
그러면 사람들은 순례를 떠나고 싶어 한다

그래서 자신만의 고유한 언어로, 개인적으로 혼자 읽기보다는 대중 앞에서 큰소리로 읽히도록 써진 언어로 초서는 차분히 여유 있게 청중들과 독자들을 함께 불러모은다. 다음은 같은 도입부를 초서가 14세기 영어로 쓴 것이다.

> Whan that Aprill with his shoures soote
> The droghte of March hath perced to the roote
> And bathed every veyne in swich lycour
> Of which vertu engendred is the flour;
> When Zephirus eek with his sweete breeth
> Inspired hath in every holt and heeth
> The tendre croppes …
> Thanne longen folk to goon on pilgrimages.

초서가 사용한 어휘의 약 20~25퍼센트는 프랑스어에서 왔다. 이 짧은 발췌문에서도 적어도 한 줄에 한 개의 프랑스어 단어가 있다(괄호 속 단어는 현대영어다). April(4월), March(3월), perced(pierced, 관통하다), veyne(vein, 혈관), lycour(liquor, 액체, 주류), vertu(virtue, 미덕), engendred(engender, 일으키다), flour(flower, 꽃), inspired(inspire, 영감을 일으키

다)가 프랑스어에서 왔다. 간혹 지금은 잃어버린 의미를 갖고 있는 경우도 있다. 또 zephirus(서풍)는 라틴어에서 왔고 root(뿌리)는 고대 스칸디나비아어에서 왔다. 그러나 영어가 이 단어들을 인수했다고 하는 것은 아무 의미가 없다. 이 단어들이 영어인 것이다. 언어학자들이 기능어function words라고 부르는 모든 단어들, 즉 대명사와 전치사 등은 고대영어에서 왔다. 또한 기본 단어들과 기본 구조는 그대로 유지되었다.

> And specially from every shires ende
> Of Engelond to Caunterbury they wende,
> The hooly blisful martir for to seke,
> That hem hath holpen (helped) whan that they were seeke

> 그리고 특히 영국의 모든 주 끝에서
> 캔터베리까지 그들은 갔다,
> 신성한 축복을 받은 순교자를 찾기 위해,
> 그들이 아팠을 때 그들을 도왔던 순교자를.

순교자는 살해된 대주교 토머스 베케트였다.

그리고 이것이 『캔터베리 이야기』의 기본 구조다. 그 안에서, 마치 언어 안에서처럼, 이야기 자체를 통해 변형된 수많은 이야기들이 웃음을 자아낸다. 그들은 글로브 극장이 세워지게 될 장소에서 걸어서 5분 거리에 있는 서더크의 타바드 여관에서 서로 만난다. 셰익스피어 시대에도 그랬고 아주 최근까지도 그렇지만 초서 시대의 런던은 모든 것이 뒤섞인 곳이었다. 소매치기, 창녀, 시장, 선술집, 교통 그리고 템스 강을 휘감고 있는 거리를 가득 메운 외국인 선원 등이 함께하는 장소가 바로 초서 시대의 런던이었고 현재에도 여전히 그러하다.

등장인물들은 말을 타고 들어온다.

> A knyght ther was, and that a worthy man,
> That fro the tyme that he first bigan
> To riden out, he loved chivalrie,
> Trouthe and honour, fredom and curteisie.

> 한 기사가 있었다. 그리고 얼마나 존경받는 사람인가,
> 그가 말을 타고 나가는 것을
> 처음 시작한 그 순간부터, 그는 기사도를 사랑했다.
> 충성과 명예, 관대함과 예절을.

여기서 초서는 헨리 2세의 왕비 아키텐의 엘레오노르가 프랑스에서 가져온 언어와 개념들을 이어받아 자신의 것으로 만들었다. 그렇게 함으로써 초서는 20세기 깊숙이까지 영문학과 영어사를 특징짓는 한 인물 유형을 창조했다. 그는 아직 숨어 있을지 모른다. 그는 자질과 특권을 가졌고 성실함을 갖췄고, 겸손하고, 특히 여자들에게 예의 바르고, 대의명분을 위해 싸울 준비가 되어 있지만 그렇다고 해서 전쟁으로 인해 잔인해지지는 않는 사람, 바로 온화한 사람이었다. 역설적인 요소가 여기에 있었다. 전쟁에서 명예가 있었는지 확인하는 것은 대학살 목록을 통해 가능했다. 그러나 이상화되고 풍자되고 희화

화되고 세기마다 사랑스럽게 재발견되는 초서 작품 속의 기사knight는 우리가 영국인의 모습이었다고 생각하거나 그렇게 믿기를 원하던 그 모습을 뚜렷이 보여주는 많은 인물들 가운데 첫 번째다.

아래에 나오는 짧은 단락은 『캔터베리 이야기』에서 언급되는 모든 순례자들에게 공통적으로 반복될 수 있었다. 초서는 영어로 쓴 그의 작품에 등장하는 인물들을 통해 영국에 첫 번째 국민 초상화 전시실을 제공했다.

> Ther was also a Nonne, a Prioresse,
> That of hir smylyng was ful symple and coy;
> Hire gretteste ooth was but by Seinte Loy;
> And she was cleped [called] madame Eglentyne.
>
> A Monk ther was, a fair for the maistrie [fit to wield authority],
> An outridere, that lovede venerie [hunting]
> A Marchant was ther with a forked berd,
> In mottelee, and hye on horse he sat;
>
> The Millere was a stout carl [fellow] for the nones;
> Ful byg he was of brawn …

또한 수녀원의 원장인 한 수녀가 있었다.
그녀는 미소를 지으며 아주 겸손하고 수줍어했다.
그녀는 가장 큰 맹세를 로이 성인의 이름으로만 했다.

그리고 그녀는 에글란틴 부인으로 불렸다.

한 수도사가 있었다. 권한을 행사하기에 적합한
수도원 영지를 감독하는 수도사, 그는 사냥을 좋아했다.
한 상인이 있었는데 포크처럼 갈라진 수염을 지니고 있었고
얼룩덜룩한 옷을 입고 말 위에 높이 앉아 있었다.

방앗간 주인은 어느 누구에게도 비할 수 없는 강한 사람이었다.
그는 매우 크고 억센 근육을 가진 …

   아마도 이 시가 갖는 매력의 일부는 소위 계층을 넘나드는 능숙한 무리다. 영국의 다양한 지역뿐만 아니라 사회의 다양한 계층 출신인 그들은 공통된 목표를 위해 모였으며, 여관주인 해리 베일리가 행동을 같이하도록 이끌어 갔다. 그들은 돌아가며 자신들의 이야기를 했다. 이 전시실은 봉건주의 위로 부상해서 신 앞에서 동등한 조건으로 계약을 맺고 이야기를 해나가며 행복해 하는 한 무리의 사람들을 보여주고 있다. 이곳은 황금시대(Golden Age, 그리스 신화에서 언급되는 이상적인 유토피아 시기)의 깊은 매력을 지니고 있다. 그리고 사람들에 대해 따뜻한 느낌을 발산하고 있다. 그 사람들은 긴 터널을 지나와 이제 새로운 빛을 향해 함께 가기를 원하는, 자신들의 언어와 그 언어를 역사에 새겨 넣을 수 있는 새로운 섬세한 능력들이 가져다주는 기쁨을 함께 즐기기를 원하는 사람들이었다.
   초서가 가장 훌륭하게 해낸 일은 모든 이야기에 맞게, 그 이야기를 하는 사람에 맞게 언어를 선택하고 재단했다는 것이다. 분위기와 어

제프리 초서. 그는 자신에게 명성을 가져다 줄 라틴어나 프랑스어가 아니라 영어로 글을 썼다.

조를 만들어 내고 사용하는 언어를 통해 등장인물을 현실화하는 것은 오늘날의 작가들에게서나 기대하는 것이기에 초서가 그 일을 해냈을 때 그것이 얼마나 비범한 일인지 깨닫기는 어려웠을 것이다. 그는 재형성된 영어가 위대한 문학작품에 적합하다는 것을 증명했다.

영어에 대한 자신감을 심어놓다
—

영어의 범위와 다양성은 단지 두 가지 이야기를 살펴봄으로써 명확하게 알 수 있다. 『캔터베리 이야기』 중 「기사 이야기」에서는 사심 없는 진실과 감동을 주기 위해 사용되었던 고상한 로망스어(프랑스어)가

「수녀의 사제 이야기」에서는 허영심 많은 어린 수탉과 그가 좋아하는 병아리에 관한 우스꽝스럽고 비꼬는 낭만적 이야기를 풍자하기 위해 사용되고 있다.

> This gentil cok hadde in his governaunce
> Sevene hennes for to doon al his plesaunce,
> Whiche were his sustres and his paramours,
> And wonder lyk to hym, as of colours;
> Of whiche the faireste hewed on hit throte
> Was cleped faire damoysele Pertelote.

> 이 궁정의 수탉은 그의 지배하에
> 그에게 즐거움을 주는 일곱 마리의 암탉을 가졌다.
> 그들은 그의 누이들이고 그의 애인들이었으며
> 색깔에 있어서도 놀랍게도 그와 유사했다.
> 그들 가운데 가장 아름다운 색의 목을 가진 한 마리는
> 페르테로테라 불리는 아름답고 신분이 높은 닭이었다.

여기서는 프랑스어가 지배적이다(괄호 속은 현대영어다). governaunce (governance, 지배), plesaunce(pleasure, 쾌락), paramours(paramours, 애인). governaunce와 plesaunce는 꽤 새로운 단어로 대략 14세기 중반에 처음 기록되었다. 초서는 프랑스어 차용을 좋아했고 자신이 만든 동의어들을 소개하는 것을 즐겼다. 영어에는 hard(어려운)가 있다. 초서는 (라틴어에서 온) 프랑스어 difficulté(어려움)를 소개했다. 그

는 unhap(불운) 대신에 disadventure를, shendship(해로움, 불명예, 분노) 대신에 dishonesté(부정직한)를, building(건물) 대신에 edifice(건물)를, uncunning(야비하지 않은) 대신에 ignoraunt(ignorant, 순수한)를 우리에게 가져다주었다. 초서가 살아 있는 동안 프랑스에서 초서의 명성이 높았는데 과거 정복자의 언어를 약탈해 오는 것은 정당한 게임이었다. 그는 프랑스어에서 차용해온 이 새로운 영어를 사용하는 것에 대해 우쭐대지 않았다. 영어에 대한 엄격한 근본주의는 없었고 절충주의와 융통성이 전부였다.

「수녀의 사제 이야기」와 가장 큰 대조를 보이는 것은 「방앗간 주인의 이야기」다. 여기서는 구역 서기인 앱솔론이 한밤중에 이웃 부인과 몰래 만날 약속을 하지만 불발에 그친다.

> This Absolon gan wype his mouth ful drie,
> Derk was the nyght as pich, or as the cole,
> And at the wyndow out she putte hir hole,
> And Absolon, hym fil no bet ne wers,
> But with his mouth he kiste hir naked ers.

그리고 앱솔론은 그의 입술을 마르게 닦았고
밤은 피치나 석탄처럼 어두웠다.
그리고 창밖으로 나가려다 그녀는 구멍에 걸렸다.
앱솔론은 더 좋지도 더 나쁘지도 않았다.
그러나 그는 입으로 그녀의 벗은 엉덩이에 키스를 했다.

문체는 직접적이고, 대화체이며, 프랑스어 단어는 거의 없다. 저속한 말은 고대영어를 사용하거나 거리로 나가 ers(arse, 엉덩이)를 골라 왔다.

궁정의 신하이자 학자였던 초서는 소위 무례하고 뻔뻔스러운 단어들을 사용하면서도 아무 문제가 없었다. 여관주인인 해리 베일리가 초서의 등장인물에게 입 다물라고 했을 때 그는 다음과 같이 말한다.

> 'By God,' quod he, 'for pleynly, at a word,
> Thy drasty rymyng is nat worth a toord!'

> '하느님께 맹세코,' 그가 인용하기를, '단순히 한마디로 하면
> 당신의 더러운 각운은 똥만한 가치조차 없다!'

다른 예들도 많은데 그 중 가장 거칠지만 솔직한 예는 성적으로 요구사항이 많은 바스의 아낙네가 한 말일 것이다.

> What eyleth yow to grucche thus and grone?
> Is it for ye wolde have my queynte alone?

> 뭐가 당신을 괴롭혀 웅얼거리며 신음하게 만드나요?
> 나의 음부를 모두 다 당신 것으로 만들고 싶어서인가요?

당시에 사람들을 정말 불쾌하게 만들었던 것은 하느님에게 또는 하느님의 일부를 걸고 맹세하는 것이었다. 해리 베일리가 사람들에게 하느님의 뼈에 맹세하고 이야기하라고 요구했을 때 교구 목사는 이

불경한 맹세에 항의한다.

swerian(맹세하다. 현대영어에서는 swear로 맹세하다 혹은 욕을 하다의 뜻을 지닌다.)은 앵글로색슨어(잉글랜드에 침입한 게르만족인 앵글로색슨족의 영어. 즉 고대영어)다. 아마도 신성한 맹세를 하는 누군가를 묘사하면서부터 시작된 단어일 것이다. 놀랍게도 인기 있는 욕설swearing words은 모두 앵글로색슨어에서 유래했다. 초서가 가장 끔찍하게 여긴 욕설은 욕설 중에서도 가장 불경스러운 것들이었다. 「교구 목사의 이야기」에서 초서는 이렇게 쓰고 있다.

And many a grisly ooth thanne han they sworn,
And Cristes blessed body they torente (torn apart)

그리고 많은 무시무시한 욕설을 그들은 했다.
그리고 그리스도의 축복 받은 성체를 그들은 갈가리 찢었다.

맹세어에는 Goddes precious herte(하느님의 소중한 심장에 맹세코), Goddes armes(하느님의 팔에 맹세코), 그리고 Jhesu shorte thy lyf(예수께서 당신의 생명을 짧게 하시기를) 등이 있다. 교회의 분노를 피하기 위해 줄임말이 유행하기도 했다. God's blood(하느님의 피)는 Sblood(제기랄!)가 되었다. Christ's wounds(그리스도의 상처)는 Swounds(제기랄!)가 되었다가 Zounds(빌어먹을!)가 되었다. 이렇게 하면 비난을 피할 수 있었다. 이는 교회가 얼마나 강력했으며 그 권위가 얼마나 널리 퍼져 있었는지 다시 한 번 상기시켜 준다. 축약된 이 욕설들은 훨씬 이후인 셰익스피어 시대에 본격적으로 쓰이게 된다.

의식적이든 무의식적이든 간에 가능한 한 많은 영국인들을 끌어모아 캔터베리로 가는 길로 몰아가는 것이 목적인 것처럼 보이는 한 작가에게서 우리가 기대하는 것처럼, 초서는 방언을 잘 알고 있었다. 당시 남부 영어의 어휘들은 북부 영어로는 반드시, 중부 영어로는 어느 정도 번역을 해야만 알아들을 수 있었다. 존 트레비사는 요크셔 영어가 "너무 날카롭고 끊기고 귀에 거슬리고 잘못된 형태여서 자신과 같은 남부인들은 북부 영어를 이해할 수 없다."고 불평했다.

「집사의 이야기」에서 초서는 영국 최초의 재미있는 북부 사람을 보여주고 있다. 그는 home 대신 ham, know 대신 knaw, gone 대신 gang, none 대신 nan, no 대신 na, bones 대신 banes라고 말한다. 21세기인 현재라면 그는 동북부와 뉴캐슬에서, 위그턴 주변의 컴브리아 지방에서, 리즈 주변의 요크셔에서 고향처럼 편안하게 느낄 것이다. 왜 이 작품이 본질적으로 재미있다고 생각되는가에 대한 질문이 독립적인 연구를 시작한 계기였는데, 이 연구는 북부 지방에 대한 남부 지방의 의심과 관련이 있다. 남부 지방은 북부 지방에 대해 느끼는 두려움에 대해 초기에는 야만스럽게 대응했지만, 나중에는 신경질인 교만한 비웃음으로, 그보다 훨씬 후에는 부와 특권과 문화와 억양에서 느껴지는 우월성으로 북쪽 지방을 길들이려 했다. 고대영어와 고대 스칸디나비아어는 언어들 중에서도 위대한 가문으로 북쪽 지방에서 환영을 받았지만 거기에는 물론 늘 만만치 않은 계급 관계가 존재했다.[15] 언어가 계급을 표시하는 지표 중 하나가 되면서 남부의 런던이 아닌 다른 지역의 모든 방언들은 스스로를 낮추고 있다고

---

15 고대영어와 고대 스칸디나비아어가 프랑스어보다는 낮은 계급의 것으로 여겨졌다는 의미다.

느끼기 시작했다.

초서는 탁월함과 자신감을 가지고 영어를 영국에 깊이 심어 놓았다. 영국과 영어에 대한 자신감이 자라고 있었다. 성surname의 사용 증가가 아마도 이를 간접적으로나마 확인해 주고 있다. 당시에는 흔히 사용할 수 있는 세례명의 종류가 아주 적었기 때문에 같은 세례명을 가진 사람들을 구별하기 위해 성이 필요했다. Geoffrey(제프리)라는 이름은 게르만어이지만 노르만족을 통해 영국에 들어왔다. Chaucer(초서)는 제화공을 의미하는 고대 프랑스어 Chausier에서 왔는데, 아마도 그의 할아버지가 살았던 장소인 Cordwainer(가죽 장인) 거리에서 유래한 성일 것이다. 북부 지방에서는 접미사 '-son'이 유행하게 되었다. Johnson, Arnison, Pearson, Matheson, Dickson, Wilson 등. 이보다 더 일반적인 것으로 초서 시대에는 자신이 살고 있는 곳에 기반을 둔 다른 성들도 유입되었다. Hill(언덕), Dale(골짜기), Bush(덤불), Fell(바위산), Brook(개울), Field(벌판) 또는 '-land'나 '-ton' 으로 끝나는 성들이다. 아마도 이는 노르만 프랑스 귀족들이 이름 어디엔가 아니면 다른 곳에, 예를 들어 de Montfort(몽포르의)처럼 de를 붙이는 것을 뒤늦게나마 따라하려는 것이었을 것이다. 직업을 나타내는 성도 있다. Butcher(도축업자), Baker(빵 굽는 사람), Carver(조각가), Carter(짐 마차꾼), Carpenter(목수), Gardiner(정원사), Glover(장갑 제조업자), Hunter(사냥꾼), Miller(방앗간 주인), Cooper(통 제조업자), Mason(석공), Salter(제염업자), Thatcher(지붕 이는 사람), Weaver(직조공) 등. 장소, 직업, 조상으로부터 받은 유산, 이 모든 것은 남녀 모두에게 깊이 새겨져야 할 필요가 있었다. 이것들은 그들을 자신들의 장소에 단단히 얽어매었고 이제 그들의 것처럼 느끼기 시작한 언어와 나라와의 완전한 일체감을 그들에게 제공했다.

그러나 영어를 읽을 수 있고 큰소리로 읽을 때 영어를 이해할 수 있는 사람들이 어디에서든지 자신의 작품을 읽기를 열망했던 초서는 여전히 영국에 존재하는 많은 언어들의 다양성과 혼란을 우려했다. 그는 「트로일러스와 크리세이드」라는 시에서 다소 신랄하고 심지어 걱정스러운 작별인사를 한다.

> Go, litel bok …
>
> And for ther is so gret diversite
>
> In Englissh and in writyng of oure tonge,
>
> So prey I God that non miswryte the (thee).
>
> …
>
> That thow be understonde, God I biseche!!

> 가라, 작은 책 …
> 그리고 대단한 다양함이 있다
> 영어에도 그리고 우리 언어로 된 글에도
> 그래서 나는 신께 기도한다. 어떠한 잘못된 글도 너에게
> …
> 네가 이해하기를, 신께 나는 간구한다!

나는 초서가 이런 두려움을 느낄 수 있었다는 것을 감동적이라고 생각하지만, 중부와 중서부 지역에서 자라고 부유한 런던에서 자양분을 얻고 런던의 인쇄술 발달에 도움을 받은 그의 언어가 작은 책들

안에 들어가 결국은 영국 전체뿐만 아니라 전 세계 표준영어의 기반이 될 것이라는 것을 그가 어떻게 알 수 있었겠는가?

『캔터베리 이야기』의 15세기 필사본 50여 개가 아직도 남아 있는데 그의 독자 중에는 런던의 상인과 훗날 리처드 3세가 된 글로스터의 리처드가 포함되어 있었다. 15세기가 끝나기 전에 인쇄업자 윌리엄 캑스턴William Caxton은 두 가지 판본의 『캔터베리 이야기』를 인쇄했고 그 후로 이 작품은 절판된 적이 없다. 사람들은 이 책을 즐기고 모방하고 복사하고 다시 번역하고 연극, 영화, 라디오 프로그램 등으로 소개하고 있으며, 세대마다 초서를 영문학의 아버지이자 기초를 놓은 천재로 합당한 평가를 해왔다.

그가 죽은 지 150년이 지난 후 그를 기리기 위한 기념비가 웨스트민스터 사원에 세워졌다. 이 묘비는 시인들의 코너가 된 곳에 있으며 1400년에 초서가 죽은 집과 지척에 있다.

나는 이 장을 마무리하는 가장 좋은 방법은 또 다른 위대한 작가인 드라이든이 17세기에 쓴 초서에 관한 글을 인용하는 것이라고 생각한다.

그는 아주 훌륭한 이해능력을 가진 사람이었음에 틀림없다. 왜냐하면 그에게서 진실로 관찰되어 왔듯이, 『캔터베리 이야기』 속에 당시 전 영국민의 다양한 태도와 유머를 포함시켰기 때문이다 … 그들의 이야기들과 말하는 내용과 방식은 각각의 서로 다른 교육 정도, 유머, 직업에 너무 잘 맞아서 다른 사람이 표현했더라면 부적절했을 것이다 … 속담에 있듯이 '여기에 하느님의 충만함이 있다.'라고 말하면 충분하다.

7

영어,
교회 안으로 들어가는 것이 금지되다

영어가 시인들을 데려간 곳으로 사람들은 따라가고 싶어 했다. 14세기와 15세기에는 제1언어로 확산되고 있던 영어를 사회의 중심적이고 지도적인 위치에 올려놓으려는 운동이 일어나고 있었다. 따라서 국가는 도전받아야 했고 교회도 그러했다. 그 중 영어가 가장 격렬한 투쟁을 벌인 대상은 바로 교회였다. 그 잔혹함은 형언할 수 없는 믿음 그 자체를 포함하고 있었다.

중세 후기 영국은 종교 사회였다. 로마가톨릭교회가 은밀한 성sex을 포함해서 세속적 삶의 모든 면을 통제하고 파고들었다. 힘이 아주 강하다면 교회에 도전하겠지만, 강한 자들조차도 교회가 권력과 믿음의 온갖 수단을 동원할 때는 움찔하고 무너지게 될 것이다. 그러나 영국에는 영어가 하느님의 언어가 되어야 한다고 굳게 믿었던 신앙인들이 있었으며, 이들은 신성한 로마가톨릭교회의 무시무시한 분노에도 불구하고 영웅적인 노력으로 그 일에 착수했다.

14세기 영국에서 언어의 핵심적인 힘은 성경에 있었다. 하지만 영어 성경은 단 한 권도 없었다. 고대영어로 단편적으로 번역된 복음서와 구약 일부, 시편의 중세 영어판만이 있었다. 공식적으로 하느님은 라틴어로 사람들에게 말씀하셨다. 라틴어는 성직자들만의 전유물은 아니었지만 그들에 의해 일반인은 접근할 수 없도록 요새화된 것은 분명했다. 신자와 성경의 적절한 관계는 라틴어를 알고 있는 성직자가 중개했다. 성직자는 평민에게 성경을 해석해 주었을 것이다. 이는 모든 것에 유일한 강령을 가진 일당 독재국가와 다름없었다. 성경은 대다수 민중이 절대로 접근할 수 없는 언어인 라틴어로 되어 있었고 그나마 성경 자체도 드물었다. 성경은 하느님의 말씀이고 하느님을 아는 것은 축복이며 모든 지각을 뛰어넘는 풍요로움이라는 말로 정당화되었다. 하느님의 참된 사람으로 임명된 사제는 말씀을 잘못 해석하는 죄를 짓거나 이단에 빠지는 것을 피할 수 있다고 주장했다. 마귀가 차단되었다는 것도 사제가 확인하곤 했다. 이는 영국인 대부분이 혼자 힘으로는 성경을 알기가 불가능했음을 의미한다.

하느님과 영어로 의사소통을 하고 싶다면 성경 본문에 대해 설교하는 이상적인 지역 사제를 만나는 행운을 얻을 수도 있지만 그것조차도 시작과 끝은 라틴어로 할 것이다. "In nomine Patris et Filii et Spiritus Sancti. Amen(성부와 성자와 성령의 이름으로. 아멘)." 다른 방법들도 있긴 있었다. 가장 눈에 띄는 것은 종교극으로 요크 지역에서는 교회나 사원 밖에서 공연되었다.

이 극들은 하느님의 창조에서부터 그리스도의 탄생과 죽음, 부활에 이르는 그리스도교 이야기를 들려준다. 하지만 그것은 종교극이

긴 해도 성경은 아니었고 성경이 되도록 허락되지도 않았다. 아마도 성경에 관한 멜로 드라마라고 부를 수 있을 것이다. 원래 각 분야마다 적합한 길드(목수들은 그리스도가 십자가에 못 박히는 장면을 담당했다.)에 의해 상연되던 당시 12개의 종교극 중 하나는 심지어 오늘날까지도 해마다 14세기 영어로 공연되고 있다.

대부분의 사람들이 자신의 종교와 교회에 대해 두려움과 애정을 동시에 갖고 교회에 의지해 위안과 희망을 얻으며 일상적인 쾌락, 축제일, 성인聖人의 날, 대행렬을 즐겼던 것은 거의 의심할 여지가 없다. 그러나 평신도들은 바깥에 머물고 있었다. 매년 요크에서 종교극이 마을을 순회하며 교회 근처에서 공연되지만 교회 문을 열고 안으로 들어가는 것이 허용되지 않는 것에서 아직도 그 모습을 우리는 눈으로 확인할 수 있다.

모든 사람은 교회에 가야 했고 교회 출석은 의무였기 때문에 그들은 교회에 들어와 뒤에 서 있거나 무릎을 꿇고 있었지만 예배는 그들과 동떨어진 상관없는 일이었다. 신비함만이 강조되었고 성직자들은 비밀모임과도 같았으며, 라틴어는 과거의 진리 속에서 경외심을 불러일으키는 것이어서 비록 어떤 글귀들이 수년 동안 그대로 있었다 할지라도 전체적인 의도는 감동시키고 복종시키는 것이지 계몽하는 것이 아니었다. 영어로 된 찬송집이나 평민을 위한 성경은 물론 없었다. 사람들은 그저 성직자들의 자비에 맡겨져 있었다. 그들만이 하느님의 말씀을 읽도록 허락되었고 그들조차 조용히 읽었다. 성직자가 성경을 읽다가 중요한 부분에 이르면 회중이 알 수 있도록 종을 쳤다. 성직자는 성경의 안내자가 아니라, 평신도로부터 성경을 수호하는 자로 존재했다. 평신도는 성경 안으로 들어가는 것이 허락되지 않았다.

 성직자들로부터 그 힘을 비틀어 떼어내고 라틴어 성경을 영어로 대체하는 것은 무시무시한 투쟁이었을 것이다. 그러나 그것은 영어의 모험에서는 기운을 북돋우는 진전이며, 순교와 큰 위험의 순간이자 대담한 순간이고, 학문과 그 무엇보다도 하느님의 말씀은 대중의 말이어야 한다는 너그럽고 포괄적인 믿음이었다. 이 전쟁은 궁극적으로 교회를 둘로 찢어놓았는데, 14세기 후반에 첫 번째 굉음이 시작될 당시에는 상상조차 할 수 없었던 결과였다. 이 전쟁은 많은 생명을 앗아갈 수 있었다. 그러나 많은 사람들이 영어를 〈자기 신앙의 언어〉로 만들기 위해 죽을 준비가 되어 있었다.

영어로 쓴 성경, 이단으로 몰리다

14세기의 주동자는 학자인 존 위클리프John Wycliffe였다. 그는 요크셔의 리치몬드 근처에서 태어났으며 옥스퍼드의 머튼 대학에 들어갔고 전해지는 바로는 열일곱 살 때 이미 카리스마를 가진 유창한 라틴어 학자였다고 한다. 그는 자신의 지식을 모든 사람과 함께 나누어야 한다고 열정적으로 믿었던 일류 철학자이자 신학자였다. 옥스퍼드의 달콤한 벽 속에 갇힌 철저한 전통주의자들의 입장에서 벗어나 학자 위클리프는 교회의 권력과 부에 격렬한 공격을 가했는데, 이것은 100여 년 후에 있을 마르틴 루터의 공격을 예견했다.

 그의 주된 주장은 영원하고 이상적인 하느님의 교회를 로마의 세속적인 교회와 구별하자는 것이었다. 간단히 말해, 그는 성경에 없는 것이라면 교황이 뭐라고 하더라도 진리가 아니라고 주장했다. 부수적으로 말하자면 성경에는 교황이 있어야 한다는 언급이 없다. 사람들이 교회에 대해 이야기할 때는 보통 성직자들, 수사들, 수도회 회원, 탁발수사를 의미한다고 그는 말했다. 그러나 그래서는 안 된다는 것이다. "100명의 교황이 있다 할지라도 그리고 모든 탁발수사들이 추기경이 된다 할지라도, 신앙에 대한 그들의 견해가 성경 자체에 기반을 두고 있지 않는 한 그것을 받아들여서는 안 된다."라고 그는 썼다.

이는 격론을 일으켰고 확립되어 있던 모든 권위의 기반을 무너뜨렸다. 특히 위클리프와 존 볼과 같은 추종자들은 그의 이러한 생각을 교회가 갖고 있는 모든 세속적인 부를 가난한 이들에게 넘겨주어야 한다는 요구와 결합시켰다. 교회는 그를 짓밟아 버리는 수밖에 없었다. 왜냐하면 위클리프는 훨씬 더 멀리 나아갔기 때문이다. 그와 그의 추종자들은 성체 변화, 즉 성직자의 집전으로 빵과 포도주가 그리스도의 살과 피로 기적적으로 변화한다는 믿음을 공격했다. 그는 또한 성직자의 독신주의도 공격했는데, 그것을 성직자 부대를 통제하는 제도적인 지배체제로 생각했다. 또한 강요된 신앙고백도 공격했는데, 이는 성직자가 반대자들을 함정에 빠뜨리는 것이라고 주장했다. 그리고 면죄부도 공격했는데, 교회는 면죄부를 구입하면 연옥으로부터의 구원을 가져다준다고 했지만 그것은 동시에 교회에 부를 가져다준다는 것이다. 순례는 우상 숭배의 한 형태이기 때문에, 종교극은 하느님의 말씀이 아니기 때문에 공격했다. 위클리프는 위의 내용 중 어떠한 것도 고집하지 않았다.

그의 가장 중요하고 혁명적인 주장은 성경이 종교적 신앙과 실천에 대한 유일한 권위이며 모든 사람은 스스로 성경을 읽고 해석할 수 있는 권리를 갖고 있다는 것이었는데, 만약 이 주장이 어떤 형태나 형식으로 받아들여졌다면 교회를 완전히 전복시킬 만한 것이었다. 이 주장은 세상을 바꾸어 놓을 수도 있는데 당시에 세상을 지배했던 이들은 그것을 알고 있었다. 위클리프는 그들의 제1의 적이었다. 하지만 그의 주요 주장들이 학문과 신학의 국제어인 라틴어로 쓰여 있다는 것은 아이러니컬하다. 비록 그와 그의 추종자들에 의한 영어 설교가 있긴 했지만 말이다.

　로마가 오랫동안 학문의 변방으로 여겼던 나라에서 조용히 신학대학에 다니던 젊은 청년이 지상 최고의 권위에 대항하여 주먹을 날린 것 자체가 충분히 놀랄 만한 일이다. 그는 자신이 감수할 위험을 정확히 인식했던 것이 틀림없다. 더욱 놀라운 사실은 그럼에도 계속해서 저항했고 자신의 생각을 실행함으로써 다른 학자들로부터 많은 도움을 얻어냈다는 것이다. 학자들 역시 이러한 숨 막히는 모험으로 그들의 전 생애와 평생의 업적이 위험에 처한다는 사실을 알고 있었음에 틀림없다.

　내가 생각할 때 그들을 뒷받침한 것은 날마다 보는 교회의 상태였다. 그리스도교도 학자들은 그 광경을 참고 넘어갈 수 없었다. 교회는 나태하고 부패한 경우가 많았다. 성직자들 사이에서조차 성경 읽는 일은 놀라울 정도로 드물었던 것으로 보이는데, 왜냐하면 라틴어를 모르는 경우가 많았기 때문이다. 예를 들어 글로스터의 주교가 담당 교구에 있는 311명의 부제(사제 바로 아래 지위)와 부주교, 사제를 조사했을 때 168명이 십계명을 외우지 못했고, 31명은 십계명이 성경의 어디에 나오는지를 알지 못했으며, 40명이 주기도문을 외우지 못한다는 것이 밝혀졌다. 참된 양심과 성실함과 신앙을 지닌 사람들에게는, 즉 위클리프와 그의 추종자 같은 사람들에게는 이러한 부패 상황과 가장 중요한 면에서의 부주의, 약해진 믿음, 소명에 대한 배신행위는 제거되어야 하며 타파되어야만 했다. 이들 학자에게 주요하고 자연스러운 무기는 책이었다. 그것은 바로 〈영어로 쓴 성경〉이었다.

영어로 완역된 성경은 교회의 승인을 받지 못했고 이단으로, 심지어는 반란으로 몰려 범죄행위에 합당한 사형을 포함한 온갖 잔인한 형벌을 받을 위험을 안고 있었다. 어떤 번역이든 커다란 위험을 감수해야 했고 따라서 라틴어 성경을 영어로 옮기는 작업은 비밀리에 이루어져야 했다.

위클리프는 두 가지 성경 번역을 했는데 당연히 그의 이름이 붙여졌다. 두 번역은 4세기 후반에 만들어진 신구약성서의 라틴어판Latin Vulgate Version을 바탕으로 이루어졌는데, 너무나 원문에 충실하게 번역하여 이해하지 못할 수도 있다. 위클리프는 첫 번역을 준비했지만 그 일을 수행하는 짐은 옥스퍼드 퀸즈 대학의 니콜라스 헤레포드가 짊어졌다. 그는 많은 친구들의 도움을 필요로 했을 것이고 수많은 책들에 의존해야만 했을 것이다. 하지만 그들이 직면했던 것은 거대한 임무인 번역 그 자체만이 아니었다. 번역된 성경 또한 보급되어야 했다. 조용한 옥스퍼드 대학에 있는 방들이 혁명의 밀실, 기록실로 바뀌었다. 이 신성한 필사본들이 제작되는 생산 과정이 확립되었는데 남아 있는 필사본 수를 볼 때 당시에 아주 많이 만들어졌음을 알 수 있다. 현재 170권이 남아 있는데 이는 600년 된 필사본치고는 아주 많은 수다. 이것은 당시에 성경을 비밀리에 번역하고 필사하고 보급시킨 유능한 모임들이 있었다는 것을 말해 준다. 나중에 수백 명이 순교했는데, 이들은 최초의 영어 성경을 만들어 보급시키는 데 담당했던 역할 때문에 가장 끔찍한 죽임을 당했다.

이 일의 범위와 대담함의 가치가 어느 정도였는지 평가하는 것은 어렵다. 위클리프는 그들을 대포의 포문(사건이 터지기 직전의 상황)으로 이끌고 나갔다. 그들 모두가 그것을 알고 있었고, 옥스퍼드 대학이라는 복종적이면서도 입에 발린 라틴어로 만들어진 장벽 뒤에서, 스탈린의 통제를 피할 수 있었던 과거 소련의 지하 출판사와 동일한 모임이 중세에도 효과적으로 조직되었다. 이 모임의 운용은 다소 특이한 학자적 성직자들의 은둔사회라는 옥스퍼드의 기존 이미지와는 아주 동떨어져 있었다. 당시 옥스퍼드는 영국에서 가장 위험한 곳이었으며, 그 땅에서 가장 큰 단 하나의 세력에 도전하는 지하운동 투쟁을 이끌고 있었으며, 이 운동은 하느님의 계시된 말씀의 권위를 공공장소로 불러냈다. 위클리프와 그의 친구들은 자신들이 세상을 바꿀 것이라고 믿었으며 잠시나마 세상을 바꾼 것처럼 보였다. 마침내 위클리프 영어 성경Wycliffe English Bible이 완성되었던 것이다. 그것은 퍼져나갔고 사람들에게 읽혀졌다.

여기 도입부가 있다. 먼저 위클리프의 영어로 읽은 다음 현대영어로 읽어보자.

> In the bigynnyng God made of nouyt heuene and erthe.
> Forsothe the erthe was idel and voide, and derknessis weren on the face of depthe; and the Spiryt of the Lord was borun on the watris.
> And God seide, Liyt be maad, and liyt was maad.
> And God seiy the liyt, that it was good, and he departide the liyt fro derknessis; and he clepide the liyt, dai, and the derknessis, nyyt. And

the euentid and morwetid was maad, o daie.

In the beginning, God made of naught heaven and earth. Forsooth, the earth was idle and void, and darkness were on the face of depth, and the spirit of God was borne on the waters. And God said 'Light be made!' - and light was made. And God saw the light that it was good and He departed the light from the darkness. And he klept the light day and the darkness night. And the eventide and morrowtide was made, one day.

태초에 하느님이 천지를 창조하시니라.
땅이 혼돈하고 공허하며 흑암이 깊음 위에 있고
하느님의 신은 수면에 운행하시니라.
하느님이 가라사대 빛이 있으라 하시매 빛이 있었고
빛이 하느님이 보시기에 좋았더라. 하느님이 빛과 어두움을 나누사
하느님이 빛을 낮이라 부르시고 어두움을 밤이라 부르시니라.
저녁이 되고 아침이 되니 이는 첫째 날이니라.

이 구절은 직설적이다. 그러나 많은 부분에서 쉬운 번역은 아니다. 영어에서 흔히 쓰는 많은 어구가 이 번역본에서 유래했다. woe is me(아, 슬프도다), an eye for an eye(눈에는 눈)가 모두 위클리프의 번역본에 있다. birthday(생일), canopy(덮개), child-bearing(아이를 가진, 수태한), cock-crowing(수탉이 우는), communication(의사소통), crime(범죄), to dishonour(수치스럽게 하다), envy(질투), frying-pan(프라이팬),

godly(경건한), graven(감명받은, 새겨진), humanity(인류), injury(상해), lecher(호색한), madness(광기), menstruate(생리하다), middlemen(중개인), mountainous(산이 많은), novelty(진기함), pollute(더럽히다), puberty(사춘기), schism(분리), to tramp(쾅쾅거리며 걷다), unfaithful(불충한), zeal(열심). 이 모든 단어들과 더 많은 단어들이 위클리프 성경에서 처음 나왔다. 다시 한 번 영어 어휘고에 첨가가 이루어졌을 뿐만 아니라 새로운 개념이 소개되고 기존의 개념에 이름이 붙여졌다. 그래서 당시 humanity나 pollute는 단어들이 흔히 그렇듯이 더 넓고 복잡한 의미를 띠게 되었다. 새로운 단어는 새로운 세상이다. 우리는 단어들을 불러내고, 단어들은 충분히 강인해지면 변화 단계를 밟게 되고 그 변화의 길을 따라가면서 점점 더 많은 것을 묘사하게 되면서 새로운 통찰력을 제공하고 말과 지면을 통해 진화하게 된다. humanity라는 세계가 갖는 다중적 의미에 얼마나 많은 뉘앙스와 결과적으로 얼마나 많은 의미들이 결부되어 있겠는가? 대단히 존경받는 믿음을 영어에 가져온다는 대의명분으로 위클리프는 graven(감명받은, 새겨진), schism(분열, 분파)과 같은 교회의 어휘를 확대시켰다. 또한 그는 단어들을 세상에 자유롭게 풀어놓았다.

위클리프 성경에 대한 비판은 너무 라틴어풍이었다는 점이다. 그들은 라틴어판의 권위를 매우 두려워했기에 단어 하나하나를 일대일로 번역했으며 심지어 라틴어 어순을 그대로 유지하기도 했다. 'Lord, go from me for I am a man sinner(주여, 저를 떠나십시오. 왜냐하면 저는 죄인이기 때문입니다).'와 'I forsoothe am the Lord thy God full jealous(참으로 나, 주, 너의 하느님은 질투하는 하느님이므로).'에서 그 예를 볼 수 있다. 또 다른 결과는 본문 자체가 라틴어화한 말들로 물들어 있다는 것인데, 일부는 라틴어에서 직접 도입된 단어들이고 또 일부는 mandement(주교의 교서), descrive(기술하다), cratch(여물통)처럼 프랑스어를 통해 들어온 단어들이다. 위클리프의 성경에 처음 기록됨으로써 영어에 최초로 등장한 라틴어들은 1,000개가 넘는다. 그 중에는 profession(직업), multitude(다수) 그리고 이 성경에 적합한 단어인 glory(영광)가 있다.

교회로 들어가는 문은
여전히 라틴어가 독점하고 있었다

당시의 기준으로 보면 위클리프 성경은 베트스셀러였는데 처음에 교회는 위클리프를 비난하기만 했다. 그들은 위클리프가 성경을 "평민과 여성들의 교육에 좀 더 개방적이게 만들었으며 따라서 성직자들의 보석이 평신도들의 놀잇감으로 바뀌고 복음의 진주는 멀리 흩어져 돼지들의 발밑에 밟히게 되었다."라고 불평했다.

돼지들(평신도들)은 위클리프에 의해 양육될 예정이었다. 열정적이고 사명감에 불타던 위클리프는 영국 전역으로 파견할 순회 설교자들의 모임을 조직해서 이들을 훈련시키기 시작했는데 이 모임은 나중에 새로운 종교단체가 되었다. 이들의 전형적인 성직복은 황갈색의 모직 옷이었다. 이들은 긴 지팡이를 가지고 다녔다. 초기에는 대부분 두려움을 모르는 옥스퍼드의 학자들이었지만 곧 엄청난 수의 하층민들이 합류했다. 위클리프를 통해 영감을 받았다고 공언한 사람들은 그리스도가 이 세상을 개종시키기 위해 보냈던 70명의 복음 전도사들이었다. 그들의 목표는 영어로 말씀The Word을 전파하는 것이었다.

그것은 게릴라식 캠페인의 특징을 지녔다. 그들은 이 땅의 언어를 통해 하느님을 민중에게 돌려주기 위해 밖으로 나갔다. 그들은 대로에서, 샛길에서, 선술집과 여인숙에서, 마을 잔디밭에서, 허허벌판에서 교회의 부와 부패에 반대하는 설교를 하면서 교권에 반대하는 위클리프의 성직 이념을 선언했다고 한다. 따라서 그들은 감시와 관찰의 대상이었다. 그들은 생명의 위험을 무릅썼다. 그들은 롤라드Lollards라는 이름으로 알려지게 되었는데, 이 말은 lollaerd(중얼거리는 사람)에서 나온 것으로 동사 lollen(중얼거리다, 웅얼거리다)에서 만들어졌다. 그들은 스스로를 그리스도인 형제단Christian Brethren이라고 불렀다. 무엇보다도 그들은 성직자들을 배제시켰다.

여기 위클리프 번역의 팔복(Beatitudes, 그리스도가 설교한 여덟 가지 복)이 있다.

> Blessid ben pore men in spirit, for the kingdom of heuenes is herne.
> Blessid ben mylde men, for thei schulen welde the erthe.
> Blessid ben thei that mornen, for thei schulen be coumfortid.
> Blessid ben thei that hungren and thristen riytwisnesse, for thei schulen be fulfilled.
> Blessid ben merciful men, for thei schulen gete merci.
> …
> Ye ben salt of the erthe.

심령이 가난한 자는 복이 있나니 천국이 그들의 것임이요.
온유한 자는 복이 있나니 그들이 땅을 차지할 것임이요.

애통하는 자는 복이 있나니 그들이 위로를 받을 것임이요.

의에 주리고 목마른 자는 복이 있나니 그들이 배부를 것임이요.

긍휼히 여기는 자는 복이 있나니 그들이 긍휼히 여김을 받을 것임이요.

…

너희는 세상의 소금이니.

이제 성경은 영어를 통해 민중에게 직접 외쳤다. 이것은 허용될 수 없는 일이었다. 1382년 5월 17일, 지금은 위클리프 시대를 기억하게 만드는 타일로 장식된 빅토리아 양식의 공공건물이 뽐내고 있는 런던의 도미니크 수도회에서 위클리프가 한 일을 조사하기 위한 교회의 시노드(synod, 가톨릭 교회에서의 대표주교 회의)가 열렸다. 8명의 주교들, 신학 분야의 다양한 전문가들, 관습법과 민법 박사들 그리고 15명의 수사들이 모였다.

그것은 공개 재판이었다.

그들의 결론은 미리 정해져 있었고 회의 이틀째 날 그들은 위클리프의 의견을 노골적인 이단으로 응징하는 성명서 초안을 작성했다. 위클리프의 추종자들도 처벌되었다. 시노드는 전국의 순회 설교자들을 체포하고 기소할 것을 명령했다. 많은 사람들이 체포되어 고문을 당하고 죽임을 당했다.

아마도 영어에 관한 모든 것 중 가장 의미심장한 것은 시노드는 이후부터 모든 영어 성경에 대한 금지령을 의회에서 제정하도록 했고, 그들은 이 금지령이 효력을 갖게 할 수 있는 힘을 지니고 있었다는 점이다.

위클리프의 엄청난 노력은 참패했다. 그는 교회의 힘에 대항했으나 싸움에서 패배했다. 그의 성경은 금지되었다. 가장 거대한 성당에서부터 가장 아래의 교구 본당에 이르기까지 교회로 들어가는 문들은 여전히 라틴어가 독점하고 있었다.

5월 30일, 영국의 모든 교구는 시노드가 결정한 내용을 발행하라는 지시를 받았다. 위클리프는 병들었다. 그는 뇌졸중으로 몸이 마비되었고, 2년 후인 1384년의 마지막 날에 죽었다.

**영어 성경의 패배,
하지만 교회의 권위에 주먹을 날리다**
—

1399년 헨리 4세는 영어로 대관식을 거행했다. 초서는 『캔터베리 이야기』로 모든 곳에 있는 영어 독자들과 감상자들을 기쁘게 해주었다. 그러나 교회는 그 문을 굳게 닫았다.

하지만 롤라드들은 목숨을 걸고 계속 비밀장소에 모이곤 했는데, 특히 헤레포드셔와 몬머스셔에서 모임을 가졌다고 전해진다. 당시의 한 연대기 기록자는 자신이 만난 두 사람 중 한 사람은 롤라드였으며, 그들은 "영국 전역을 다니면서 지체 높은 귀족들과 영주들이 자신들의 신도가 되도록 유혹했다."고 기록했다. 롤라드의 수가 그렇게 많았을 것 같지도 않고 귀족들 사이에 그렇게 영향력이 있었을 것 같지도 않지만 다른 맥락에서 보면, 5장에서 다룬 1381년의 농민반란을 통해 영어는 중심부의 권위에 대항하는 저항의 언어로 입증되었고 따라서 일부 불안정한 귀족들과 영주들이 그것을 환영했을 가능성이 있기는 하다.

윌리엄 랭글런드는 롤라드였는데, 1390년에 종교시 「농부 피어스」를 발표했다. 이 시는 당시 가장 인기 있는 시였는데 위클리프의 사상이 얼마나 깊이 스며들어 있는지를 보여준다. 랭글런드는 이 시를 중서부 방언으로 썼다. 초서의 기반이 런던과 전문가들이었던 반면, 「농부 피어스」는 지방민들과 신앙심이 강한 농촌 사람들을 자기편으로 불러모았고 그들의 절박한 처지에 랭글런드는 전적으로 공감하곤 했다.

그의 시는 두운을 맞췄던 반면, 초서는 규칙적이고 자연스러운 구조와 과거 전통에서 벗어난 각운을 사용했다. 랭글런드는 두운시에 새로운 활기를 불어넣었고 그것을 뿌리로 이용했다. 두운시를 통해 그는 자신의 꿈들을, 예를 들면 그리스도교적인 삶에 대한 꿈을, 가난한 이들의 불행한 처지와 성직자들의 부패에 관한 자신의 신념을 더 믿을 만하게 만들었다.[16] 「농부 피어스」의 시 일부를 현대영어로 옮기면 다음과 같다.

> I looked to the East towards the rising sun
>
> And saw a tower on a hill, wonderfully built.
>
> A deep dell beneath, a dragon inside
>
> With a deep ditch dark and dreadful to look at.
>
> In between I found a fair field full of folk
>
> Working and going about their business.

---

[16] 「농부 피어스의 환상Vision of Piers Pierrman」이라는 원제가 시사하듯이 이 시는 중세에 흔했던 꿈의 환상 형식을 취하고 있다. 작가는 자신의 이야기를 꿈꾼 듯이 이야기한다.

…

Some laboured at the plough with no time for pleasure.

Planting and sowing and sweating with effort.

…

I found there friars of all four orders

Preaching to the people to profit themselves

Glossing the gospel just as they liked.

…

For the parish priest and the pardoner

Share in the silver

That the parish poor would have

If they were not there.

그러나 나는 떠오르는 태양을 향해 동쪽을 바라본다.

나는 언덕 위의 탑을 보았다, 훌륭하게 지어진.

저 아래 깊은 골짜기, 그 안에 한 마리의 용

검고 보기에도 무서운 깊은 도랑을 가진.

그 사이에서 나는 아름다운 벌판을 발견했다.

일을 하고 있는 사람들로 가득 찬.

…

어떤 이는 놀 겨를도 없이 밭을 가는 수고를 하고 있었다.

심고 씨 뿌리고 애써서 땀 흘리며.

…

나는 거기서 모두 네 곳의 수도회 탁발수사들을 발견했다.

그들은 이익을 얻기 위해 사람들에게 설교하고
마음 내키는 대로 복음서에 주석을 달고.
…
교구의 목사와 면죄부 관리인은
은화를 나누어 가졌다.
그들이 거기에 없었다면 교구의 가난한 이들이
가졌을지도 모르는 은화를.

이 시는 민중의 언어처럼 들리도록 써졌고 그 언어 속에서 랭글런드는 위클리프의 일을 계속하고 있다. 그 언어와 그 언어로 쓴 시는 종교개혁에서 신교도들의 영어에 중심이 되는 작품들, 즉 『천로역정 *Pilgrim's Progress*』과 다른 작품들을 예고하고 있다. 그럼에도 이것은 비교적 미미한, 한 시인이 할 수 있는 일에 불과했다.

위클리프 사후에 교회의 비난과 잔인함에도 불구하고 위클리프 성경 사본들은 계속 만들어지고 보급되었다. 위클리프의 성경들 가운데 어느 하나라도 소유하고 있다면 사형죄가 되었을 때조차도 그랬다. 놀라울 정도의 용기를 가지고 영어를 전파시킨 신자들은 교황에게 반항할 준비가 되어 있었고 하느님의 말씀을 영국민에게 그들의 언어로 읽어주기 위해 목숨과 영혼을 바쳐야 할지도 모르는 위험을 무릅쓸 준비가 되어 있었다.

그러나 성직자단은 그것을 참을 수 없었다. 위클리프가 죽은 지 28년이 지난 1412년에 캔터베리의 대주교는 위클리프의 모든 저서들을 불태우도록 명령했고, 교황에게 보내는 그의 편지에는 위클리프의 성경에서 골라냈다고 주장하는 불태울 만한 267개의 이단 단어 목록

성경은 대다수 민중이 읽을 수 있는 영어로 번역되어야 한다고 주장한 존 위클리프

이 들어 있었다. 그는 "저 비열하고 해로운 녀석, 사탄의 아들, 적그리스도의 전령이자 그 자식인 존 위클리프는 모국어로 성경을 새롭게 번역하는 편법을 이용해 자신의 사악함을 가득 채웠다."라고 말했다고 전해진다.

훨씬 더 세속적인 오늘날에 이런 질문을 하게 된다. 왜 이 모든 분노가 존재했을까? 위클리프는 무엇을 했던가? 그가 성경 번역에만 집중하는 데 만족한 옥스퍼드의 학자였더라면 용서가 됐을까? 만약에 그가 교회를 비난하지 않고, 교회의 세속적인 존재에 대항하지 않고, 신학적 비판을 흑사병 이후의 사회적 혼란 속에 뒤섞어 놓지 않았더라면 용서되었을까? 그랬다면 그는 영어를 교회의 서쪽 문으로 슬며시 밀어넣어 본당의 회중석을 지나 성경을 올려놓는 장엄한 낭독대까지 보낼 수 있었을까? 실제 이런 일이 일어났을지 확신할 수는 없다. 솔직하고 냉소적인 이유에서 라틴어는 성스러운 책(성경)의 언어로, 심지어 침범받지 않는 영역으로 틀림없이 유지되었을 것이다. 위클리프는 보편적인 교회의 바로 그 목소리, 즉 성직자들을 위협했다. 그것은 언어의 힘을 보여주는 소름끼치는 예다.

교회는 아직 위클리프와의 관계를 끝내지 않았다. 헝가리의 지기스문트 황제는 1414년 콘스탄스 종교회의를 소집했다. 이 회의는 로마 가톨릭교회가 소집한 회의 중 가장 독단적인 것이었다. 1415년 위클리프는 이단자로 처벌받았으며, 1428년 봄 그의 뼈를 파내어 성스러운 땅에서 제거하라는 명령이 내려졌다.

영국의 요크 대주교가 내려다보고 있는 가운데 위클리프의 유해는 땅속에서 파내어져 불태워졌고 그렇게 해서 영생을 얻을 가능성을 그에게서 박탈해 버렸다. 이는 최후의 심판날이 와서 죽은 자들의 몸이 하느님과 함께 살기 위해 선택된 그들의 영혼을 만나게 되었을 때, 위클리프는 몸과 영혼이 재결합할 수 없음을 의미한다.

성경은 라틴어로 남았고, 위클리프의 실패한 시도는 영어 편에 서서 또 다른 불경한 시도를 할 만큼 어리석은 사람들에게 무자비하고 저주스러운 교훈이 되었다.

위클리프의 유해는 에이번 강의 지류인 스위프트 강을 가로지르는 작은 다리에서 태워졌다. 그 재는 강물에 뿌려졌다. 곧바로 롤라드의 예언이 등장했다. 영어로 말이다.

The Avon to the Severn runs,

The Severn to the sea.
And Wycliffe's dust shall spread abroad
Wide as the waters be.

에이번은 세번(영국에서 가장 긴 강)으로 흐르고,
세번은 바다로.
그리고 위클리프의 재는 멀리 퍼져갈 것이다
강물처럼 널리.

> # 8

모든 사람이 이해할 수 있는
표준화된 영어가 필요했다

한쪽 전선에서 좌절당하자 영어는 다른 쪽 전선으로 에너지를 돌렸다. 영혼을 구하는 전투에서는 패배했지만 이제는 정치적인 육신을 취했다. 그것은 가장 위대한 기술 발명품 중 하나인 인쇄술에 의해 촉진된 투쟁이었다. 영국 인쇄술의 대가 윌리엄 캑스턴은 표준영어를 규칙화하는 데 있어서 그가 인쇄한 베스트셀러의 저자인 초서보다도 더 많은 기여를 했다. 이 투쟁에서 당시 공무를 담당하는 무명의 서기들이 왕보다도 더 큰 힘을 발휘했다. 겉으로 보기에는 프랑스에 대항한 전쟁에서 끊임없이 수행한 전투로 인해 지쳤지만 그러면서도 또 다른 전투에 굶주린 듯 달려드는 중세시대를 거쳐온 영국이었고, 왕들이 전방에서 전투를 이끌고 나갔던 영국이었다. 알프레드 대왕처럼 영국민을 뭉치게 하기 위해 영어를 사용한 가장 위대한 전사의 왕들 중 한 명은 헨리 5세(1413~1422년 재위, 프랑스 정복을 달성)였다.

아쟁쿠르 전투(Battle of Agincourt, 프랑스 북부 아쟁쿠르에서 5,900여 명의 군사로 프랑스 군사 36,000명을 격파한 전투)에서 고국으로 보낸 그의 편지에는 중요한 순간이 다음과 같이 적혀 있었다. 그는 그 유명한 승리 후에 이렇게 썼다. "대단히 신뢰하고 친애하는 형제여, 하느님 안에서 바르게 경배 드리는 신뢰하고 친애하는 사제들이여, 그대들의 소망은 두 나라가 빨리 평화라는 결말에 이르렀다는 기쁜 소식을 듣는 것이라는 것을 짐이 잘 알고 있는 만큼 … 짐은 그대들에게 알리노라 … 우리의 수고가 우리에게 좋은 결말을 가져다주었다."

헨리 5세가 직접 말한 영어 문장은 다음과 같다.

> Right trusty and welbeloved broþer Right worschipfull and worschipfull faders in god and truest and welbeloved ffor as muche as we wote wele þat youre desire were to here Ioyfull tidings of oure goode spede touching þe conclusion of pees betwixt þe two Rewmes … we signiffie vnto yow þat … of oure labour haþ sent vs a goode conclusion.

이 편지 한 장은 하찮은 것처럼 보일지 몰라도 큰 참나무가 작은 도토리에서 나온다는 표현처럼 적절한 것이다. 특히 큰 참나무의 마음을 가진 영국인 궁수들이 전쟁을 다른 방향으로 바꾸어 놓았을 때는 더욱 그랬다. 고국에 보내는 속달 군사 우편을 영어로 쓰면서 헨리 5세는 350년 동안 지켜온 왕실의 전통을 깨뜨렸다. 이는 기민한 움직임이었다. 그의 아버지 헨리 4세의 치하에서 영국 왕들은 영어로 말하기 시작했지만, 궁정의 모든 서류는 1066년 이후 줄곧 그랬던 것처럼 그때까지도 프랑스어로 기록되어 왔다. 헨리의 편지들은 나라를 지배하는 사람들이 모국어를 받아들인다는 궁극적인 승인일 뿐만 아니라 나라 전체에 알리기에 더 쉬운 자국어로 쓴 의도적인 선전물로 여겨질 수 있다.

여기에 그가 쓴 1420년의 평화 협정문이 있다.

> upon moneday þe 20th day of þis present moneþ of May we arrived in þis town of Troyes ⋯ and þaccorde of þe said pees perpetuelle was þere sworne by boþe þe saide Commissaires ⋯ And semblably by us in oure owne name. And þe letters (þerupon) forwiþ enseled under þe grete seel of oure saide fader to us warde and under oures to hyum warde þe copie of whiche lettres we sende you closed yn þees to þat ende: þat ye doo þe saide accorde to be proclamed yn oure Citee of london and þorowe al oure Rewme þat al oure pueple may have verray knowledge þereof for þare consolacion ⋯ henry by þe grace of god kyng of England heire and Regent of þe Rewme of ffrance and lorde of Irelande.

5월 20일 월요일에 짐은 이 도시 트루아에 도착했다 ⋯ 그리고 영원한 평화 협정이 부르고뉴 대공(프랑스 왕을 지칭)에 의해 이곳에서 체결되었다. 외견상으로는 짐에 의해 짐의 이름으로 국새 보관 담당자의 주재하에 편지들이 즉시 봉인되었고 짐은 그 사본을 런던과 전국에 공포하도록 보내, 짐의 국민들이 이를 알고 위안받을 수 있도록 했다 ⋯ 서명됨. 헨리, 하느님의 은혜로 영국의 왕, 프랑스의 섭정, 아일랜드의 주인(모두 헨리 5세를 지칭).

반反프랑스 열기가 다시 한 번 최고조에 이르면서 그는 여론 편에 섰다. 우리를 지배했고 우리의 일부가 되었던 사람들에 대한 승리는 복잡한 감미로움을 가져다주었다. 그가 전쟁에서 돌아왔을 때, 헨리 플랜태저넷 왕가는 계속해서 영어로 글을 썼다. 그는 심지어 유언도 영어로 작성했다. 그렇게 함으로써 그는 모든 사람들이 읽을 수 있는 공식적으로 표준화된 영어를 만들어 내기 위한 첫 번째 중요한 발걸음을 내디뎠다. 왕이 이끈 곳으로 그의 백성들이 따라갔기 때문이다. 전쟁 때와 마찬가지로 평화 속에서도 말이다.

왕가의 주된 거주지는 웨스트민스터 궁이었는데 이곳은 오늘날 영국의 국회의사당으로 더 잘 알려진 곳이다. 거대한 들보기둥으로 세워진 이 건물은 1834년의 대화재에도 살아남았는데, 그 안에서도 대연회장은 옥새실을 포함하고 있는 가장 중요한 구역이었을 것이다.

옥새실은 왕을 대신해 개인적인 편지를 작성했고 편지에 옥새를 찍었다. 헨리는 옥새실에서는 반드시 영어를 사용하도록 명령했다. 이는 프랑스어의 성채를 지키는 성벽에 금이 가게 만들었고 동시에 영어가 그 틈새로 쏟아져 들어오게 했다. 프랑스어는 행정어language of office로서의 지위를 박탈당했다. 프랑스어는 성벽 깊숙이 자리한 노르만족의 성만큼이나 또는 기어오를 수 없는 높은 성탑 가운데 하나만큼이나 스스로를 난공불락의 존재라고 생각해 왔을 것이다. 하지만 이제 프랑스어는 프랑스 기사들이 아쟁쿠르 전투에서 살해당했던 것처럼 의미심장하게 완패했다. 영어는 통치어가 되었고 영국인 관공서 서기들이 언어에 대한 지배권을 갖게 되었다.

people을 나타내는 단어만 20여 개, 통일된 하나의 단어가 필요하다

—

그러나 어떤 영어가 통치어가 되었을까? 나라 전역에 걸쳐 수많은 영어 방언들이 있고 사람들은 서로를 이해하는 데 여전히 어려움을 겪고 있었다. 표준화되고 차용어를 흡수하고 세계로 뻗어 나가려는 영어의 능력만큼이나 영어 방언들의 완강함 또한 인상적이다. 앵글로색슨족이 영어의 기초가 되는 언어를 가지고 도착한 이후 거의 1,000년 동안 노섬버랜드 출신 사람들은 켄트 출신 사람들의 말을 이해하는 데 가장 큰 어려움을 겪었을 수 있다. 이러한 지역적인 완강함과 충성심은 여러 세기 동안 계속되었고 어떤 지역에서는 현재까지도 지속되고 있다. 그것은 제거할 수 없는 대위법(對位法, 두 개 이상의 선율이 병치하여 조화를 이루는 것)과도 같다. 우리는 세계어를 가지고 있지만, 캑스턴 시대에도 그랬던 것처럼 조르디언 방언(Geordie, 타인사이드와 뉴캐슬 출신 사람이나 후손들이 사용하는 방언)을 사용하는 사람은 불과 300마일밖에 떨어져 있지 않은 턴브리지 웰스에 사는 사람들을 여전히 난처하게 만들 수 있다.

돌이라는 뜻의 stone은 남부 지방에서는 ston이지만 북부 지방에서는 stane이었다. running은 북부 지방에서 runnand로 발음되었는데 중동부 지역에서는 runnende로, 중서부 지역에서는 runninde로 발음되었을 것이다. 여기다 지역 발음의 색다른 콧소리까지 더하고 있다. 우리는 이 단어만큼 가까운 단어들도 혼란스럽게 다른 형태로 등장하는 것을 상상할 수 있다.

그러나 발음은 철자 사용의 다양함과는 비교도 되지 않았다. 당시의 철자 설명서에는 "말하는 대로 써라."라고 기록되어 있다. 영국은 전통적으로 라틴어를 사용해 왔고 프랑스어를 문자 언어로 300년 넘게 사용해 왔기 때문에 자국어에 대한 공통의 언어학적 기준에 대해, 심지어 특별한 단어들을 어떤 철자로 쓸 것인지에 대해 합의할 필요성이 전혀 없었다. 하지만 이제는 필요하게 되었다.

철자의 다양함은 아주 심했다. 예를 들어 영어에서 가장 흔한 단어 가운데 하나인 church를 보자. 당시 영국 북부에서는 흔히 kirk를, 반면에 남부에서는 church를 사용했다. 그러나 『후기 중세영어 언어 지도 Linguistic Atlas of Late Mediaeval English』에 따르면 kirk는 kyrk, kyrke, kirke, kerk, kirc, kric, kyrck, kirche, kerke 등의 철자를 가질 수 있었고, church는 churche, cherche, chirche, cherch, chyrch, cherge, chyrche, chorche, chrch, churiche, cirche와 같은 다양한 철자를 가졌다.

이러한 영어 철자의 놀라운 생산력은 도처에 존재하고 있었다. through를 나타내는 철자의 종류는 500개가 넘었고, 대명사 she란 단어의 철자는 60여 가지가 있었다. 이는 정말 상상하기 어려운 일이다. people이란 단어는 peple, pepule, pepul, pepull, pepulle, pepille, pepil, pepylle, pepyll, peeple, peopel, poepull, poeple, poepul, puple, pupile, pupill, pupyll, pupul, peuple, pople 등으로 철자를 쓸 수 있었다. 지역의 자존심이라는 측면에서 보면 철자의 다양성은 개인주의가 존재한다는 영광스러운 증거였다. 하지만 중앙의 권위라는 측면에서는 악몽이었고, 그보다 더 나쁜 점은 이를 통제할 수 없었다는 것이다.

웨스트민스터의 필경사들은 공문서 보관소라고 부르는 곳에서 영어를 상대했다. 그곳은 왕국의 운영에 관한 서류 작업을 책임지는 거대한 사무소로 오늘날의 재판소, 세무서, 화이트홀을 함께 모아놓은 곳이었다. 필경사들은 런던에서 만들어진 서류가 300마일 북쪽에 있는 칼리슬에서도 읽혀질 수 있어야 한다는 것을 잘 알고 있었다.

오늘날 공공 기록물 사무소를 방문하면 15세기부터 보관된 수천 개의 관공서 서류를 볼 수 있다. 그 바싹 마른 두루마리들 안에서 문어체 영어written English가 형체를 만들고 있었다. 어떤 단어를 사용할지, 어떤 철자를 사용할지에 대해 당시 수백 가지 결정을 내려야만 했다. 그 많은 서류들이 법적인 지위를 갖는다는 사실 때문에 더욱 일관성이 필요했다. 널리 이해될 수 있는 단어들이라는 확실한 증거가 있어야만 했다.

웨스트민스터 출신 사람들, 즉 공문서 보관소 서기들은 가장 잘 알고 있었다. 이들의 기준은 여전히 많은 변이형을 허락하고 있으며 이때보다 훨씬 이후에 가서야 구어체 표준어spoken standard를 만나게 되는데, 어쨌든 이제 영어는 첫 번째 훈련 대열에 서서 군대식 훈련을 받고 있었다.

중부 지역 출신 사람들이 런던으로 밀려들어 왔고 그들 가운데 많은 사람들이 서기로 채용되었기 때문에 공문서 보관소의 영어는 런던과 관련 있는 영어뿐만 아니라 중부와 중동부 지역 방언의 영향도 보여준다. 따라서 공문서 보관소의 영어가 1500년도 이후 문학의 언어로 등장했을 때 그 영어는 도시의 시인들, 심지어 『캔터베리 이야기』의 저자를 포함한 시인들이 사용한 것보다도 더 많이 축적된 단어들을 사용했다고 주장할 수 있다. 4만 명의 인구를 가진 런던은 분명이 나라에서는 가장 큰 도시였다. 그러나 그 4만 명의 사람들은 단호한 이주민 무리인 공문서 보관소의 서기들에게 막대한 영향을 받을 수 있었다. 공문서 보관소는 영어의 단어 표준을 주목할 만하게 구체화시켰고 이 과정에서 우리는 다시 한 번 영어의 성장에서 계속되고 있는 민주적 요소를 볼 수 있다. 표준화를 위한 첫 번째 위대한 규정화 작업은 수십 명에 달하는 익명의 사람들에 의해 이루어졌는데, 그들은 우리가 말로 했던 단어들을 글로 바꾸었을 때 그 단어를 사용하는 방법을 명확히 하고 정제하는 시도를 했다.

**영어가 항상
이성적 판단만을 해온 것은 아니다**

영국에서 영어가 분출된 곳은 공식적인 서류들에서만은 아니었다. 15세기 노포크 지역에 살던 패스턴 집안 사람들이 주고받은 편지 1,000여 통을 통해서도 모국어가 교육을 받은 사람들에게 어떻게 제2의 본성이 되었는지를 볼 수 있다. 널리 퍼진 용법이 상류층에서 설정한 본보기에서 나온 것인지, 아니면 상류층이 널리 퍼진 용법을 배운 것인지 판단하기는 어렵다. 영어는 이제 한 국가의 언어였을 뿐만 아니라 가장 밀접한 국가 조력자로 기대되는 계층인 상류층 사람들의 문어체 언어이자 이들이 선호하는 언어였다.

　대체적으로 영국에는 발음 나는 대로 단어의 철자를 적으려던 개혁주의자들과, 그 단어가 과거에 사용했던 철자 중 하나를 사용하길 원했던 전통주의자들이 있었다. 그러나 여기에 또 다른 무리가 있었다. 우리는 그들을 간섭주의자들이라고 부른다. 언어의 뿌리를 보다 더 명확하게 보여주고 아마도 좀 더 모양새 있게 품격을 부여하고 싶은 욕심으로 그들은 프랑스어에서 영어로 도입된 단어들 중 어떤 것들은 후에 라틴어처럼 보이도록 만들었다. 그래서 철자 'b'가 debt(부채), doubt(의심)에 더해졌고, 철자 'c'도 마찬가지로 불필요하지만(철자에는 첨가되었지만 발음에는 영향을 주지 않았기 때문에) victuals(식량)에 더해졌다. 그리스어에 기원을 두었다고 여겨졌던 단어들은 때로는 그 철자를 수정했다. 그래서 throne(왕위)이나 theatre(극장)는 'h'를 갖게 되었고, rhythm(리듬)이 'h'를 가졌기 때문에 rhyme(각운)도 'h'를 부여받았다. 이와 비슷한 원칙 또는 일시적 변덕으로 인해 'l'은, should와 would에 묵음의 'l'이 있었기 때문에, could에도 들어갔다. 16세기에 있었던 이러한 철자 수정은 교육을 덜 받은 꼬마 아이들과 교활한 외국인들을 걸러내기 위해 고안된 유행이었다.

간섭주의자들은 그들 나름의 방식으로 언어 발달을 이끌어낼 만한 근거를 제공하려고 시도해 왔다. 영어는 결코 이성적 판단력을 편애한 적이 없었다. 마치 그것을 증명이라도 하듯이, 'b'와 묵음 'l'과 'h'가 완벽하게 정상적인 단어들에게로 은밀히 넘겨지고 있던 바로 그 시기에 모음대추이Great Vowel Shift[17]가 발생했다. 이 변화는 영어의 모음 대부분이 다르게 발음되는 결과를 가져왔다.

큰소리로 읽어보면, 전체적으로 16세기 셰익스피어의 영어는 그렇

---

[17] 모음대추이는 15세기에서 17세기에 걸쳐 일어났는데 영어가 겪은 음 변화들 중에서 가장 중요한 변화로, 장모음들은 모음표에서 한 단계씩 위로 상승하거나(즉 혀의 높이가 한 단계씩 올라감) 이중모음으로 바뀌는 변화를 말한다. 이 변화로 인해 오늘날 영어의 장모음들은 같은 로만 알파벳을 사용하는 프랑스어나 라틴어 등에서 모음이 갖는 유럽음가continental values와는 다른 음가를 갖게 되었다. 이 변화는 초서와 셰익스피어의 작품 사이에 발음의 차이를 가져왔고 또한 현대영어에서 철자와 발음의 차이를 만드는 원인이 되기도 한다.

지 않은데 초서의 14세기 영어는 현대인의 귀에 이상하게 들린다. 예를 들어 초서의 name은 현대영어의 calm과 각운을 이루었을 것이고, fine은 현대영어의 seen과 각운을 이루었을 것이다.[18] 그는 meet를 대충 현대영어의 mate처럼 발음했을 것이다. do는 doe처럼, cow는 coo처럼(스코틀랜드의 일부 지역에서는 여전히 이렇게 발음되고 있는 것처럼) 발음했을 것이다.

초서의 탄생과 셰익스피어의 죽음 사이(1340~1616년)에 영어는 오늘날 모음대추이로 알려진 과정을 겪었다. 중부 지역 사람들과 남부 지역 사람들은 장모음(met의 짧은 e라기보다는 meet의 긴 ee처럼 입 안에서 비교적 오랫동안 발음되는 모음)을 발음하는 방법을 바꾸었다.

언어학자들은 음성 기호와 입 안에서의 혀의 위치, 즉 혀가 높은지 낮은지, 앞에 있는지 뒤에 있는지 등을 보여주는 도표를 사용해서 이 복잡한 변화를 기술한다. 그러나 그들은 모음대추이가 왜 발생했는지, 그것이 하나의 큰 변화였는지 아니면 여러 개의 작은 변화들을 합친 것인지, 북쪽에서는 왜 덜 발생했는지, 그리고 우리가 이미 살펴본 것처럼 일부 스코틀랜드인들에게는 왜 전혀 일어나지 않았는지에 대해서는 말하지 못한다.

모음대추이는 조사하는 데만 평생이 걸리고 설명하는 데 또 한평생이 걸릴 수 있다. 내가 알기로는 뜨거운 논쟁을 벌이고 있는 중세 언어학의 미스터리 가운데 하나인 이 변화를 일으킨 진정한 이유와 그 효과들에 대한 새롭고도 중요한 연구들이 지금도 계속 진행되

---

18 중세영어에서 name은 [neim]이 아닌 [naːmə]로 발음되었고 fine은 [fain]이 아닌 [fiːnə]로 발음되었다.

고 있다. 그러나 중요한 것은 이것이다. 모음대추이가 일어나기 전에 인쇄술이 철자를 거의 고정시켰다는 것이다. 그래서 많은 경우 현대영어의 철자는 모음대추이 이전의 체계를 나타내는 반면에, 발음은 심하게 변화했다. 즉 철자는 고정되었다. 하지만 구어체 영어spoken English는 소용돌이 속으로 빠져들었다. 그 결과는 〈발음과 철자의 괴리〉였다.

이 같은 상황은 14세기 말과 16세기 말 사이에 일어났다고 여겨진다. 모음대추이 이전의 영어는 우리에게 외국어처럼 들렸을 것이다. 'I name my boat Pete'는 'Ee nahm mee bought Peht'로 발음되었을 것이다.

공문서 서기와 인쇄소 식자공,
영어의 철자 통일을 가져온 1등 공신들

글은 언어에 동질성을 가져왔고 인쇄술의 발명과 보급은 글에 커다란 힘을 가져다주었다.[19] 인쇄술은 1453년 마인츠의 구텐베르크가 발명했다. 영국은 인쇄술 도입이 늦었는데 1476년에는 윌리엄 캑스턴의 인쇄기만이 돌아가고 있었다. 인쇄술은 정보화 시대의 시작을 상징했다. 인쇄술 덕분에 책이 대량으로 쉽게 제작될 수 있었기 때문에 사상의 전파를 통제하기는 더 어렵게 되었다. 인쇄기가 해방자였다.

---

[19] 중세영어에서 철자의 통일을 가져온 첫 번째 요인이 공문서 보관소의 서기들이었다면, 두 번째 요인으로 인쇄소의 식자공이나 캑스턴의 역할에 대해 언급하고 있다.

윌리엄 캑스턴은 1420년경 켄트의 한 지역에서 태어났다. 그는 직물상인 밑에서 견습생활을 했고 1440년대에 벨기에의 브루제로 가서 일을 했다. 1462년에는 브루제에 있는 영국 무역회사의 이사로 임명되었다. 캑스턴은 상인이었을 뿐만 아니라 학식 있는 사람으로 1469년에는 트로이 전쟁에 관한 프랑스어 설명을 영어로 번역하는 작업을 시작했다. 그가 인쇄술에 대해 배웠던 것은 쾰른에서 일했던 동안이었는데 그 후 브루제로 돌아와 자신이 번역한 700쪽가량의 작품을 인쇄하기 위해 인쇄기를 설치했다. 그 번역 작품은 영어로 인쇄된 최초의 책인 『트로이 역사 선집The Recuyell of the Historyes of Troye』이었다. 1476년 그는 웨스트민스터 궁 근처에 인쇄기를 설치해 죽기 전까지 96가지 자료를 인쇄했는데 그 중 일부는 여러 판을 찍었다.

영어로 쓰고 영국에서 출판된 것으로 기록된 첫 번째 책은 1477년의 『철학자들의 명언 또는 말씀Dictes or Sayengis of the Philosophres』이었다. 캑스턴은 연애소설, 품행과 철학에 관한 책, 역사와 도덕에 관한 책들을 인쇄했는데 삽화가 들어 있는 첫 번째 책인 『세상의 거울The Myrrour of the Worlde』은 1481년에 인쇄했다. 그는 초서의 『캔터베리 이야기』두 가지 판본과 그의 다른 작품들은 물론 말로리의 『아서의 죽음Le Morte d'Arthur』, 가워와 리드게이트의 작품들 그리고 자신의 번역물들을 인쇄했다.

캑스턴은 모든 이들이 이해하고 읽을 수 있는 공통의 기준을 어떻게 수립할 것인가에 대해 고민했다. 그는 초서가 표현한 것과 비슷한 우려를 나타냈다. 그는 다음과 같이 쓰고 있다.

'Certaynly,' he writes, 'it is harde to playse every man by cause

영국에 최초로 인쇄기를 들여온 윌리엄 캑스턴 시대의 인쇄소 모습

of dyuersite & chaunge of langage. For in these dayes euery man that is in ony reputacyon in his countre (country), wyll vtter his commynycacyon and maters in suche maners and termes that fewe men shall vnderstonde theym.'

다양함 때문에 그리고 언어의 변화로 인해 모든 사람들을 즐겁게 만들기는 어렵다는 것이 확실하다. 왜냐하면 요즘은 자신의 나라에서 평판이 좋은 사람들은 다른 사람들이 거의 이해할 수 없는 방식과 용어를 사용해서 대화를 하고 의사소통을 하려 하기 때문이다.

같은 단락에서 그는 영국의 특정 지역 출신 사람들의 유명한 예를 보여주고 있는데, 그는 "그들은 스스로를 다른 사람들에게 이해시키는 데 실패하고 있다."고 말하고 있다. 캑스턴은 고대 로마 최고의 시인으로 라틴어로 시를 쓴 베르길리우스의 프랑스어 판본을 번역하고 있었는데, 계란이란 말을 사용하려면 영어의 어떤 단어를 써야 할지 모르겠다고 말한다. 그는 집에서 멀리 떠나 음식을 사기 위해 어떤 집을 방문한 상인들 이야기를 한다. 한 상인이 그 집의 여주인에게 고대 스칸디나비아어 형태로 북부와 동부 지역에서 공통적으로 사용되는 eggys를 달라고 요구한다. 그녀는 대답하기를 자신은 프랑스어를 사용하지 않는다고 말한다. 이에 그는 화를 낸다. 또 다른 상인이 고대 영어 형태로 영국 남부 지역에서 사용되고 있었을 eyren이라고 말하며 같은 것을 요구하자 비로소 그녀는 이해한다. 캑스턴은 eggs를 선택한다. 공문서 보관소의 장인들처럼, 인쇄소의 장인들 또한 정확하고 표준이 되는 영어 철자가 어떤 것이 될지에 대해 중재자가 되는 경우가 수도 없이 많았음에 틀림없다. 캑스턴은 "내 판단으로는 일상적으로 사용되는 공통의 용어들이 오래된 고대의 영어보다 이해하기가 훨씬 더 쉽다."라고 썼다.

　그가 사용하고 선택한 공통의 일상 용어들은 대개는 자신의 주변에서 들은 것, 즉 런던과 남동부 지역의 말이었다. 비록 생각하는 것보다는 중부와 중동부 지역 방언의 영향을 더 심하게 받긴 했지만 말이다. 인쇄된 책과 공문서 보관소의 강제 명령을 통해 이루어진 잡종 방언, 즉 런던 방언은 서서히 다른 지역의 방언들보다 우위를 차지하게 되면서 점진적으로 〈표준어〉로 부상하게 된다.

　헨리 5세가 좋은 모범을 보여주었고 공문서 보관소가 그 뒤를 따랐으며 인쇄기가 공통 문자 언어의 중요성을 강화했다. 15세기 말이 되면서 영어는 국가의 언어가 되었고 언어를 통해 전하고자 하는 메시지를 점점 단일화된 철자로 작성한 필사본과, 이후에는 필사본을 인쇄한 책들을 통해 동서남북으로 전달할 준비가 되었다.

영어가 정복해야 할 왕국이 하나 더 있었다. 로마가톨릭교회라는 왕국의 영원한 보호자는 위클리프의 운동처럼 유럽 전역에서 일어난 대중운동에 의해 위협받고 있었다. 교회의 반응은 좀 더 깊이 파고들어가 자신들의 통제 아래에 있다고 생각되는, 또는 생각해낼 수 있는 모든 자연적 및 초자연적 방법을 동원해 싸우는 것이었다. 라틴어는 하느님이 축복하고 스스로를 난공불락으로 만들어 주었다고 믿는 〈그들만의 무기〉였다. 라틴어로 쓴 성경에 대한 공격은 그것이 무엇이든 교회의 정신, 의미, 목적에 대한 공격이었다.

1521년 글로스터셔의 리틀 서드베리에서는 옥스퍼드에서 교육을 받은 한 젊은 가정교사가 자신을 고용한 가문에서 나와 교회 앞의 성 오스틴의 잔디라고 불리는 공공장소에서 설교하기 시작했다. 그는 영어와 다른 언어를 포함한 모든 언어의 역사에서 가장 영향력 있는 책을 썼다.

9

영어는 드디어, 하느님을 자신의 편으로 만들었다

위클리프의 영어 성경이 계속 살아 있을 거라는 롤라드의 예측은 헛된 예언이 아니었다. 헨리 8세(1509~1547년 재위) 통치 초기에 새 왕은 교황에게 진실하지 않은 번역들은 그 어떤 것도 다 태워버릴 것이라고 여전히 약속하고 있었다. 여기서 〈진실하지 않은 번역〉이란 위클리프의 성경을 의미했다. 하지만 이 성경은 왕실과 교회의 모든 노력에도 불구하고 끊임없이 필사되어 기세를 늦추지 않고 여전히 배포되고 있었다.

헨리 8세는 강력하고 유능한 울시 추기경으로 하여금 이단의 책들을 찾아내도록 했다. 울시는 마르틴 루터가 1517년에 독일 비텐베르크 교회 문에 붙여놓은 요구들로 인해 로마가톨릭교회가 흔들린다는 것을 알고 있었다. 자신의 주군만큼이나 교황을 즐겁게 해주려고 열망했던 울시는 전국적인 수색을 실시했다. 1521년 5월 12일 압수된 이단의 책들은 성 바오로 성당이 원래 있던 자리의 울타리 밖에서 불태워졌다. 불길은 이틀 동안 타올랐다고 한다. 이 대대적인 불태우기는 교황의 권위에 도전한 사람들에게 무슨 일이 일어날 수 있는지, 또 무슨 일이 일어날지를 확실히 보여주었다.

그 해는 윌리엄 틴들William Tyndale이 성 오스틴의 잔디 위에서 대중에게 설교하기 시작한 해였으며, 그가 영어와 영국 사회 전체에 급진적인 변화를 가져오게 되는 길을 떠난 해이기도 했다.

성패가 달려 있는 위태로운 상황을 충분히 이해하거나 심지어 상상하는 것조차 언제나 쉬운 것은 아니다. 당시의 상황은 거대한 〈권력 싸움〉이었다. 여러 나라와 공국, 민족에 걸친 로마가톨릭교회의 영향력은 독특했다. 교회는 부유했고, 전쟁에서는 모든 이들이 구하려 애쓰는 동맹자였다. 교회는 한 가지 참된 신앙을 독점함으로써 복종을 요구했다. 본당 주임신부들은 거의 모든 곳을 관할하며 고해를 들었고 죄를 면제하는 힘도 가졌으며, 교회 출석, 교회세 납부, 개인의 도덕과 공중도덕에 관련된 모든 일에 대해 교회의 통치에 따를 것을 강요했다. 심지어 성생활도 교회의 소관이었다. 거대한 성당들, 화려한 공예품들, 눈부신 예복, 예배 행진과 축제들은 으레 음침하고 미약한 존재였던 교회에 황홀함과 흥분이라는 배경을 제공했다. 무엇보다 핵심은 교회가 하느님께 접근할 수 있는 유일한 권한을 갖고 있으며 영생에 대해서도 마찬가지였다는 점이다. 누구든 교회를 통해서만 하느님과 접촉할 수 있었고 부활의 기회를 얻을 수 있었다.

위클리프, 루터, 틴들은 이에 도전했다. 그들은 보통 사람들이 하느님께 직접 다가갈 수 있는 권한을 갖길 바랐으며 민중의 언어로 된 성경이 그것을 가능하게 할 거라고 생각했다. 〈언어 전쟁〉은 하느님의 문지기인 로마가톨릭교회, 즉 교회가 지상에서 하느님을 유일하게 대표하기 때문에 모든 그리스도인들은 하늘의 법을 지켜야 하는 것과 마찬가지로 지상의 교회의 법 또한 지켜야 한다는 주장에 대항하는 직접적인 반란이 되었다. 바로 이 점이 여러 세기 동안 서로 다른 무리의 사람들에게는 견딜 수 없는 것이 되어 왔고 이제 저항의 강이 불어나고 있었다. 그 반란은 신앙심이 매우 깊은 남녀들이 이끌었다. 그들도 동정녀 잉태, 그리스도의 신성 그리고 무엇보다 부활을 믿었다. 그들은 무신론이나 심지어 불가지론과는 한참 거리가 멀었다. 그들은 사람들의 영혼이 구원받기를 원했다. 그들은 로마가톨릭교회의 중앙 통제와 함께 대대로 이어져 내려온 라틴어로 된 명령과 설교를 통해서 사람들의 영혼이 구원되는 것은 원치 않았다. 왜냐하면 로마가톨릭교회의 권위가 성경에서 입증되지 않고 있음을 발견했기 때문이다. 그리고 반란자들에게는 영혼의 운명이 인생에서 가장 중대한 문제였으므로 그것을 위해 죽을 만한 가치가 있었다.

수백 년 후, 자유에 대해 이처럼 느꼈던 이들이 있었다. 그러나 그들조차도 윌리엄 틴들 같은 사람들만큼 자신들이 내세운 대의명분의 정당성에 대해 더 철저히 확신하고 더 열성적이고 심지어 더 광적일 수는 없었을 것이다. 결국 틴들은 한 분의 참된 하느님, 즉 조물주이자 창조주이며 전지전능한 분이시고 삶과 죽음의 주관자이자 모든 사람들의 재판관이며 선한 것의 수확자요 악한 것의 파괴자이신 분을 섬기는 일을 했을 뿐이다. 하느님의 일을 하는 것보다 더 큰 봉사는 있을 수 없었다.

사실, 틴들에게는 영어야말로 하느님이 그 언어를 사용하는 이들에게 가장 가까이 다가갈 수 있는 방법이었고 그들 또한 하느님에게 가장 잘 다가갈 수 있는 방법이었다. 영어 성경을 위한 투쟁은 성경을 통해 구원을 얻으려는 전투였다. 그에게 대항하는 한 성직자에게 틴들은 이렇게 대답했다. "여러 해가 가기 전에 나는, 쟁기를 들고 있는 소년이 당신보다도 성경에 대해 더 많이 알도록 할 것입니다."

평생을 도망 다닌 자,
영어 성경을 영어의 땅에 상륙시키다

위클리프처럼 틴들도 옥스퍼드의 고전학자였고, 위클리프와 마찬가지로 그도 자신과 같이 서품을 받은 사제이면서 동시에 학자인 사람들은 자리에 연연하는 유순한 순종주의자가 될 수밖에 없는 운명이라는 생각에 전적으로 반대했다. 틴들은 위험을 무릅썼고 20세기 영웅에 비견될 만한 삶을 살았으며 대부분의 학자들보다 더 끔찍한 최후를 맞았다.

흥미로운 점은 그가 가정교사로 있던 글로스터셔의 가문은 부유한 집안이자 자신들을 스스로 그리스도인 형제단(이는 롤라드에게는 예의 바르고 정치적으로 더 안전한 이름이었다.)이라고 불렀던 새로운 혈통의 양털 상인 집안이었다. 이 가문은 베 짜는 사람들의 수호성인인 성 애들린에게 바쳐진 정원에 개인 소유의 예배실을 지었고 비밀리에 틴들의 계획에 자금을 지원하며 행복해 했던 것 같다. 인생 초기부터 이루어진 이러한 지원은 틀림없이 틴들이 필요로 했을지도 모르는 특별한 격려를 그에게 제공해 주었을 것이다.

그러나 위클리프처럼 틴들도 한 가지 생각에만 전적으로 몰두하는 사람이었던 것 같다. 1524년, 30세의 나이에 윌리엄 틴들은 헨리 8세와 울시 추기경의 억압적인 감시망에서 벗어나 자신의 일을 하기 위해 영국을 떠났다. 그리고 그는 결코 돌아오지 않았다.

그는 네덜란드의 인문주의자 에라스무스를 만나고 나중에는 루터를 만났는데, 이 두 사람은 신교Protestantism[20] 운동의 주요 인물들이었다. 그는 쾰른에 정착했고 라틴어가 아니라 그리스어와 히브리어로 쓰여 있는 원전 신약을 단독으로 번역하기 시작했다. 의심할 여지없이 바로 이 점이 언어에 관한 틴들의 천재성과 결합하여 그의 번역을 그처럼 명시적이며 기억에 남을 만하게 해주었다.

2년 후 그가 번역한 성경 6,000부가 해외에서 인쇄되었다. 이는 틴들이 글로스터셔의 양털 상인 집안으로부터 상당한 후원을 받은 것이 틀림없다는 증거이며 또한 인쇄술의 속도와 효율성에 대한 증거이기도 하다. 새 성경들은 포장되어 영국 해안으로 몰래 반입될 준비가 되었다. 영어는 바다를 건너 다시 영국으로 왔다. 이번에는 문어체 영어였고 가장 심오한 내용의 일부가 종이에 기록되어 왔다.

그러나 헨리 8세와 울시의 스파이가 이 침략을 알렸다. 지금은 꽤 이례적인 것처럼 보일지도 모르지만 당시에는 영국 전역이 경계 태세에 있었다. 영어로 써진 하느님의 말씀이 영어의 땅에 상륙하는 것을 막기 위해 해군정이 해안을 순찰하고 배를 수색했는데 배 안에 있던 사람들이 체포되고 아주 많은 성경책들을 빼앗겼다. 이때 취해진

---

20 16세기 종교개혁의 결과로 그리스도교는 구교(로마가톨릭교회)와 신교로 나뉘게 되고 이후 신교 또한 여러 종파로 나뉘게 된다. 신교라는 용어는 종교개혁 이후 신교의 모든 종파를 대표하는 표현으로 사용되고 있다.

조치는 전시체제와 다름없을 정도였는데 헨리 8세와 울시에게는 이 상황이 바로 전시와도 같았다. 라틴어는 국가가 허용한 유일한 하느님의 말씀이었고 이제 국가는 가장 충실한 동맹인 교회를 방어하기 위해 완전 무장하고 나섰다.

하지만 처음에는 수십 권이, 다음에는 수백 권의 영어 성경이 전선을 통과해 들어왔다. 그러자 런던의 주교는 다른 방법을 시도했다. 그는 중간상인을 통해 유통되는 인쇄본의 전량을 구입하려고 했다.

틴들은 그 이야기를 듣자 "아, 그는 그것들을 태워버리겠지."라고 말했다고 한다. 이어 "나는 더 기쁘다. 왜냐하면 두 가지의 이득을 볼 수 있기 때문이다. 나는 그에게 책값을 받아 빚을 갚을 것이고, 온 세상은 하느님의 말씀이 불태워지는 것에 대해 울부짖을 것이다."라고 말했다. 그리고 틴들이 말한 대로였다. 주교는 책들을 사서 태워버렸고 틴들은 그 돈을 이용해 다시 쓰고, 준비하고, 더 나은 판을 인쇄했다. 교회의 경비로 그렇게 한 셈이었다.

틴들의 목표는 단순했다. 그는 이렇게 썼다. "나는 경험을 통해 인식하고 있었다. 평신도들이 성경 본문의 진행 과정, 순서, 의미를 이해할 수 있도록 성경이 그들의 모국어로 평이하게 번역되어 눈앞에 놓이지 않는다면, 평신도들을 어떠한 진리 안에서도 견고하게 만들기는 불가능하다는 것을 말이다." 그는 다음에 나오는 창세기 문단처럼 성경을 평이한 대화체로 기록했다.

> But the serpent was sotyller (subtler) than all the beastes of the felde which ye Lorde God had made and sayd vnto the woman, Ay syr (sure) God hath sayd ye shall not eate of all maner trees in the garden. And

the woman sayd vnto the serpent, of the frute of the trees in the garden we may eate, but of the frute of the tree that is in the myddes of the garden (sayd God) se that we eate not, and se that ye touch it not; lest ye dye. Then sayd the serpent vnto the woman: tush ye shall not dye. (창세기 3:1~5)

그런데 뱀은 여호와 하느님이 지으신 들짐승 중에 가장 간교하니라. 뱀이 여자에게 물어 이르되 하느님이 참으로 너희에게 동산 모든 나무의 열매를 먹지 말라 하시더냐. 여자가 뱀에게 말하되 동산 나무의 열매를 우리가 먹을 수 있으나 동산 중앙에 있는 나무의 열매는 하느님의 말씀에 너희는 먹지도 말고 만지지도 말라. 너희가 죽을까 하노라 하셨느니라. 뱀이 여자에게 이르되 너희가 결코 죽지 아니하리라.

틴들의 영광은 그의 솟구치는 시적 표현에 있으며, 따라서 읽는 사람은 항상 진리 안에 뿌리내리고 있는 것처럼 느끼게 된다. 마태복음의 팔복에서처럼 말이다.

Blessed are the povre in sprete: for theirs is the kyngdome off heven.
Blessed are they that morne: for they shalbe comforted.
Blessed are the meke: for they shall inherit the erth.
Blessed are they which honger and thurst for rightewesnes: for they shalbe filled.
Blessed are the mercifull: for they shall obteyne mercy.

Blessed are the pure in herte: for they shall se God.

Blessed are the peacemakers: for they shalbe called the chyldren of God.

Blessed are they which suffre persecucion for rightwenes sake: for theirs ys the kyngdome off heven.

Blessed are ye when men shall reuyle you and persecute you and shall falsly say all manner of yvell saynges against you ffor my sake.

Reioyce and be glad for greate is youre rewarde in heven. For so persecuted they the prophets which were before youre dayes.

Ye are the salt of the erthe.

복되도다! 마음이 가난한 사람들이여, 하늘나라가 그들의 것이다.

복되도다! 슬퍼하는 사람들이여, 그들에게 위로가 있을 것이다.

복되도다! 온유한 사람들이여, 그들은 땅을 유업으로 받을 것이다.

복되도다! 의에 주리고 목마른 사람들이여, 그들에게 배부름이 있을 것이다.

복되도다! 자비로운 사람들이여, 그들은 자비를 받을 것이다.

복되도다! 마음이 깨끗한 사람들이여, 그들은 하느님을 볼 것이다.

복되도다! 평화를 이루는 사람들이여, 그들은 하느님의 아들들이라 불릴 것이다.

복되도다! 의를 위해 핍박을 받는 사람들이여, 하늘나라가 그들의 것이다.

복되도다! 나 때문에 사람들의 모욕과 핍박과 터무니없는 온갖 비난을 받는 너희들.

기뻐하고 즐거워하라. 하늘에서 너희들의 상이 크다. 너희들보다 먼저 살았던 예언자들도 그런 핍박을 당했다.

너희는 이 땅의 소금이다.

틴들 글의 우수함은 아무리 칭찬해도 지나치다고 할 수 없다. 운율의 아름다움, 간결한 어구, 수정 같은 명료함은 구절구절마다 영어 속으로 깊이 파고들었다. 틴들의 단어들과 구절들은 1611년 킹 제임스 성경King James Bible에 60~80퍼센트의 영향을 미쳤으며 이 성경을 통해 그의 단어들과 구절들이 온 세계로 퍼져나갔다.

우리는 킹 제임스 성경을 통해 퍼져나간 틴들이 만든 표현들을 여전히 사용하고 있다. scapegoat(희생양), let there be light(빛이 있으라), the powers that be(당국, 권세자들), flowing with milk and honey(젖과 꿀이 흐르는), the apple of his eye(그의 눈동자, 눈에 넣어도 아프지 않을 만큼 소중한 것), a man after his own heart(그의 마음에 드는 사람), the spirit is willing but the flesh is weak(마음은 원하는데 육신이 약하다), signs of the times(시대의 표적), eat, drink and be merry(먹고 마시고 즐겨라), broken-hearted(마음이 상한), clear-eyed(총명한). 그 외에도 수백 개가 더 있다. fisherman(어부), landlady(여주인), sea-shore(해안), stumbling-block(장애물), taskmaster(감독), two-edged(양날을 가진), viper(독사), zealous(열심인), 그리고 심지어는 Jehovah(여호와)와 Passover(유월절)가 틴들을 통해 영어에 들어왔다. 인간의 아름다움만을 뜻했던 단어 beautiful의 의미가 확대된 것도 틴들에 의해서였으며 다른 많은 단어들도 마찬가지였다.

단어들 자체가 너무나 강력하고 명확했기에 헨리 8세와 울시가 틴들과 그의 모든 작품을 없애기 위해 두 배로 더 노력했다면 아마도 가능했을 것이라고 믿는다면 그건 너무 비현실적이다. 하지만 이 영어 단어들은 즉각적으로 기억될 만한 것이었고 틀림없이 라틴어의 기반을 흔들어 놓을 권위를 가지고 있었다. 틴들은 하느님의 말씀을 사람들에게 가져다주었을 뿐만 아니라 그 과정 속에서 생각을 담고, 느낌을 표현하고, 감정에 목소리를 부여하고, 우리가 어떻게 살았는지 기술할 수 있는 방법을 확장시킨 단어들을 가져다주었다. 영국, 미국, 오스트레일리아, 인도아대륙, 캐나다, 아프리카, 카리브해에서는 작가들마다 틴들의 운율을 받아들여 자신들의 것으로 만들었고 그의 단어를 가지고 놀았으며 그의 언어가 제공한 기회들, 즉 사고를 위한 어휘로 인해 그들의 작품이 풍요로워졌다.

얼마 지나지 않아 영국은 틴들의 성경 때문에 불타올랐는데 이번에는 그것을 읽으려는 열망으로 불타올랐다. 수천 권이 밀반입되었다. 틴들 자신의 행복한 말처럼 새로운 성경의 시끄러운 소리가 전국에서 울려 퍼졌다. 쉽게 감출 수 있도록 주머니에 들어갈 만한 작은 크기로 제작된 성경은 도시와 대학들을 거쳐 가장 지위가 낮은 사람들의 손에까지 전해졌다. 당국의 권력자들, 특히 토머스 모어 경은 '성경의 광채를 밭가는 소년의 언어 속으로 가져다 놓은 것'에 대해 그를 여전히 신랄하게 비난했으나 권력자들의 권위는 이미 손상된 후였다. 합법적이든 아니든 영국민은 이제 그들의 성경을 갖게 되었다. 18,000부가 인쇄되었고 6,000부가 목적지에 도달했다.

틴들은 도망 다니며 일생을 보냈다. 끊임없이 교회의 스파이들에게 쫓겨 다니던 그는 신교에 동조하는 북유럽 국가들 주변으로 몰래 이동했다. 1529년에는 네덜란드의 해변에서 배가 암초에 걸리는 바람에 새롭게 번역한 구약의 필사본을 몽땅 잃어버렸다. 그러나 다음해 그는 그것을 벨기에의 앤트워프에서 인쇄하고 있었다.

틴들이 두 영국인과 친숙해진 것은 바로 앤트워프에서였다. 그들은 고용된 암살자들이었다. 그들은 그를 함정에 빠뜨려 빌보르데 성으로 데려갔고 그는 그곳의 지하감옥에 갇혔다. 그들은 틴들을 손에 넣은 것이다. 영어 성경이 출판되었고 교회의 정치적 상황이 극적으로 변하고 있었지만 헨리 8세의 복수는 피할 수 없었다.

틴들은 그의 마지막 편지에서 이렇게 물었다. "내가 추위로 대단히 고생하고 있기 때문에 더 따뜻한 모자를 가질 수 있는지, … 내가 가진 옷은 얇기 때문에 더 따뜻한 외투를 가질 수 있는지, 바지를 기울 천조각을 얻을 수 있는지. 그리고 저녁에 램프를 쓸 수 있도록 해주기를 요청합니다. 어둠 속에 혼자 앉아 있는 것은 지루하기 때문입니다. 그러나 무엇보다도 내가 히브리어로 된 성경, 문법서 그리고 사전을 가질 수 있도록 친절하게 허락해 주어 내 일을 계속할 수 있도록 당신의 관대한 조치를 간청하고 탄원합니다."

그리고 잠시 동안이지만 그는 통렬하고 가슴 아픈 다음의 표현들을 계속해서 우리에게 가져다주었다. a prophet has no honour in his own country(예언자는 자기 고향에서 존경받지 못한다), a stranger in a strange land(낯선 나라의 이방인), a law unto themselves(스스로에게 율법이 됨), we live and move and have our being(우리는 살고 움직이고 존재한다), let my people go(내 백성을 가게 하라). 이보다 더 많이 있었을 것이다. 1536년 4월 틴들은 네덜란드의 법정에서 이교주의로 유죄 판결을 받았다. 그를 죽이기 위해 선택된 방법은 그의 목을 졸라 목소리를 낼 수 없게 하는 것이었는데, 1536년 10월 6일 그 일이 집행되었다.

마침내 이 숭고한 언어의 거장, 영웅적인 그리스도인 학자, 영어의 너무나 많은 부분을 낳아준 사람은 화형당했다. 그의 마지막 말은 "하느님, 영국 왕의 눈을 열어주소서!"였다.

수백 년의 탄압과 억압 끝에
전지전능하신 그분에게 인정받다

틴들이 처형되기 2년 전, 루터의 사상을 거부하여 교황 레오 10세로부터 신앙의 수호자Defender of the Faith라는 칭호를 받았던 헨리 8세는 부인 캐서린을 떠나 임신한 정부 앤 불린과 비밀결혼을 했다. 새 교황 클레멘트 7세는 그를 파문하겠다고 위협했다. 1535년, 마일스 커버데일은 틴들의 본문을 이용하여 최초로 왕에게 봉헌된 완역 성경을 출판했는데 이는 영어로 된 최초의 합법적인 성경이었다. 틴들이 처형되기 1년 전의 일이었다. 동맹국이 필요했던 헨리 8세는 틴들이 처형된 해인 1536년 독일의 일부 루터파 신교도 왕자들과 협상에 들어갔으나, 그가 새로운 신교도 영국의 지배를 확고히 하는 데 도움이 되는 말을 한 사람(틴들)에 대해 한 번이라도 생각해본 적이 있다는 기록은 없다. 1537년, 커버데일의 성경과 틴들의 성경을 합쳐 놓은 매튜 성경Matthew Bible의 인쇄가 영국에서 허용되었다. 1539년, 우리는 공식판인 대성경(Great Bible, 영국 국교회에서 낭송되도록 헨리 8세가 공식적으로 인정한 영어 성경)을 갖게 된다.

수백 년간의 억압 후에 벽이 무너져 내렸고 6년 동안 세 가지 성경이 승인되어 발간되었다. 그리고 계속되었다. 1560년에는 먼저 로마 형식의 제네바 성경Geneva Bible이, 1568년에는 대성경의 수정판인 주

영어로 써진 성경이 영어의 땅에 들어오는 것을 필사적으로 막으려 했던 헨리 8세

교 성경Bishop's Bible이, 그리고 1609년에서 1610년 사이에는 두에이라임스 성경Douai-Rheims Bible이 발간되었다.

영어는 종교로 흘러들어 갔다. 영어는 이미 법정과 정부로 되돌아갔고, 생생하고 활기찬 국민 문학의 언어가 되기 시작했다. 1530년, 토머스 모어 경은 '밭가는 소년의 언어'인 영어로 쓴 성경의 치욕스러움에 대해 신랄하게 불평했다. 그러나 1539년, 대성경은 모어의 후계자인 크랜머가 쓴 서문과 함께 출간되었는데 서문에서 그는 성경을 모든 사람들에게 추천하고 있다. 이 성경은 영국의 모든 교회에 비치될 것이었다. 한 번역에는 이렇게 적혀 있다.

> Here may men, women; young, old; learned, unlearned; rich, poor; priests, laymen; lords, ladies; officers, tenants and mean men; virgins, wives; widows, lawyers, artificers, husbandmen, and all matter of persons of what estate or condition soever they be learn all things, what they ought to believe, what they ought to do, as well as concerning Almighty God as themselves and all other.

이 책에서 남자와 여자, 노인과 젊은이, 배운 자와 배우지 못한 자, 부자와 가난한 자, 성직자와 평신도, 귀족들과 부인들, 공무원들, 세입자들, 천한 자, 처녀와 부인, 과부, 법률가, 장인들, 농부들 그리고 어떤 영지, 어떤 조건에 있든지 모든 사람들이 자신이 믿어야 할 것과 해야 할 것 그리고 전능하신 하느님과 자신과 그리고 다른 모든 것에 대해 모두 배울 수 있기를.

이것은 무조건적인 항복이었으며 적의 편이 되는 대규모 변절이었다. 기억에서 과거를 씻어냈다. 이제 킹스 바이블King's Bible 영어가 되었다.

중세 가톨릭교회와 헨리 8세가 1530년대까지 사람들이 성경을 갖지 못하도록 가장 난폭하게 탄압했던 그곳에서 새 교회는 가능한 한 많은 사람들이 성경을 갖도록 했다. 영어 성경은 영어의 보급에 헤아릴 수 없는 막대한 영향을 미쳤다. 수백 년 동안 영어를 말하는 거의 모든 그리스도인들은 그들이 어디에 있든 매주 때로는 매일 영어 성경을 읽는 소리를 들었으며, 성경의 교훈과 잠언, 이름, 비유, 영웅, 약속, 단어와 운율은 성경 말씀을 듣는 남녀의 마음속 깊숙이 파고들어 갔다. 영어 성경은 영국인들이 말하는 방식과 세상과 자신을 묘사하는 방식의 중심부로 들어갔다. 성경의 영어는 영국인들을 한데 묶어주었다.

이후 17세기 초에 경쟁하는 번역판들이 너무 많게 되자 영국 교회 안의 개혁주의자 750명은 훗날 영국의 제임스 1세가 되는 스코틀랜드의 제임스 6세에게 새로운 번역을 승인해 달라고 요청했다. 번역가 54명이 교회와 대학에서 선출되어 주교들에게 제출할 번역판을 만들었다. 이 작업은 약 5년이 걸렸는데 이 엄청난 작업은 틴들의 업적이 얼마나 초인적이었는지를 보여준다.

팔복으로 돌아가면, 틴들은 다음과 같이 쓰고 있다.

> When he sawe the people he went up into a mountayne and when he was set, his disciples came to hym and he opened hys mouthe, and taught them, sayinge, 'Blessed are the povre in sprite: for theirs is the Kyngdom of heven … .'

예수께서 무리를 보시고 산에 올라가 앉으시니 제자들이 나아온지라. 입을 열어 가르쳐 이르시되 심령이 가난한 자는 복이 있나니 천국이 그들의 것임이요.

킹 제임스 흠정역본의 구절은 다음과 같다.

And seeing the multitudes, he went vp into a mountaine: and when he was set, his disciples came vnto him. And he opened his mouth, and taught them, saying, Blessed are the poore in spirit: for theirs is the kingdome of heauen ….²¹

그때 예수께서 많은 무리를 보시고 산에 올라가 앉으시자 그의 제자들이 다가왔습니다. 예수께서 입을 열어 그들을 가르치시며 말씀하셨습니다. '복되도다! 마음이 가난한 사람들이여, 하늘나라가 그들의 것이다.'

틴들이 최종 결정권을 가졌다.²²
54명의 번역가들은 이미 80년이나 된 틴들의 언어를 수정하려고 하지 않았다. 1611년까지 영어는 이미 많은 변혁을 겪었는데도, 'ye cannot serve God and Mammon(너희는 하느님과 마몬을 함께 섬길 수 없다).' 에서처럼 제임스 왕의 번역가들은 you 대신에 ye를 여전히 사용했다. 그러나 일상어에서 ye를 사용하는 사람들은 더 이상 없었다. 그들 번역가들은 you 대신에 thou를, got 대신에 gat을, spoke 대신에 spake 등을 사용했다. 이것은 그들이 틴들의 산문의 힘과 아름다움에 깊은 감명을 받아 그것을 훼손하고 싶어 하지 않아서였을 뿐만 아니라 한편으로는 그들의 번역 방침에서 나온 의도적인 행위이기도 했다. 그들은 고어 형태를 지키는 방향을 선택했을지도 모른다. 그들은 성경을 고풍스럽고 신비스러울 정도로 정신적이며 과거에 깊이 뿌리

---

21 흠정역본 문단이 틴들의 번역과 거의 유사함을 보여주고 있다.
22 학자들에 의해 선택된 번역본이 틴들의 것에 바탕을 두고 있음을 언급하고 있다.

박힌 전통적인 권위가 스며든 것으로 느껴지게 만들었다.

최종안을 만들었던 사람들은 설교자이자 학자였던 틴들이 잘 알고 있었던 문제인 올바른 운율과 균형이 잘 살려져 있는지 확인하려고 큰소리로 여러 번 반복하여 서로 읽어보았다고 한다. 영어 성경은 설교자의 성경으로 불리는 경우가 많았다. 소리 내어 읽히고 그 땅의 언어로 말씀을 전파할 수 있는 성경을 만든다는 대의명분을 위해 위클리프와 틴들과 수백 명의 영국 그리스도인들이 살고 죽었던 것이다.

In the beginning was the Word, & the Word was with God, and the Word was God.
The same was in the beginning with God.
All things were made by him;
And without him was not anything made that was made.
In him was life, and the life was the light of men.
And the light shineth in darknesse,
And the darknesse comprehended it not.
And the Word was made flesh, and dwelt among vs.

태초에 말씀이 계셨습니다. 그 말씀은 하느님과 함께 계셨고 그 말씀은 하느님이셨습니다.
그분은 태초에 하느님과 함께 계셨습니다.
모든 것이 그분을 통해 지음받았으며 그분 없이 된 것은 아무것도 없었습니다.
그분 안에는 생명이 있었습니다. 그 생명은 사람들의 빛이었습니다.

그 빛이 어둠 속에서 비추고 있지만 어둠은 그 빛을 깨닫지 못했습니다.
그 말씀이 육신이 돼 우리 가운데 계셨기에.

영어는 드디어 하느님을 자신의 편으로 만들었다. 영어는 전지전능하신 그분에 의해 권위를 인정받았다.

10

어느 누구도
영어의 식욕을 제어할 수 없었다

셰익스피어를 중심에 놓지 않고 영어의 르네상스를 말하는 것은 왕자 없는 『햄릿』과 같다. 하지만 영어가 자신의 기반을 준비하는 동안 셰익스피어는 이 책에서 아직 두 챕터를 더 기다려야만 한다.

1600년을 연결하는 30년 혹은 40년 동안의 기간에 영어는 다시 태어났다는 것을 한 번 더 정당하게 주장할 수 있는데, 이번에는 스스로 자각하고 있는 화려함과 꽤 새로운 세계와의 접촉과 함께였다. 마치 프랑스어를 소화해 내어 영어로 바꿔 놓았던 잔치에서도 식욕이 다 채워지지 않은 것처럼, 영어의 식욕은 자극되고 확장되어 이제는 더 많은 먹을거리를 찾기 위해 탐욕스럽게 주위를 둘러보기 시작했다.

영어의 역사에서 자주 그랬던 것처럼 새로운 역사의 장은 바다를 통해 왔다. 스페인어가 영국에 정착할 수도 있었다는 사실은 상기할 만한 가치가 있다. 스페인 왕 필립 2세의 무적함대는 1588년 바다에서 영국의 대항에 가볍게 대응했을 것이다. 유럽에서 가장 잘 훈련받았고 가장 뛰어났던 그의 군대는 런던으로 진군해 가는 동안 자신들에게 대항할 자들은 없다고 확신했을 것이다. 치열한 싸움은 없었던 것 같다. 하느님의 도움이었거나 악천후 덕분이었거나 혹은 우월한 영국 해군력 때문이었거나, 아니면 이 셋의 조합이 필립 2세의 시도를 견제했다는 것을 우리는 알고 있다. 그러나 적의 위험이 심각하게 느껴졌을 때 엘리자베스 1세는 말을 타고 템스 강 어귀 가까이에 위치한 틸버리 항으로 향했다.

그곳에서 대중과 함대 그리고 왕국의 미래를 결정지을 군인들 앞에서, 그녀는 영어를 사용하여 화려한 수사법으로 그들의 자신감을 고취시켰고 그들의 기개를 드높였다. 그녀는 케임브리지 출신의 가정교사 로저 애스컴에게서 수사법의 기술을 배웠다. 말 위에 올라타 군대 한가운데에 서서 그녀는 사기를 고무시키는 영어로 말했다. 다음은 1654년에 기록된 내용이다.

> My loving people, we have been perswaded by some, that are careful of our safety, to take heed how we commit our self to armed multitudes for fear of treachery: but I assure you, I do not desire to live to distrust my faithful, and loving people. Let Tyrants fear, I have always so behaved my self, that under God I have placed my chiefest strength, and safeguard in the loyal hearts and good will of my subjects. And therefore I am come amongst you as you see, at this time, not for my recreation, and disport, but being resolved, in the midst, and heat of the battaile to live, or die amongst you all, to

lay down for my God, and for my kingdom, and for my people, my Honour, and my blood even in the dust. I know I have the bodie, but of a weak and feeble woman, but I have the heart and Stomach of a King, and a King of England too … We shall shortly have a famous victorie over those enemies of my God, of my Kingdomes, and of my People.

나의 사랑하는 백성들이여, 우리의 안전을 우려하는 사람들은 우리가 반역이라는 굴레를 쓰게 될지도 모르기 때문에 무장한 다수(군인)들에게 어떻게 우리를 맡겨야 할지 주의를 하라고 설득해 왔습니다. 그러나 여러분에게 확신하건대 나는 내가 신뢰하고 사랑하는 백성들을 믿지 않으면서 살고 싶지 않습니다. 폭군들이 우리를 두려워하게 만듭시다. 나는 지금까지 늘 잘 처신해 왔기 때문에 신의 가호하에 나의 백성들의 충성스러운 마음과 선의에 나의 강한 용기를 바쳐왔고 이를 수호해 왔습니다. 따라서 나는 보시다시피 여러분 중의 한 사람으로 여러분에게 왔습니다. 이번에는 나의 기분전환이나 즐거움을 위해서가 아니라, 여러분 모두와 죽느냐 사느냐를 결정짓는 전쟁의 열기 한가운데에서 나의 하느님을 위하여, 나의 왕국을 위하여, 나의 백성을 위하여, 나의 명예를 위하여, 조상을 위하여 죽을 결심을 하고 여기에 왔습니다. 나는 약하고 가냘픈 여성의 몸을 가지고 있다는 것을 알고 있습니다. 그러나 나는 왕의 심장과 왕의 자부심을 가지고 있으며 또한 영국의 왕이기도 합니다. 우리는 머지않아 나의 하느님의 적에 대항해, 나의 왕국의 적에 대항해, 나의 국민들의 적에 대항해 승리를 거두게 될 것입니다.

정말로 축복이 있었는지 영국은 훨씬 더 우세한 적인 스페인에게 승리를 거두었다. 그리고 영어는 그 유명한 탈출을 했다. 왜냐하면 스페인어 역시 약탈과 정복의 언어였기 때문이다.

**지치지 않은 영어의 식욕,
세계 각지에서 단어를 수입해 오다**
—

1588년 이후 비교적 작은 섬나라인 영국 해군의 효율성은 한층 더 강화되었고 동시에 무역을 할 만한 세계를 열어주었다. 이는 영어에 대량의 단어 유입을 가져왔다. 영국이 상품을 실은 거대한 화물을 수입했던 것처럼, 영어는 〈어휘라는 거대한 화물〉을 수입했다. 엘리자베스 왕조 시대와 그 뒤를 잇는 자코뱅 왕조 시대(제임스 1세 통치 시대인 1603~1625년)에 1만~1만 2천 개의 새로운 단어가 영어에 유입되면서 새로운 세계지도와 사상을 전해 주었다.

스페인의 무적함대 시기에 영국은 식민지 정복에 나선 다른 유럽 국가들에 비해 뒤처져 있었다. 해외에서 발휘한 영향력 면에서도 영어는 꽤 뒤처져 있었다. 포르투갈어는 브라질에서 이미 그 이름을 날리면서 남아메리카를 깊숙이 잠식해 가고 있었다. 스페인어는 쿠바와 멕시코에서 반세기 이상 사용되어 왔고 신세계의 모든 곳으로 그들의 교역품, 종교, 문화, 언어를 실어나르고 있었다. 아랍어는 800여 년 동안 중동과 북아프리카를 가로질러 나가 여전히 제국주의 언어로 불릴 수 있었던 반면, 힌디어는 비록 문자 언어는 아니지만 인구가 밀집된 인도의 지역어로 안정적으로 자리잡고 있었다.

16세기 동안 영어는 아주 작은 규모로 웨일스, 스코틀랜드, 아일랜드 지역으로 퍼져나가기 시작했다. 그러나 그처럼 제한된 범위에서 조차도 영어는 신조어들을 게걸스럽게 받아들여 그 즉시 마치 모국어인 듯 감싸 안는 능력을 보여주었다.

프랑스는 여전히 영어에 풍요로운 부수입을 제공해 주었다. 다음과 같은 새로운 차용어들이 프랑스에서 도입되었다(괄호 안은 도입될 당시의 프랑스어다). crew(creue, 승무원), detail(detail, 세부), passport(passeport, 여권), progress(progresse, 진행), moustache(moustache, 콧수염), explore(explorer, 탐험하다). 프랑스에서 또는 프랑스를 거쳐 들어온 다른 단어들은 다음과 같다. volunteer(지원자), comrade(동료), equip(장비를 갖추다), bayonet(총검), duel(결투), ticket(표). 하지만 영국의 선원들과 무역상들만으로는 단어를 충분히 가져올 수 없었다. 이는 국가적인 욕구였고 국가적인 스포츠였으며 외국어의 어휘고를 빼앗아 만든 자산이었다. embargo(embargo, 금지, 억류), tornado(tronada, 천둥 번개), canoe(canoe, 카누)는 프랑스어와 스페인어에서 도입되었다. 그러나 port(항구)는 스페인어나 포르투갈어에서 오거나 그 언어들을 거쳐서 도입된 것처럼 보이지만 고대영어 어휘다. 스페인과 포르투갈에서는 armada(함대), banana(바나나), desperado(불량자), guitar(기타), hammock(해먹), hurricane(허리케인), mosquito(모기), tobacco(담배)가 도입되었다. 네덜란드어도 빠지지 않았다(괄호 안은 네덜란드어 형태다). smuggle(smokkelen, 밀수하다), yacht(jaghte, 요트), cruise(kruisen, 순항하다), reef(rif, 암초), knapsack(knapzak, 배낭), landscape(landschap, 풍경)는 모두 네덜란드어에서 왔다. 우리가 잘 쓰는 욕설(비속어)의 출처와 기원이라고 그렇게 오랫동안 여겨왔던 앵글로색슨어에게도 면죄부를 주어야 한다.

fokkinge(fucking, 빌어먹을), krappe(crap, 쓰레기), buggere(bugger, 녀석)는 저지 독일어(Low Dutch, 북부 독일에서 쓰는 방언)에서 왔는데 이 단어들을 가져온 이들은 16세기 영국 선원들이라는 설이 있다. 초기 영어에서 발견되었을 때만 해도 이 단어들은 저주의 욕은 아니었다.

이제까지 언급된 짧은 어휘 목록을 통해 우리는 영어 단어들이 어떻게 어휘의 양을 늘려왔는지, 그리고 더 나아가 한 단어가 원래 갖고 있는 묘사적인 기능을 넘어서서 영어 안에서 수많은 새로운 뜻을 갖고 생각의 범위를 넓혀 가는 일련의 사고의 흐름을 어떻게 시작했는지도 알 수 있다. 예를 들어 progress는 프랑스어에서 차용되었고 embargo는 스페인어와 포르투갈어에서, smuggle과 landscape는 네덜란드어에서 차용되었지만, 이 모든 단어들은 영어 안에서 자라나고 증식되었다.

영국 선원들이 외국에서 새로운 음식과 과일을 만나면 영국의 시장에서 팔아보려고 통에 가득 싣고 오는데 이때 그들은 원래의 이름을 쓰기도 했지만 영어식으로 바꾼 이름을 가져오기도 했다. apricot(살구)와 anchovies(멸치)는 스페인과 포르투갈에서 또는 그곳들을 거쳐 왔다. chocolate(초콜릿), tomato(토마토)는 프랑스어에서 왔다. 하지만 언어의 용광로를 보여주는 좋은 예인 tomato 역시 스페인어에서 왔을지도 모른다.

신조어라는 화물에 합류한 약 50여 개의 언어들이 이 시기에 들어왔고 그들은 신속히 영어 속으로 통합되었다. 어떤 경우에는 중개 언어가 있기도 했다. 언어의 르네상스 시대에는 도처에서 수입된 단어들이 깔려 있었다. bamboo(대나무, 말레이어), 페르시아어에서 도입된 bazaar(시장, 이탈리아를 거쳐 옴)와 caravan(대상, 프랑스어를 거쳐 옴),

coffee(커피)와 kiosk(키오스크, 터키어인데 프랑스어를 거쳐 옴), 그리고 curry(카레, 타밀어), flannel(플란넬, 웨일스어), guru(지도자, 힌디어)가 있고, 후에 아랍어에서 도입된 harem(하렘), sheikh(족장), alcohol(알코올)을 비롯해 trousers(바지, 아일랜드의 게일어) 등이 있다. 영국의 선원들은 배를 타고 떠나 전 세계로 돌아다니며 무역을 하고 동시에 언어를 약탈해 왔다.

그러나 이 게임, 즉 단어 탐닉은 선원들에게만 국한되지는 않았다. 이때는 영국의 예술가, 학자, 귀족들이 유럽을 탐구하기 시작한 시기였다. 그들이 선호하던 목적지는 이탈리아였는데 그곳은 당시 주류 문화의 중심지였다. 그들은 이탈리아의 건축, 예술, 음악의 위엄에 압도되어 그들이 본 것을 기술한 어휘들을 도입했다. 이 어휘들은 한 번 더 새로운 개념에 대한 기반을 제공했는데 이번에는 문화적 폭발(르네상스)에 대한 개념들이었다. 이때까지만 해도 영국은 섬 하나의 거리를 두고 그것에 대해 들어만 왔다. 그러나 이제 그들은 귀국하면서 해외에서 구입해온 것들(다음에 나열되는 이탈리아어 차용어)을 자랑했다. balcony(발코니), fresco(프레스코 화법), villa(별장, 라틴어에서 옴), cupola(둥근 지붕), portico(지붕이 있는 현관), piazza(광장), miniature(축소 모형), design(디자인)과 함께 opera(오페라), violin(바이올린), solo(독창), sonata(소나타), trill(떨리는 소리), cameo(카메오), rocket(로켓, 이 단어는 프랑스어일 수도 있음), volcano(화산)가 이탈리아어에서 왔다. soprano(소프라노)와 concerto(협주곡)는 나중에 (초기 현대영어에) 도입되었다.

영어는 승리하자
과거의 적인 라틴어와 그리스어를 약탈했다

—

그러나 당시 가장 거대하고 중요한 광맥은 영국에서, 주로 옥스퍼드와 케임브리지에서 캐내어졌다.

이는 영어의 모험에서 〈또 다른 전환〉이다. 학식과 용기로 라틴어로 된 성경을 영어로 번역하는 작업을 끝까지 해내면서 라틴어를 영원히 쓰러뜨린 고전학자들의 후예들이 이제 라틴어 학문을 부활시키는 운동을 주도했다. 내 생각에는 새로운 단어들을 발견해 내려는 점점 커져가는 탐닉이 라틴어 학문을 부활시키는 추진력이었다.

옥스퍼드와 케임브리지, 이 두 대학의 르네상스 시대 학자들은 순수하고 문학적인 라틴어를 가르치는 학파를 만들었다. 엘리자베스 1세의 스승인 로저 애스컴은 바로 이들 르네상스 학자들 가운데 하나였다. 세네카, 루칸, 오비디우스가 쓴 고전 작품의 중세 필사본을 근거로 그들은 작품을 필사하고 영어로 번역했다. 인본주의자들로 알려졌던 이 학자들은 라틴어를 고전적 사고, 과학과 철학의 언어로 여겼다. 라틴어는 또한 당시 보편어였는데 그들은 이 언어로 다른 유럽의 학자들과 의사소통했다. 토머스 모어는 1517년 라틴어로 『유토피아 Utopia』를 저술했는데 이 책은 1551년이 되어서야 영어로 번역되었다. 아이작 뉴턴은 1704년에 영어로 『광학 Opticks』을 출간했다. 이 책은 1706년에 라틴어로 번역되었는데, 왜냐하면 라틴어는 여전히 국제적인 토론과 논쟁의 언어였기 때문이다.

이러한 추진력의 일부는 영어가 성경에서 승리한 것에서 비롯되었다고 할 수도 있다. 라틴어는 더 이상 억압을 연상시키지 않았다. 더 이상 가장 먼저 그리고 가장 단호하게 생각되는 하느님의 승인된 말씀이 아니었다. 르네상스 시대 학자들은 모두 종교적이었는데 우선 학자로서 공부할 수 있도록 허락을 받으려면 그래야만 했다. 믿음의 정도에서 차이는 있겠으나 그리스도교는 도전할 수 없는 신앙체계였다. 그러나 라틴어는 더 이상 교회의 중요한 봉사자가 아니었다. 라틴어는 종교적인 목적이 아닌 다른 목적으로 연구되고, 과거의 생각들을 발견해서 새로운 이름을 지어주는 데 사용될 수 있었다. 이제 영어가 승리하게 되자 영어는 과거의 적을 약탈할 수 있는 능력이 생겼고 따라서 약탈하기를 원했다.

수천 개의 라틴어 단어들이 교육받은 이들의 영어 어휘에 유입되었다. 서둘러 흡수하는 와중에 학자들은 이들을 바꾸려는 노력도 거의 하지 않았다. 그들은 있는 전체를 날것으로 삼켰다(괄호 안에 있는 단어는 라틴어다). excavate(excavare, 땅을 파다), horrid(horridus, 무시무시한), radius(radius, 반지름), cautionary(cautionarius, 경계하는), pathetic(patheticus, 측은한), pungent(pungentum, 톡 쏘는), frugal(frugalis, 절약하는), specimen(specimen, 견본), premium(præmium, 프리미엄) 등이 라틴어에서 유입되었다. 그리고 manuscript(원고)와 그리스어에서 온 lexicon(어휘), encyclopaedia(백과사전)도 영어에 흡수되었다.

이 새로운 영어 단어들은 곧 팸플릿, 연극, 시 등에서 자신들의 자리를 발견했고 마치 그곳에 항상 있었던 것처럼 자리잡고는 영어에 들어와 더 많이 자세하게 의미가 분화되었다. 이 단어들은 전에도 그랬듯이 몇 개 되지 않는 음절에 생각의 원천을 담았다. 예를 들면 absurdity(불합리, 어리석음)란 단어는 이 시기에 들어와 이후 계속해서 수많은 용법과 뉘앙스들과 결합하면서 불합리한 입장과 불합리한 상황 그리고 불합리한 사람을 묘사할 수 있게 되었다. 사실 이런 사람들은 이 단어가 도입되기 전에도 똑같이 어처구니없고 불합리한 사람들이었지만 이제는 정확하게 불합리한 사람들로 분류할 수 있게 되었다. 비록 사람의 성격에 분류하다classify라는 단어를 사용한다는 것 자체가 오히려 불합리하기는 하지만 말이다. 라틴어와 그리스어에서 온 chaos(혼돈), crisis(위기), climax(절정)란 단어들도 있다. 이 단어들은 우리 대부분이 그렇듯이 과장하는 것을 사랑하고 인생의 으스스한 면, 좀 더 어둡고 멜로 드라마와 같은 면을 즐기는 사람들이 사용했다. 이 단어들은 곧장 자신들의 이야기를 엮어 나가기 시작했는데, 전염병처럼 전파되고 의미를 확장하기 시작하여 climax는 극적인 것뿐만 아니라 성적인sexual 의미도 갖게 되었고 최후의 대결뿐만 아니라 결심이라는 뜻도 되었으며, 하나의 단어를 통해 작은 흥분을 가져옴으로써 일상생활을 활기차게 만드는 행복하고 게으른 방법이라는 뜻이 되기도 했다. 그리고 chaos는 이제 카오스 이론에서부터 사무실에서의 다소 어수선한 날에까지도 적용되고 있다.

르네상스 시대는 학문, 예술 그리고 여러 분야에서의 지적인 추구들이 기본적으로 고전적인 과거를 재발견함으로써 다시 활기를 얻게 되는 시기였는데 많은 것들이 아랍어 번역과 아랍의 학자들에 의해 서유럽에 이전되었다. 과학은 한때 합법적인 관심 이상이었고 신세계들이 이 지구상에서 발견된 것처럼 새로운 세계들은 지구라는 행성 위에서도, 안에서도, 주변에서도 발견되었다. 의학 역시 수천 년 동안의 잠에서 깨어났다. 학자들은 연구에 착수하기 위해 라틴어와 그리스어에 자주 의존했고 자신들이 발견한 것을 표현하기 위해 고전어들을 사용했다. 라틴어에서 또는 라틴어를 거쳐 그리스어에서

concept(개념), invention(발명), technique(기술)이란 단어를 차용했다.

의학 분야에서 차용된 라틴어나 그리스어들을 자세히 살펴보면 당시의 단면을 볼 수 있다. 르네상스 시기 의학 용어들에 고전어 상표를 붙이는 작업은 매우 성공적이어서 그 이후로도 계속되었다. 라틴어를 거쳐 그리스어에서 차용한 수백 개의 단어들 가운데는 skeleton(골격), tendon(힘줄), larynx(후두), pancreas(췌장)가 있다. 라틴어에서 온 단어로는 delirium(정신 착란)과 epilepsy(간질)뿐만 아니라, tibia(경골), sinuses(부비강), temperature(체온), viruses(바이러스)를 여전히 사용하고 있다. 우리가 사용하고 있는 parasites(기생충), pneumonia(폐렴), 심지어는 thermometers(체온계), tonics(강장제), capsules(캡슐) 같은 단어들도 모두 고전어에서 유래했다. 우리는 신체에 대해서도 고전어로 말한다.

심지어 오늘날에도 의학과 기술 분야에서는 라틴어와 그리스어를 사용한다. 그리스어에서 파생된 plutonium(플루토늄)은 19세기에 도입되었으나 최근의 의미를 갖게 된 것은 20세기에 들어와서다. 라틴어 insulin(인슐린), internet(인터넷), audio(오디오), video(비디오) 등은 모두 20세기에 만들어진 단어들이다. 16세기에는 매일같이 라틴어, 그리스어, 프랑스어, 네덜란드어, 앵글로색슨어, 고대 스칸디나비아어를 사용했으며 켈트어에서 힌디어까지는 양념으로 사용했고 이 모든 언어들은 연금술을 통해 영어가 되었다. 그리고 영어가 된 이후에는 엄청나게 증식했다.

르네상스의 새로운 과학과 의학을 위해 라틴어와 그리스어에서 낚아온 단어들은 걱정스럽고 속물스럽기도 한 요소를 지니고 있었음에 틀림없다. 새로 이사 온 아이처럼 신학문은 존경받기를 갈망했고 이들에게 고전어가 도움이 되었다는 것은 틀림없다. 불시에 도입되었을 때 필요한 것은 안도감이다. 이때 수천 년 동안의 업적을 이루어온 고전어들보다 더 안심시켜줄 만한 것이 무엇이 있겠는가? 그들은 위대하고 오래 지속된 제국들을 건설했고 학문을 꽃피워 왔으며 법률도 제정했다. 물론 시간이 지남에 따라 약간의 속물스러움은 갖게 되었다. 어떤 사물에 라틴어나 그리스어 이름을 지어준다는 것은 배타성을 부여하는 것이었고 그것은 그 이름을 통해 숭배의 대상이 되었으며 이는 그 사물과 관계를 맺기 위해서는 고등교육에서 배우는 지식들을 어설프게나마 알아야만 한다는 것을 의미했다. 또한 교회에서 같은 일이 발생했던 것처럼 라틴어나 그리스어는 그 단어에 해당하는 영어 단어들을 제거했다. 일부 라틴어 학자들은 영어는 어떤 과업을 수행하기에는 단순히 부족하다고 생각했다. 예를 들어 프랜시스 베이컨은 '책을 집필하는 데 있어 영어가 지불 불능자의 역할을' 하게 되리라는 주제에 대해서 라틴어로 글을 썼다.

웰컴 학교 의학사 교수였던 고故 로이 포터는 이 점에 대해 잘 표현했다.

> 갑자기 당신은 어느 누구도 무엇이라고 불러야 할지 모르는 수천 가지 식물, 원소, 별, 물건이 있다는 것을 발견한다. 18세기 말 천문학자인 윌리엄 허셜이 새로운 행성을 발견했을 때 그는 이름을 찾아야만 했다. 당신이라면 새로운 행성을 무엇이라고 불렀을까? 그는 조지 왕의 이름을 따서 '조지의 행성'이라고 부르고 싶어 했다. 그렇지만 좀 천해 보였다 … 그들은 하나의 행성 전체가 영국의 이름으로 불린다면 프랑스인들이 아주 싫어할지도 모른다고 걱정했다. 그래서 결국 대신 라틴어식 이름인 우라누

스(Uranus, 천왕성. 그리스 신화에 등장하는 신의 이름)라고 불렸다. 19세기의 수많은 과학자들이 원소 이름을 지을 때 그들이 한 위대한 주장들 가운데 하나는 바로 자신들은 단지 실험실의 과학자가 아니라 그리스어와 라틴어 학자들이었다는 점이다. 따라서 그들은 단순히 여명의 시간dawn of time이라고 말하는 대신 paleolithic(구석기 시대의)과 같은 단어를 생각해 냈을 때 스스로를 매우 자랑스럽게 생각했다. paleolithic이란 단어는 모든 것에 더 높은 지위를 가져다주었다 … 그래서 웨일스 중부 지역에서 특별한 종류의 돌을 발견했을 때도 석판의 돌, 회색 돌, 딱딱한 돌, 가루가 되기 쉬운 돌이라고 부르는 대신 실루리안Silurian이라고 불렀다. 이 단어는 그곳에 살았을지도 모르는 부족의 라틴어 이름이었는데 카이사르의 글에서 가져왔다.

그러나 어떤 면에서는 그 이름이 회색의 딱딱하고 부서지기 쉬운 석판 위에 여전히 존재하고 있는 위대한 율리우스 카이사르에 대항해 싸운 웨일스 부족에 대하여 매력적이며 심지어는 시적으로도 적절한 무엇인가가 차용어에 있다. 대부분의 그레코로만 이름들(Greco-Roman, 그리스어와 라틴어식 이름들)은 그 자체로 기억할 만하고 독특하며 대체로 정확하다.

힘에 의한 실력 행사, 속물스러움 그리고 스타일과 계층과 억양에 간직되어 있는 구분들은 영어의 모험에서 즐거움을 주는 역할을 해왔다. "우리가 말하는 대로 말해라. 그렇지 않으면 네 자신의 열등함을 보여주게 될 것이다."라는 말은 언어를 통해 지배하려는 엘리트들이 즐겨 사용하는 후렴구가 되어왔다. 영어의 발달 과정에는 이처럼 겉으로 보기에 불가피한 요소, 즉 차용어의 소유권에 대한 증거가 수없이 많다.

영어에 대한 최초의 논쟁,
영어에 들어온 침입자들은 쫓아내야 한다?
—

깃털 펜과 잉크를 담는 병에 대한 논쟁이라는 의미의 잉크병 논쟁 (Inkhorn Controversy, 또는 잉크병 용어 논쟁Inkhorn Term Controversy)[23] 기간 동안에는 이런 많은 요소들이 작용했다. 잉크병 단어들Inkhorn words은 새롭고 대체로 상세하며 고전어에 바탕을 두고 있었다. 이 논쟁은 아마도 영어에 대한 가장 최초의 공식적인 논쟁이었을 것이다. 어떤 면에서는 속물스러움과 실력 행사, 소유권은 생각할 필요도 없이 그 자체만으로 하나의 사건이었다. 잉크병 논쟁은 르네상스 기간에 영국을 논쟁의 열병 속에 빠뜨린 단어들로 충만했고, 그러한 단어들로 분출하고, 그러한 단어들에 도취된 사건이었다. 단어 거래에서 거품이 일고 유행이 되는 새로운 어휘들에 대한 투자가 쇄도했다.

라틴어와 그리스어 용어들이 벌집처럼 영어를 구성하게 되자 일부 학자들은 심기가 불편해졌다. 이들 고전어 단어들의 행진은 멈추지 않을 것처럼 보였다. 그들은 라틴어가 일부 고대영어 단어들을 부분적으로 제거할지도 모르는 잠재 요인을 갖고 있다고 두려워했다. 왜냐하면 라틴어주의자들은 고전을 파고들었을 뿐만 아니라, 노르만족의 지배하에 프랑스어에서 차용됐던 라틴어화된 단어들이 원래의 라틴어 형태로 다시 차용되면서 결국 뜻은 같으나 형태는 다른 이중어

---

[23] 학자들이 글을 쓸 때 잉크를 사용했기 때문에 학자들이 사용한 단어들을 잉크병 단어라고 했는데 주로 〈고전어에서 차용한 단어〉들을 가리킨다. 당시 고전어 차용에 대해 찬성파와 반대파가 격렬한 논쟁을 벌였는데 이를 잉크병 논쟁 혹은 잉크병 단어 논쟁이라 한다.

doublet를 만들어 냈고 덕분에 골라잡을 수 있는 단어들의 선택의 폭을 넓혔기 때문이다.

잉크병 논쟁은 격렬했고 대중적이었으며 심각했다. 사람들은 자신들이 단어 자체의 생명을 보호하고 정의하고 있다고 느꼈다. 오늘날에는 호기심을 일으키고 심지어는 우스워 보일지 몰라도, 당시에는 고대영어가 진짜 혹은 진실한 단어라고 주장하는 수호자들이 등장했다. 이들은 여러 모로 스페인의 무적함대를 쫓아낸 드레이크와 동료 선장들만큼이나 침입자들을 쫓아내려는 데 확고했다. 이들은 진지한 학자들이었고 재능과 열정이 있었으며 자신들의 언어가 외부에서 유입된 단어들에게 압도당할 것을 두려워했다.

고전어에서 단어를 가져오는 것을 옹호한 사람들 중에는 토머스 엘리엇 경이 있는데 그는 『통치자라는 이름의 책_The Boke Named The Governour_』을 발행했다. 그러면서도 그는 걱정했고 심지어 maturity(성숙함) 같은 새로운 차용어를 사용하는 것에 대해서도 사과했다. 그는 maturity를 '이상하고 어두운 것'이라 불렀으나 이 단어가 곧 자리를 잡게 될 것이며 최근에 이탈리아나 프랑스에서 도입된 다른 단어들과 마찬가지로 곧 이해하기 용이해질 것이라고 독자들을 확신시켰다.

어휘 확장에 대한 또 다른 지지자는 조지 페티였다. 그는 명쾌하게 이렇게 말했다. "최근 몇 년 동안에 우리가 거기에서 얼마나 많은 단어들을 가져왔는지 모든 사람들에게 안 알려진 것은 아니다. 그 단어들 모두를 잉크병 용어로 여겨야 한다면 우리는 잉크로 우리 입을 검게 물들이지 않고 어떻게 말할 수 있을지 모르겠다. 어떤 단어가 plain(단순한)이란 단어보다 더 명료할_plain_ 수 있으며, 무엇이 라틴어에 더 가까이 갈 수 있겠는가?"

하지만 잠재적으로 결정적인 이 한 방의 공격은 진실한 영어 옹호론자들에 의해 아주 쉽게 제거되었다. 토머스 윌슨은 다음과 같이 썼다. "모든 교훈들 가운데 맨 처음 배워야만 하는 것은, 우리는 어떤 이상한 잉크병 용어들도 즐겨 사용하지 않고 대중들이 쓰는 대로 말할 것이며, 지나치게 섬세하고자 하지도 않을 뿐만 아니라 지나치게 무분별하게 살지도 않을 것이며, 대부분의 사람들이 그렇듯이 우리의 말을 사용하고, 극소수의 사람들이 해왔듯이 우리의 분별력을 행사할 것이라는 점이다."

잉크병 논쟁은 흥미롭다. 이는 가장 효율적이고 가장 시적이며 가장 정직하고 심지어 가장 진실된 방법으로 영어로 글을 쓰는 것에 대한 논의를 시작했고 그것은 지금도 계속되고 있기 때문이다.

라틴어나 그리스어의 늘어나는 침투에 대한 주도적인 반대자는 케임브리지 대학교의 킹스 칼리지 학장인 존 치크 경이었다. 그는 영어가 다른 나라 말에 의해 오염돼서는 안 된다고 강력히 주장했다. 모순되게도 그는 고전주의 학자였고 케임브리지 대학교 최초의 그리스어 흠정강좌 담당 교수였다. 그럼에도 그는 영어가 게르만어로 다시 한 번 재평가받아야 한다고 믿었다. 영어는 앵글로색슨어의 뿌리로 돌아가 그 뿌리를 발견하고 그 위에 새롭게 세워져야 했다. 당시 영어의 역사는 유행하는 주제가 되었고 잉크병 용어를 반대하는 추세 속에서 앵글로색슨 문헌을 베낀 필사본이 큰소리로 읽혀졌다. 자신의 주장을 증명하기 위해 존 치크 경은 심지어 영어를 사용해 새로운 단어들을 만들어서 마태복음을 번역하기까지 했다. 그는 다음과 같이 썼다.

I am of this opinion that our own tung shold be written cleane and pure, unmixt and unmangeled with borowing of other tunges, wherin if we take not heed by tiim (by time), ever borowing and never payeng, she shall be fain to keep her house as bankrupt.

나는 우리 모국어가 깨끗하고 순수하게, 다른 나라 말의 차용어가 섞이지 않은 상태로 사용되어야 한다는 의견을 갖고 있다. 우리가 계속 빌리기만 하고 되갚지도 않으면서 틈틈이 신경도 쓰지 않으면 우리말은 어쩔 수 없이 파산하게 될 것이다.[24]

셰익스피어 시대의 프랜시스 베이컨처럼, 치크가 돈과 인간의 부 그리고 국가의 재정적인 안정에 대한 유추를 사용해 언어 이야기를 했다는 것은 의미심장하다. 단어들은 돈처럼 신용을 유지해야 하고 어떤 국가적인 부채도 가져서는 안 되며 수지 균형을 맞춰야 하는 것이다. 그러나 치크가 사용한 단어들, 예를 들어 bankrupt(파산하다), 심지어 pure(순수한)와 같은 단어들은 앵글로색슨어나 게르만어에 기원을 두고 있지 않다.

치크 쪽의 아주 작은 승리가 그가 몸담고 있던 케임브리지 대학교에서 달성되었다. 개교 이래 지금까지도 킹스 칼리지에는 입학 허가에 관한 기록을 담고 있는 조서가 있다. 그 책의 이름은 Protocollum인데 제목도 라틴어로 되어 있고 내용도 라틴어로 쓰여 있다. 그러나

---

[24] 외래어를 차용만 하고 차용하는 수만큼 영어 단어를 추가하지 못하면 결국 영어의 어휘에는 외래어만 남게 될 것이라는 점을 돈과 관련된 용어인 borrowing, paying, bankruptcy를 사용하여 표현하고 있다.

처음으로 치크의 이름 아래에 영어로 쓴 글이 실렸다. 이 짧은 영어 기록은 학문을 보호하고 일반인들로부터 학문을 격리해 왔던 고전어에 새긴 최초의 균열이었다. 그 구절은 다음과 같이 시작한다.

"다른 경우라면 맹세하지도 약속하지도 않았겠지만, 나는 그 무엇보다도 영국 교회의 참된 교리에 반하여 나를 묶어 놓을 어떠한 것에도 항의할 것임을 선언한다."

그러나 그가 순수한 영어를 권장하고자 아무리 열심히 노력했어도, 토머스 윌슨이 『수사학의 기술The Arte of Rhetorique』(1553년)에서 라틴어화를 반대하는 야유를 아무리 많이 대포같이 쏘아댔다 하더라도, 치크에게는 기회가 없었다. 어느 누구도 영어의 식욕을 제어할 수 없었다. 차용어의 유입과 논쟁이 50년 이상 지속된 후인 16세기 말이 되자 우리가 지금 이해하는 소위 현대영어라 불리는 언어를 형성하는 기본 토대가 마련되었다.

당시에는 가장 이상하게 보였지만 지금까지 살아남은 단어들 가운데 일부를 살펴보면 다음과 같다. industrial(산업의), exaggerate(과장하다), mundane(세속의), affability(상냥함), ingenious(솔직담백한), celebrate(축하하다), discretion(사려분별), superiority(우월), disabuse(잘못을 깨우쳐주다), necessitate(필요로 하다), expect(기대하다), external(외부의), exaggerate(과장하다), extol(격찬하다) 등 이 모든 단어들은 16세기와 17세기에는 아주 신기한 것으로 생각되었다.

그러나 그 대단한 잉크병 논쟁 시기에 라틴어와 그리스어에 기초하여 새롭게 만들어진 수천 개의 단어들 가운데 일부는 살아남지 못했다는 사실에서 치크는 약간의 안도감을 얻을지도 모르겠다. 자연도태가 이루어지면서 obtestate(증명하다), fatigate(피곤하게 하다)와 같은 단어들이 사라졌다. abstergify(깨끗하게 하다), arreption(갑작스러운 제거), subsecive(내주다)도 모두 사용하지 않게 되었다. impede(방해하다)와 같은 단어는 존속했지만 그 반대말인 expede는 그렇지 못하다. 이러한 신조어들을 비웃는 것은 재미있지만, 이 단어들은 영어가 영국의 지식인들 사이에 불어넣은 강도 높은 관심을 보여주고 있다. 당시에 그들은 여러 과학 관련 학문들이나 지구 자체를 탐구할 때보다 더 강력한 열정과 엄격함으로 언어를 탐구했다고 주장할 만하다.

머천트 테일러스 스쿨의 교장이었던 리처드 멀캐스터는 라틴어를 영어 단어들과 결합해 사용하는 아이디어를 추진하면서 다음과 같이 썼다.

"나는 어떤 언어도 그것이 무엇이든 간에 핵심적이고 단순하게 우리의 영어보다도 논쟁을 더 잘 표현할 수 있다고 생각하지 않는다. 나는 라틴어를 존경하지만 영어를 숭배한다."

멀캐스터는 그 수가 점차 늘어가고 있는, 지적이며 대개는 단어에 집착하는 수많은 남녀를 대변했다. 그들에게 영어는 필수품이었을 뿐만 아니라 아름답게 꾸미고 다듬어주고 증가시키고 배가시켜야 할 즐거움이었다.

이제 영어는 세계어가 될 수 있는 풍요로움과 섬세함 그리고 복잡함을 발전시켜 나갈 태세를 갖추었다.

# 11

영문학,
상류층의 최신 유행이 되다

커져가는 자신감에도 불구하고 16세기의 영어는 자신이 아직도 유럽의 다른 언어들 그늘 안에 있다고 느꼈다. 이에 대한 증거 자료로 이탈리아어와 영어, 프랑스어와 영어, 스페인어와 영어를 대응시킨 이중어 사전 형태로 편찬된 수많은 어휘 사전을 들 수 있다.

영어는 자기 사전을 갖기까지 17세기 새벽인 1604년까지 기다려야 했다. 이는 유럽에 대한 도전으로, 최초의 이탈리아어 사전보다 8년이나 앞섰으며 최초의 프랑스어 사전보다 35년이 앞섰다. 좀 더 장기적인 관점에서 보면 최초의 아랍어 사전보다 800년 후이고 인도 최초의 국어 사전보다 거의 1,000년 후이긴 했지만 말이다.

단어 dictionary(사전)는 라틴어 형태인 dictionarius로 1225년경에 처음 사용되었다. 여러 면에서 사전은 수많은 다른 언어들을 흡수해 온 영어에 특히 잘 어울린다.

최초의 영어 사전은 1604년 로버트 코드리에 의해 편찬되었다. 그는 그 사전을 『알파벳 목록The Table Alphabeticall』이라고 불렀다. 내가 조사한 판본은 현존하는 유일한 판으로 옥스퍼드의 보들레이언 도서관에 보관되어 있다. 이 사전은 작고 얇은 책으로 손바닥만한 크기다. 영어 단어들을 목록으로 만들어 각각의 의미를 간단히 설명해 놓았는데, 주로 라틴어 어원을 가진 단어들이긴 하지만 전부 그렇지는 않았다.

이 사전에는 불과 2,543개 단어가 수록되어 있다. 미미한 단어집이었으나 단어 수집의 첫 번째 시도였다고 할 수 있다. 여기에서는 shoe, cold, food, house, cow, wet, rain, dress, fish, love와 같은 일상에서 자주 사용하는 용어들은 발견할 수가 없다. 무엇보다도 이 작은 책은 영어의 새로운 지위를 인정했다. 이 사전은 첫 페이지에서 선언했듯이 히브리어, 그리스어, 라틴어, 프랑스어 등에서 차용한 어렵지만 흔히 쓰이는 단어들로 가득 차 있다.

코드리는 자신의 사전을 성경이나 설교 또는 다른 경우에 듣거나 읽게 될 단어들을 이해하지 못하는 사람들이 사용할 수 있도록 할 작정이었다. 이 책은 학자들을 위한 것이 아니었다. 일반 중류 계급을 위한 것이었으며 지적인 야심이 있는 사람들을 위한 것이었다. 그들을 위해 새로운 단어들을 모아 나열하고 그 단어들과 연결된 새로운 개념들을 설명해 주었다. 영국의 인구는 점점 증가했고 교육받은 계층도 점차 증가했다. 추측컨대 1600년경에는 350만 인구 가운데 적어도 소도시와 도시에서는 절반 정도가 읽고 쓸 수 있는 최소한의 교육을 받았다고 추정된다. 그들의 정신은 굶주려 있었고 더 많은 영양분을 공급받길 원했다.

영어를 실험할
국민 문학을 찾아 나서다

이 시기에는 좀 더 세련된 어휘 생활에 대한 욕구를 계발하고 만족시키기 위해 스스로 의식적인 결심을 한 사람들이 있었는데 바로 귀족과 신사 계급인 젠트리gentry 계층의 사람들이었다.

16세기 중엽이 되면서 이미 프랑스의 비용, 뒤 벨레, 롱사르가 프랑스어로 쓴 시와 작품들을 발표하여 이탈리아의 시인 페트라르카의 작품들과 경쟁하거나 그에 도전하고 있었다. 이탈리아의 문학 르네상스 역시 단테, 마키아벨리, 아리오스토를 양산했고 스페인어는 후안 델 엔시나와 페르난도 데 로하스를 자랑할 수 있었다. 영어는 초서와 그의 동시대 작가들의 존재를 주장할 수 있다 할지라도 그들의 작품 중 많은 부분이 더 이상 쓰이지 않는 영어로 써져 있었다. 단어의 마지막 글자 'e' 모음의 상실과 같은 발음과 형태상의 변화들 때문에 튜더 시대(1485~1603년) 사람들은 초서의 시행에 나타난 그의 음악적 운율을 더 이상 들을 수 없었다. 다른 나라와 비교해볼 때, 그리고 스펜서(Spencer, 영국의 시인으로 셰익스피어와 함께 가장 위대한 시인으로 꼽힌다.)가 있었음에도 불구하고 영어는 자신의 새로운 언어(프랑스어나 라틴어가 아닌 이전과는 달라진 모국어로서의 영어)로 쓰인 국민 문학이 없었다. 영국의 신사들은 국민적 작품을 창작해 내는 과업을 수행해 내고 싶어 했다.

교육을 받은 상류층 사람들은 여러 명씩 무리를 지어 유럽, 특히 이탈리아로 여행을 갔다. 그리고 오래된 예술품과 패션, 새로운 단어들, 더욱 폭넓은 야망으로 가방을 가득 채워 돌아왔다. 이탈리아에서 그들은 시에서 언어를 탐구하는 방법에 감탄했다. 그곳에서 시는 영국인들이 감탄하고 그리하여 대적하려고 결심하게 만드는 방법으로 자신들의 언어를 정제시키고 발전시켰다.

자신의 언어로 글을 쓰고 그 언어를 가지고 놀며 그 언어로 어떤 형태를 만드는 것, 이 모두는 지식인들이 열망하는 목표가 되었다. 영문학은 최신 유행이 되었다. 엘리자베스 1세 여왕의 가정교사인 로저 애스컴이 말하기를, 그의 동료들은 성경보다도 오히려 토머스 말로리가 15세기 중엽에 영어로 쓴 『아서의 죽음』을 읽을 것이라고 했다. 그들은 베끼고 실험하기 시작했다. 헨리 8세에 의해 참수당한 서리의 백작 헨리 하워드는 베르길리우스의 「아이네이드Aeneid」를 무운시(각운이 없는 시)로 번역했다.

서리의 백작 동료 시인 가운데 한 사람으로 인문주의자이자 궁정 신하였던 토머스 와이어트 경은 반역죄에서 무죄 방면된 후 헨리 8세의 사형 집행을 피해 이탈리아, 프랑스, 스페인으로 여행을 떠났다. 프랑스와 이탈리아의 궁정에서 그는 영어의 형태를 만들고 영어에 적합한, 어디에도 견줄 데 없는 영시의 미래로 소네트를 발견했다. 소네트는 각 행을 약강 5보격(시의 한 행이 다섯 개의 약강 음보로 구성)으로 쓴 14행의 시로, 13세기 이후 계속 사용되어 왔다. 다른 많은 사람들과 마찬가지로 와이어트 또한 위대한 이탈리아 시인 페트라르카의 소네트를 주의 깊게 살펴보았는데 그의 많은 작품에서 사랑의 모티브를 발견했다. 마치 소네트가 이를 위해 만들어진 것처럼 보였다. 그는 소네트를 영국으로 가져왔다.

유럽에서 와이어트가 빼돌려온 형태에서 발달한 영국의 소네트는 영어라는 언어의 발달에 결정적이었다고 주장하기는 어려울지도 모른다. 그러나 많은 사람들은 그렇다고 주장한다. 그때까지도 영어는 여러 가닥으로 굵게 엮은 줄에 불과했다. 중심에는 고대영어가 있고 여러 언어들이 그 주변을 둘러싸고 있는데, 여전히 고대 스칸디나비아어로 꾸며지고 프랑스어로 풍요롭게 되고 윤이 나고 있었으며, 여러 가지 요구를 수행하는 언어가 되어 있었다. 영어는 종교의 언어, 법의 언어, 왕실의 언어, 경작지의 언어였고, 전쟁과 일과 축하와 분노와 무례함의 언어였고, 또한 청교도적으로 고상한 체하기 위한 언어였으며 모든 계절을 위한 언어였지만, 가장 섬세한 감정을 표현할 만큼 절묘하게 잘 다듬어졌다거나 감정을 완벽한 어조로 표현해 가슴에 와닿는다고 하기에는 확신이 가지 않았으며 충족되지도 않았다. 하지만 소네트가 영어를 그 방향으로 데리고 갔다.

순서와 배열상의 엄격한 규칙이 제한적이기는 할지라도 소네트는 시인들을 위한 실험 장소가 되었다. 소네트는 영어를 갈고닦아 모든 단어에 윤을 내고 경쟁자의 눈을 휘둥그레지게 할 수 있는 터가 되었다. 그리하여 젠트리 계층의 시인들은 자신들의 작품을 다듬어 세련되게 만드는 동안 영어도 세련되게 만들었다.

엘리자베스 1세 여왕은 영국의 왕좌에 앉았던 모든 왕들 가운데 가장 교육을 잘 받은 군주라고 할 수 있다. 이미 틸버리의 연설에서 보여주었듯이 수사학에 정통해 있었을 뿐만 아니라 6개 국어에 능통했고 프랑스어와 라틴어 원문을 번역하기도 했다. 게다가 그녀는 시 쓰는 것을 즐겼다.

> I grieve and dare not show my Discontent;
> I love and yet am forc'd to seem to hate;
> I do, yet dare not say I ever meant;

I seem stark mute but Inwardly do prate.

나는 슬프지만 감히 나의 불만을 보이지 않는다.
나는 사랑하지만 미워하는 것처럼 보이도록 해야만 한다.
나는 행동하지만 내가 의도했다고 감히 말하지 않는다.
나는 완전히 침묵하고 있는 것처럼 보이지만 속으로는 재잘거린다.

영국은 새롭게 풍요로워진 영어의 지위를 반영할 문학을 추구하고 있었는데 영어라는 언어를 문학으로 바꾸어 놓는 역할은 바로 궁정 신하들, 엘리자베스의 측근인 기사들에게 돌아갔다. 그 중 젠트리 계층의 시인 한 명이 소환되었는데, 그는 칼만큼이나 펜을 잘 다룰 수 있는 사람이었다. 이제 영어의 모험에서 시인이 역할을 수행해야 할 차례가 되었다. 이 궁정 신하는 즐거움을 위해, 과시하기 위해 그리고 글쓰기에 대한 애정으로 글을 썼다. 언어를 가지고 놀고 그만이 만들 수 있는 시의 행을 구성하며 시에서 불멸을 찾는 것은 그가 공들여 만들어 입은 화려한 의상과도 같았다.

필립 시드니, 영어에 세련됨을 입히다

궁정 시인의 완벽한 화신은 한 영웅적인 귀족이었다. 그는 1554년 영국의 펜셔스트 플레이스의 위대한 가문 중 한 곳에서 출생했는데, 겨우 31년 후 네덜란드에서 스페인 군인들과 싸우다 전쟁터에서 죽었다. 그는 필립 시드니 경Sir Philip Sydney이다. 그는 "당신이 나보다 더 필요로 합니다."라고 말하면서 부상당한 병사에게 자신의 물병을 건네준 것으로 영원한 명성을 얻었다.

20대 중반에 시드니는 이미 엘리자베스 여왕의 해외 대사로 일하고 있었고 당시에 가장 훌륭한 시 모음집을 발간했다. 그는 여유가 있었고 부가 있었고 교육을 받았고 위트가 있었으며, 영어를 그의 시 일부의 소재로 그리고 언어에 대한 논문인 『시의 옹호A Defence of Poesy』의 소재로 택할 의지를 갖고 있었다. 그는 또한 음악과 노래를 작곡했다. 그는 그야말로 아주 완벽한 궁정 시인이었다.

그의 소네트 중 하나는 영어 그 자체에 대한 대화였다. 이 작품은 시인과 시인의 마음속에 내재하고 있는 의심 사이에 나누는 대화인데, 시를 쓰는 것이 사랑의 고통을 경감시켜 주는지 여부와 다른 사람들이 그의 단어들로 무엇을 만드는지에 관해 나누는 대화다. 11번째 행에서 그는 마음속의 소리인 지혜에게 조용히 하라고 말한다. 왜냐하면 자신의 생각들이(또한 지혜가) 자신의 쓰는 능력을 망치고 있기 때문이다. 그러나 시인은 여전히 자신의 글이 잉크 낭비에 불과한 것은 아닌지 의심한다. 물론 그의 단어들 가운데 일부가 사랑하는 여인인 스텔라에 대해, 그리고 이 모든 고통의 원인을 표현해줄 수 있기를 희망하고 있지만 말이다. 아래는 그가 쓴 「아스트로펠과 스텔라Astrophel and Stella」의 34번 소네트다.

> Come, let me write. And to what end? To ease
> A burthen'd heart. How can words ease, which are
> The glasses of thy dayly-vexing care?

Oft cruel fights well pictur'd-forth do please.

Art not asham'd to publish thy disease?

Nay, that may breed my fame, it is so rare.

But will not wise men thinke thy words fond ware?

Then be they close, and so none shall displease.

What idler thing then speake and be not hard?

What harder thing then smart and not to speake?

Peace, foolish wit! With wit my wit is mard.

Thus write I, while I doubt to write, and wreake

My harmes in inks poor losse. Perhaps some find

Stella's great pow'rs, that so confuse my mind.

오시오, 내가 쓸 수 있도록 해주오. 무슨 목적으로? 무거워진 마음을 누그러뜨리기 위하여. 어떻게 단어들이 누그러질 수 있나요?

매일 당신을 괴롭히는 걱정의 유리잔들을.

아주 잘 묘사된 잔인한 싸움들이 자주 기쁘게 합니다.

당신의 병을 알리는 것이 부끄럽지 않은지요?

아니, 그것이 나의 명성을 쌓게 할 수도 있습니다, 드문 일이지만요.

그러나 현명한 사람들은 당신의 단어들이 훨씬 심하게 어리석게 행동했다고 생각하지 않을까요?

그러면 그것들은 감금되고, 어느 누구도 불쾌하지 않을 것입니다.

어떤 더 쓸모없는 것이 말을 하게 되면 어렵지 않게 될까요?

어떤 더 비참한 것이 고통스러워 말을 하지 않을까요?

어리석은 지혜에게 평화를! 나의 지혜는 나의 지혜가 망가졌다고 합니다.

그리하여 글을 씁니다. 내가 의심하는 동안에 글을 씁니다. 그리고 벌합니다.
잉크의 손실을 가져온 나의 해악을. 아마도 누군가가 발견하겠지요.
스텔라의 위대한 힘을, 나의 마음을 그렇게 혼란스럽게 만든.

시와 시가 가져온 혁신은 소위 고급영어High English의 기준점이 되었다. 시드니는 시는 현실을 모방하는 것과는 반대가 되는 이상을 향해 가야만 한다고 주장했다. 시인은 자연보다도 세상을 더 아름답게 만들 수 있다. 즉 단어들이 세상을 바꾸어 놓을 수 있다는 것이다. 이는 영국의 교육을 받은 젊은 멋쟁이들과 미래의 멋쟁이들에게는 넋을 잃게 하는 도전이었고 그들은 그 도전에 응했다. 영어의 실험 장소는 이제 시 안에 있었다.
시드니는 그의 인생을 통해 다른 사람들의 기를 꺾을 만큼 높은 수준의 모범을 보여주었다. 인생의 강렬함과 야망을 품은 드라마 같은 생활은 어느 정도 그의 창작의 도약대였던 것 같다. 『옥스퍼드 영어 사전』은 시드니의 작품에서 2,225개의 인용문을 싣고 있다. 사전에 나오는 수많은 첫 번째 용례들이 그의 것이다. bugbear(귀신, 유령), dumb-striken(놀라서 말이 안 나오는), miniature(축소 모형). 그는 하나의 감정을 불러일으키는 이미지를 형성하기 위해 단어들을 나란히 덧붙여 사용하는 것을 좋아했다. far-fetched(멀리 보내진)에서 milk-white horses(우유처럼 흰 말)까지, eypleasing flower(눈을 즐겁게 하는 꽃들)에서 well-shading trees(그늘을 충분히 만드는 나무들)에 이르기까지. 좀 더 드문 예를 찾아보면 hony flowing eloquence(꿀이 흐르는 듯한 달변), hangworthy necks(장식할 만한 목), long-with-love-acquainted

eyes(오랫동안 사랑으로 익숙해진 눈) 등이 있다.

그는 대담한 어휘와 신선하고 새로운 용어를 사용하여 상투적인 이야기를 새롭게 만들 수 있었다. 그래서 큐피드가 사랑의 화살을 쏘는 낡은 고전 이야기는 다음과 같은 암울한 범죄 사건이 된다. (「아스트로펠과 스텔라」의 20번 소네트다.)

Fly, fly, my friends, I have my death wound, fly;
See there that Boy, that murthring Boy I say,
Who like a theefe hid in dark bush doth ly
Till bloudy bullet get him wrongfull pray.

날아라, 날아라, 나의 친구들이여. 나는 치명적인 상처를 입었다, 날아라;
저기 저 소년을 보아라, 말하자면 저 살인하는 소년을,
그는 도둑처럼 어두운 덤불 속으로 숨어 들어가 눕는다,
피 묻은 총알이 그를 먹이로 잘못 오인할 때까지.

필립 시드니를 연구하는 유명한 학자인 캐서린 던컨-존스 교수는 그와 당대에 대해 다음과 같이 말했다.

아주 현대적인 것, 절대적으로 현재 순간의 것들은 이 언어로 충분히 표현될 수 있다는 느낌, 즉 이 언어는 역사적이면서 동시에 라틴어, 그리스어, 프랑스어, 색슨어의 흔적을 많이 갖고 있지만 절대적으로 세상물정에 밝은 언어라는 느낌이 있었다고 생각한다. 시드니는 영어와 영어의 문화가 프랑스어, 이탈리아어, 심지어 적군까지도 거론하자면 스페인어 문화만큼

풍요로울 수 있다고 생각했다. 시드니는 스페인 문학과 문화에 대해서도 매우 잘 알고 있었다. 사실 필립이란 이름도 그의 스페인 대부代父의 이름에서 온 것이다. 그는 위대한 예술작품이 생산되고 일상적인 거래가 이루어지는 도구로서의 영어에 자신감을 갖고 있었다. 그런 것들은 라틴어나 외교관이 사용하는 프랑스어로 쓸 필요가 없었다. 영어는 실제로 국가의 중요한 사안에 사용될 수 있었다.

시드니는 영역을 넘나드는 단어와 어구를 영어에 가져왔다. 대단히 사랑하는 배우자를 my better half(나의 더 나은 절반)라고 했는데, 던컨-존스 교수의 지적에 따르면 시드니의 맥락에서 이 표현은 비극적인 것이었지만 이제는 시트콤에서도 사용하는 일종의 상투어가 되었다. "I'll have to see what my better half thinks about that(나는 나의 더 나은 절반이 그 점에 대해 어떻게 생각하는지 알아봐야겠습니다)."라는 대사에서 나오듯이 말이다. 그리고 conversation(대화)은 시드니가 사용할 당시에는 다른 사람과 정해지지 않은 종류의 관계를 갖는 것을 의미하기도 했지만 구체적으로 언어를 통해 관계를 맺는 경우에 적용이 된 것도 시드니 때문이다.

시드니는 다음과 같이 썼다. "마음속의 자부심을 상냥하고 적절히 언급하기 위해 … 그것은 사고의 목표이며 … 영어는 전 세계의 다른 어느 나라 말과도 동등한 위치에 서 있게 되었다."

이 마지막 문장에는 의기양양함, 심지어 승리감조차 느껴진다. 부분적으로는 시드니 때문에 왕실의 명령이나 설교도 아닌 심지어는 성경도 아닌, 시가 영어의 기준점이 되었다. 1600년대 무렵에 존 단, 토머스 캠피언, 마이클 드레이턴, 벤 존슨, 조지 허버트와 같은 시인들과 그 외의 많은 시인들이 지금은 일상 표현이 되어버린 'Drinke to me, onely, with thine eyes(나에게 축배를, 오직 그대의 눈으로만).'와 'No man is an Iland(어느 누구도 하나의 완전한 섬은 아니다).'와 같은 시행을 썼다. 글쓰기 수준을 높이면서 시인들은 영어를 언어로서 풍요롭게 만들었고 또한 시적이고 극적인 노력을 가장 많이 시험하기에 적합하도록 만들었다.

최초의 영어가 1,000년 이상의 세월을 보낸 후[25] 이런 움직임의 스타가 되었던 청년 필립 시드니는 네덜란드 전쟁터에서 전사한 후 영국으로 되돌아왔다.

**이제 영어에서도
계급의 차이가 드러나기 시작하다**

―

아마도 이 모든 것의 결과로 궁정 시인의 언어는 민중의 언어로부터는 더 멀리 표류하게 되었다. 말의 차이에서 계급의 차이가 확연히 드러났다. 이 시기에 가장 높은 곳에 이르기 위해서는 라틴어나 프랑스어가 아니라 영어의 특정 변이형을 사용해야만 했다. 즉 당시의 공인된 발음은 런던과 런던 주변의 주(미들섹스, 에섹스, 켄트, 서리 등)에서 사용되는 영어였다.

수사학 안내서인 『영시의 기술 The Arte of English Poesie』의 저자인 조지 퍼

---

25 시드니는 1586년에 사망했는데 그 시기를 이렇게 표현하고 있다. 즉 영어의 시작을 게르만족이 영국에 도착한 해인 499년을 기점으로 할 때 1,000년 이상이 지난 후라고 보고 있다.

턴햄은 1589년에 다음과 같이 썼다.

> 그러므로 당신은 궁정에서 사용하는 일상적인 말과 런던과 런던 주변 반경 60마일 내에 있는(더 멀리 있는 곳은 빼고) 주들에서 사용하는 말을 받아들일 것이다. 나는 이 말을 하고자 하는 것이 아니라, 영국의 모든 주에는 우리 미들섹스나 서리 사람들이 쓰는 것만큼이나 런던 이남 지역의 남부 방언을 특히 잘 쓰고 잘 말하는 신사들과 그 외의 사람들이 있다는 것을 말하고 싶다. 그러나 신사들과 학식 있는 성직자들이 대부분의 경우 겸손하게 상대하는 모든 주의 보통 사람들은 그렇지 못하다.

퍼턴햄의 구분, 즉 그가 말하는 어느 지역에서나 질적 수준을 갖춘 문어체 영어와, 런던과 미들섹스와 서리의 매력적인 마법에서 벗어난 곳에서 사용되는 구어체 영어와의 구분은 정확한 통찰력을 보여준다.[26]

이 구분이 오늘날의 영어와는 어떻게 비교되는가? 신문, 잡지, 에세이, 학술 서적, 대부분의 시, 희곡, 영화, 소설의 언어는 대체로 런던 영어로 통합되어 왔다. 그러나 텔레비전 드라마의 문어체 영어 어휘는 결정적으로 여기에서 벗어나 있으며 또한 이때 성공적일 때가 많다. 「코로네이션 스트리트Coronation Street」는 작가들이 심한 북부 방언을 사용하고 있는데도 40년 넘게 영국에서 가장 인기 있는 아침 멜로 드라마다. 「이스트엔더스EastEnders」(런던 동부 빈민가에 사는 사람들이라는 뜻)

---

[26] 당시 문자 언어는 지역에 따라 차이가 없었으나 구어, 즉 말하는 언어는 지역에 따라 차이가 있었다.

는 복잡한 문제를 제기한다. 여기에 출연하는 사람들은 런던에 기반을 두고 있지만 조지 퍼턴햄이 1589년에 기술했던 종류의 런던 말은 쓰지 않는다. 그러나 이 드라마 또한 영어를 이해하는 수백만 명이 시청하고 있다.

시, 소설, 희곡에서도 이와 비슷한 예외들이 있긴 하지만 그 수는 훨씬 적다. 그러나 우리 시대에 압도적으로 인기 있는 매체는 텔레비전이다. 드라마 작가들은 한 회당 1,200~1,800만 명의 시청자가 있다고 주장할 수 있다. 이 숫자는 베스트셀러 소설을 읽는 독자 20~30만 명이나 호평받은 현대시를 읽는 독자 5~10만 명의 숫자와 비교된다. 그렇다면 어떤 영어가 우위에 서겠는가?

가장 쉬운 해결책은 텔레비전 드라마 작가들을 대중적이라고 무시하는 것이다. 17~18세기에 다니엘 디포가 쓴 런던 동부 빈민가의 소설들 역시 당시 지위를 결정하는 사람들에 의해 순전히 대중적인 것으로만 여겨졌다는 점에 주목할 필요가 있다. 아마도 그것들이 시시한 소설이기 때문이었을 것이다. 그리고 「이스트엔더스」는 다른 아침 시간대 멜로 드라마와 마찬가지로 현재 최고의 연극, 소설, 영화와는 비교될 수 없다고 나는 생각한다. 그러나 그처럼 인기 있는 작품에 존재하는 잠재적인 힘을 무시하는 것은 결코 현명한 내기가 아니다. 디포는 『흑사병이 발생한 해의 일지 The Journal of the Plague Year』와 『로빈슨 크루소 Robinson Crusoe』로 영어 저널리즘과 영어 소설 창시자 중 한 사람이 되었다. 그런 일이 아침 시간대의 멜로 드라마에서는 절대로 발생할 수 없을까? 그러나 에스추어리 영어(Estuary English, 런던의 템스 강과 강어귀estuary 주변 지역에서 사용되는 영어의 한 변이형)는 몰래 들어와 빠져나갈 기미를 보이지 않고 있다.

꽤 최근까지도 (런던 영어만 쓰자는) 퍼턴햄의 주장은 도전받은 적이 전혀 없을 것이다. 잉크병 논쟁에서 외래어를 허용하고 받아들이자는 입장이었던 토머스 엘리엇 경은 『통치자라는 이름의 책』에서 귀족 가문의 아이들을 아기 때부터 돌보는 유모들은 소위 '깨끗하고 공손하며 완전하고 정확한 발음으로 한 글자 한 음절도 빠뜨리지 않는 영어'로 말해야 한다고 조언한다. 이는 중세의 주석자들이 노르만 프랑스어를 사용하는 아이들을 돌보는 여자들은 아이들에게 좋은 프랑스어로만 말해야 한다고 했던 것과 비슷하다. 모든 사람들은 〈지배 언어 ruling tongue〉가 무엇인지 알고 있었다. 그리고 성공하기 위해서는 그 언어를 흉내 내야만 한다는 것도 알고 있었다. 하지만 오늘날은 그렇게까지 명쾌하지는 않다.

바르고 적절하게 말하는 방법에 대한 분투는 그때에도 계속되는 논쟁이었고 지금도 그러하다. 영국의 군인이자 시인이었던 월터 롤리 경의 데번셔 억양accent[27]은 강하게 주목받았다. 지역 억양은 오랫동안 언급의 대상이었다. 워즈워스의 컴브리아 억양은 18세기 말에 주목받았다. D. H. 로렌스의 노팅엄셔 방언(그리고 그의 시와 단편에 나타난 그의 방언)은 19세기 말과 20세기 초에 주목받았고, 윌리엄 포크너의 남부 미국영어는 20세기 중엽에, 토니 모리슨의 흑인영어는 20세기 후반에 주목받았다. 그러나 전체적으로 볼 때 이들은 예외적인 경우다. 표준어는 런던, 뉴욕 그리고 어느 곳이든 수도에서 확립되었다.

르네상스로 인해 글쓰기에 거대한 틈이 벌어지기 시작했고 매일 일

---

27 이 책에서는 accent를 억양으로 번역한다. 억양은 영어 intonation이 아니라 영어의 특정 방언을 포함하는 변이형에서 관찰되는 발음 전반에서 나타나는 특징을 일컫는다.

상에서 사용하는 말들에서 문학을 분리해 내기 시작했다. 방언의 단어들과 용어들이 주류 작가들, 예를 들어 마크 트웨인, 러디어드 키플링, 토머스 하디 등의 작품에 자주 등장했지만 방언으로 글을 쓰는 것은 과거에도 그랬고 현재에도 여전히 하층 계급에 속하는 것으로 여겨졌다. 조지 퍼턴햄이 1589년에 지적했듯이 대체로 문학은 여전히 주빈석에 속한다. 16세기의 현실주의자들은 그것을 알아차렸고 그것의 정체가 무엇인지 밝혔다. 글쓰기에는 나름대로 물레를 돌려 풀어내야 할 실이 있었고, 발견해야 할 자기만의 글의 리듬과, 천착해야 할 자기만의 침묵의 세계가 있었다. 무엇보다도 글은 일상에서 하는 말common speech보다 우위에 있다고 여겨졌고 우위에 있기를 지향했다.

16세기에는 방언이 세련되지 못한 거친 것으로 여겨지기 시작했던 반면 동시에 에너지를 갖고 있다는 것이 인정되었다. 그 이후로 변한 것은 별로 없다. 16세기 후반 남부 켄트 지역 방언은 아마도 가장 서투른 방언으로 여겨졌을 가능성이 있다. 이 방언은 무대에서 무지와 어리석음을 표현하기 위해 사용되었다. 『랄프 로이스터 도이스터 Ralph Roister Doister』(1550년경)와 같은 초기 희극들에서는 I 대신에 ich를, I will 대신에 chill을, I am 대신에 cham을 사용하는 인물들이 등장했다. sort(종류) 대신에 zorte로, say(말하다) 대신에 zedge로 말하는 것은 좋게 생각하면 촌스러운, 따라서 우습고 자신을 낮추는 것처럼 보였다.

그러나 방언과 지역어에서 나오는 진액은 런던의 비웃음으로 마르지는 않았다. 이 언어들은 놀라울 정도로 오랫동안, 어떤 경우는 4세기 동안이나 깊숙이 자리잡고 있었고 일부는 오늘날에도 더 강해지고 있다. 스코틀랜드가 가장 생생한 예를 제공한다.

여러 세기 동안 런던은 자기만의 거리의 속어slang를 만들어 왔다.

왕실과 자본이 런던에 집중되었다. 불량배, 도둑, 창녀, 범죄자들도 마찬가지였다. 부랑자들과 도둑들의 언어에 많은 흥미를 느끼게 되면서 존 오드리의 『부랑자들의 단체*The Fraternyte of Vacabondes*』(1575년)와 같은 수많은 어휘집들이 발간되었다. 그래서 우리는 cove가 사람을, fambles가 손을, gan이 입을, pannam이 빵을, skipper가 창고를 의미했다는 것을 알고 있다.

    셰익스피어는 궁정 영어와 거리의 속어 그리고 자신의 지역 방언을 작품에 사용했다. 16세기에 여러 무리의 배우들은 영국을 여행하면서 연극을 공연했는데 대사에 그 지역의 방언을 혼합해 사용해서 효과를 배가시켜 지역의 청중들을 기쁘게 했다. 이러한 공연들은 위험한 사건이 될 수 있었다. 거의 폭동에 가까운 소란이 일었다는 일부 공연 기록도 남아 있다. 그러나 그 혼합, 즉 상류층과 하류층 언어의 혼합, 『랄프 로이스터 도이스터』와 나란히 놓인 필립 시드니 경의 아름답고 고상한 글과 서더크 갱단의 빠른 속어의 혼합이 무대에서 쉽게 불타오를 수 있다는 것을 이 사람들은 알고 있었다.

    결국 이 연기 단체들은 1576년 처음으로 런던의 야외극장에 자리를 잡았다. 1583년부터는 궁정 소속 배우들이 생겼다. 그들은 여왕의 사람들Queen's Men이라고 불렸으며 영국을 순회하기도 했다. 배우들은 시인들의 새로운 상류층 언어를 사용하지는 않았지만 그렇다고 해서 거리의 언어에만 집중하지도 않았다. 그들은 연극 언어를 찾아냈다. 여러 계층과 다양한 수준의 교육을 받은 사람들에게 말하는 방법, 즉 대다수의 사람들에게 다가가는 방법을 찾아낸 것이다. 그들이 어디에서 공연을 하든지 그 도시 역사상 유일무이한 사건이었기 때문에 대다수의 사람들이 참석해 돈을 지불했고 즐기기를 원했다.

그들은 큰소리를 치며 런던으로 몰려왔고 서더크에 극장을 세웠다. 그곳은 주요 범죄의 온상이었고 더럽고 사람들로 붐볐으며 위험했지만 물가가 싸고 강가에 있어 사람들에게 편리했다. 또한 런던 시 경계 밖이어서 부랑을 금지하는 엄격한 법에 따라 배우들을 다루곤 했던 시 지도위원들의 사법권 밖에 있었다. 1599년에 글로브 극장이 그곳에 세워졌다. 이 인기 있는 공동체 무대 위에서 특별한 일이 발생했다. 그것은 바로 영어를 장식하고 내실 있게 하고 깊이 파헤치고 매력 있게 만들어 냄으로써 그 어떠한 것, 어떠한 생각, 어떠한 행동, 어떠한 이야기, 어떠한 느낌, 어떠한 드라마라도 떠맡을 능력이 있는 언어로 영어를 바꾸어 놓은 것이다.

이 무대들은 영어의 대중적 도가니가 되었고, 당시의 극작가들은 그들이 읽고 들었던 혼란스럽게 섞여 있고 여전히 불안정한 영어의 모습을 바꾸어 놓았다. 그들의 풍부한 어휘와 시, 궁정 신하들의 매력적인 목소리를 보통 사람들의 속어, 감각, 천하고 속사포 같은 행동들과 합쳐 놓았다. 당시의 극장들은 무대 배경이나 어떠한 소도구들도 없었기 때문에 언어가 관중을 사로잡을 유일한 선택 수단이었다. 그 장면은 셰익스피어를 위해 마련되었다.

셰익스피어뿐만 아니라 그와 동시대 사람인 말로우, 존슨, 마스턴, 채프먼, 나중에는 웹스터와 미들턴이 쓴 연극들은 무수히 많은 런던 사람들을 매료시켰다. 글로브 극장은 3,000~3,500명 정도의 사람들을 수용할 수 있었다. 그리고 글로브 극장과 겨룰 만한 다른 극장 다섯 개가 런던에 있었다. 한 연극을 10일 동안 공연하면 장기 공연으로 간주되었는데 20만 명에 불과했던 런던 주민들은 끊임없이 새로운 것을 요구했다. 특히 당시에는 극장에 가는 것이 대유행이어서 대부분의 사람들은 열흘 안에 연극을 관람하고 싶어 했다. 셰익스피어의 「티투스 안드로니쿠스Titus Andronicus」는 인기가 있어 런던 사람 두 명 중 한 명이 관람했을 것으로 추정된다.

영어 단어의 씨앗 뿌리기는 더 이상 궁정 시인들이나 학자들에 국한되지 않았다. 영어는 이제 극장에서 열린 공간으로 나와 사람들을 대면했다. 영어는 세계를 떠안을 준비가 되었다. 이제 영어는 세계의 모든 곳을 무대로 삼게 되었다.

12

셰익스피어는
어떻게 영어에 반란을 일으켰을까

아마추어 학자들은 셰익스피어에 대한 글을 쓸 때 나름대로 목적이 있겠지만 특별히 관대해질 필요가 있다. 셰익스피어에 대해서는 동시대 사람인 벤 존슨과 토머스 프리먼에서부터 오늘날의 헤럴드 블룸에서 프랭크 커모드 경에 이르기까지 수많은 사람들이 글을 썼다. 동료 시인과 극작가뿐만 아니라 역사가, 심리학자, 정치가, 철학자, 사회학자, 과학자, 소설가, 풍자가, 영화 시나리오 작가, 작곡가, 칼럼니스트, 언어학자, 골동품 애호가, 다양한 신념과 망상에 빠진 배우와 아마추어들도 그에 대한 글을 썼다. 셰익스피어는 이 세상에서 가장 위대한 작가로 여겨질 뿐만 아니라 이 세상에 알려진 작가들 중 가장 많이 연구된 것으로도 여겨진다. 셰익스피어에 관한 글은 50개가 넘는 언어로 써졌다.

18세기에 존슨 박사는 좀 더 차분한 시각과 더 넓은 시야를 가졌다. 그는 다음과 같이 썼다.

> 엘리자베스 시대의 작가들에게서 모든 사용 목적이나 우아함에 적합한 말투가 발견되었다. 신학의 언어는 후커의 글이나 베이컨의 번역에서, 자연 지식에 대한 용어들은 베이컨에게서, 정책이나 전쟁, 항해의 표현 구절들은 롤리에게서, 시와 소설의 방언들은 스펜서와 시드니로부터, 일상생활에 쓰이는 말투는 셰익스피어로부터 발췌하여 사용한다면 인류에게는 영어 단어로 표현할 수 없어 잃게 되는 관념들이 거의 없을 것이다.

어느 누구도 이 진실을 부인할 수 없었다. 그러나 유행은 변하고 우리의 때늦은 선택이 경쟁자들을 베어 내듯이 일부 학문 분야에 대한 흥미는 부식되고 다른 분야에 대한 흥미는 부풀려졌다. 앞에서 언급한 사람들 가운데 단지 셰익스피어만이 우리의 의식 안에 가장 뛰어난 사람으로 남아 있다. 다른 이들은 퇴색했거나 기껏해야 스펜서나 시드니의 경우만 변치 않고 그대로 유지되고 있을 뿐이다. 5세기 프리지아인들의 침략 이후, 이러한 연결 시기에 영어는 어디로 가고 있었으며 다시 서쪽, 즉 미국을 향해 출발하기 시작했을 때 영어가 어떤 형태를 유지하고 있었는지 알기 위해서는 셰익스피어의 작품을 살펴보는 것으로 충분하기를 희망한다.

대학도 못 나온 벼락출세한 까마귀?
—

셰익스피어는 1564년 스트랫퍼드어폰에이번에서 태어났다. 아버지

존은 장갑 제조업자였다(셰익스피어의 작품에는 장갑에 대한 상세하고도 정확한 언급이 70군데 넘게 나온다). 어머니 메리 아든은 농사꾼 집안 출신이었다. 그는 3남 4녀 가운데 첫째였고 15~16세가 될 때까지 지방에서 교육을 받았다. 1591년 런던에 도착할 때까지 그에게 무슨 일이 있었는지는 명확하지 않다. 18세였던 1582년 앤 해서웨이와 결혼해 세 아이를 낳았다는 것을 제외하고는 말이다. 아버지와 함께 일했을까? 순회 공연단에 참여했을까? 프랑스와 네덜란드의 전투에 참전했을까? 로마가톨릭 가문에서 가정교사를 했을까? 그의 아버지는 비밀리에 가톨릭 교인이었을까? 그랬다면 로마 교황에게 갖은 위협을 받던 신교도 엘리자베스 여왕의 통치하에서는 지극히 위험스러웠을 텐데 말이다. 셰익스피어의 초등학교 선생님은 스트랫퍼드에 그늘을 드리웠던 가톨릭 모임의 일원이었다. 그러나 이 내용 또한 여러 단편적인 사실들을 긁어모아 그림을 완성한 것으로 다른 추측들에 도전받기 마련이다.

1590년대 초 그는 배우 겸 작가로 런던에 왔다. 그해는 여전히 애도를 받고 있었던 영국의 귀족이며 영웅적인 시인 필립 시드니 경의 「아스트로펠과 스텔라」가 사후에 발행되었고 멋쟁이 한량들과 대학의 재사才士들이 소네트를 쓰는 열병에 빠져 있을 때였다. 내 생각으로 이때의 셰익스피어는 이렇게 묘사될 수 있다. 그는 아내와 가족을 뒤에 남긴 채 번성해 가는 도시에서 과감히 도전하기 위해 눈 딱 감고 이제 막 거처를 옮겨온 한 청년으로 옥스브리지Oxbridge, 즉 옥스퍼드와 케임브리지 대학에서 교육을 받지 못한 것에 대해 대학의 재주꾼들에게 비웃음을 당할 처지에 있었으나 그들 중 가장 뛰어난 자들과 경쟁해 소네트로 그들과의 게임에서 이긴 젊은이였다. 소네트는 그의 결투 장소이자 언어의 실험실이자 그의 명함이었다. 그는 워릭셔 출신의 신선하지만 교육은 제대로 받지 못한 준비 안 된 배우였으나 인쇄물에서는 시인이었다.

Shall I compare thee to a summer's day?
Thou art more lovely and more temperate:
Rough winds do shake the darling buds of May,
And summer's lease hath all too short a date:
Sometime too hot the eye of heaven shines,
And often is his gold complexion dimm'd.
And every fair from fair sometime declines,
By chance, or nature's changing course untrimm'd;
But thy eternal summer shall not fade,
Nor lose possession of that fair thou ow'st;
Nor shall Death brag thou wander'st in his shade,
When in eternal lines to time thou grow'st;
So long as men can breathe, or eyes can see,
So long lives this, and this gives life to thee.

내가 당신을 여름날에 비교해 볼까요?
당신은 더 사랑스럽고, 더 온화합니다.
거친 바람이 오월의 사랑스러운 꽃망울을 흔들고,
여름이 머무는 기간은 어찌 그리 짧은지
때때로 하늘의 빛의 눈은 너무 뜨겁고
그의 황금빛 안색은 자주 흐려집니다.

그리고 모든 미인의 아름다움도 때로는 기울어지고,

우연히 또는 자연의 변화로 그 장식이 잘려 나갑니다.

그러나 당신의 영원한 여름은 바래지 않고

당신이 간직한 그 아름다움도 잃지 않으리라.

죽음은 당신이 그의 그림자 속에서 배회하는 것을 자랑하지 않으리라.

당신은 영원한 시에서 자라나는 시간이 될 때에

인간이 숨을 쉬는 한, 그의 눈이 볼 수 있는 한

이 시가 살아 있는 한, 이 시는 당신에게 생명을 주리라.

이 소네트는 자신의 능력에 대한 작가의 견해를 매우 자신감 있게 말해 주고 있다. 그는 '영원한 시eternal lines'라고 쓰고 있다. 그리고 숨 쉬거나 눈으로 볼 수 있는 한 사람들은 누구든지 그가 쓴 것을 읽을 수 있을 것이다. 당시 대학의 재주꾼이자 극작가인 리처드 그린이, 셰익스피어는 '벼락출세한 까마귀an upstart Crow'라고 논평한 것은 아마도 질투뿐만 아니라 새로 등장한 스타의 건방진 태도에 분노해서 비롯되었을 것이다. 왜냐하면 셰익스피어의 다른 동시대인들은 곧바로 그에게 갈채를 보냈기 때문이다. 존 위버는 셰익스피어가 런던에 온 지 10년이 채 안 된 1599년에 '꿀 바른 혀를 가진 셰익스피어honey-tongued Shakespeare'라고 썼다. "당신의 작품들을 보았을 때 나는 다른 누구도 아닌 아폴로가 그것들을 가져왔다고 말했다." 태양의 신 아폴로는 적절한 표현이었다. 셰익스피어는 자기 자신을 새로운 단어를 만들려는 열의에 불타는 사람이라고 주장했다. 불과 단어 사이의 연관은 『헨리 5세』 도입부에서 가장 명확히 표현되고 있다.

시골 출신으로 대학도 못 나온 라이징 스타, 셰익스피어

O! for a Muse of fire, that would ascend
The brightest heaven of invention.

오! 창조의 가장 밝은 하늘로
승천하는 불의 여신이여

    오늘날 대부분의 학자들은 희곡 38편, 소네트 154편, 기타 중요한 시들을 셰익스피어의 작품으로 보고 있다. 셰익스피어는 여러 경로로 평가할 수 있다. 여기서는 그가 〈영어에 기여한 점〉에 집중해서 살펴보도록 하겠다. 오늘날 쓰이는 2,000여 개의 영어 단어를 그가 맨 처음 기록했다. 그가 선택했거나 창조했거나 간에 말이다.

**인간의 감성을
영어로 표현할 줄 아는 사람이 등장하다**

셰익스피어가 이 단어들을 만들었는지 여부와는 상관없이 obscene(외설적인), accommodation(적응, 편의, 숙박시설), barefaced(공공연한), leapfrog(등 짚고 뛰어넘기 놀이), lack-lustre(광채가 없는, 흐릿한)와 같은 단어들은 그의 작품에 처음으로 등장했다. 다시 한 번 우리는 obscene이나 accommodation 같은 단어들이 어떻게 그 존재가 인식되고 인쇄되어 그의 작품 여러 행을 채우게 되었는지 알 수 있다. 새로운 단어가 우리의 심금을 울리게 되면 그 즉시 뿌리를 내리고 스스로를 키우면서 점점 더 많은 영역과 표현의 뉘앙스들을 찾아내어 그 의미가 풍부해지고 그러면 그 단어를 기다리던 우리의 두뇌 일부를 열어서 받아들이게 하는 것 같다.

지금부터 400여 년 전에 셰익스피어는 적어도 21,000개의 서로 다른 단어들을 갖고 있었다. 단어 조합을 합치면 3만 개에 달할 수도 있다고 추산된다. 이 숫자를 비교해 보면 재미있을 것이다. 1611년 킹 제임스 성경은 약 1만 개의 단어를 사용했다. 오늘날 교육받은 평균적인 사람들이 사용하는 단어는 셰익스피어가 사용한 단어의 절반에도 미치지 못한다. 셰익스피어 이후 400여 년 동안 영어에 유입된 수만 개의 신조어가 있다는 이점에도 불구하고 말이다.

당시의 영어는 유동적이었다. 셰익스피어가 영어를 어지럽게 만들었음에 틀림없다. 그는 out-Heroded Herod(잔인함과 사악함에서 헤롯 왕보다 더 사악했다), uncle me no uncle(나를 삼촌이라고 부르지 말라)이라고 말했다. 또 dog them at the heels(그들을 미행한다)라고 했는데, 이는 a dog at someone's heel(사람 뒤를 따라다니는 개)을 보면서 평범한 관찰을 위협적이고 웃기며 감탄할 만하고 성가시게 하는 구절로 놀랄 만큼 간단하게 바꾸어 놓은 것이다.

셰익스피어는 전에는 서로 거의 알지 못해 결코 함께 소개된 적이 없었던 단어들을 하나로 짝지어 주었다. 그는 ill(병든)과 tune(곡조)을 묶어서 ill-tuned(곡조가 맞지 않는)를 만들었는데, 이 말은 과거에도 있었고 지금도 있고 앞으로도 있을 것이다. 자신의 새로운 짝이 누구인지 몰랐던 smooth(매끄러운)가 faced(~ 얼굴을 한)와 합쳐져서 smooth-faced(수염이 없는, 표면이 매끄러운)가 등장했다. puppy(강아지)는 dog(개)를 만났다. 16세기의 사람들은 pray(기원하다), prithee(바라건대), marry(성모 마리아에 맹세코)와 같은 단어들이 사라짐에 따라 문장을 말할 때 oh, why, well로 시작하기 시작했다. 셰익스피어는 그것을 잘 알고 있었다. 거의 모든 단어들이 거의 모든 품사에서 사용될 수 있었다. 규칙은 없었으며, 셰익스피어의 영어는 반란을 일으켰다.

한 작가의 지위가 인용 정도에 의존한다면 셰익스피어와 대적할 사람은 없을 것이다. "To be or not to be, that is the question(죽느냐 사느냐 그것이 문제로다)."은 전 세계에 알려져 있다. 이 문장은 아마도 어떤 언어를 막론하고 가장 잘 알려진 인용문일 것이다.

"What the dickens?(도대체 뭐야?)"[28]는 찰스 디킨스와는 아무 상관이 없으나 『윈저의 즐거운 아낙네들 The Merry Wives of Windsor』에 처음 등장한다. as good luck would have it(다행스럽게도, 운이 좋게도)도 마찬가지다.

---

28 이 문장에서 dickens는 영국의 19세기 소설가 찰스 디킨스를 말하는 것이 아니라 '도대체, 제기랄, 도무지'의 의미를 가진 the devil(s)에 대한 속어다.

beggar'd all description(모두 표현하는 것이 불가능하다)과 salad days(경험이 없는 청년 시절)는 『안토니와 클레오파트라Antony and Cleopatra』에 기록되어 지금도 여전히 생생하게 살아 있는 여러 표현들 중 하나다. 그는 오늘날 우리들이 사용하고 있는 너무도 많은 표현들을 만들어 냈지만, 간결함은 기지의 생명brevity is the soul of wit이므로 나는 일관성 없이 불성실하게fast and loose 하거나 한 치씩 움직이는budge an inch 것을 거절하거나 한 번에in one fell swoop 이 단락을 우리의 지난날all our yesterdays처럼 흔적도 없이into thin air 사라지게 하지는 않을 것이다.

지금까지 살펴본 바로는 그의 다른 어떤 희곡 작품보다 『햄릿Hamlet』에 등장한 표현들이 현재까지 더 많이 사용되고 있다. the play's the thing(연극이 알맞은 수단), in my mind's eye(내 마음의 눈 속에), though this be madness yet there is method in it(미쳤으나 거기에는 조리가 있다) 등이 있다. 또 우리는 친절해지기 위해 잔인해질 수cruel only to be kind 있고 일반인들이 모르는 가치 있는 명품caviar to the general을 가져다주고 거울을 들어 자연을 비춘다hold the mirror up to nature. 그러나 분노라기보다는 오히려 슬픔에서more in sorrow than in anger 이 남녀 희롱의 환락의 꽃길primrose path of dalliance은 끝이 나야 하며 남는 것은 침묵the rest is silence이다.

이 책의 목적은 셰익스피어에 관한 역사적 연구나 당시의 다른 작가들 사이의 관계를 조사하는 것이 아니듯이 그의 생각을 조사하는 것도 아니다. 그러나 이미 언급했듯이, 단어들은 생각을 나타낸다. 단어들은 인간 조건에 대한 표현이며 보고서다. 셰익스피어는 충분한 예를 제공했고 그것을 보여주었다. 예컨대 『햄릿』의 to thine own self be true(자기 자신에게 충실하다)라는 구절에서 개인의 정체성이라는 개념을 탐구하기 시작했는데, 이 연구는 그의 시대 이후 셰익스피어가 예견할 수 없었을 정도로 강화되어 가고 있다. 이 위대한 독백은 마음의 상태에서 일어나는 동적인 변화를 표현한다. 드라마는 내면적일 수 있다. 이것이 바로 우리가 생각하는 바이며 우리가 생각하는 바는 그 자체로 극적으로 풍요롭다는 것을 그는 말해 주고 있다. 그리스의 연극에서 긴 독백들은 변화가 없는 상황이나 논쟁에 관한 설명들이었다. 하지만 셰익스피어는 우리의 마음을 들여다보게 만들고 있으며 서유럽인들이 세계의 대륙을 발견한 것에 대적할 만큼 풍부한 단어들을 발견하고 있다. 그는 우리의 생각을 작품의 주제로 택했다.

에머슨은 다음과 같이 썼다.

"소설, 예절, 경제, 철학, 종교, 취향, 삶의 행위에서, 그가 해결하지 않았던 것이 있었던가? 그의 지식으로 밝혀지지 않은 신비가 있었던가? 인간의 일과 관련된 역할, 기능 또는 관할 구역 중에서 그가 기억하지 않은 것이 있었던가? … 어떤 여인이 그보다 더 섬세할 수 있었던가? … 그보다 더 오래 버텨낸 현자가 있었던가?"

영어를 말하는 감성 모두, 심지어 셰익스피어 이후 현대적 감성 모두가 그에 의해 형태가 만들어졌으며, 그로부터 나온 감성은 다른 모든 르네상스 언어들 속으로 흘러 들어갔다고 주장하는 해럴드 블룸 같은 사람들도 있다.

가져올 수 있는 모든 곳에서
단어를 챙겨오다

여러 가지 면에서 셰익스피어가 태어난 스트랫퍼드어폰에이번이라는 장소 자체가 셰익스피어 영어의 특징을 정의해 준다. 16세기 후반 이 도시에는 1,500명의 주민이 있었는데 이 지역의 모든 사람과 관련을 맺고 있었던 지역 사업가의 아들인 셰익스피어는 처음부터 상류층과 하류층의 사람들에 대해 알고 있었고 중산층 사람들 사이에서 살았다. 또한 그곳의 지역어는 여전히 거칠었고 고대영어가 공공연히 사용되었다. 영어의 뿌리는 셰익스피어가 어렸을 때부터 귀에 익었을 것이다.

셰익스피어를 연구하는 학자들을 좌절시키는, 확실한 증거가 없다는 사실에도 불구하고 그가 다녔다고 틀림없이 추정할 수 있는 지역 문법학교에서 그는 고전 라틴 문학의 거장들인 키케로, 베르길리우스, 호라티우스, 오비디우스를 공부했을 것이다. 그는 사용하는 단어들은 고전 작품이나 프랑스어에서 차용한 수천 개의 단어들로 푹 젖어 있었을 교사들에게서 영어로 배웠을 것이다. 고학년에서는 영어로 말하는 것이 금지됐을 것이고 라틴어로만 말할 수 있었을 것이다. 오늘날까지도 이곳에서는 (셰익스피어가 공부했던) 같은 교실에서 스트랫퍼드 학교 학생들이 라틴어를 배우고 있다. 오비디우스의 『변신』은 특히 영향력이 있었는데, "셰익스피어가 라틴어는 조금 알고 있으며 그리스어는 그보다도 덜 알고 있었다."라는 존슨의 주장은 라틴어에 관한 한 좀 심한 것 같다. 셰익스피어는 인생 후반부에 약간의 프랑스어와 이탈리아어를 사용했던 것 같다. 자신이 이주해온 런던의 국제적인 특징을 대면하게 되면서 그는 프랑스와 이탈리아를 방문했던 사람들의 허풍을 잘 듣고 잘 따라했으리라고 짐작된다.

그는 또한 문어체 영어를 특히 성경에서 자세히 들었을 것이다. 그의 아버지는 교회 출석을 게을리한 것으로 공공연하게 비난받았으나, 셰익스피어의 나이와 그와 같은 배경을 가진 소년들에게는 교회 출석이 당시에는 의무였기 때문에 교회를 피해 다녔다 해도 오랫동안 그럴 수는 없었을 것이다. 집에는 가족들이 주교 성경과 제네바 성경을 갖고 있었던 것 같다. 대성경은 모든 교회에 비치되어 있었다. 이 성경은 대체적으로 틴들의 번역을 바탕으로 한 매튜 성경에 기반을 두고 있었다. 셰익스피어는 또한 성공회 기도서에 대해서도 알고 있었을 것이다.

아마도 학자들은 셰익스피어의 표현과 태도의 출처를 성경 안에서 추적할 수 있다. 언어에 그토록 민감했던 한 젊은이에게 성경은 분명 영향력을 끼쳤을 것이다. 특히 영어 속으로 새롭게 해방된 단어들은 열정적이고 신선하게 그리고 권위 있게 읽혀졌음에 틀림없다. 영어로 쓴 성경은 진리의 책이었다. 영어는 무시할 수 없는 언어였다. 그것은 비록 인정되지 않은 교육이긴 했지만 학교의 딱딱한 의자 위에서 배우는 다른 어떤 것만큼이나 중요했다. 스트랫퍼드의 성삼위일체 교회에서는 틴들이 어느 정도 셰익스피어에게 직접 말하고 있었다고 생각해도 좋다.

시를 전업으로 하는 상류층 시인들에게 대단히 중요했던 대학교육을 받지 않았기 때문에, 셰익스피어는 상류층의 눈에 띨 정도로 열의를 보여야 했고 실제로 그랬다. 그는 잉크병 논쟁에 대해 잘 알고 있었던 것 같은데 언제나 그렇듯이 거기에 참여했다. 그는 16세기 중반에서 후반 사이에 등장한 새로운 단어들을 사용했다. multitudinous(무수한), emulate(~와 경쟁하다), demonstrate(논증하다), dislocate(위치를 옮기다), initiate(시작하다), meditate(계획하다), allurement(매혹), eventful(사건 많은), horrid(무시무시한), modest(겸손한), vast(광대한) 등. 그는 또한 합성어를 만들었고 그것들을 매우 좋아했다. canker-sorrow(궤양 같은 슬픔), widow-comfort(미망인을 위로하는 것), bare-pick't(아무것도 없게 깨끗하게 한), halfe-blowne(반쯤 부푼) 등이 그 예다.

한편으로 그는 패배자들(유행하지 않거나 선호되지 않은 단어들)을 지원하기도 했다. 만약 우리가 appertainments(부속), cadent(리듬 있는), questrist(수색), tortive(엮어진), abruption(분리)을 사용하면 일상 언어가 전혀 다르게 들릴지도 모른다. 그가 만든 가장 긴 단어인 '명예롭게'라는 뜻의 honorificabilitudinatibus 역시 사용하지 않게 되었다.

그는 모든 곳에서 단어들을 챙겨왔다. 곤봉을 의미하는 baton과 20세기 중반까지 스트랫퍼드 주변에서 여전히 사용되었던, 빨래할 때 때를 빼기 위해 '방망이로 두들기다'라는 의미를 가진 batlet과 같은 지역어들을 들여오기 위해 자신의 중부 지역 방언을 사용했다. "Golden lads and girls all must / As chimney-sweepers come to dust(한창 인기를 누리는 소년소녀들 모두 굴뚝청소부와 마찬가지로 먼지로 돌아가야 한다)." 최근까지도 그의 고향에서 황금빛 민들레는 '한창 인기를 누리는 소년소녀들golden lads and lasses'로 불렸고 그들은 굴뚝청소부의 빗자루 모양인 먼지(민들레 홀씨)를 턴다. 아이들은 'she/he loves me, she/he loves me not(그(녀)가 나를 사랑하는지 안 하는지)'을 알아보기 위해 여전히 민들레를 입으로 분다.

그는 지팡이를 내려놓았지만
영어는 그 덕분에 신세계로 들어섰다

―

셰익스피어의 억양은 오늘날 노년층이 사용하는 지역 방언의 억양처럼 들렸을 것 같은데, 이는 교육받은 사람들의 영어 발음보다 더 오래된 발음을 지닌 영국의 지역 방언들이 고집스럽게 존재해온 것을 고려한다면 전혀 놀라운 일이 아니다. 그는 turn과 heard와 같은 단어에서 /r/을 더 굴려 발음했을 것이다. right와 time은 roight와 toime처럼 발음했을 것이다. 어찌 됐든 간에, 권력에 이르는 길에 대해서는 한 치의 빈틈도 없었던 셰익스피어는 런던의 궁정에서 사용하는 영어를 참된 종류의 발음이라고 선언했다.

존 바턴은 셰익스피어의 언어에 대해 놀라울 정도로 간단하게 다음과 같이 지적했다.

> 언어의 생명이자 기초는 한 음절을 가진 단음절어다. 그리고 나는 셰익스피어도 그 점에 대해 동의할 것이라고 믿는다. 셰익스피어는 수준 높은 고상한 단어들과 구절들을 말해 놓고는 그것들을 끌어내려 설명하기에 단순한 것들로 만든다. 마치 '넓은 바다를 진홍색으로 만들어 초록빛 바다를 핏빛으로 만든 것making the multitudinous seas incarnadine, making the green one red' 같이. 우선 수준 높은 영어가 있고 자세하고 명확한 정의가 있다. 셰익스피어의 핵심을 보면, 연기하는 것을 잘 들어보면 위대한 대사들, 흔히 가장 시적인 대사들은 단음절어들로 되어 있다. 마음속 깊이 자리잡은 감정은 아마도 단음절어에서 나오는 것 같다. 그는 단어를 새롭게 만들어 풍부하게 했지만, 어떤 면에서 언어의 생존력은 이 두 가지(단음절어와 신조어 창조)의 상호

작용에서 비롯된다.

이 언급은 더 나아가 단음절어야말로 고대영어이거나 고대영어와 가장 가깝다는 것을 지적하려는 걸까? 영어의 여러 층위를 구성하는 언어들 가운데 가장 깊은 곳에 존재하는 가장 소박한 언어가 가장 심오하며 기본적인 의미를 전달하는 것일까? 이는 마치 외래어로 정교하게 만든 표현들, 즉 새롭게 만들어진 단어들과 외국어로부터 들여온 단어들이 독자들에게 잘 이해되려면 오직 과거의 언어라는 부싯돌에 부딪쳤을 때에만 가능한 것과 같다. 셰익스피어 시대 이후 작가들을 구분하는 한 가지 방법은 찰스 디킨스나 제임스 조이스처럼 화려하고 최고로 사치스러운 문체를 가진 사람들과 조지 엘리엇이나 새뮤얼 베케트처럼 더 소박한 문체를 가진 사람들로 나누는 것이다. 물론 이들 사이에도 교차하는 점이 있겠지만 이 두 종류의 경향은 셰익스피어의 작품 안에 명확히 존재했고 그는 이 두 가지를 게걸스레 흡수했다.

그의 창의성은 거의 병적이었다. 욕설인 knave(건달, 불량배, 놈, 자식) 하나만 가지고도 셰익스피어는 자신의 희곡에서 knave가 들어간 50개의 다른 표현들을 만들어 냈다. 나는 그 가운데 몇 개를 가지고 긴 욕설을 주고받는 대화를 만들어 보았다.

A: Foul knave!(더러운 놈)

Z: Lousy knave!(비열한 놈)

A: Beastly knave!(짐승 같은 놈)

Z: Scurvy railing knave!(치사하게 욕하는 놈)

A : Gorbellied knave!(뚱땡이 같은 놈)

Z : Bacon-fed knave!(베이컨 먹어 뚱뚱한 놈)

A : Wrangling knave!(큰소리로 말다툼 잘하는 놈)

Z : Base notorious knave!(천하고 악명 높은 놈)

A : A rrant malmsey-nose knave!(독한 포도주를 마셔 딸기코를 가진 악명 높은 놈)

Z : Poor cuckoldly knave!(바람난 아내를 둔 불쌍한 놈)

A : Stubborn ancient knave!(완고한 늙다리 같은 놈)

Z : Pestilent complete knave!(완전히 벌레 같은 놈)

A : Counterfeit cowardly knave!(사기를 일삼는 겁쟁이 같은 놈)

Z : Rascally yea-forsooth knave!(악랄하고 '예, 예' 하며 굽실거리기만 하는 놈)

A : Foul-mouthed and calumnious knave!(남을 헐뜯고 중상모략만 하는 놈)

Z : The lyingest knave in Christendom!(기독교 나라에서 거짓말 가장 잘하는 놈)

그를 가장 잘 이해한 사람은 동시대에 살았던 벤 존슨이다. 셰익스피어가 사망한 몇 년 후에 글을 쓰면서 그는 당시에는 과장된 것으로 생각될 수도 있었겠지만 지금은 정확한 예언처럼 보이는 용어를 사용했다. 셰익스피어의 『첫 번째 작품집*First Folio*』(셰익스피어 사후 7년째 되던 해에 동료 배우들이 그의 작품을 편찬하여 모아 놓은 작품집)이 발행된 해인 1623년에 그는 이렇게 썼다.

> Thou art a monument without a tomb
> And art alive still while thy book doth live
> And we have wits to read and praise to give.

당신은 무덤 없는 기념비입니다.
당신은 여전히 살아 있습니다. 당신의 책이 남아 있고
우리가 읽을 수 있는 분별력이 있고 해줄 칭찬이 있는 동안.

존슨은 자신과 동시대 사람들을 셰익스피어보다 훨씬 아래 등급으로 평가했다. 그는 셰익스피어의 국적을 자랑스럽게 생각했다. 제임스 1세 치하에서 잉글랜드와 웨일스에 스코틀랜드가 합병된 이래로 브리튼Britain이란 단어가 사용되고 있다. 셰익스피어는 브리튼의 자랑이었다.

Triumph, my Britain, thou hast one to show
To whom all scenes of Europe homage owe.
He was not for an age, but for all time …

승리하라, 나의 브리튼, 그대는 보여줄 사람이 있네
모든 유럽이 경의를 표할 사람을
그는 한 세대 동안이 아니라 모든 세대를 위한 사람이니 …

셰익스피어의 마지막 희곡 『폭풍The Tempest』의 주요 등장인물인 프로스페로는 셰익스피어가 사용했던 펜의 이미지로 자주 여겨지는 지팡이를 사용한다. 셰익스피어는 프로스페로의 마술을 강력한 재주potent art라고 불렀다. 그리고 그 자신은 오랫동안 남아 있을 만한 많은 구절과 이미지를 불러내기 위해 언어의 힘을 사용했다. 프로스페로가 마지막 대사에서 자신의 지팡이를 부러뜨렸을 때 셰익스피어도 자신의 펜을 내려놓고 있었을지도 모른다. 그가 남은 노년을 스트랫퍼드의 시골 신사로 보낼 생각으로 런던을 떠났을 때 그랬던 것처럼 말이다.

… But this rough magic
I here abjure, and, when I have required
Some heavenly music, which even now I do,
To work mine end upon their senses that
This airy charm is for, I'll break my staff,
Bury it certain fathoms in the earth,
And deeper than did ever plummet sound
I'll drown my book…

… 그러나 이 강력한 마술을
나는 여기서 포기한다. 그리고 내가 요구하였을 때
어떤 천상의 음악으로 하여금, 그것은 내가 지금 하고 있는 것인데,
나의 공허한 마술이 목표로 하는 것에 작용하여
감각을 일깨우기를. 나는 나의 지팡이를 부러뜨려,
그것을 땅 속 여러 길 아래에 묻을 것이다.
그리고 추가 이제까지 수심을 재었던 것보다도 더 깊이
나의 책을 물속에 가라앉게 할 것이다 …

셰익스피어는 지팡이를 놓았지만 그의 책들은 물속에 가라앉기를 거부했다. 그의 사후 7년 만에 출판된 『첫 번째 작품집』 이후로 그의 작품에 대한 간행물들이 끊임없이 발간되었다. 『옥스퍼드 영어 사전』

은 14,000개 이상의 셰익스피어 인용문을 싣고 있다. 20세기에는 셰익스피어 작품을 각색한 영화가 300편 이상이었고, 미국과 영국에서 자라난 거의 모든 사람은 셰익스피어 희곡 가운데 적어도 한 편을 읽거나 보았을 것이다. 지금 이 순간에도 셰익스피어의 연극은 브로드웨이에서, 런던에서, 네팔의 아마추어 극장에 이르기까지 어디에선가 읽혀지고 공연되고 있다. 그리고 영어 역사상 처음으로 셰익스피어와 그의 동시대 사람들과 함께 영어는 전문 작가들, 즉 문학가들을 지원하게 된다.

셰익스피어는 우리에게 단어와 통찰력의 신세계를 열어주었다. 그 신세계는 생각과 감정에서 우리의 인생을 채색하고, 깊이를 더해주고, 빛을 비춰주고, 그려주었다. 그는 가장 중요하고 신비로운 능력, 즉 상상력을 알려진 한계까지 사용했다. 『한여름 밤의 꿈A Midsummer Night's Dream』의 마지막 장면에서 테세우스는 이렇게 말한다.

And as imagination bodies forth

The forms of things unknown, the poet's pen

Turns them to shapes, and gives to airy nothing

A local habitation and a name.

그리고 상상력이 알려지지 않은 것들에

형상을 입히면, 시인의 펜은

그것들을 뚜렷한 모양으로 바꾸어 허공에

지역의 주소지와 이름을 준다.

셰익스피어 시대에 영어는 동시에 그 모험의 대항해 중 하나인 미국으로 가는 항해를 시작했다. 그곳에서 영어는 단어의 새로운 땅을 발견하고 또 만들었다. 플리머스의 순례자들은 국기, 성경 그리고 그들의 비범한 언어를 그곳으로 가지고 갔다.

13

미국, 영어의 가장 중요한 상속자가 되다

영어는 5세기 이후로 한 번 더 서쪽으로 〈가장 운명적인 여행〉을 떠났다. 미국의 초기 이민자들 중에는 동앵글리아 출신이 많았는데, 이곳에서 앵글족의 땅을 의미하는 앵글라론드Englalond라는 지명이 생겨나 잉글랜드England가 되었다. 미국으로 향하는 메이플라워호에 탄 사람들은 대체로 평균 이상의 학식과 도덕적 확실성, 종교적 열정을 지닌, 아마도 가장 대담한 사람들이었을 것이다. 이것은 인구 350만 명 (당시 프랑스 인구의 5분의 1 수준)의 아주 작은 나라에서 처음으로 이루어진 대탈출이었으며 수백 년에 걸친 대규모 이민의 시작이었다. 이때부터 잉글랜드 사람이라는 뜻의 잉글리시english(잉글리시는 잉글랜드 사람이라는 뜻과 잉글랜드의 언어라는 뜻을 동시에 갖는 단어다.)와 스코틀랜드를 비롯한 다른 지역과 통합한 이후에 사용되는 용어인 브리티시British[29], 즉 영국인의 씨앗 그리고 이들이 사용하는 언어인 영어의 씨앗이 세계의 대륙에 뿌려지기 시작했다. 많은 사람들은 이 이민이 영국 땅 자체에 있는 영국적인 혈통의 양과 질을 희생하고 이루어지는 것은 아닌가 하고 두려워했다. 그러나 멈출 수는 없었다.

16세기 마지막 해에 궁정 시인인 새뮤얼 다니엘은 영어에 취하고 영어의 힘에 중독되어 이렇게 말했다.

> And who in time knows whither we may vent
> The treasure of our tongue, to what strange shores
> This gain of our best glory shall be sent,
> T'inrich unknowing nations with our store?

> 그 누가 때에 맞추어 알고 있을까? 우리가 어느 방향으로 발산하게 될지를
> 우리의 언어라는 보물을, 그 어떤 낯선 해변가로
> 우리가 획득한 이 최고의 영광을 보내게 될지를,
> 알지 못하는 나라를 우리의 축적품으로 풍부하게 만들기 위해?

미국과 미국인들은 자신들의 소유로 만든 영어의 가장 중요한 상속자가 되었다. 영국에서 미국으로 영어는 지구 끝까지 계속 전진했고 가는 곳마다 그곳 국가들은 영어로 풍요로워질 때가 많았지만 때때로 그들의 언어는 황폐해지기도 했다. 17세기가 시작되면서 영어는

---

29 British와 Britain이라는 용어는 게르만족이 오기 이전부터 영국에 거주하던 켈트족 가운데 하나인 브리튼족과 그들의 국가 브리타니아Britania에서 비롯한 단어로 동앵글리아 지방에 근거하는 잉글리시와 잉글랜드보다 넓은 개념이다. 영국 본토와 부속 영토, 즉 잉글랜드, 웨일스, 스코틀랜드와 북아일랜드 지방을 모두 아우른다.

다시 한 번 항해를 시작했으며 1,000여 년 전에도 그랬듯이 이번에도 비옥하고 자유로우며 정복할 수 있다고 생각되는 땅을 향해 모험을 시작했다.

**미국에 갓 도착한 영어,
구세주를 만나다**
—

1620년 필그림 파더스(Pilgrim Fathers, 1620년 최초의 영국 식민지가 된 매사추세츠 주 플리머스에 정착한 영국 청교도단)가 도착한 뉴잉글랜드 지방의 플리머스 록에서부터 이야기를 시작하는 것이 적절할 것이다. 16세기 말에 영국인들은 해안의 훨씬 더 아래쪽에 두 정착지를 이미 건설했다. 그 중 한 곳인 로아노크 섬에서는 모국에서 새로운 물자가 수송되어 오는 동안에 자급자족해야 했던 이주민들이 모두 흔적도 없이 완전히 사라져 버렸다. 다음 식민지였던 버지니아의 제임스타운에서는 정착민들이 자신들을 먹여 살릴 보급품을 실은 배가 도착했을 때 사실상 영국으로 돌아가던 중이었다. 아메리카에 정착한 미국영어American-English의 발원지가 제임스타운과 탠지어 섬이라는 주장이 받아들여지고 있는데, 탠지어 섬에서는 오늘날 미국 총 생산량의 4분의 1을 차지하는 굴과 값비싼 게로 1,000명이 채 안 되는 주민들이 여전히 생계를 유지하고 있다. 이곳 주민들의 억양은 거의 400년 된 영국 콘월어(Cornish, 영국 서부 콘월 지방에서 사용했던 켈트어)에 절어 있다. 그러나 로아노크나 제임스타운보다는 플리머스에 도착한 필그림들을 미국영어 사용자의 시초로 보는 것이 타당해 보인다.

메이플라워호에 탔던 사람들은 신의 말씀에 대해 강하고 끈질긴 믿음을 지닌 종교적 분리주의자들이었다. 영어 성경이 이들의 신앙과 일의 토대가 되었다. 그들은 마음대로 자유롭게 예배드릴 수 있는 새로운 공동체를 만들고 싶어 했다. 이런 점에서 5세기에 영국에 도착한 프리지아인 선조들과는 전적으로 달랐다. 필그림 선조들은 충분히 보호받지 못할지도 모르는 농지를 확보하려고 바다 건너 서쪽으로 향했다. 하지만 이주의 결과는 곧 프리지아인의 경우와 비슷하게 나타났다. 필그림 선조들은 이름 자체가 약속의 땅을 찾아내고 그곳의 정복을 암시하듯이 선상에서 메이플라워 조약을 통해 결속을 다지며 신의 영광을 위한 식민지를 세우고 그곳에 신앙을 전파하기로 맹세했다.

물론 그들이 이 대륙에 맨 처음 온 사람들은 아니었다. 아메리카 원주민들Native Americans이 이미 그곳에서 거의 3만 년 동안 살고 있었는데 그들은 수백 가지 다양한 언어를 가지고 있었으며 그 중에는 꽤 복잡하고 어려운 언어들도 있었다. 1513년 이후에는 스페인인들이 남미에 정착했으며 이들은 플로리다까지 퍼져나갔다. 프랑스인들 역시 세인트 로렌스에 교역소를 세우기도 했다. 이 교역소들은 머지않아 대륙 곳곳에 넓게 퍼져나가 여러 해 동안 영국인 정착지는 길쭉한 조각, 프랑스와 스페인이 차지한 넓은 땅덩어리 가장자리의 껍질에 불과해 보였다. 심지어 맨해튼의 암반에 세운 뉴암스테르담에 안착한 네덜란드인들이 자리를 더 잘 잡은 것처럼 보였다. 끝없는 유럽의 전쟁들, 스페인 대 영국 대 프랑스 대 스페인 대 네덜란드의 전쟁들이 더 넓은 전쟁터를 찾아 그저 대서양을 건너왔을 뿐이라는 느낌이 들었을 것이 분명했다. 그렇다면 누구의 언어가 승리할 것인가? 과연 그런 언어가 있을 것인가? 이미 그곳에는 어엿하게 자리잡은 수백 가지 언어가 사용자들에게 좋은 서비스를 제공하고 있는데 말이다.

유럽의 경쟁이라는 측면에서 볼 때 영국의 청교도들은 후한 점수를 받을 수 있었다. 그들은 스페인인이나 포르투갈인, 네덜란드인, 심지어 그들보다 앞서 왔던 영국인들처럼 약탈이나 교역을 목적으로 온 것이 아니라 정착하여 주님의 뜻에 따라 무엇보다도 주님의 말씀을 따르며 신세계를 건설하려고 왔기 때문이다. 그들은 그곳에 눌러앉으려고 온 것이다. 그리고 청교도들이 영어 성경을 가지고 와서 매일 매시간을 그 성경에 따라 살았다는 사실은 아무리 강조해도 지나치지 않는다. 앞서 7장과 9장에서 다루었던 위클리프와 틴들의 경우에서 이미 보았듯이 주님의 말씀을 영어로 읽으려고 그들의 선조들은 망명했고 박해받고 고문당했고 심지어 죽임을 당했다. 하지만 그들의 후손들은 더 나은 곳을 찾아 미국으로 왔다. 그들은 영국인으로 남으려고 했으며 자신들이 용기 있게 끈질기게 주장해온 영어 성경의 뿌리를 심을 수 있는 곳에서 진정한 영국을 건설하기를 추구했다. 따라서 성경의 언어를 그 어떤 언어에도 결코 양보할 수 없었다.

기적이라고 부를 수밖에 없는 사건 덕분에 그들은 전멸의 위기에서 간신히 벗어났다. 그들은 겨울에 도착했고 에덴동산을 발견하지도 못했으며 앞에는 황폐하고 위험한 황무지와 함께 야수들과 야만인들 그리고 겨울이 놓여 있었다. 플리머스 식민지의 첫 번째 총독으로 필그림의 연대기를 기록한 윌리엄 브래드퍼드는 일기에 이렇게 기록하고 있다.

계절은 겨울이었다. 그리고 그 나라에서 여러 번 겨울을 겪었던 그들은 겨울에는 날씨가 매섭고 사나우며, 잔인하고 광폭한 폭풍우가 불고, 이미 알고 있는 곳들을 여행하기에도 위험하고, 알지 못하는 해안을 탐색하기에는 더욱더 위험하다는 것을 알고 있었다. 게다가 그들은 야수들과 야만인들로 가득한 무시무시하고 황량한 광야 외에 무엇을 볼 수 있겠는가? 그리고 얼마나 많은 야만인들이 있을지 그들은 알 수 없었다.

이 야만인들 중 한 명이 기적이 된다.

춥고 배고프고 아프고 동시에 낯선 이 땅에서 연명할 방도를 알지 못한 채 주님을 경외하는 144명의 무리 가운데 절반가량이 수 주일 안에 죽었다. 현재 플리머스에서 몇 마일 떨어진 곳에 있는 플리머스 농장에는 최초의 메이플라워 정착지의 옛 모습을 아주 인상적으로 복원해 놓고 있다. 울타리로 둘러싸여 있는 이 정착지에는 작고 어두운 오두막집이나 작은 언덕 위에 있는 조그만 요새, 울타리와 빗장이 걸린 대문 등 세밀한 부분까지 정확하게 복원되어 있을 뿐만 아니라 이제는 배우들이 아예 그곳에 상주하고 있다. 이들은 모두 최초 정착민들의 생활을 연구하여 각자 정착민 역할을 맡고 있다. 이들은 음식을 만들고 농사를 짓고 목사는 설교를 하는데 심지어 17세기 초에 사용하던 방언의 특징 중 알려진 것들을 그대로 배워 사용하려고 노력하고 있다.

그러나 이 최초의 마을은 스콴토$_{Squanto}$라는 인물이 없었다면 절대 남아나지 못했을 것이다.

윌리엄 브래드퍼드는 그 순간을 이렇게 포착했다.

"우리가 부근에서 바쁘게 일하던 중 한 야만인이 나타나는 바람에 일이 중단되고 경보가 울렸다. 그는 아주 대담하게 집들을 지나 회합

장소까지 곧장 걸어갔다. 그곳에서 우리는 그가 진입하지 못하도록 막았다. 그래도 그는 대담하게 진입하려고 했을 것이 틀림없다. 그는 우리에게 인사하며 영어로 'welcome(환영합니다)'이라고 말했다."

필그림 선조들이 아메리카에서 처음 만난 야만인에게 제일 처음 들은 말이 welcome일 확률은 얼마나 될까? 3,000마일을 여행한 후 그들이 전혀 의도하지 않았던 대륙의 어느 한 곳에 도착하여 그곳에서 영어를 하는 사람을 만날 확률은 또 얼마나 될까?

숲속에서 나온 그 사람은 해안에서 영국인 어부들에게 몇 단어를 주워들었다. 그러나 그가 기적은 아니었다. 그는 사람들을 티스콴텀(Tisquantum, 줄여서 스콴토)에게 소개해 주었고 바로 그 스콴토가 필그림 선조들의 정착지를 구원해준 사람이었다. 그는 영어의 모험 중 이 장에서 가장 중요한 인물이다.

스콴토는 15년 전 영국인 선원들에게 납치되어 런던으로 끌려간 적이 있었는데 그곳에서 안내원으로 통역 교육을 받으면서 영어를 배웠다. 그는 돌아오는 배에서 겨우 탈출했다. 우연히, 아니 신의 섭리 덕분에 필그림들은 아메리카 원주민인 스콴토의 부족 거주지 바로 옆 지역에 도착했다. 그가 아메리카 대륙 전체를 통틀어 당시 가장 유창한 영어 사용자였다는 주장에는 이견이 있을지 모르지만, 필그림 선조들이 도착한 지역의 수백 마일 안에 있는 사람들 가운데 유일하게 원주민이면서 유창한 영어를 사용하는 사람이었던 것은 분명하다. 그래서 스콴토가 정착민들에게 보내졌거나 정착민들이 스콴토에게 보내졌다.

영어에 관한 책인 『빌 브라이슨 발칙한 영어 산책*Made in America*』과 『빌 브라이슨의 유쾌한 영어 수다*Mother Tongue*』의 저자 빌 브라이슨Bill

Bryson은 스콴토의 중요성에 대해 의심할 여지가 없다고 주장한다.

필그림 선조들이 자신들에게 동정적이면서 동시에 효율적인 방법으로 의사소통을 할 수 있는 사람을 발견했다는 것은 정말 행운이었다. 그들은 새로운 사회를 시작하기에는 너무나 무기력했다. 가지고 온 물건들은 하나같이 쓸모없었고 게다가 농사일이나 고기 잡는 일에 능통한 사람들도 데려오지 않았다. 그들은 단지 신앙만을 갖고 왔을 뿐 새로운 땅에서의 삶에 대한 준비는 되어 있지 못했다. 그래서 역경이 닥치자 그들은 거의 전멸하다시피 했다. 스콴토의 도움으로 겨우 일부만 살아남을 수 있었다. 스콴토는 그들에게 작물 심는 방법을 가르쳐주었고 또 약간의 생선조각을 얹어두면 썩어서 씨앗에 필요한 영양분을 주는 좋은 비료가 된다는 것도 가르쳐주었다. 그리고 바다에서 나는 모든 것들을 어떻게 먹을 수 있는지도 가르쳐주었다.

스콴토는 필그림 선조들을 살아남게 한 원동력이었다. 영어를 사용하는 사회가 결국 그곳에서 득세하게 된 것도 바로 그의 도움 때문이었다. 그들 자신의 언어가 그들을 살렸던 것이다. 이제 그들은 살아남았을 뿐만 아니라 수를 늘려가기 시작했다. 1640년이 되자 또 다른 200척의 배들이 15,000명의 새로운 이민자들을 싣고 뉴잉글랜드로 왔다. 이 지역에는 25,000명이 퍼져나가 정착했다. 그들은 새로운 동식물과 새로운 지형들을 발견했고 그것들을 표현할 수 있는 새로운 단어들이 필요했다. 어떤 단어들은 그 지역의 언어에서 왔고, 일부 단어들은 영어를 새롭게 조합해 만들기도 했으며, 일부는 이미 갖고 있던 단어들로 새로운 동물과 새들의 이름을 부르는 데 사용하기도 했다.

영어를 할 줄 아는 원주민을 만날 수 있었던 것은 영어의 모험에서 대단히 중요한 역할을 한다.

원주민의 언어를 배우는 것은 거부하고
원주민이 영어를 배우게 만들다

대부분이 평지 출신이었기에 영국의 지형과는 결코 비교할 수 없는 새로운 지형들을 만나게 된 초기 정착민들은 이 지형들을 나타낼 새 단어들을 만들어 냈다. foothill(작은 언덕), notch(산골짜기), gap(골짜기), bluff(절벽), watershed(유역), clearing(개간지) 등이 그 예들이다. 원주민들의 단어들도 사용되었는데 동물 이름에는 moose(말코손바닥사슴), raccoon(미국너구리), skunk(스컹크), opossum(주머니쥐), terrapin(식용거북) 등이 있고, 곡물에는 hominy(옥수수죽)와 호박의 일종인 squash가 있다. 그 외에도 squaw(원주민 여자), totem(토템), papoose(젖먹이), moccasin(모카신), tomahawk(도끼) 등이 있다. 윌리엄 펜은 원주민의 언어가 지닌 아름다움을 이렇게 표현한다. "유럽에서 사용되는 언어들 중에서 이보다 더 달콤하고 더 위대한 언어는 본 적이 없다. 억양도 강세도 유럽의 그 어떤 언어보다 훨씬 더 훌륭하다." 많은 지명이 원주민이 사용하던 단어에서 유래했는데, 특히 서스퀘하나 강Susquehanna, 포토맥 강Potomac 그리고 미라미치 강Miramichi이 모두 아메리카 원주민의 단어였다.

 아메리카 원주민의 언어는 지명으로 지도에 남아 있고 우리의 대화에도 남아 있다. 그러나 원주민의 숫자가 압도적으로 많았고 윌리엄 펜이 묘사한 대로 언어가 아름다웠으며 그들이 땅을 소유하고 있었다는 점을 미루어 볼 때 그 정도 숫자의 단어만을 남겼다는 것은 사실 놀랄 만한 일이다. 영어와 영어를 말하고 쓰는 사람들은 어디에서나 자신들의 언어를 쓰려고 했다.

 그래서 그들은 새로운 자연 지형이나 사물에 가능한 한 자주 기존 영어 단어를 이용해 새 단어를 만들어 냈다. 예를 들면 mud hen(늪지대에 사는 조류), rattlesnake(방울뱀), garter snake(줄무늬뱀), bull-frog(황소개구리), potato-bug(감자벌레) 등이 그렇다. 아메리카 원주민의 생활을 묘사할 때조차 정착민들은 자신들의 언어를 사용하는 것을 선호했다. 그래서 만들어진 단어들이 war-path(출정길), pale-face(백인), medicine man(주술사), peace-pipe(화해의 담배), big chief(추장), warpaint(싸움을 하기 위한 변장) 등이다. 영국인들에게는 영어가 훨씬 더 편했던 것 같다.

영어의 어휘 속에 아메리카 원주민 단어들이 들어왔다는 사실은 너무나 자연적이고 필요불가결한 일이었기에 이보다는 오히려 너무나 적은 수의 아메리카 원주민 단어들만이 들어왔다는 사실이 놀랄 만한 일일 것이다. 고대 스칸디나비아어를 사용하던 바이킹들은 9세기와 10세기에 영어 문법에 심각한 공격을 가했는데 그 영향이 너무나 커서 필그림 선조들이 미국으로 건너온 지 3세기가 지난 후에도 특히 북부에서는 그들의 억양과 어휘가 두드러지게 남아 있었다. 8세기 비드 시대 때 교회를 통해 들어온 라틴어 역시 한 번도 그 샘물이 말라본 적이 없었다. 교회 이후에는 프랑스어와 이탈리아어를 통해, 르네상스 시대에는 학자들의 풍요로운 학문을 통해 수천 개의 라틴어 단어들이 영어로 들어왔다. 물밀듯이 들어온 프랑스어의 영향에 대해서는 이미 충분히 반복하면서 언급해 왔다. 그러나 수백 가지의 언어가 있었던 아메리카에서 영어는 다만 한 줌에 쥘 수 있을 정도로 소수의 단어들만 택했을 뿐이다. 건국 선조들Founding Fathers의 글에서는 12개도 채 안 되는 아메리카 원주민 단어를 볼 수 있다.

그것은 아마도 필그림 선조들이 성경의 어휘와 당시에 널리 사용되던 셰익스피어와 동시대 작가들의 표현에 너무나 열중해 있어서 다른 표현을 만들어낼 필요성을 느끼지 못했기 때문이었을 것이다. 그들에게는 성경과 르네상스 시대 학문을 소화할 시간이 필요했을지도 모른다. 아니면 스콴토가 그들의 버릇을 망쳐 놓았을지도 모른다. 그들을 대신하여 스콴토가 원주민들과 거래를 했고 기꺼이 통역을 해

주었다. 선조들 입장에서 보면 그는 신의 축복을 받은 지름길이었다. 그리고 아메리카 원주민들 또한 영어 단어들을 몇 개씩 찾아내어 사용하는 것을 즐겼다. 다른 종족들과 접촉을 잘 하지 않는 부족들을 골려주려고 그랬거나 아니면 그냥 재미있어서 그랬던 것 같다. 게다가 영어가 별로 어렵지 않았기 때문일지도 모른다. 하지만 영국 사람들은 원주민들의 언어가 대단히 어렵다고 생각했다. 예를 들어 냄새를 피우는 동물 skunk(스컹크)는 아주 불안정한 형태인 segankw에서 시작되었고 squash(호박)는 놀랍게도 asquuta-squash에서 왔다. 너구리 raccoon은 여러 부족의 원주민들이 사용했던 단어들 가운데 하나로 rahaugcum, raugroughcum, arocoune, arathkone, aroughcum, rarowcun 등 다양한 이름들이 있었다. 아마도 원주민들의 발음을 그대로 표기하려고 애쓰다가 결국은 오늘날의 raccoon으로 정착되었으리라.

이주민들은 그 지역의 단어들을 사용하는 것을 계속 거부하고 자신들의 단어를 선호했다. 우드의 『뉴잉글랜드 전망*New England Prospect*』을 보면 이렇게 쓰여 있다.

> Of the birds and fowls both of land and water …
> The eagles of the country be of two sorts, one like the eagles that be in England, the other is something bigger with a great white head and white tail ….
> The hum-bird is one of the wonders of the country being no bigger than a hornet.
> The old-wives be a fowl that never leave talking day or night,

something bigger than a duck. The loon is an ill shaped thing like a cormorant, but that he can neither go nor fly.

The turkey is a very large bird, for he may be in weight fifty pound. He hath the use of his long legs so ready that he can run as fast as a dog and fly as well as a goose.

땅과 바다에 있는 모든 새들과 가금류에 대해서…

이곳의 독수리는 두 종류가 있다. 하나는 영국의 독수리와 같은 모습이고 또 다른 하나는 흰색의 큰 머리와 흰색의 꼬리를 가지고 있는 좀 더 큰 독수리다….

벌새는 말벌보다 크지 않은데 이곳에서 볼 수 있는 경이로운 동물들 중 하나다.

밤이고 낮이고 끊임없이 소리를 내는 새는 바다오리인데 오리보다 조금 크다. 물새인 아비새는 바다까마귀인 가마우지처럼 이상하게 생겼는데 더 이상 걷지도 날지도 못한다.

칠면조는 정말 큰 새다. 몸무게가 50파운드나 되는 것도 있다. 칠면조는 긴 다리를 이용해서 개처럼 빨리 뛸 수도 있고 거위처럼 날기도 한다.

이 글에서 우리는 그들이 신세계에서 본 동물들에게 어떤 이름을 붙였는지 알 수 있다. 벌새hum-bird, 바다오리old-wife, 물새 또는 아비새loon 등의 이름들이 처음으로 여기에 기록되었다. 칠면조와 독수리도 낯선 새들이지만 익숙한 이름들이 붙여진 경우다. 미국은 이처럼 영국화된 새, 동물, 나무와 꽃으로 가득 차 있었다. 미국의 토끼rabbit는 영국에서는 산토끼hare로 불리는 종류였다.

아마도 알지 못하는 생물에 대한 공포가 정착민들로 하여금 오래되고 낯익은 이름들에서 편안함을 찾게 만들었을 것이다. 정착민들은 지명을 만드는 데도 마찬가지 방법을 썼다. Ipswich(입스위치), Norwich(노리치), Boston(보스턴), Hull(헐), 여러 곳의 London(런던), Cambridge(케임브리지), Bedford(베드퍼드), Falmouth(팔머스), Plymouth(플리머스), Dartmouth(다트머스) 등 영국에서 쉽게 찾아볼 수 있는 지명들이 뉴잉글랜드에 수백 개나 있다. 뉴잉글랜드New England라는 단순한 단어도 우리에게 많은 얘기를 해주고 있다. 이들 엄격한 선조들은 가능한 한 뒤에 남기고 떠나온 곳을 새로운 대륙에서 재창조하기를 원했다. 물론 그들은 자신들이 사는 곳이 새로운 곳이라는 것을 잘 알고 있었지만 오래된 것에 매달릴 만한 이유는 많았다.

플리머스 농장에 사는 스코트 애트우드는 이렇게 말하고 있다.

그들은 아마도 본능적으로 영어가 결국에 가서는 모든 걸 접수할 것임을 알고 있었다고 생각한다. 그들은 영국인이라는 사실을 아주 자랑스러워했다. 교회에서는 개혁주의자들과 차이를 보였고, 제임스 1세 왕의 치하에서는 다른 문제들에서 차이를 보였다. 그렇지만 그들은 무엇보다도 영국인임을 자랑스러워했고 영어야말로 사람들이 사용해야 할 자연스러운 말이라고 생각했다. 그들은 원주민의 언어를 배우는 데 들이는 노력보다는 원주민들로 하여금 영어를 배우도록 만드는 데 훨씬 더 많이 노력했다. 필그림 이후의 제2세대들은 원주민들에게 영어를 가르치기 위해 그들을 위한 기독교 학교를 세웠는데 이는 영어가 말을 하는 더 나은 방법이라는 단 하나의 인식에 따른 것이다.

물론 선교의 사명을 띠고 온 남녀들도 있었다. 그러나 살을 벗겨낸 해골 모습을 본 사람이라면 누구라도 그 많은 사람들, 그들이 싸우게 될 사람들, 결국에 가서는 자신들이 통치하게 될 사람들의 언어를 완전히 또는 거의 완전히 무시하는 것이 바로 정복 계획의 첫 번째 단계라고 결론 내릴 것이다. 다른 사람들은 아마도 기독교 신앙이 너무 열렬하여 주님의 말씀을 전파하기 위해, 그리하여 기독교 신앙을 접해보지 못한 지역의 영혼을 구하고 그들에게 구원을 가져다주는 것이 절박했다고 말할 것이다. 아메리카 원주민들은 주님을 이해하고 구원받기 위해서 영어를 배워야만 했다.

이런저런 여러 가지 이유들이 영어가 가능한 한 널리 퍼지게끔 만드는 데 일조했으며 결국 영어는 겨우 그 대륙의 발끝에 서 있을 뿐인데도 이 엄청난 대륙을 바라보면서 〈나의 아메리카my America〉라고 선언했다.

미국영어,
열심히 힘을 모으고 있는 중!

꽤 일찍부터 지역 방언의 차이는 점차 사라지고 있었던 것처럼 보인다. 이주민들은 비좁은 배 한 척에 가득가득 채워져서 미국으로 왔고 그러한 끈끈한 친밀함이 방언의 차이를 없애는 데 가속도를 붙였을지도 모른다. 이들의 생활에서 가장 중심이 되는, 그리고 가장 본질적인 특징은 성경을 큰소리로 읽고 나서 아주 긴 설교를 듣는 것이었다. 엘리자베스 1세 시대에 사람들이 즐겼던 수사법은 권장되지 않았다.

1640년 미국에서 영어로 맨 처음 출간된 책인 『베이 시편집Bay Psalm Book』의 서문에는 "주님의 제단은 세련되게 꾸미는 것을 필요로 하지 않는다."라고 되어 있다. 표준 발음이 상당히 빠른 속도로 출현하기 시작했다.

이들은 강박에 가까울 정도로 단어의 힘을 의식했다. 부적절한 표현을 사용하는 것은 범죄였다. 신성모독, 비방, 저주, 거짓말, 폭언, 욕설, 험담, 잔소리, 악담, 위협은 모두 위반사항들이었다. 주님을 저주하면 가축우리에 세 시간 동안 갇혀 있어야 했다. 성경을 부인하면 채찍을 맞거나 아니면 교수형에 처해질 수도 있었다. 언어는 그들이 살아가는 수단이었다. 그 언어가 적절한 것이라면 언어는 그들이 살아가는 목적이기도 했다.

그들은 언어를 통제하기 시작했고 그 통제는 교실에서부터 시작되었다. 『뉴잉글랜드 입문서New England Primer』는 17세기와 18세기에 학교에서 팔린 것을 포함해서 300만 부가 넘게 팔렸다. 이 숫자는 미국에 살고 있는 모든 미국인 가정이 이 확실하고 짜임새 있게 만들어진 교본을 통해 공부한 것이 틀림없음을 말해 준다. 이 책은 종교적인 생활, 그것의 의무, 그것의 목적 그리고 계명들에 대한 긍정적인 견해에 전적으로 기반하고 있었다. 당시의 사회는 글을 읽고 쓸 수 있는 것에 대단한 가치를 두었다. 정착민의 수가 50명을 넘을 때마다 어린이들이 읽고 쓰는 것을 책임질 교사 한 명이 파견되었다.

읽기와 철자법을 위한 『뉴잉글랜드 입문서』는 단순하고 명쾌하게 다음과 같이 써져 있었다. 모든 어린이들은 그 내용을 외워야 했다.

A: In **Adam**'s Fall, we sinned all.

B: Heaven to find, the **Bible** mind.

C: **Christ** crucify'd, for sinners dy'd.

D: The **Deluge** drown'd the earth around.

E: **Elijah** hid by ravens fed.

F: The judgement made **Felix** afraid.

G: As runs the **Glass**, our life doth pass.

H: My book and **Heart** must never part.

J: **Job** feels the rod, yet blesses God.

A: 아담의 타락으로 우리 모두는 죄를 지었다.

B: 천국은 찾아야 하고 성경 말씀은 따라야 한다.

C: 죄인들이 죽기 때문에 그리스도가 십자가에 달리셨다.

D: 대홍수는 온 세상을 물에 잠기게 했다.

E: 엘리야는 까마귀가 숨겨주고 음식을 주었다.

F: 심판은 펠릭스를 두렵게 만들었다.

G: 마치 유리 위를 뛰어다니듯 우리의 삶은 지나간다.

H: 내 책과 마음은 절대로 떨어질 수 없다.

J: 욥은 회초리를 느꼈지만 그럼에도 주님을 찬양했다.

이 책을 종교 선전물이라고 부를 비평가들도 있겠지만 그 내용은 정말 중요한 것이다. 필그림들이 자기 나라에서 끔찍한 위험을 감수할 수 있도록 한 것은 바로 그들의 확고한 신앙의 힘이었다. 필그림들은 아주 비싼 대가를 치르고 산 이 신앙을 매우 귀중하게 여겼는데, 이것은 자신들에게 맡겨졌으며 주님의 명령에 따라 후대에 물려줘야 하는 보배였다.

17세기가 끝날 무렵에는 동부 연안 1,000여 마일에 걸쳐 곳곳에서 첫 식민지인 매사추세츠와 버지니아에 이어서 메릴랜드(1633년), 로드 아일랜드(1636년), 코네티컷(1636년), 뉴햄프셔(1638년), 노스캐롤라이나와 사우스캐롤라이나(1663년), 뉴저지(1664년), 펜실베이니아(1682년) 등의 지역 곳곳에서 영어를 말하는 소리가 들리기 시작했고 영어를 가르치기 시작했다. 조지아는 1732년에 합류했다. 매사추세츠와 코네티컷만 빼고는 모든 주들이 아메리카 원주민들의 지명이 아닌 영국의 지명과 영국인들부터 그 이름을 가져왔다.

전쟁으로 인해 새로운 식민지들이 영국의 통제권으로 들어왔다. 1664년에는 뉴암스테르담이 영국 식민지가 되어 뉴욕으로 이름을 바꾸었고, 뉴스웨덴은 뉴델라웨어가 되었다. 네덜란드 지명은 아직도 브루클린(지금은 Brooklyn이지만 당시에는 Breukelen)과 할렘Haarlem에 남아 있고, waffle(와플), coleslaw(코울슬로, 양배추로 만든 샐러드의 일종), landscape(풍경, 이 단어는 영국에서부터 갖고 있었다.), sleigh(썰매), boss(보스, 이 단어는 노예제도가 심해지면서 노예들과 하인들이 master(주인님) 외에 사용할 수 있었다는 점에서 나중에 아주 중요한 단어가 되었다.), snoop(탐정)과 spook(도깨비) 등이 네덜란드어에서 온 단어들이다.

물론 프랑스어와도 경쟁관계였다. 대륙에서 수천 마일이나 떨어진 곳에서 이동해 왔다고 해서, 그리고 자신들의 조국보다 몇 십 배나 더 충분한 공간이 있는 곳으로 왔다고 해서 그 끊임없는 적대관계가 없어질 수 있겠는가? 신세계에서 그 오래된 전통적인 스타일의 전쟁이 1763년에 끝났을 때 영국은 동부 해안과 미시시피 강 사이에 있는 모든 영토와 북쪽으로는 캐나다에 이르는 모든 영토를 장악할 수 있는 권리를 갖게 되었다. 그러는 동안에도 프랑스어 어휘는 계속 들어왔다. toboggan(터보건, 바닥이 평평한 썰매의 일종)과 caribou(순록)는 원주민들의 단어가 프랑스어로 들어갔다가 다시 영어로 들어온 경우다. 지형적인 특징을 묘사하는 단어들로 강어귀라는 뜻의 bayou(호수의 출구 또는 강어귀), butte(평원에 고립되어 있는 언덕), crevasse(균열) 등도 마찬가지 경로로 영어에 들어온 단어들이다. depot(정거장), cent(미국 화폐의 최소 단위), dime(10센트짜리 동전) 등의 단어들도 미국영어의 cache(저장고)에 담겨졌다. 뉴올리언스에 정착한 프랑스인들에게서 온 단어에는 praline(호두 등을 설탕에 절여 말린 과자)과 gopher(들다람쥐의 일종)가 있다. 스페인어는 아직도 미국영어에 그 어휘를 가장 많이 유입시키는 언어이기도 하다. barbecue(바비큐), chocolate(초콜릿), stampede(쇄도), tornado(토네이도), plaza(광장) 등이 모두 스페인어에서 들어온 단어들이다.

독립선언을 한 수십 년 후까지도 아직 미국영어의 어휘는 영국영어와는 선명하게 구분되지 않았다고 주장하는 사람들이 있을지도 모르겠지만, 이 당시의 미국영어는 열심히 그 힘을 모으고 있었다. 독립선언 이전에는 보지 못했던 새로운 단어들이 17세기와 18세기부터 새롭게 사용되기 시작한 것을 보면 알 수 있다. 바로 미국의 새로운 정치제도의 발전에서 비롯된 단어들로 congressional(의회의), presidential(대통령의), gubernatorial(주지사의), congressman(국회의원), mass meeting(대중 집회), state-house(주 의회 의사당), land office(국유지 관리국) 등을 그 예로 들 수 있다. (여기서 영어의 습관이 다시 드러나는데, 라틴어에서 새로운 단어들을 만들어 내는 것이다.)

영국의 다양한 방언들이 서로 뒤섞여 미국으로 들어오기 시작했다. 윌리엄 펜은 1681년에 펜실베이니아를, 1682년에는 필라델피아를 건설했다. 그곳에는 영국의 퀘이커 교도들과 웨일스인들, 스코틀랜드인들, 아일랜드인들 그리고 독일인들이 뒤섞여 있었다. 1720년 이후에는 많은 얼스터Ulster, 즉 북아일랜드 사람들(대략 5만 명 정도)이 동부 해안에 도착했다. 하지만 이들은 이미 이 지역을 다른 사람들이 차지하고 있는 것을 보고는 서쪽과 남쪽으로 이동했다. 1750년에 펜실베이니아는 3분의 1은 잉글랜드인, 3분의 1은 스코틀랜드인, 그리고 나머지 3분의 1은 독일인들로 이루어졌다. 독일인들도 당시 종교적인 박해를 피해 미국으로 왔는데, 그들의 혼성언어인 펜실베이니아 독일어Pennsylvania Dutch는 아직도 펜실베이니아 지역에서 현대 문명을 거부하며 소박한 삶을 살아가는 아미시와 메노파 종교를 따르는 메노파 교도 사이에서 사용되고 있다. 스코틀랜드인 집주인들이 세입자들을 퇴거시키는 바람에 일어났던 컬로든 사건(Culloden, 1746년)[30] 이후 한 세대가 지나자 수천 명의 스코틀랜드인들은 서쪽을 향해 떠났다. 이처럼 수많은 인구가 영국의 여러 다른 지역에서 미국으로 들어오고 있었지만 영어의 전진에는 막힘이 없었다.

결국 모든 면에서
영국영어를 능가하다
—

영국의 다른 언어들(게일어, 아일랜드어 등)을 누르고 영어가 미국에서 우선

---

30 1746년 컬로든 지역에 사는 스코틀랜드인들의 반란 사건 이후 영국 정부는 이곳 주민들을 미국의 노스캐롤라이나 지역으로 이주시켰다.

순위를 차지하게 된 이유는 선교라는 사명 외에 숫자의 힘 그리고 직업의식 때문이었다. 영어가 유럽의 다른 언어들, 특히 프랑스어나 스페인어보다 더 강력한 존재가 될 수 있었던 이유는 아마도 쟁기날[31]에서 비롯되었을 것이다. 스페인은 군대와 선교사들을 보냈고 황금을 차지했다. 프랑스는 모피 사냥꾼을 보냈고 무역을 원했다. 하지만 영국인들은 농사를 지으며 정착해 살기 위해 왔고 마침내 18세기 중엽이 되자 대서양 연안에서부터 애팔래치아 산맥에 이르는 지역에서 틴들과 셰익스피어의 언어가 사용되었다.

영어가 널리 퍼지면서 미국영어는 영국에서 사용되는 영어의 구속에 분노했으며 점차 거기서 벗어나기 시작했다. 어떤 경우에는 의미가 달라지기도 했다. 영국영어의 shop은 미국영어에서는 store가 되었다. 잡동사니라는 뜻의 lumber는 런던에서는 rubbish로 쓰였다. 그런데 지금은 벌목한 재목이라는 뜻으로 쓰인다. 영국의 biscuit(비스킷)은 미국에서는 cracker(크래커)이고, 미국의 pond(연못)는 영국의 lake(호수)만큼이나 클 수도 있다. 미국의 rock(바위)은 영국의 pebble(자갈)처럼 작을 수도 있다. 미국에서는 땅의 한 부분을 가리키는 말로 lot(할당지)을 사용할 수도 있는데 이 말은 새로운 식민지 영토를 개척해 나갈 때 정착민들에게 할당할 땅을 추첨하던 방법에서 비롯된 용어다.

미국영어는 또한 나름대로의 소리를 발전시켜 나가기 시작했다. 배 안에서 여러 방언들이 섞여서 시작한 미국영어였기에 그것은 곧 어

---

31 쟁기날 ploughshare은 땅을 가는 데 사용하는 농기구의 일종으로, 영국인들은 농사를 지으면서 정착하기 위해 미국에 왔다는 사실을 상징한다.

떤 하나의 방언이 완전히 독점하지 못한 상태였음을 뜻한다. 오늘날 미국의 북동부 코너 지역에서 사용되는 억양은 대부분 통일성이 강한데 여러 방언들을 한데 모아 바삭하게 증류시킨 듯 묘한 매력이 있다. 영국에 여전히 뿌리 깊게 남아 있는 근본적인 차이들에 비하면 미국 전역에 걸쳐 있는 지역적인 억양의 차이는 지금까지도 비교적 크지 않다. 미국을 방문한 영국의 상류층들은 발음에 지역적인 차이가 거의 없다는 것을 발견했다. 1764년 고든 경은 "이곳 언어의 적절성은 나를 아주 놀라게 만들었다. 영어는 거의 모든 계급에서 어느 정도 순수하고 완벽하게 사용되고 있으며, 이는 런던 영어의 공손한 어법을 제외하면 모든 점에서 영국영어를 능가하고 있다."라고 썼다. 또 다른 방문객은 다음과 같이 말했다. "우리는 서포크 지방 방언에서 들을 수 있는 킹킹거리는 소리나 요크셔 지방 방언에서 들을 수 있는 음절을 잘라먹는 클리핑, 그리고 뉴캐슬 지방 방언에서 들을 수 있는 인후음처럼 고약한 발음을 이곳 미국에서는 전혀 들을 수 없다. 부적절하게 대기음으로 발음되는 h도 없고 혹은 h가 발음되어야 하는 데서 발음되지 않는 경우도 없다. 여기서의 보통 발음은 런던이나 그 주변 지역의 교육을 잘 받은 계층의 발음과 비슷하다고 할 수 있다."

1781년 프린스턴 대학의 총장이었던 스코틀랜드 출신의 존 위더스푼은 확신에 찬 태도로 다음과 같이 썼다.

> 미국의 일반 대중은 대영제국의 일반 대중보다 훨씬 더 훌륭한 영어를 사용한다. 그 명백한 이유는 안정적이지 못하고 이곳저곳으로 자주 움직여야 하는 사람들은 억양이나 말투에서 찾아볼 수 있는 지역적인 특징을 쉽게 받아들이지 않기 때문이다. 미국에서 주와 주 사이에서 찾아볼 수 있는

차이보다 더 큰 차이를 영국에서는 카운티(주보다 더 작은 행정 구역)와 카운티 사이에서 찾아볼 수 있다.

『모히칸 족의 최후 The Last of the Mohicans』의 작가 제임스 페니모어 쿠퍼 조차 이에 동의한다. "미국인들은 비교할 수 없을 정도로 모국에 있는 사람들보다 더 훌륭한 영어를 사용한다." 이 주장은 계속 반복되었다. 미국인들은 단순히 좋은 영어를 사용했던 것이 아니라, 영국에 살고 있는 영국인들보다 영어를 더 잘 말했던 것이다. 그들은 이 사실에 대해 오만할 정도로 기뻐했다. 그들은 이제 영국과는 떨어져 서서 더 이상 그 어떤 것에 대해서도 영국의 지도를 필요로 하지 않았다.

1775년 매사추세츠의 콩코드에 있는 다리에서 한 발의 총알이 발사되었다. 이것은 에머슨이 말한 대로 세계 전역에 울려 퍼진 총성이었으며 이로써 미국독립혁명 American Revolution이 시작되었다. 1년 후 13개의 식민지가 독립을 선포했다. 이 위대한 순간을 위한 언어는 바로 가까이에 있었다. 그것은 완벽하고 전통적인 영어, 즉 영어 산문의 걸작품이었다.

> When in the course of human events, it becomes necessary for one people to dissolve the political bands which have connected them with another, and to assume among the powers of the earth, the separate and equal station to which the Laws of Nature and of Nature's God entitle them, a decent respect to the opinions of mankind requires that they should declare the cause which impel them to their separation. We hold these truths to be self-evident,

that all men are created equal, that they are endowed by their Creator with certain inalienable Rights, that among these are: Life, Liberty and the pursuit of Happiness.

인류 역사가 진행되는 과정에서 사람들은 다른 사람들과 연결되었던 정치적 동맹을 해제할 필요가 있을 때가 있다. 그리고 이 지구상에 있는 권력들 중에서 자연법과 천지만물의 신이 그들에게 부여한, 분리되어 있으면서도 동등한 신분을 취하는 것이 필요할 때도 있다. 그러한 때에, 인류의 생각에 대한 순수한 존경심은 그들로 하여금 분리를 촉구하는 원인을 밝혀야만 한다는 것을 요구하고 있다. 우리는 이러한 진리들이 너무나 자명하다는 것을, 즉 모든 인류는 평등하게 태어났으며 그 누구도 빼앗을 수 없는 권리들을 창조주로부터 부여받았다는 것을 주장하려고 한다. 특히 그 권리들 중에서도 생명의 권리, 자유의 권리 그리고 행복을 추구할 권리를 주장한다.
— 미국독립선언문의 첫 문단과 둘째 문단의 일부분

독립 후, 일부 미국인은 정열에 휩쓸려 미국은 영국에서 완전히 분리되어 전혀 다른 언어를 도입해야 한다는 주장에 동의했다고 전해진다. 이때 프랑스어, 히브리어, 심지어 그리스어까지 제안되었다고 한다. 이는 어쩌면 전해 내려오는 신화 같은 이야기다. 약 400만 명의 인구 중 백인의 90퍼센트는 영국 출신이었다.

그러나 새로운 나라에 살고 있는 원로들은 그들의 영어를 세상에서 가장 뛰어난 언어로 만들기로 결정했다. 그들은 영국에서 분리되는 동시에 그 과정에서 영국의 가장 위대한 업적까지 물려받으려고 했던 것이다. 그들은 이 점에 있어 매우 분명했고 단호했다.

미국의 2대 대통령이 된 존 애덤스는 1780년에 보낸 한 편지에서 이렇게 썼다.

> 영어는 앞으로 수백 년 동안 지난 세기의 라틴어나 이 시대의 프랑스어보다 더 널리 쓰이는 세계어가 될 운명을 갖고 있다. 그 이유는 자명하다. 미국의 인구 증가와 그들의 전 세계적인 연결 그리고 모든 국가와의 교류는 전 세계에 걸쳐, 영국의 영향력에 적든 크든 도움을 받으면서, 도중에 만나는 모든 장애물을 극복하여 결국은 자신들의 언어인 영어가 일반적으로 사용되도록 강력히 밀고 나갈 것이다.

그 당시에도 그랬고 지금도 그렇듯이 이 말은 약간 화려한 허풍처럼 들릴지도 모른다. 그러나 그는 옳았다. 그리고 애덤스는 이전의 스승들과 마찰을 일으키는 것을 좋아했다. 그는 "영국은 때때로 미국을 모방하지 않으면 더 이상 명예를 누리지 못할 것이다."라고 썼다. 이 점에 있어서는 애덤스가 틀렸다.

애덤스는 헨리 5세나 엘리자베스 1세가 영국에서 그랬던 것처럼 영어라는 언어를 〈미국의 운명〉으로 받아들였다. 그는 어느 누구도 말하는 방식 때문에 배제되지 않는 그런 미래에 대해 글을 썼다. 평범한 영어가 미국의 민주적인 이상을 떠받쳐줄 것이다. 그 영어는 더 이상 왕의 영어가 아니다. 그것은 민중의 영어였다. 애덤스는 심지어 영어를 정제하고 향상시킬 최초의 공립학교를 만들려고도 시도했지만 그 뜻을 이루지는 못했다.

영어의 미래는
이제 미국인의 손에 달렸다

자유를 찾은 미국인들은 이제 〈자신들의 언어〉라고 생각하는 영어를 이용하여 새로운 조국이 할 수 있고 또 해나갈 일들에 마음을 사로잡혔다. 노아 웹스터Noah Webster는 "북아메리카 대륙은 수억만 명의 사람들로 가득 찰 것이다. 그들은 모두 똑같은 언어를 말할 것이며 … 전 세계의 4분의 1이 되는 사람들은 서로 연결되어 마치 한 가족 안의 아이들처럼 함께 대화를 나눌 수 있게 될 것이다."라고 썼다.

이런 상상을 한 노아 웹스터는 『미국 철자 교본American Spelling Book』 또는 『파란 표지 철자 교본Blue Backed Speller』으로 불리는 작은 책을 쓴 교사였다. 이 책은 일반 가게에서 한 권당 14센트에 팔렸는데 출간 후 100년 동안 6,000만 권이 팔렸다. 이 숫자는 성경을 제외하고는 이 책이 미국에서 가장 많이 팔린 책임을 보여준다. 영어의 발전 과정에서 가장 영향력 있는 책 중 한 권이 바로 이 책이었다.

> She fed the old hen(그녀는 늙은 암탉에게 모이를 주었다).
> The cow was in the lot(소는 우리 안에 있었다).
> She has a new hat(그녀는 새 모자를 갖고 있다).
> He sits on a tin box(그는 주석 상자 위에 앉아 있다).

노아 웹스터의 책을 통해 학교에서 올바른 철자법이 일찍감치 쉽게 가르쳐졌다. 위의 예문에서 보듯이 단음절 단어들은 쉬웠다. 여러 개의 음절을 가진 단어들은 음절로 나누어 강조하면서 쉽게 보이게 만들었다.

A.L. -al P.H.A. -pha B.E.T. -bet I.C. -ic. Alphabetic.(알파벳의)
C.E.M. -cem E. -e T.E.R. -ter Y. -y. Cemetery.(묘지)

이 방식은 아직도 사용되고 있으며 200년 동안 수만 곳의 학교에서 수백만의 아이들이 이렇게 음절을 나누어 리듬에 맞춰 노래를 부름으로써 미국영어의 많은 발음을 변화시키고 정착시켰다. 미국인들은 영국인들보다 다음절 단어들을 더 많이 강조하여 발음한다. 웹스터는 영국 귀족 계급들이 사용하는 축약된 모음들을 높이 평가하는 편이 아니었다. 그래서 그가 만들어낸 교실 연습은 그것에 반대되는 방식으로 고안된 발음 연습이었을 것이다.

웹스터는 다른 야망도 있었다. 그는 미국인들이 제대로 철자를 쓸 수 있도록 가르치고 싶어 했다. 올바른 철자는 미국 전역에 걸쳐 좋은 교육의 표준처럼 간주되었는데 유명한 미국식 철자법 대회(spelling bee, 출제자가 말하는 단어를 듣고 철자를 순서대로 말해야 하는 대회)가 시행되면서 미국 땅 곳곳에서 모든 마을과 마을에서 이를 사회 개선과 자기 진보의 한 부분으로 여겼다.

집 밖에서 하룻밤을 즐겁게 보내는 방법으로 철자 게임을 전국적으로 즐기게 됐다는 것은 놀라운 일이다. 이는 미국인의 자립성을 가장 잘 보여주는 사건이다. 즉, 자신들의 언어에 관심을 갖고 진지하게 대한다는 것을 보여주고 있는 것이다. 존 애덤스의 말처럼 올바른 말과 올바른 철자는 미국인들이 위대한 업적을 성취하는 데 필요한 아주 중요한 기본적인 능력이었다. 게다가 재미도 있었다. 오늘날에도 미국인들은 철자 게임을 즐긴다. 또한 가끔 지방의 철자법 대회에서는 서로 의견 일치가 이루어지지 않아서 총싸움을 하기도 했다는 기록이 있다.

대부분의 개혁자들과 마찬가지로 웹스터는 논리에 호소를 했다. colour와 honour는 비논리적인 u를 없애 color와 honor가 되었다. waggon은 g 하나로도 잘 굴러갈 수 있기에 g 하나는 없애버렸다. traveller에서는 l이 하나 탈락했고 plough는 plow가 됐으며 theatre와 centre는 각각 theater와 center가 되었다. 비슷한 단어들 수십여 개도 바뀌었는데 cheque는 check가, masque는 mask가 되었으며 music과 physic, logic 등의 단어에서는 영국에서는 사용하는 마지막 k가 없어졌다. 이러한 철자 개혁은 많은 경우 이해가 되는 건 사실이지만 어떤 것들은 도대체 무엇 때문에 바꿨는지, 시간을 허비한 건 아닌지 걱정스럽게 생각되는 것들도 있기는 하다. 그러나 웹스터는 어떤 걱정이나 향수에 좌우되지는 않았다. 그는 철자를 정비했고 그 후 어떻게 단어를 발음할지에 대한 생각을 시작했다. 그는 자신의 조국에 있는 대부분의 남녀와 어린이들을 함께 이끌고 갔다.

미국은 〈자신들만의 영어〉에 자부심을 갖게 되었다. 재치 넘치는 결의문이 1820년 미국 하원에서 제출되었는데, 그것은 자신들의 언어로 영국인들을 교육시키자는 내용이었다.

> 모든 미국인들과 다 함께 하원은 우리의 훌륭한 모국어에 정당한 자부심을 느낀다. 그리고 가장 표현력이 풍부하며 가장 활기가 넘치는 이 언어를 태어나면서부터 갖는 권한 중 으뜸가는 것으로 간주한다 … 그러므로 단언컨대 영국의 귀족들과 신사들은 그들의 아들들을 혹은 앞으로 교회와

정부에서 정치적인 연사로 커나갈 것으로 보이는 사람들을 교육시키기 위해 미국으로 보낼 것을 공손하게 초대하는 바이다. (소정의 과정이 끝난 후에는) … 영어에 대한 능숙도 자격증이 주어지도록 할 것을 (제안한다).

이 제안이 도움이 되었을 수도 있다.

1820년경 미국인들은 영어의 미래가 그들의 손에 달려 있을 뿐만 아니라 그들이 영어를 정제하고 꾸며야 한다는 것, 또한 순수하게 지켜야 한다는 것, 즉 이전 사람들이 더 이상 쓰지 않게 된 단어들도 계속 사용해야 한다는 것도 알게 되었다. 그런 단어들 중에는 burly(우람한), greenhorn(풋내기), deft(능숙한), scant(빠듯한), talented(재능이 있는), likely(있을 법한) 등이 있다. 그리고 미국인들은 여전히 sick이라는 단어를 단지 '메스꺼운'이라는 뜻이 아니라 '아프다'라는 의미로 사용하고 있다. 가을은 autumn이 아니라 영국인들이 오래전에 사용했던 fall을 쓰고 있다. 미국인들은 path나 fast에 있는 a를 옛날처럼 평설모음인 [æ]로 발음하고 있지만 이는 영국 남부에서는 18세기 후반에 사라진 발음이다. 또한 got이 아니라 영국에서 오래전에 쓰던 gotten을 사용하고 있다. either의 발음은 eye-ther가 아니라 ee-ther이다. 미국은 오래된 형태를 사용하고 있다. 초서가 사용했던 뜻 그대로 I guess를 아직도 사용하고 있다.

그러나 너무 심하게 몰아붙이기에는 신중해야 할 필요가 있다. 웹스터는 1828년 사전을 편찬했을 때 오래된 영어 단어를 다시 사용하는 것에 대해 반대하는 사람들을 향해, 자신의 사전에 수록된 미국에 새롭게 소개된 단어들은 아무리 많아도 50개가 되지 않는다고 재빨리 반박했다. 동부 해안은 아직도 그 옛날의 영국과 같은 궤도에서 돌고 있는 자신을 알아챘다.

  그러나 서부는 달랐다. 서부에서 영어는 다루기 힘들 정도로 제멋대로였다.

14

서부로 달려간 영어, 굶주린 사자처럼 먹어대다

 동부 해안에서는 필그림 선조들과 그 후손들과 후계자들이 대서양 연안을 따라 미국영어를 정착시켜 가고 있었던 반면, 서부에서는 미국영어가 선조들의 통제에서 벗어나고 있었다. 그곳에는 정복해야 할 대륙이 있었고 아직 정처 없이 떠도는 모험정신에 그 모습을 드러내본 적이 없는, 그래서 그 이름을 새롭게 만들어야만 하는 들판, 산, 사막 그리고 밀림이 있었다. 영어는 어떤 것에도 제한을 받지 않았다. 심지어 메이플라워호를 타고 항해를 했던 선조들의 막강한 후손들의 귀여움을 독차지하고 보살핌을 받을 때조차도 영어는 그 어떤 것에도 제한받지 않았다.

 영어가 북아메리카를 뒤덮는 데 필요했던 문을 열어준 것이 바로 프랑스인들이라고 누가 예상이나 할 수 있었겠는가? 그러나 그 역할을 해낸 것은 바로 미국의 루이지애나(미시시피 강 서부 지역) 매입이었다.

1804년 제퍼슨 대통령은 미합중국을 대표해 루이지애나라고 불리는 땅을 에이커당 3센트를 주고 프랑스로부터 매입했다. 총 가격은 약 1,500만 달러였다. 이로 인해 미합중국의 면적은 이전의 두 배가 되었고 서부로의 진출을 꾀할 수 있었다. 북아메리카로 온 프랑스인과 영국인의 차이가 있다면 그것은 바로 프랑스인은 무역을 하러 왔고, 영국인은 살러 왔다는 것이다.

  초기 독립국가 시절에 미합중국은 많은 지도자를 갖는 행운을 누렸다. 제퍼슨 대통령은 지금까지 있었던 거래들 중 가장 헐값이라고 주장되는 가격에 루이지애나를 매입했을 뿐만 아니라 매입 후 곧바로 메리웨더 루이스Meriwether Lewis와 윌리엄 클라크William Clark가 이끄는 45명의 탐험대를 서부로 파견했다. 이들은 서부 해안까지 배가 항해할 수 있는 강으로 이어지는 수로를 찾기 위해 길을 떠났다. 루이지애나 매입은 그 자체만으로도 제퍼슨 대통령을 새로운 조국의 연대기에 그 이름을 명예롭게 올리기에 충분했다. 게다가 즉각적으로 탐험대를 조직해 출발시켰다는 것은 아주 뛰어난 정치가들만이 할 수 있는 일종의 기회 포착이었다. 그러나 이 책에서 말하려는 이야기, 즉 영어의 모험담에서 그가 뛰어난 재능을 발휘한 것은 다름 아닌 탐험가들로 하여금 매일 기록을 하라고 명령한 일이었다. 그들은 약속을 지켰다. 그 결과는 바로 영어가 발견한 환상적인 신세계의 영광스러운 시작이었다. 새로운 경험들을 맞이하기 위해 영어는 새로운 표현들을 만들어 냈고 동시에 다른 언어에서 표현들을 무차별적으로 훔쳐 왔다.

묘사할 것이 많은 광활한 서부,
미친 듯이 단어에 달려들다
—

루이스와 클라크는 군대에서 훈련을 받은 개척가들이었고 탐험 전문가들이었다. 이 두 사람이 자리에 앉아 일지를 기록할 때는 존 애덤스의 순수한 영어에 대한 꿈, 웹스터와 프랭클린이 소유권을 주장할 만한 수정 내용들 그리고 청교도들의 예의범절은 모두 서부의 창밖으로 던져졌다.

> It was after dark before we finished butchering the buffaloe, and on my return to camp I trod within a few inches of a rattle snake but … fortunately escaped his bite … late this evening we passed another creek … and a very bad rappid which reached quite across the river … a female Elk and its fawn swam down through the waves which ran very high, hence the name of Elk Rappides which (we) instantly gave this place … opposite to these rappids there is a high bluff and a little above on the lard (larboard) a small Cottonwood bottom in which we found sufficient timber for our fire and encampment.

버펄로의 도살을 다 마치기도 전에 이미 날은 어두워졌다. 캠프로 돌아오는 길에 나는 방울뱀을 몇 인치 앞에서 밟을 뻔했지만 다행히도 물리지는 않았다 … 그날 저녁 늦게 우리는 또 다른 샛강을 지났다 … 그리고 그 강을 가로지르는 아주 심한 급류가 있었다 … 암컷 엘크와 그 새끼들이 높은 파도를 타고 헤엄치고 있었다. 우리는 이곳을 바로 엘크 래피즈(Elk Rappides,

엘크는 큰 사슴이며 래피드는 급류라는 뜻)라고 이름 지었다. 그곳 건너편에는 높은 절벽이 있었고 좌현의 조금 위에는 작은 사시나무 밑둥이 있었는데, 우리는 그곳에 불을 피우고 캠프를 세울 만큼 충분한 나무들을 모을 수 있었다.

얼마 후에 서부 전역을 휩쓸게 될 회오리바람에 비하면 이 글은 오히려 평범하고 단조롭기까지 하다. 그렇다 하더라도 적어도 동부의 언어, 즉 런던의 언어로는 서부의 사물을 묘사하기에 충분하지 못하다는 것을 분명하게 보여주고 있다. 영국에서는 creek이 조수 간만의 차가 있는 내해(內海)를 뜻하지만 미국에서는 모든 종류의 하천을 뜻했다. 형용사는 명사가 되어 rapid(급한)는 급류가 되었다. bluff라는 단어는 미국에서 새로 만들어진 단어로 폭이 넓은 절벽을 말한다. rattle snake(방울뱀)와 cottonwood(목화나무)는 새로운 사물과 만났을 때 두 개의 영어 단어가 합쳐져 어떻게 힘을 발휘하는가를 보여주는 좋은 예다. elk(엘크)는 영국에서 수입된 단어지만 미국에서는 다른 동물을 지칭(영국에서 말하는 엘크와 미국에서 말하는 엘크의 모습은 서로 다르다.)하는 데 쓰였다. 기이하게도 buffalo(버펄로)는 영어에서 사용된 지 200년이나 됐지만 포르투갈어로 쓴 중국에 관한 책에서 수입된 단어였다. 그리고 미국의 버펄로는 들소였다.

자신의 사전에 등재된 단어들 중에서 미국에만 특별히 적용되는 단어는 50개도 안 될 것이라고 웹스터는 말했다. 하지만 특별한 교육을 받아본 적이 없는 클라크와 루이스라는 두 개척자의 기록에서는 미국영어에만 적용되는 새로운 단어들이 수백 개나 발견된다.

이 개척자들과 그 뒤를 따라 서부로 간 사람들이 아메리카 원주민들의 단어에 훨씬 더 개방적이었다는 것은 의미 있는 사실이다. 한편으로는 묘사할 것들이 너무나 많았기 때문에, 또 한편으로는 원주민의 단어를 가장 손쉽게 사용할 수 있었기 때문이다. 그러나 나는 진짜 이유는 이 개척자들이 런던의 교양 있는 사람들과의 게임에서 이기려 하거나 라틴어와 견줄 만한 고전어로 영어를 개조하려 하거나, 영어를 로마라는 도시 밖에서도 사용되는 로마제국의 언어처럼 만들려는 싸움에는 별로 관심이 없었기 때문이라고 생각한다.

그리고 아마도 변경 지역에 있는 이들은 문화에 관한 한 더 세련된 민주적인 감각을 갖고 있었던 것 같다. 500개에 이르는 아메리카 원주민 단어들이 처음으로 클라크와 루이스의 일지에 기록되었다. 물론 아주 많은 숫자는 아니지만 그래도 이들 단어 중에는 hickory(히코리나무 열매), hominy(묽게 탄 옥수수죽), maize(옥수수), mocassin(모카신), moose(말코손바닥사슴), opossum(주머니쥐), totem(토템), 그리고 좀 더 애매한 단어들 중에는 여러 잎들을 섞어 담배처럼 피우게 만든 kinnikinnic이나 고기, 비계, 산딸기를 함께 섞어 보존식품으로 만들어 놓은 pemmican 등이 있다.

앞에서도 언급했지만 처음 식민지가 되었던 13개 주의 이름 중에서는 매사추세츠와 코네티컷만이 원주민의 언어에서 왔다. 그러나 서부로 영토가 확장되면서 원주민 단어가 더 많이 주 이름에 사용되기 시작했다. 예를 들면 다코타(Dakota, 샌티어에서 온 것으로 동맹을 뜻함), 와이오밍(Wyoming, 알곤킨어로 넓은 평원이 있는 곳을 뜻함), 유타(Utah, 나바호어에서 온 것으로 고지 또는 유티의 땅을 뜻함), 미시시피(Mississippi, 치퍼와어로 큰 강을 뜻함) 그리고 켄터키(Kentucky, 이로쿼이어로 초원을 뜻함) 등이 있다.

이도저도 아닌 회색빛 단어들도 있었다. whippoorwill(쏙독새)는 원주민 언어에서 왔을까, 아니면 새가 내는 울음소리로 만들어낸 영어의 신조어일까? mocking bird(지빠귀와 비슷한 흉내지빠귀)는 분명히 새롭게 조합하거나 새로 고안된 영어 단어다. 왜냐하면 다른 새들의 노랫소리를 흉내 내는 것이 그 새들의 습관이기 때문이다.

19세기를 여는 여명의 시기에 기록된 이 일지들은 또한 기록된 문서로는 처음으로 고대영어 단어들을 조합해서 만든, 주로 두 개의 음절을 함께 모아 만든 이름이나 구절들을 보여주기도 한다. black track(원주민 수색), black bear(흑곰), blue grass(목초용 풀), brown thrush(밤색 개똥지빠귀), buck-eye(칠엽수 나무), bull-frog(황소개구리) 그리고 알파벳 순서대로 나열하면 snow-shoe(동철을 박아 눈 위에서 쉽게 걸을 수 있도록 한 신발), war-party(한 부대가 적을 습격하고 있거나 적과 싸우고 있는 모습), wood duck(오리의 일종, 미국원앙새) 등이 있다.

다음에 나오는 단어들은 새로운 의미를 갖게 되었다. 각 단어마다 앞의 의미가 기존에 사용되었던 의미고 뒤는 새로 얻게 된 의미다. braid(꼬아 만든 끈, 땋아 늘인 머리), crab apple(야생 사과, 백인처럼 행동하는 인디언), dollar(달러, 많은 돈), fork(음식을 먹을 때 사용하는 포크, 두 갈래 길), gang(패거리, 놀이 친구), grouse(새 종류인 홍뇌조, 불평 많은 사람), meal(식사, 거칠게 간 곡식), mammoth(매머드, 거대한), hump(낙타의 등, 분투 또는 위기), rush(돌진하다, 여자에게 열렬히 구혼하다) 등.

그 탐험에서 영어는 단어에 취한 상태가 되었고 그 후 서부로 나아가는 몇 십 년 동안 영어의 취한 상태는 계속되었다. 루이스와 클라크 일행은 사물의 이름을 짓는 데 달인이 되었다. 그들은 Crooked Falls(구부러진 폭포)나 Diamond Island(다이아몬드 섬)처럼 물리적 특징을 찾아내어 이름을 붙이거나, Colt-Killed Creek(콜트가 죽임을 당한 샛강)처럼 사건에서 이름을 따오거나, Floyd's River(플로이드의 강)나 Reuben's Creek(루

벤의 샛강)처럼 탐험 대원의 이름을 붙이거나, Fanny's Island(패니의 섬)와 Judith's Creek(주디스의 샛강)처럼 집에서 기다리고 있을 여인들의 이름을 사용하기도 했다. 그리고 탐험대를 보낸 제퍼슨 자신의 이름도 적절하게 쓰여 Jefferson's River(제퍼슨의 강)가 나오기도 했다.

내 생각으로는 여기에서 알 수 있는 한 가지 특징은, 최대한 단순하게 보면 언어는 언제 어디에서나 새롭게 만들어진다는 점에서 그것을 사용하는 사람들을 전혀 가리지 않는다는 점이다. 단어가 만들어지는 과정에는 놀라울 정도로 익명적인 요소가 존재하는 경우가 아주 많다. 주정꾼은 시인만큼이나, 거리에서 만나는 행상인은 정치가만큼이나, 농부는 학자만큼이나, 욕설을 하는 사람은 라틴어를 말할 수 있는 사람만큼이나, 속인은 세련된 사람만큼이나, 글을 모르는 사람은 교육받은 사람만큼이나 오래도록 계속 사용될 만한 단어들을 새롭게 만들어낼 수 있다. 계급, 성, 나이, 교육에 상관없이 언어는 입에서 튀어나온다. 우리가 말해야 할 것들 혹은 단어라는 형태로 보존해야 할 것들을 보기만 하면 언어는 달려든다. 미국의 서부에서 영어는 50년이 넘는 세월 동안 그렇게 달려들었다.

아마도 부분적으로 그 이유는 사람들이 두려움과 흥분과 희망이라는 모든 자극적인 감정을 갖고 새로운 땅을 향해 오고 있었기 때문일 것이다. 그들은 자신들이 그 땅에 왔다는 것을 표시하는 데 단호했으며, 완전히 새로운 사회의 일원이 되기 위해 마스터할 필요가 있는 언어 안에서 모든 계층의 사람들이 동참하게끔 만드는 에너지를 발견할 수 있었는지도 모른다. immigrant(이민자)라는 단어는 미국에서 만들어진 신조어다. 구세계에서도 사람들의 이동은 있었지만 신세계에서는 〈이민〉이라는 단어를 정의 내릴 수 있는 단 하나의 보편적 경험이 가능했다.

서부로 향하는 배,
영어는 도박과 술에 취해 있었다

새 정착민들은 지금도 그렇듯이 새로운 언어 자원들을 미국으로 가져왔다. 필그림 선조들은 주로 잉글랜드 남부와 동부에서 왔다. 200년 후 미국으로 온 이민자들은 스코틀랜드나 북아일랜드 지방 출신일 가능성이 컸는데, 이들은 자연재해와 높은 임대료 그리고 종교적인 박해 때문에 그곳을 떠나야 했다. 스코틀랜드인들과 아일랜드인들 중 많은 사람들은 좀 더 잘 살기 위해, 그리고 더 나은 삶을 살 수 있을 것이라는 희망 때문에 왔다. 북아일랜드 인구 중 절반이 미국으로 건너왔다는 주장도 있다.

이들은 도착했을 때, 동부 해안에 있는 땅들은 이미 다른 사람들이 다 차지하고 있으며 소유권을 주장하는 말뚝 역시 다 박혀져 있다는 사실을 알게 됐다. 그래서 그들은 서쪽으로 갔다. 그들은 훌륭한 전사로 여겨졌으며 미개척지로 가서 아주 큰 위험에 직면하도록 부추겨졌다. 북아일랜드 남자들은 불공평하게 평가되었고 세련되지 못했다고 기록되었는데 그들은 환영받지 못한 곳에서 떠밀려 나와 자신들의 것으로 만들 수 있는 더 거칠고 비어 있는 지역으로 갔다. 그들의 구식 억양은 애팔래치아 산맥의 깊은 산골에 사는 사람들 사이에서 아직도 들을 수 있는데 이들로부터 컨트리웨스턴 스타일의 음악이 발전되어 나왔다.

광활한 서부를 향해 가는 이민자들의 행렬

스코틀랜드인들과 아일랜드인들은 자신들의 언어를 가지고 와서 미국영어로 만들어 냈다. 이들은 단어의 숫자보다는 화법의 습관에 큰 영향을 미쳤다. will 대신에 shall을 사용하거나 catch(붙잡다) 대신에 ketch를, drowned(물에 빠진) 대신에 drownded를, 그리고 yes indeedy(정말 그래요)와 yes sirre(네, 선생님) 등을 남겼다.

루이스와 클라크는 〈서부시대〉를 열었다. 그들로서는 굉장한 노력이었지만 그들의 이름은 매일 밤 그들이 휘갈겨 써놓은 일지에 일종의 불멸성을 선사한 묘사와 단어들보다도 기억되지 못하고 있다. 큰 강들이 대단한 고속도로가 되었고 세인트 루이스 같은 도시는 서부로 가는 길목이 되어 수많은 사람들을 외륜기선(마차를 배에 싣고 갈 수 있도록 만든 증기선)에 싣고 가는 장소가 되었으며, 다른 모든 것들과 함께 단어들 또한 수하물이 되어 서부로 옮겨졌다. 프랑스어 단어들의 존재도 미시시피 강을 따라 오랫동안 우리들에게 알려졌다. 프랑스어에서 온 ville(빌, 마을)은 어디에나 있었다. 벨빌Belleville, 에비빌Abbeville, 센터빌Centreville, 파인빌Pineville, 잭슨빌Jacksonville. shanty(판잣집), sashay(여행, 소풍), chute(미끄러지듯 이동시키는 장치, 낙하산)도 프랑스어에서 왔고 서부에서는 대단한 사교적인 만남의 장소였던 hotel(호텔)도 마찬가지다.

프랑스에서는 호텔이 아주 큰 개인집이거나 시에서 지은 공공건물을 의미했다. 미국에서는 그 뜻을 최대한 살려 사람들을 위한 궁전, 영국의 술집이나 여인숙을 넘어서는 개념으로, 품위를 제공하는 동시에 빠르게 움직이고 번창하는 세계에서 안전하게 머물 수 있는 곳이라는 의미를 갖게 되었다. 그리고 적절한 비용을 들여 있을 만한 곳을 찾아다니는 사람들에게는 최선의 장소를 제공해 주었다. 1765년 스몰레트(Smollett, 스코틀랜드 태생의 영국 작가)가 이 단어를 사용하긴 했지만, 사실 호텔은 그 의미가 변했을 뿐만 아니라 처음은 미국에서, 나중에는 다른 곳에서도 좀 다른 의미로 발전해 미묘한 뉘앙스를 지니면서도 다양하고 풍요롭고 꾸밈이 없는 곳이라는 의미를 갖는 단어가 되었다. 로스앤젤레스의 시내 중심가에 있는 레이먼드 챈들러의 호텔과, 1920년대의 사회를 그린 스콧 피츠제럴드의 소설에 나오는 호텔, 그리고 20세기 중반 미국의 소설가 트루먼 커포티와 같은 화려한 부자들을 현혹하는 호텔들은 그 비용을 감당할 수 있는 사람들에게는 누구에게나 열려 있는 오아시스와도 같았고 어떤 경우에는 낙원에서의 한 장면과도 같았다. 초기에는 실제로 호텔을 대중의 궁전 People's Palaces이라고 부른 사람도 있었다.

이 호텔에 머무는 고객들 중 많은 사람들은 사업가들businessmen이었다. 18세기 영국에서는 상인들이 사업가로 표현됐지만, 미국에서는 이 단어가 새로운 의미를 갖게 되었다. 월가를 세우고 플라자 호텔에서 브런치를 먹는 경제계의 왕자들에서 아메리칸 드림을 이루려는 열망으로 가득한 소규모 업체의 사업가들까지 의미하게 되었다. 그 다음으로 만들어진 단어로는 executive(임원), well heeled(부유한), fat cat(부자, 특히 정치자금을 많이 내는 사람들), go-getter(수완가), yes-man(아첨꾼), assembly line(조립 라인) 그리고 closed shop(노동조합원만을 고용하는 사업장) 등이 있다.

rednecks(남부의 가난한 백인 노동자)는 들에서 일하기 위해 허리를 구부리기 때문에 목 주변이 햇볕에 그을리면서 그 이름을 갖게 되었다. 가난한 사람들은 배가 아니라 뗏목을 타고 riff라 부르는 노를 저어가며 여행을 했기에 riff-raff(하층민)라는 단어가 만들어졌다. 좀 더 큰 배에 탄 부자 여행객들은 highfalutin(호언장담하는 사람, 혹은 고급의)이라고 불렸는데 그 이유는 배들이 승객들로부터 멀리 떨어져 있는 높이 솟은 high fluted 굴뚝으로 숯과 재를 날리며 항해를 했기 때문이다. 그리고 그 배에 탄 승객들은 도박을 했다.

외륜기선이나 강을 건너는 배들이 미시시피 강의 해안을 따라 천천히 움직일 때 물결이 만들어 내는 넓은 파도의 길은 이민자들에게는 무척이나 새로운 모습이었다. 그러니 이보다 더 좋은 도박 장소가 어디에 있겠는가? 도박은 배를 타고 다니는 승객들이 아주 좋아하는 일이 되었다. 어떤 사람들은 그저 도박을 하기 위해 여행을 하기도 했고 심지어 배에서 내리지 않는 사람들도 있었다. 영어는 카드에 빠져 있었다.

pass the buck(책임을 전가하다), the buck stops here(책임은 모두 내가 진다) 등의 표현은 다 카드 게임에서 나온 것이다. 원래 buck은 사슴의 뿔로 손잡이를 만든 나이프에서 나온 것으로 카드를 돌리는 사람을 가리키기 위해 사용되었다. 도박꾼들은 아주 많은 좋은 표현들을 만들어 냈다. deal(패 돌리기)이라는 단어는 new deal(혁신 정책, 미국 루스벨트 대통령의 뉴딜 정책이 유명)이나 square deal(공평한 조처), fair deal(공정 정책, 1949년 미국 대통령 트루먼이 제창한 불황 예방 정책), raw deal(부당한 취급), big deal(중대 사건) 등에서 아주 큰 힘을 쓰게 되었다. you bet!(틀림없어), put up or shut up(미리 꾸며내든가 아니면 입 닥치고 있어), I'll call your bluff(당신 허세 부리는 거지?) 등은 미국의 카드 게임 테이블에서 나온 표현들인데 아마 그 중에서도 뉴올리언스로 미끄러져 가는 배에서 나왔을 것이다. 이 골수 도박꾼들 덕분에 an ace up your sleeve(최후에 내놓는 비장의 술수)라는 표현 또는 up the ante(출자금의 액수를 올리다)라는 표현이 나왔다. 위급하고 chips are down 아주 불리한 상황에 처해 있을 때 the cards are stacked against you, 당신은 예측할 수 없는 카드 wild card를 내밀 수 있고 뜻밖의 성공 scoop the jackpot을 거둘 수 있다.

그들은 게임을 하면서 술을 마셨다. 술은 영어 어휘에 아주 풍부한 표현들을 가져왔다. bar-room(호텔 등의 바)과 saloon(살롱)은 19세기 초반에 처음으로 들어왔고 곧이어 bar-tender(술집에서 서빙하는 사람)와 set' em up(술이나 음식물로 한 턱 내다)이 들어왔다. snifter(술 한 모금 또는 술 한 잔), jigger(한 잔) 등의 단어들도 미국에서 나왔다. cocktail(칵테일)도 마찬가지다. 그러나 칵테일의 경우는 1920년대가 아니라 1806년에 서부 개척지에서 만들어진 것으로 주정과 설탕, 물 그리고 약간의 쓸쓸한 맛을 섞어 만든 술이었다. 새로운 산업과 범죄 그리고 사회적 재난이 된 bootlegging(밀주)도 실제로 납작한 위스키 병을 부츠의 발목in the leg of a boot에 숨기고 다니면서 불법으로 원주민들에게 판매한 데서 나온 단어다.

술 취한 사람들에 대한 단어도 많이 만들어졌다. 미국 독립 이전에 벤저민 프랭클린은 술 취한 사람들을 나타내는 단어를 229개나 나열한 적이 있다. 다음은 술 취한 사람들에게 바치는 헌사로 시작된 표현들 중 일부분으로 모두 다 술 취한 상태를 뜻하는데 마치 시와도 같은 느낌이 든다(괄호 안은 단어 그대로 직역한 것이다).

He's casting up his accounts(술값을 계산하고 있다).

He's pissed in the brook(냇가에서 오줌을 눈다).

His head is full of bees(머리가 윙윙거린다).

He sees the bears(그는 곰들을 본다).

He's cherry merry(기분이 좋다).

He's wamble crop'd(속이 메스껍다).

He's half way to Concord(콩코드에 갈 태세만큼이나 호전적이다).

He's kill'd his dog(자신의 개를 죽였다).

He's spoke with his friend(친구와 이야기한다).

He's groatable(별 가치가 없다).

He's as dizzy as a goose(거위처럼 뒤뚱거릴 정도로 어지럽다).

He's globular(공처럼 굴러간다).

He's loose in the hilts(느슨해지고 엉성해졌다).

He's going to Jerusalem(예루살렘으로 갈 거다).

He clips the King's English(왕의 영어를 잘라먹어 말꼬리를 흐린다).

He sees two moons(달이 두 개로 보인다).

He's eat the cocoa nut(코코넛을 먹었다).

He's oil'd(기름을 발라놓은 듯 매끄럽다).

He's wasted his paunch(속을 다 버렸다).

He's been too free with Sir Richard(리처드 경을 너무나 자유롭게 대한다).

He's like a rat in trouble(올가미에 걸린 쥐 꼴이다).

He's double tongu'd(이중 언어를 한다).

He's tramel'd(족쇄를 차고 있다).

He's got the Indian vapours(인디언의 주술 향을 들이마셨다).

He's out of the way(괴상하다).

이보다 많은 단어와 표현들이 그때에도 있었고 그 이후로도 있어 왔다. 미국의 이런 많은 표현들에 비해 영국인들은 그저 cheers(건배를 뜻하지만, 어원이 술 취한 사람의 얼굴이나 분위기를 뜻한다.)라고만 한다. on the wagon(술을 끊다)은 20세기에 처음으로 기록되었다. 아마도 이 표현은 마차를 몰 때 술에 취해 있는 것은 좋지 않다는 의미였을 것이다.

굶주린 사자와도 같고 미친 곰과도 같은
서부 개척지의 영어

오리건 트레일이나 산타페 트레일 같은 마찻길은 침략자와 원주민을 충돌 속으로 몰아넣었다. scalp(머릿가죽, 특히 인디언들이 전리품으로 취한 것)는 이미 쓰이고 있었는데, 이 경우는 영어에서 별로 해롭지 않게 쓰이던 명사가 동사화되면서 '창끝에 사람의 머리를 매달다'라는 무서운 뜻으로 바뀐 것이다. war-path(출정길 또는 적개심), war-whoop(함성), war-dance(전쟁에 나가기 전에 추는 춤) 등의 표현들은 백인들의 눈에 비친 적들의 여러 모습이다. 여기엔 이도저도 아닌, 성격이 명확하지 않은 부분들도 있다. 인디언들의 언어에서 번역된 표현들이라고 사람들이 생각했던 단어들, 즉 hello 대신에 쓰이는 How(어때?)나 heap big(높이 쌓아올린 더미)에서의 heap, pale-face(백인), happy hunting ground(천국, 사냥하기 좋은 장소) 등은 서부 개척지에 살고 있던 인디언들이 사용하던 피진(pidgin, 공용어가 없는 서로 다른 언어를 사용하는 사람들이 의사소통을 위해 만들어낸 언어)에서 발전된 단어들이거나 혹은 페니모어 쿠퍼 같은 작가들이 만들어낸 것일지도 모른다. no can do(난 그럴 수 없어)나 long time no see(오랜만이야) 등의 구절들도 전통적인 피진 표현 방식이다. 이 표현들은 멕시코 국경 지역에서도 나타난다. the Indian brave(용감한 인디언)의 표현에 있는 brave는 프랑스어다. 그래도 white man speaks with forked tongue(백인은 애매모호한 말을 한다)이라는 표현을 소개한 이는 서부 개척지에서의 삶을 그대로 묘사하고 있었다. 미국인들은 공정하게 행동할 것을 신께 맹세했고 때로는 그 맹세를 지키려고 분투했다. 그러나 토착민들, 즉 아메리카 원주민들에게는 그 맹세들이 아무런 가치가 없었다. reservation(보호지역, 인디언들을 강제로 이주시켜 정부가 정한 곳에 함께 모여 살게 만든 지역)이라는 단어는 새롭고도 비참한 뜻을 가지게 되었다.

그러는 동안 미국인들은 대단한 풍경들을 만났다. 그 풍경은 그들이 전에는 한 번도 마주친 적이 없는 장엄한 것이었고 상상도 할 수 없을 정도였지만 미국인들은 자신들의 언어인 영어를 그 대단한 풍경 앞에 풀어놓을 만큼 용감하기도 했다. 단어들은 마치 도끼가 나무를 찍는 소리만큼 개척지에 크게 울려 퍼졌다. 개척지의 영어는 마치 굶주린 사자와도 같았고 미친 곰과도 같았으며 거품과 원한으로 가득 찬 살쾡이와도 같았다.

미국인이 완벽한 정통 영어의 수호자가 되어야 한다는 동부 해안의 사명은 저 멀리 있었다. 이곳 서부에서는 화려한 단어들이 칭송을 받았다. shebang(소란스러움), shindy(소동), slumgullion(하찮은 녀석), kerbang(시시한), kerflop(쓸모없는), kerthump(멀리) 같은 단어들 말이다. 미국영어는 단순히 급하게 자리를 뜬다고 하지 않고 absquatulate(내빼다) 혹은 skedaddle(도망치듯 내빼다)이라고 말한다. 그 언어는 멋있고 hunky-dory, 제멋대로rambunctious였으며, 화려했다splendiferous. 이곳의 언어에는 수많은 협곡과 빠르게 흐르는 강 그리고 삼림과 높은 산들에 대한 새로운 단어들뿐만 아니라 다음 글에서처럼 우리가 길에서 그냥 마주치게 되는 그런 단어들도 있었다.

> It's not my funeral if you fly off the handle because you have a chip on your shoulder and an axe to grind. I won't sit on the fence or dodge the issue. I won't fizzle out. I won't crack up. No two ways

about it, I'll knuckle down and make the fur fly, I'll go the whole hog and knock the spots off you and you'll be a goner. You'll kick the bucket. So face the music. You're barking up the wrong tree. You won't get the drop on me. I'm in cahoots with some people with the know-how. So keep a stiff upper lip and have the horse sense to pull up stakes. OK?

네가 원한을 갖고 있고 다른 속셈을 갖고 있기 때문에 느닷없이 화를 낸다면 그건 내가 책임질 문제가 아니야. 난 형세를 관망만 하고 있거나 혹은 문제점을 피해 가지는 않을 거야. 난 실패하지 않을 것이고 기진맥진하지도 않을 거야. 다른 것은 생각할 수도 없을 만큼 분명하니 난 열심히 정성을 쏟을 것이고 대판 싸움을 벌일 거야. 나는 너를 완전히 파헤쳐서 굴복시킬 것이고 넌 패자가 될 거야. 넌 뻗어버릴 거야. 그러니 당당히 맞서도록 하렴. 넌 잘못짚었어. 넌 기선을 제압할 수 없을 거야. 난 능력 있는 사람들이랑 한통속이거든. 그러니 꿋꿋이 참고 견디다가 자리를 옮겨 떠날 수 있는 분별력을 갖도록 해. 오케이?

여기에 나오는 표현들은 다 미국영어다.

**기원도 출처도 모르지만
전 세계에서 가장 많이 사용되는 단어, OK!**
—

OK의 발음에서 파생된 Okay(오케이)는 세계에서 가장 많이 사용하는 단어라고 알려져 있는데 이 단어의 기원을 연구한 책까지 나와 있다. 그 기원에 대한 이론들은 너무나 많고 너무나 다양하며 나름대로의 이론을 주장하는 사람들도 매우 많다. 언젠가 나는 이 단어의 기원은 당신이 어떤 사람인가에 달려 있다고 생각한 적도 있었다. 인종적으로 정치적으로 학문적으로 서로 다른 그룹들이 이 최고의 한 단어를 차지하기 위해 서로 싸우고 있기 때문이다.

이제 그 중에서 그래도 좀 그럴듯한 이론들을 살펴보도록 하자.

촉토 인디언들은 OKEH라는 단어를 갖고 있었는데 '그건 그래'라는 의미다. 앤드루 잭슨이 1815년 뉴올리언스 전투 때 이 단어를 배우고 나서 즐겨 사용했다고 한다. 우드로 윌슨도 공식문서를 승인할 때 이 단어를 썼다고 한다.

라이베리아에는 Oke라는 단어가 있고 버마인들은 hoakeh를 갖고 있는데, 이 단어들이 1840년 이전에 미국으로 건너와 널리 쓰이게 되었다는 설도 있다.

또한 당시 보스턴에는 언어를 가지고 장난을 치거나 억지의미를 만들어 쓰기 좋아하는 혈기 넘치는 젊은이들이 있었다. 예를 들어 ISBD는 'It shall be done(그렇게 이루어질 것이다)'이라는 의미였고, SP는 작은 감자small potatoes를 의미했다. 일간지 《보스턴 모닝 포스트*Boston Morning Post*》는 1839년 3월에 OK는 all correct(다 정확함)를 줄여서 쓴 것이라고 주장했는데 이 단어를 젊은 사람들이 ORL KORREKT라는 철자로 썼다는 것이다. 이 철자는 원주민들의 손에서 나온 것으로 나중에 영어의 후손들에게 전해졌다고 한다.

1840년 마틴 밴 뷰런은 민주당 대통령 후보로 나섰는데 그는 Old Kinderhook(늙은 킨더후크 사람)라는 별명을 얻었다. 그는 킨더후크 출신이었다. 1840년 3월 민주당은 그의 별명을 따서 뉴욕에서 OK 클럽을 열었다.

런던의 《더 타임스The Times》는 1939년 이 단어가 런던 동부의 코크니cockney 방언에 있는 Orl Korrec이라는 단어에서 유래했다고 주장했다. 반면 프랑스는 미국 소녀들과 부두(프랑스어로 aux quais)³²에서 만날 약속을 한 선원들로부터 시작되었다고 주장한다. 또 핀란드인들은 '옳다'라는 뜻의 oikea라는 단어를 가지고 있다. 《더 타임스》는 또 다른 설을 제시했는데 영국 상원에 상정된 법안은 온슬로 경Lord Onslow과 킬브래큰 경Lord Kilbracken의 승인을 받아야만 했는데 이들은 두 사람의 이니셜인 'O. K.'로 사인을 했다는 것이다. 라틴어 학자들은 수 세대 동안 학교 선생님들이 시험지에 Omnis Korecta(다 맞음) 혹은 줄여서 OK라고 써왔다는 점을 지적한다. 배를 만드는 조선업에 종사하는 사람들은 외부 용골 위치에 놓이는 목재에 외부 용골Outer Keel 1번이라는 뜻에서 OK number 1(오케이 1번)이라고 표시했다고 한다. 스코틀랜드인들 역시 우리의 주의를 끄는 Och aye라는 단어를 가지고 있었는데 아마도 OK로 채택되었을지도 모른다. 프러시아인들은 미국 독립전쟁 때 미국 편에 서서 싸웠던 장군들 중 한 사람이 명령을 내릴 때마다 자신의 이름 첫 글자를 따서 O. K.라고 썼다고 말한다. 그리스인들은 과거로부터 내려오는 마법 주문인 'Omega, Khi(오메가, 카이)'에서 왔다고 말한다. 이 주문을 두 번 말하면 벼룩들을 쫓아낼 수 있다고 한다. 미국 육군은 남북전쟁 때 오린스 켄덜Orrins-Kendall이라는 회사에서 과자를 공급받았는데 이 회사의 이니셜인 OK가 과자 상자

---

32 프랑스어 aux quais의 발음이 영어의 OK와 유사함을 의미한다.

에 박혀 있었으며 이 표시는 좋은 품질을 의미하게 되었다고 말한다.

설들이 너무 많아 기진맥진할 정도다. 현명한 언어학자들은 이 모든 경우를 뭉뚱그려 OK는 〈우연히 만들어진 신조어〉라고 말한다. 이 생각이 내겐 OK, 즉 괜찮은 생각인 것 같다.

골드러시와 카우보이, 동부 영어와는 완전히 다른 길을 가다

루이지애나가 개척된 지 두 세대가 지난 후 미국영어는 또 다른 차원의 세계로 떠밀리다시피 급속히 들어가게 된다. 그것은 애덤스 대통령이 이미 예견한 바 있던 〈민주적인 언어〉라는 세계였는데 애덤스 대통령 자신이 모든 이들의 주장을 함께 즐겼는지에 대해서는 논란의 여지가 있긴 하다. 예법과 공손함은 이번 잔칫상에 올라온 메뉴는 아니었다.

황금을 찾아 서부로 떠나는 골드러시는 더 많은 사람들을 서부로 데려왔고, 언어는 다시 한 번 이 사건을 기다리고 있었다. prospector(탐사자)는 새로운 단어였다. 탐사자는 자기 소유권을 주장할 수 있고 staked a claim, 강가에서 사금을 가려내고 pan out, 행운이 있으면 strike it lucky 부자가 될 수도 있었고 strike it rich, 그리고 노다지(bonanza, 좋은 날씨를 의미하는 스페인어에서 온 단어)를 캘 수도 있었다. 이후에는 어떤 곳에서든 투자를 잘하거나 수지맞는 일을 gold mine(금광)이라고 부르게 되었다.

그리고 그곳에는 리바이-스트라우스 Levi-Strauss가 있었다. 그는 광부

서부 금광에서 금을 채취하고 있는 상황에서도 단어는 새롭게 만들어졌다.

들을 위해 잘 해어지지 않는 옷을 만들어 팔아 재산을 모았다. 그는 진 퍼스티언geane fustian이라고 불리는 무명천을 이용해 옷을 만들었는데 이 jean이라는 단어는 이탈리아 제노바에서 맨 먼저 만들어진 이후 300년도 더 된 영어 이름이다. 리바이스Levis와 진스jeans는 새롭게 태어났고 300년이나 된 단어인데도 그만큼 오래된 단어라는 티가 전혀 나지 않는다.

이 시대는 마치 단어들이 마법에 의해 실존하는 존재처럼 보이던 허풍의 시기였고 모두들 거리낌 없이 말하던 때였다. 이는 열광적 지지자들이 앓게 될 특별한 열병이 되었다. 그들의 일은 재산에 대해서 떠벌리고, 미래 전망에 대해서 떠벌리고, 금에 대해서 떠벌리고, 그리고 수만 명의 사람들이 동부 해안의 정착 도시를 떠나 황금의 나라 엘도라도El Dorado를 향해 열정적으로 떠나게끔 떠벌리는 것이었다. 그들은 단 한 개의 교실이 있는 학교를 대학이라고 불렀고 이가 버글거리는 곳을 호텔이라고 불렀는데, 이는 과장하기 위한 것이 아니라 기대감에서 나온 것이었다. 거리가 단 하나인 동네가 도시라고 불리기도 했다. 그렇다면 그 도시들은 어떤 곳인가? 서부에는 로마도 있고 카이로, 파리 그리고 낙원의 도시 파라다이스도 있다. 캔자스 최고의 유령 도시들 중에는 알렉산드리아, 아테네, 베를린, 캘커타, 런던, 모스코바, 옥스퍼드 그리고 스파르타가 있다. 탄광 캠프들에는 노다지라는 뜻의 bonanza나 Wealthy City(부자 도시), Gold Hill(황금 동산) 또는 Rich Bar(부자 술집) 등의 이름이 붙여졌다. 이 모든 열정은 사람들의 말에서, 즉 단어들로 이곳의 땅을 KO시키고 싶어 하는 사람들이 높은 목소리로 서둘러 만든 말에서 유래했다.

신문들은 황금을 찾아 떠나는 사람들과 그들의 언어를 대변했고 계속해서 그것을 선전해 주었다. 1859년에 《로키 마운틴 뉴스Rocky Mountain News》는 이렇게 썼다.

"존경하는 독자 여러분. 이제 풍부한 금맥이 이 나라의 광활한 지역에 걸쳐 존재하고 있는가에 대한 논쟁은 끝나 가고 있습니다 … 새로운 엘도라도에서 한몫 잡고 싶어 하는 사람들은 어떤 행동을 해야 할지에 대해 이제는 안전하게 생각해볼 수 있습니다."

19세기 중반 미국 서부의 역사는 아주 빠르게 전개되고 있었다. 철도가 개통되면서 새로운 이동의 폭풍이 몰려왔다.

당시 조지프 매코이는 좋은 생각을 갖고 있었다. 그는 한 무리의 소들을 철도에 실어서 수백 마일 이동해 동부의 큰 시장으로 가 그곳에서 팔곤 했다. 이전에는 자기 지역에서 소비될 소만을 도축할 수 있었다. 이제 매코이는 부자가 되었다. 너무나 큰 부자가 되자 수많은 사람들이 마치 자신이 매코이인양 그를 흉내 내면서 따라했다. 그래서 매코이는 자신을 낯선 사람에게 소개할 때마다 진짜 매코이the real McCoy라고 말하는 습관을 갖게 되었다.[33]

자, 이제 카우보이cowboy에 대한 얘기를 할 때다. 미국 남자들의 핵심적인 이상형을 묘사하는 한 단어가 있다면, 미국 남자의 매너 스타일에 영향을 미친 한 단어가 있다면, 그리고 그 단어가 대통령들이 반복해서 사용하고 있고 진실과 환상 사이에서 어찌할 도리 없이 용기와 인내와 정직함과 결단력과 깨끗한 삶을, 여자를 존중하고 법을 지키면서도 필요한 법을 자기 손 안에서 통제할 수 있는, 그리고 화를 내는 데는 느리지만 정의를 추구하는 데는 빠른 이미지를 만들어 내는 그런 한 단어가 있다면, 그것은 바로 카우보이다. 이 단어는 18세기 영어에서 왔는데, 원래는 수십 마리 짐승들을 지키는 무식한 젊은 남자를 칭하는 단어였다. 카우보이는 미국에서는 다양한 차원을 갖는, 그러면서도 우상적이며 영웅적인 단어가 되었는데 지금도 그런 의미로 남아 있으며, 미국은 자신을 묘사하는 데 자랑스럽게 이 단어를 사용하고 있다.

---

[33] McCoy는 사람 이름인데, 일반명사나 형용사 mccoy로 사용되어 '진짜 혹은 확실한 (것)'이라는 뜻을 갖게 된 배경을 말하고 있다.

카우보이는 미국과 미국 남성을 상징하는 대표적인 단어였다.

 멕시코 국경 주변의 카우보이들은 여러 해 동안 스페인어에서 단어들을 가져왔다. 그러고는 그 단어들을 북쪽으로 가져간 후 영어의 깊은 저수지 속으로 빠뜨렸다. 야생마라는 뜻의 mustang(무스탕), bronco(미국 서부의 작은 야생마), 그리고 chaps(녀석들), poncho(판초, 비옷)

등이 다 스페인어에서 온 단어들이다. cinch(안장띠)는 안장을 안전하게 맬 수 있고, 말을 잡아매기 위해서는 lariat(짐승을 맬 때 사용하는 올가미)나 lasso(올가미 밧줄)를 사용했다. vamoose(도망쳐)라고 소리치기도 했는데, 그들은 stampede(가축떼 따위가 놀라서 우르르 도망치는 것)를 무엇보다도 무서워한다. vigilantes(자경단원들)라는 단어나 rodeo(로데오), fiesta(피에스타, 축제)도 스페인어다.

미국 카우보이들은 스스로 단어들의 대열에 합류했다. 그들을 칭하는 단어로는 cow-poke(소를 찌르는 사람), cow-hand(소를 돌보는 손), cow-puncher(소를 때리는 사람), wrangler(가축을 지키는 사람) 등이 있는데 이 단어들은 모두 그들을 '말을 탄 사람'으로 표현한 데서 온 것이다. rustler(가축을 훔치는 사람)도 '바스락거리다'라는 뜻의 의성어 동사 rustle에서 온 단어다. 카우보이들은 이 단어를 소도둑이라는 뜻으로 썼다. 새뮤얼 매버릭Samuel Maverick은 가축들에게 인두 낙인을 찍는 것이 너무 잔인하다고 생각해서 이를 거부했다. (그를 비난하는 사람들은 낙인이 찍히지 않는 소들은 다 자기 것이라고 주장하기 위해서 그런다고 생각하기도 했다.) '낙인이 찍히지 않은 송아지', '독립적인'이라는 두 가지 뜻을 갖고 있는 maverick이란 단어는 그가 남긴 유산이다.

카우보이들은 유흥산업을 양도받았는데 그들은 그들의 어휘, 그들의 삶, 그들의 역사 그리고 그들의 환상을 놀라움에 말도 못하는 전 세계로 퍼뜨렸다. 그 시작은 서커스 천막 안에서 이루어졌는데 결국은 마치 꿈이 실현되듯이 한 사람의 진짜 카우보이인 윌리엄 코디(William F. Cody, 미국의 흥행사로 카우보이를 주제로 미국 전역과 영국, 유럽 등에서 공연했다.)의 삶을 통해 실현되었고 나중에 그는 자신을 위대한 흥행사 버펄로 빌이라고 불렀다.

버펄로 빌의 「거친 서부Wild West」라는 쇼는 미국 전역과 유럽에서 30년에 걸쳐 대단한 성공을 거두었다. 인디언들의 저항이 마침내 다 분쇄되고 오랜 시간이 지난 후 마차를 공격하는 진짜 인디언들과의 극적인 싸움을 무대 위에 올린 것이다. 실제로 살아 있는 버펄로들이 원주민들과 흰 말을 탄 버펄로 빌의 명령에 따라 무대 주변을 돌기도 했는데, 이때는 이미 거의 모든 버펄로들이 몰살당했으며 살아남은 마지막 원주민들까지 그 비참한 보호지역으로 몰아넣은 지 한참이 지난 시기였다. 이 쇼는 비상식적이었지만 말 그대로 대성공을 거두었다. 빅토리아 여왕은 런던에서 이 공연을 봤고 결국 미국 독립 이후 처음으로 미국이라는 나라를 공식적으로 인정한 영국의 첫 왕족이 되었다.

얼마 지나지 않아 쇼에는 노래하는 카우보이, 명사수 카우보이, 밧줄을 잘 던지는 카우보이, 재주 부리며 말을 타는 카우보이도 등장했다. 화가, 작가, 신문 칼럼니스트 모두가 이 새로운 금광으로 뛰어들었다. 그리고 영화산업이 시작되자 카우보이들은 필름 속으로, 20세기 속으로, 나와 같은 수백만 명 아이들의 정신과 마음속으로 깊숙이 달려들어 왔다. 그 아이들은 영화를 모방해 거리를 질주하며 마치 상상의 말 등에 올라타고 상상의 인디언들을 상상의 총으로 쏘면서 카우보이 영웅들처럼 행동하고 그들처럼 말하려고 애썼다. 카우보이들은 미국의 대평원에 울려 퍼지는 일상의 서사시로 바뀌어 갔다.

그것은 황금빛이었다. 그것은 영국의 꿈이기도 했고 미국의 꿈이기도 했다. 그것은 우리(영국인)의 고유한 언어로 우리에게 말을 했지만, 아니 지금은 그들(미국인)의 언어였던가? 그것은 진실을 굳게 붙잡고 있는 점잖은 사람에게는 아무런 문제가 안 되었고 버펄로 빌의 45구경 콜트식 자동권총은 문제를 해결하지도 못했다.

그러나 다시 미시시피 강에서 또 한 가지 표현이 등장했다. 그것은 바로 '강 아래쪽으로 팔려가다sold down the river'[34]라는 표현이었다. 이 말은 농장에서 일하던 노예들 중 고분고분하지 않은 자들을 상황이 더 나쁠 수밖에 없는 강 하류 쪽으로 팔아넘기던 것을 표현한 데서 나온 것이다. 노예들도 자신들의 언어를 갖고 있었다.

---

[34] 직역하면 '강 아래쪽으로 팔려가다'라는 뜻이지만 '전보다 더 나쁜 상태에 빠뜨리거나 혹은 남을 가혹하게 다루다'라는 의미로도 쓰인다.

15

영어,
강 아래로 팔려가다

마치 사람들이 새 영역을 개척하듯이 하나의 언어도 독자적인 생명력을 갖고 새 영역을 개척하며 사람들처럼 벌받고 방해받고 상처입고 갇히기도 하는데, 일정 기간 이륙 단계를 거치고 난 그 언어가 마치 물처럼 개울처럼 시내처럼 강처럼 살아 움직이는 실체가 된다고 상상할 수 있다면, 영어가 미칠 수 있는 범위는 대양ocean이었다. 이미 18세기 중반에 영어는 이 단계에 와 있었다. 영어는 인도유럽어족의 한 갈래 하위 분파의 소수 언어에서 셰익스피어와 킹 제임스 성경의 언어가 되었고 이후 열정적이며 헌신적인 남녀의 입과 정신 속에서 항해하여 신세계에 뿌리를 내렸다. 그러나 그 많은 승리와 교활함 넘치는 타협에도 불구하고 노예무역을 통한 아프리카 언어들과의 만남만큼 두드러지게 그 원천을 특징짓는 것은 거의 없다고 생각된다.

영어가 많은 아프리카 언어들과 매우 빨리 결속하고 그들을 흡수했다는 사실, 즉 다양한 문화들로부터 여러 단어와 표현과 통찰력을 받아올 수 있을 만큼 영어 자체가 유연해서 쉽게 양보했다는 사실은 정말 놀라운 일이다. 영어는 전혀 다른 어족의 언어들과 공생할 수 있었고 심지어 이질적인 문법체계에 감염되어서도 살아남을 수 있었다. 이런 과정을 통해 영어는 18세기에 힘을 모을 수 있었고 〈흑인영어 Black English〉를 새롭게 만들어 내었다. 흑인영어는 특히 20세기에 들어서면서 영어의 본류에 다시 한 번 풍부한 자원을 제공하게 된다.

아프리카 노예들의 비참한 운명과 여정은 여러 차례 거론되어 왔으며 거론될 필요가 있다. 그들은 노예상인들에 의해 아프리카 대륙을 수백 마일이나 횡단하도록 강요받았다. 그리고 서유럽 해안 지역에 있는 나라들이 되도록 싼값에 그들을 운송할 것을 강요하자 노예상들은 대서양 중간항로 Middle Passage를 운항하는 배의 비좁은 공간에 그들을 짐짝처럼 가득 실었다. 매매, 죽음, 불평등, 낙인찍기, 판매, 착취, 매질, 비인간화가 이루어졌다. 노예무역은 영국에 의해 끝났지만 사실 노예무역을 통해 가장 큰 이윤을 남긴 나라는 바로 영국이었을 것이다. 1807년 처음으로 영국 의회가 노예무역을 금지했어도 영국 해군은 이 금지 법안을 시행하기 위해 수십 년을 보내야만 했다.

흑인영어는 변천 과정에서 생길 수 있는 모든 역경을 이겨낸 후 20세기에 드디어 승리를 거두었다. 기막힌 역설이기는 하지만 흑인영어의 주요 어휘들은 엔터테인먼트 분야에 많이 있다.

메이플라워호를 타고 자손들과 함께 동부 해안으로 온 영어는 이 땅의 언어로 안착될 운명이었다. 그 영어는 영어임을 자랑스러워했고, 언어의 위대한 천체 안에서 풍요로워져서 결국은 런던 영어에 도전하게 되었고, 뉴잉글랜드를 진짜 영어의 주된 보증인으로 선언하게 되었다. 서부로, 더 서부로 떠나 통제를 덜 받은 스코틀랜드인들과 아일랜드인들은 광야의 서부 개척지에서 공격을 받으면서도 모든 곳에서 단어들을 빌려왔다. 그들은 아메리카 원주민으로부터, 다른 유럽 언어들로부터 빌려왔다. 무엇보다도 자연 자체에 존재하는 놀랄 만큼 새로운 장소와 새로운 경치들을 말로 표현해야 할 필요성이 있었다. 그들은 새로운 단어들을 만들어 냈고 엘리자베스 여왕 시대 방식의 저인망 그물을 책상 위에 올려놓고 좋은 단어들을 찾아내었다. 이제 남부에 여러 민족들이 들어왔다. 그들 가운데 어느 누구도 자신들의 언어가 영어에 미칠 영향력에 대해 단 한 푼이라도 걸고 내기할 사람은 아무도 없었다. 그러나 그들은 이질적인 언어인 영어를 자신들이 가져온 고유의 유산과 함께 열심히 파헤쳤고 결국 서로 합쳐진 언어를 만들어 냈다. 그들에게는 공통의 언어를, 영어에게는 생소하고 신선한 단어의 보고를 만들어 낸 것이다. 내가 추측컨대, 영어가 이 일을 할 수 있었고 이 일을 해왔으며 그리고 누군가를 억누르는 도구가 되고 우연히 만난 언어들에게도 영향력을 발휘할 수 있다면 그 언어는 세계적으로 사용되기에 알맞은 언어라 불릴 수 있다고 본다.

미국 남부로 실려온 노예들의 언어, 백인들의 영어 속으로 들어갈 수 있을까

미국으로 운송된 흑인노예의 절반에서 3분의 2는 사우스캐롤라이나 주에 있는 찰스턴에 도착했다. 설리번 섬Sullivan's Island은 흑인들의 엘리스 섬(Ellis Island, 뉴욕 허드슨 강 어귀의 작은 섬)으로 불렸다. 엘리스 섬은 전 세계에서 온 지치고 가난하고 혼잡한 이민자 무리의 사람들에게 미국에서의 새 삶을 약속하는 감동적인 글귀가 새겨진 비문과 자유의 여신상 덕분에 자랑스럽고 의미 있는 미국의 상징이 되었다. 그러나 설리번 섬에도 지치고 가난하고 혼잡한 사람들의 무리가 왔지만 그곳에는 동상도 없고 거대한 기념비도 없고 희망과 환영의 웅장한 선언문도 없다. 1998년에 만들어진 기념 동판만이 있을 뿐이다.

찰스턴 부근에서는 아직도 걸라Gullah로 불리는 지역 방언을 들을 수 있는데, 이 방언은 아프리카에서 강제 이주해온 흑인들이 플랜테이션 농장에서 일하게 되었을 때 말하던 당시의 영어와 가장 가까운 언어로 추정된다. 걸라어는 앙골라에서 파생된 것으로 추정된다. 아프리카 사람들은 서인도제도를 통해 왔거나 서아프리카에서 직접 왔는데, 그곳에는 하우사Hausa, 월로프Wolof, 불루Bulu, 바모운Bamoun, 템네Temne, 아산티Asante, 트위Twi를 비롯한 수백 가지 지역 방언이 있었다. 노예선의 규칙은 한 언어를 사용하는 사람들을 여러 집단으로 나누는 것이었다. 다수의 노예들이 서로 같은 언어로 이야기할 수 없다면 효과적인 저항을 계획하기는 어려울 것으로 생각했던 것이다.

하지만 서로 의사소통을 하기 위해 노예들은 공용어를 찾아야 했다. 그 후보로는 두 가지 언어가 있었는데 어느 한 가지도 그들의 고유 언어는 아니었다. 첫 번째는 지중해의 국제어로 이름 붙일 만한 사비르Sabir라는 다민족적이며 다언어적인 뱃사람들의 언어였다. 이 언어의 탄생은 십자군 원정 때로 거슬러 올라가는데 아마도 프랑스어나 스페인어에 기초를 둔 것으로 서인도 피진의 원조로 생각된다.

두 번째 후보는 영어였는데 피진 형태의 영어가 노예선 안에서 놀랄 만한 속도로 발전했다. 대서양 중간항로를 따라오는 노예선의 이루 말로 다할 수 없는 끔찍하고 낡고 비좁은 수용 상태를 고려하면 어떤 언어라도 빠른 속도로 발전했다는 사실은 신뢰하기 어려울 수도 있다. 그러나 로버트 매크럼의 지적대로 대부분의 아프리카인들은 적어도 세 개의 언어를 알고 있었을 것이다. 여섯 개 언어를 알아도 별로 특이한 일은 아니었을 것이다. 그는 "그들은 세상에서 가장 훌륭한 언어학자들 축에 든다."라고 주장했다. 그 비좁은 노예선의 상태는 영어의 새로운 피진 형태를 만들어 냈고 해안에 도착했을 때는 더 많이 발전되어 있었다. (원어민 화자가 없는 언어라는 뜻의 피진은 비즈니스 business라는 단어의 중국식 발음에서 파생되었다.)

이 피진은 크리올(creole, 피진이 모국어로 사용되면 그것을 크리올이라고 한다.)로 발전했는데 크리올은 고유의 문법체계와 구조와 어휘를 지닌다. 걸라어는 여기서 비롯되었다. 원래의 걸라어는 지금도 25만 명이 사용하는 언어로 역사라는 보석 속에서 콘월 방언으로 분명히 보존되어 있는데, 아직도 미국 남부에서 좀 더 북쪽으로 올라간 탠지어 섬에서 굴을 따고 게를 잡는 800명의 어민이 사용하고 있다. 걸라어 어휘는 주로 영어지만 방언들에서 파생된 단어들도 많이 보인다. 이 단어들은 영국 선원들, 특히 영국 서부 선원들이 사용했을 것으로 추측된다. 그러나 한 연구에 의하면 3,000~6,000개에 달하는 단어들은 아프리카 언어들에서 직접 온 것이라고 한다. 그 단어들 중에는 돼지를 의미하는 gula, 빵을 의미하는 cush, 거미를 의미하는 nansi, 백인이라는 의미의 bucksa 등이 있다. 또한 고도로 관용적인 표현들도 있는데, 예를 들어 beat on ayun은 '기계적'이라는 의미지만 글자 그대로 beat-on-iron(철을 두드리는 것과 같은)에서 왔으며, troot ma-aut는 '진실한 사람'이라는 의미로 글자 그대로 truth mouth(진실한 입)라는 표현에서 왔다. sho ded는 '묘지'를 말하는데 sure dead(확실하게 죽은)에서 왔다.

아프리카어에 기반을 둔 많은 걸라어 단어들이 현재 표준영어에서 발견된다. banana(바나나)는 세네갈에서 사용되는 월로프어에서 온 것이고 voodoo(부두교)는 요루바어에 있는 '영혼'이라는 단어에서 온 것으로 추측된다. 동물 이름으로는 얼룩말을 뜻하는 zebra와 gorilla(고릴라), chimpanzee(침팬지)가 있다. 아프리카어 형식의 복합어도 있어서 bad mouth(혹평) 같은 영어 단어를 만들어 내기도 했다. nitty-gritty(이와 자갈 투성이의, 핵심 또는 냉엄한 현실을 의미)라는 단어는 노예선 밑바닥에 괴어 있는 더러운 찌꺼기에 쌓여 있는 잔모래를 가리키는 말에서 왔다고 한다.

걸라어와 아프리칸 미국영어Afro-American English는 표준영어와는 다른 문법상의 특징을 공유하고 있다. 강조를 위해 형용사 두 개가 반복되는 표현, 가령 'very clean' 대신 사용하는 'clean clean'이라는 표현이나 'I hear tell say he knows(그가 알고 있다는 걸 나는 들어서 알고 있다).'처럼 동사의 연속 나열 표현, 그리고 don을 과거 시제로 사용하는 방법(I killed 'em(난 그들을 죽였다)이라는 표현 대신에 I don killed 'em이라고 표현) 등이 그렇다. 혹은 be 동사의 사용도 들 수 있는데 'He talkin''은 'He is talking'이라는 뜻이다. 반면에 'He be talkin''은 '습관적으로 말하다'라는 뜻이다. 'We been see'는 'We have seen'(본 적이 있다)의 의미로 쓰이고 'We **been** see'(been을 강조해서)라고 말하면 '얼마 전에 어떤 일이 일어났음'을 의미한다.

채찍, 노예 신분, 전적인 소유권 그리고 흑인들은 열등하다는, 검둥이들은 문명의 혜택을 받지 못했다는 타락한 생각은 재빨리 그러나 아주 깊게 스며들었다. 흑인을 비하하는 뜻으로 검둥이라는 의미를 지닌 negro는 검은색을 뜻하는 라틴어 nigrum에서 나왔고, nigger(깜둥이, 흑인을 가리키는 대단히 모욕적인 말)는 검은색을 뜻하는 라틴어가 프랑스어 nègre를 거쳐 나온 단어다. 자유를 갈망하며 싸웠던 바이런(Byron, 낭만주의를 대표하는 영국의 시인)조차 '이 세상의 나머지 사람들, 검둥이들과 그밖의 유사한 이들the rest of the world – niggers and what not'이라는 표현을 썼다. 또 다른 위대한 문학가 다니엘 디포는 이보다 100년 전에 로빈슨 크루소를 섬에 정착시켰다. 원주민 남자 프라이데이Friday가 맨 처음 말한 영어 단어는 백인 주인에게서 배운 '주인님Master'이었다. 1805년 워즈워스가 투생 루베르튀르(노예 출신으로 아이티의 노예해방운동의 지도자)를 찬양하긴 했지만, 그리고 윌버포스(영국의 정치가로, 노예무역 반대운동에 20년간 참여)가 그 후 2년이 지나서야 개혁을 추진하긴 했지만 사실 흑인에 대한 편견이 계속 진행되고 있었다는 증거는 거의 없다. 이 문제에 대해 재치 있게 대답하는 것이, 그리고 나중에 이 세상에 있는 모든 인종의 젊은이들을 흡수하는 음악에 있는 단어들로 이 문제에 대해 대답하는 것이 사람들 사이에 맺어진 그리고 외래어와 지배어 사이에 이루어진 가장 예상치 못했던 협약들 가운데 하나였다.

　문법상의 변화, 예를 들어 is를 빠뜨린다거나 표준영어의 does not을 don't라고 하는 것 등을 백인들은 흑인들이 백인들의 언어를 사용하는 요령을 터득하지 못한 증거로 여겼다. 실제로는 색슨족과 데인족이 9세기 영국에서 데인로로 정한 경계선을 따라 분리되어 살면서 직접적인 접촉을 통해 영어의 문법을 영구히 바꾸어 놓은 것과 똑같은 일이 일어났을 뿐이다.³⁵ 노예들의 열등함을 입증할 만한 것들은

35　외국어의 영향은 대부분 단어 차용에 그치지만 데인족이 사용하던 고대 스칸디나비아어는 영어

모두 주인들이 움켜쥐고 있었다. 주인들은 노예들을 소유한 것처럼 그들의 언어도 소유하고 있다고 생각했다. 흑인 화법black speech이 부적절한 백인 언어가 아니라 고유의 한 종족어일 뿐이라는 점을 학자들이 깨닫고 인정하기까지는 꽤 오랜 시간이 걸렸다. 이 종족어는 영어 전체의 폭을 넓혀줄 수 있었으며 결국 그렇게 만들었다.

이와 똑같은 편견에서 백인 아이들이 흑인 간호사와 유모에게 말을 배우는 경우가 많았다는 광범위한 증빙 기록에도 불구하고 흑인 화법이 남부 백인들에게 미친 영향은 오랫동안 부인되었다. 마찬가지로 13세기와 14세기로 되돌아가 보면, 프랑스어를 사용하는 귀족 가정에서 태어난 아이들이 색슨족 유모에게 영어를 배우는 것이 목격되었고 종종 그렇게 될까봐 우려했다.[36] 1849년 찰스 라이엘 경(Sir Charles Lyell, 산스크리트어가 영어를 비롯한 여러 언어의 조상이라는 사실을 밝혀낸 사람)이 미국을 방문했다. 그는 흑인 아이들과 백인 아이들이 어떻게 함께 교육을 받는지 살펴보고 이렇게 썼다. "불행히도 백인들은 이번에는 검둥이들에게서 잘못된 영어 사용법을 배운다. 그리고 비문법적인 표현들을 버리는 데 많은 시간을 허비함에도 불구하고, 교육을 잘 받은 사람들조차 그 표현들 일부를 평생 동안 그대로 갖고 있게 된다." 이것은 일관된 주제다. 백인 아이들은 원주민의 방언을 배우고 그 말을 사랑

의 문법에도 영향을 미쳤다. 고대 스칸디나비아어는 영어의 굴절 형태를 단순화하는 데 영향을 미쳤을 뿐만 아니라 문법적인 기능어에도 영향을 미쳤는데 현대영어 대명사 가운데 she와 3인칭 복수형인 they, their, them은 데인족이 사용하던 고대 스칸디나비아어에서 들어온 것이다.

36 이 경향은 노르만 정복(1066년) 이후에 생긴 것으로, 왕궁을 점령한 귀족 계급은 프랑스 출신의 노르만족이지만 왕족을 돌보는 시녀들은 색슨족이었기에 프랑스어를 사용하는 왕족은 색슨족에게서 특히 욕설을 비롯한 영어 단어들을 배우곤 했다(4장 참조).

백인들은 경매를 통해 흑인을 노예로, 유모로 사들였으며 흑인 화법은 백인들에게 영향을 미쳤다.

하게 되지만, 자신들이 상류층이 되었을 때는 어쩔 수 없이 스스로 원주민의 언어를 사용하지 않는다는 것이다.

그러나 흑인 화법이 실제로 백인 화법에 영향을 미치기 시작한 것은 19세기에 들어와 시카고와 같은 북부의 산업도시로 인구 대이동이 이루어진 때부터였다. 영어는 다만 자신을 통제하려는 시도가 장기간에 걸쳐 포착되지 않는 한 어떠한 경계선상의 언어에 대해서도 차별을 하지 않았다. 나중에 언급하겠지만, 흑인들의 문화가 흑인영어를 사회의 중심 영역으로 끌고 들어온 것은 19세기 말과 20세기 초반 주로 노래와 음악을 통해서였다.

성경, 남북전쟁 그리고 KKK단

별로 다르지 않은 방법으로, 미국으로 옮겨간 아프리카인들도 자신들에게 도움이 되는 쪽으로 성경을 이용했다. 그것은 오랜 전통의 일부였다. 14세기에 존 볼은 성경을 이용해 왕정과 그리스도교의 교회 정치를 공격했다. 위클리프와 틴들은 영어 성경을 이용해 하느님의 말씀에 배타적으로 사용되는 라틴어를 공격했다. 17세기 내전 때 왕정 반대주의자들은 성경을 이용해 정치권력의 수평화와 반군주주의, 심지어 인류 평등주의를 설교했다. 이어 필그림 선조들은 성경을 나름대로 해석함으로써 새로운 땅과 새로운 제도로 인도되었다. 아프리카 대륙에서 잡혀 미국으로 보내진 아프리카인들에게 영어 성경은 평화에 대한 소망으로 가득 차 있었고 무엇보다도 자유를 약속하고 있었다.

이런 내용은 흑인 영가에 가장 뚜렷이 나와 있다. 남부의 흑인 노예들이 「예수께 조용히 나가Steal Away to Jesus」 혹은 「광야에서 나오라Come out of the Wilderness」 등의 노래를 부를 때, 그들은 내세를 희망하며 불렀지만 또한 동시에 지금의 세계에 대해서도 그리고 자유의 몸이 되어 북부로 탈출하는 희망에 대해서도 노래했다.

Steal away, steal away, steal away to Jesus

Steal away, steal away home
I ain't got long to stay here.

My Lord, He calls me
He calls me by the thunder
The trumpet sounds within-a my soul
I ain't got long to stay here.

Green trees are bending
Po' sinner stands a-trembling
The trumpet sounds within-a my soul
I ain't got long to stay here.

Oh, tell me how did you feel when you
Come out the wilderness
Come out the wilderness
Come out the wilderness.
How did you feel when you
Come out the wilderness,
Oh, praise the Lord.

Oh, did you feel like fighting when you
Come out the wilderness ⋯
Oh, will you walk the line when you ⋯

Oh, will you go to jail when you …

Oh, will you fight for freedom when you …

조용히 나가, 조용히 나가, 예수께로 조용히 나가

조용히 나가, 집으로 조용히 나가

난 여기서 오래 머물지 않을 거야.

나의 주님, 그분이 나를 부르신다

그분은 천둥으로 나를 부르신다

내 영혼 안에 승리의 나팔소리 들린다

난 여기서 오래 머물지 않을 거야.

초록빛 나무들은 몸을 구부리고

불쌍한 죄인들은 떨며 서 있네

내 영혼 안에서 승리의 나팔소리가 들린다

난 여기서 오래 머물지 않을 거야.

오, 네가 어떤 느낌인지 내게 말해줘 당신이

광야에서 나왔을 때

광야에서 나왔을 때

광야에서 나왔을 때

어떤 느낌이었을까, 당신이

광야에서 나왔을 때

오, 주님을 찬양하자.

오, 싸우고 싶었는가, 그때 당신이

광야에서 나왔을 때 …

오, 당신은 그 선을 따라 걸을 건가, 그때 당신이 …

오, 감옥으로 갈 건가, 그때 당신이 …

오, 자유를 위해 싸울 건가, 그때 당신이 ….

영어로 된 성경은 다시 한 번 〈자유〉라는 책이 되었다.

1861년 4월 12일에 시작된 남북전쟁은 이 모든 것을 그리고 수년 동안 싸워왔던 그 모든 것을 전부 바꿔놓기 시작했다. 물론 많은 사람들은 아직도 멀었다고 믿고 있었지만 말이다. 1865년 남부군이 찰스턴 지역을 버리자 북부군은 아무런 저항을 받지 않고 행군을 계속할 수 있었다. 이 행군에서는 매사추세츠 55연대가 앞장서고 있었는데 그 연대는 흑인 자원병으로 이루어져 있었다. 그들은 노예 장부를 찾아 폐기하고 벽에는 노예 폐지론자의 구호를 새겨놓았다.

남북전쟁은 우리에게 hold the fort(자기 입장을 고수하다)라는 표현을 가져다주었다. on the grapevine(소문으로)은 남부에서 전선이 나무 위에 얼기설기 얽힌 모습이 마치 포도넝쿨 같았던 데서 나온 표현이다. 그리고 그곳에는 별로 유명하지 않았던 북부군의 장군 앰브로즈 에브릿 번사이드Ambrose Everett Burnside가 있었는데 번사이드 장군은 얼굴에 있는 털을 재미있게 길렀다. 이 모습이 처음에는 장군의 이름을 따서 burnsides로 불리다가 나중에 sideburns(짧은 구레나룻)로 불리게 되었다. 불과 수십 년 전만 해도 젊은이들의 얼굴에 이 구레나룻이 없으면 멋있어 보이지 않을 정도였다.

남북전쟁 이후 400만 명의 노예들이 자유의 몸이 되었고 그들 모두에게 시민권과 투표권이 주어졌다. 그러나 남부는 이들을 쉽게 놔두질 않았다. 그리하여 짐 크로Jim Crow 법[37]이 흑인의 권리를 제한하기 위해 도입되었다. 흑인 차별주의자들의 단체 이름인 큐 클럭스 클랜(Ku Klux Klan, 일명 KKK단)의 명칭은 그리스어인 kuklos에서 가져왔는데 그것은 원circle을 의미한다. 이 모임은 남북전쟁 후에 결성되었다. KKK단은 영어에 bulldozer(불도저, 우격다짐으로 하다)라는 단어를 소개했는데, 원래는 bull-dose에서 온 것으로 황소에게도 치명적일 정도의 투약량을 의미한다. 여기서는 채찍질하는 횟수를 나타내는데 이 채찍질이 흑인들에게 가해졌으며 치명적일 때가 많았다. uppity(건방진) 또한 남부의 어휘가 되었는데 자신의 분수를 알지 못하는 흑인을 묘사하는 단어였다. 적어도 두 세대 또는 더 많은 세월이 지나서야 흑인과 백인의 단어들이 자유롭게 섞이기 시작했다. 그리고 20세기가 시작되고 훨씬 지나서야 흑인들의 어휘는 사전에서 그 위치를 차지할 수 있었다. 그러나 그 전에 흑인 어휘는 거리와 술집을 통해 젊은이들에게 퍼져나갔고 엔터테인먼트 산업을 통해 좀 더 넓은 영어의 세계와 만났다.

  1880년대와 1890년대 남부에서는 인종분리 교육이 실시되었다. 그리고 여러 법규들은 수많은 흑인을 북부의 산업도시로 이주하게 만들었다.

---

[37] 학교, 버스, 기차 등과 같은 공공장소에서 유색인(주로 흑인)들과 백인들을 따로 분리해 놓을 것을 요구하는 격리(차별) 정책이다. Jim Crow란 말은 '까마귀 짐'이라는 뜻으로 1828년 대중가요에서 유색인을 경멸적으로 부르거나 놀리는 데 사용되었다.

흑인영어로 쓴 『허클베리 핀』, 동부에서는 금서가 되다

이 장은 미국 문학에서 첫 번째 위대한 천재 작가인 새뮤얼 랭혼 클레멘스Samuel Langhorne Clemens에 대한 이야기로 마무리되는 것이 자연스러울 것이다. 그는 미시시피 강의 뱃사공들이 수를 세는 고함소리에서 마크 트웨인Mark Twain이라는 자신의 필명을 가져왔다. Mark Twain이라는 단어는 수심 두 길(6피트)을 표시할 때 쓰던 말이다.

마크 트웨인은 항해사였지만 남북전쟁으로 그 일을 그만두어야 했다. 네바다에서는 은광에서 일했고, 신문기자이기도 했으며, 캘리포니아에서는 금광 광부였으며, 샌프란시스코에서는 다시 신문기자를 했다가 샌드위치 제도(지금의 하와이), 유럽, 그리고 동양에서 특파원으로 활동했다. 그러던 어느 날 순회강연을 듣고는 작가가 되었다. 인생 말년에 그는 이렇게 썼다. "나는 20년 동안 글을 쓰는 작가였고 45년 동안 바보였다." 그는 지속적으로 언어를 찾아내곤 했다. 인전 영어(Injun-English, Injun이란 인디언들을 경멸하며 지칭하는 단어로 인전 영어는 〈인디언들이 쓰는 영어〉를 말한다.)라고 스스로 밝힌 heap(쌓아올린 더미)도 있었고, strike it rich(뜻밖의 횡재를 하다)와 You bet(정말이야, 틀림없어)의 표현은 금을 찾으러 온 사람들과 광부들에게서 가져온 표현들이다. 그리고 dead broke(땡전 한 푼 없는), take it easy(걱정하지 마, 마음 편히 생각해), get even(복수하다), gilt edged(허황된)와 close call(위기일발)과 같은 속어 표현도 있었다. 그의 작품 『허클베리 핀Huckleberry Finn』 서문을 보면 그가 사용하는 다양한 방언들이 나열되어 있다. 미주리 흑인 방언은 남서부 변경의 산림지역에서 사용되던 방언의 극단적 형태고, 파이크 카운티의 방언은 다섯 가지나 거론되고 있다. 이들 모두는 연금술을 통해 새로운 영어가 되었지만 여전히 고대영어에 기초를 두었고 라틴어와 프랑스어와 함께 흘러가고 있었다.

세상에서 활동적으로 살았고 광범위한 언어를 사용한 작가 마크 트웨인은 초서를 닮았다. 초서는 일과 사업의 세계에서, 특히 새로운 영역에서 뛰어난 사람이었고 현대적인 작가에게는 적절하지 못하다고 생각될 만큼 격렬한 경험을 작품 속에 잘 절충해 넣었다. 초서와 마크 트웨인은 각자 영어의 원천에 우뚝 서 있다. 초서의 경우는 중세영어였고 마크 트웨인의 경우는 미국 남부 영어였다. 우리의 이야기에서 중요한 부분은 바로 마크 트웨인의 작품이 흑인영어로 힘차게 장식되어 있다는 것이다. 그는 1885년에 『허클베리 핀』을 썼다. 이 책은 초서의 『캔터베리 이야기』처럼 절판된 적이 단 한 번도 없다.

마크 트웨인은 "한 남부인이 음악을 말한다(a Southerner talks music)."라고 썼다. 허클베리 핀은 강 위의 삶을 이렇게 묘사한다.

> It's lovely to live on a raft. We had the sky up there, all speckled with stars, and we used to lay on our backs and look up at them, and discuss whether they was made or only just happened – Jim he allowed they was made, but I allowed they happened: I judged it would have took too long to make so many. Jim said the moon could a laid them; well that looked kind of reasonable, so I didn't say nothing against it because I've seen a frog lay most as many, so of course it could be done. We used to watch the stars that fell, too, and see them streak down. Jim allowed they'd got spoiled and was

hove out of the nest.

뗏목 위에서 사는 것은 근사하다. 별들로 빛나는 하늘도 저 위에 있었다. 우리는 등을 대고 누워서 하늘을 쳐다보곤 했다. 그러고는 별들이 만들어졌을까 아니면 그냥 생겼을까 토론하기도 했다. 짐은 만들어졌다고 했지만 나는 그냥 생겼다고 말했다. 그렇게 많은 별들을 만들려면 시간이 많이 걸렸을 거라고 판단했다. 짐은 달이 별들을 낳았을 것이라고 말했다. 글쎄, 합리적이긴 한 것 같다. 그래서 나는 그 말에 대해서는 아무 말도 하지 않았다. 왜냐하면 한 마리 개구리가 많은 알들을 낳는 것을 본 적이 있기 때문에 아마도 달도 그렇게 많은 별들을 만들어낼 수 있었을지도 모른다. 우리는 별이 떨어져서 땅에 부딪치는 것을 쳐다보기도 했다. 짐은 땅에 떨어진 별들은 썩어서 그 둥지에서 꺼내진 것이라고 말했다.

이 부분은 사용한 단어나 표현 방법이 얌전한 편이다. 하지만 이 부분조차도 성경 진리를 가르치는 필그림들의 진지하고 심각한 표현 방식과는 아주 달랐다. 발음도 달랐고 철자도 달랐다. 그것은 행상인들과 사기꾼들, 거짓말쟁이와 허풍쟁이, 협잡꾼의 언어였으며 동시에 천진난만하고 꿈을 꾸는 아이의 언어이기도 했다. 허클베리 핀의 말을 통해 그리고 강 아래쪽으로 팔려갈지도 모른다는 생각에 불안하기만 한 짐을 통해 흑인영어의 발음과 단어는 위대한 문학 속으로 들어왔다.

동부 해안의 세계에서는 이 작품들을 즐기지 못했다. 미국 독립혁명의 본산지였던 콩코드에서는 저명한 인사들로 이루어진 도서위원회가 속어가 너무 많다는 이유로 『허클베리 핀』을 금지 도서로 지정했다. 그들은 말하기를 "정말로 쓰레기고 거칠고 난잡하고 세련되지 않은 작품으로 지적이고 존경받을 만한 사람들보다는 노예들에게나 적합한 작품이다."라고 했다. 그리 오래지 않아 미국에서의 영어는 지역 사이에서, 계급 사이에서, 출신 배경 사이에서, 그리고 개인들 사이에서의 〈갈등〉을 나타내는 데 쓰이기 시작했다. 마치 영국에서 그랬던 것처럼 미국에서도 마찬가지였다. 그러나 영어 자신은 오래된 강물이 흐르듯 계속 흘러가고 있을 뿐이었다.

미시시피 강에서 해가 질 때 허클베리 핀은 한때는 고립되었고 중요하지 않았던 방언인 영국에서 온 영어가 미국 대륙 전체에 퍼지는 것을 보고 이런 마지막 말을 했음에 틀림없다.

> … there ain't nothing more to write about, and I am rotten glad of it, because if I'd a knowed what a trouble it was to make a book, I wouldn't a tackled it and ain't agoing to no more. But I reckon I got to light out for the Territory ahead of the rest, because Aunt Sally she's going to adopt me and sivilize me and I can't stand it. I been there before.

… 더 이상 쓸 얘기가 없다. 나는 진짜 기쁘다. 왜냐하면 책을 쓰는 것이 얼마나 성가신 일인지 알았다면 그 일에 달려들지도 않았을 것이고 그래서 이제 더 이상 쓰지도 않으려고 한다. 하지만 나머지 지역들에 앞서 이 준주(독립된 주가 되기 이전 수준의 행정 구역)에서 먼저 불을 밝혀야 한다고 생각한다. 셀리 아줌마는 나를 입양해 세련되게 만들려고 하지만 난 그걸 참을 수 없다. 그걸 이미 해봤으니까.

16

과연 영어는
타락하고 있는 것일까

미국의 동쪽에서 영어는, 독립선언문을 통해 독립이라고 불리우는 행위를 지금까지 알려진 표현들 중 가장 세련되게 공식적으로 표현함으로써 영어의 근력을 강화했고, 결국에 가서는 제국이 될 잠재력이 있는 이 새 나라를 위해 고전주의 경향을 띠었다. 그러나 저 멀리 서쪽에서 영어는 장엄한 경치와 모험과 싸움과 영국 방언과의 혼합, 더불어 새로운 광경과 대단히 복잡한 아메리카 원주민 언어들 사이를 껑충껑충 뛰어다니며 제 모양을 갖추어 가고 있었다. 또한 미국의 남쪽에서 영어는 수십 가지 아프리카어들을 연결해 주는 새로운 언어를 제공해 주었다. 비교해 보면 옛 본거지였던 영국에서의 영어는 길들여져 얌전한 것처럼 보일지도 모른다. 그러나 그것은 영국영어가 갖고 있는 관념에 대한 열정과 지성적인 토론이 가져다줄 수 있는 멜로 드라마적 요소들을 과소평가하는 것이다. 순수한 혈통의 영국인뿐만 아니라 순수한 혈통의 아일랜드인들과 스코틀랜드인들도 전투에 뛰어들었다. 그것은 글과 말 양쪽 모두에서 단어에 대한 소유권을 얻기 위한 전투였다.

우리의 삶에서 영향이 큰 분야에 계몽사상이 널리 퍼져나가면서 질서, 이성 등에 대한 생각이 점차 강해졌다. 17세기 중반에 일어난 잉글랜드의 내전(찰스 1세 시대 때 의회파와 왕당파 사이의 싸움)은 전 영국에 충격을 주었고 commonwealth(영국연방), restoration(왕정복고), revolution(혁명), iconoclast(인습타파주의자) 같은 단어들은 이제는 다시는 돌아오지 말아야 하는 그런 시간들에 남겨진 상처와도 같았다. 나라가 바뀌면서 영어도 바뀌었다. 이제 영어는 과거에 라틴어 영역이었던 자연철학(과학) 분야도 점령했는데, 아이작 뉴턴은 라틴어로 『자연철학의 수학적 원리Principia』를 썼지만 1704년에는 영어로 『광학』을 저술했다. 영어를 지배하던 사람들은, 소수의 사람들에게는 아주 대단한 주제로 보이는 것들에 질서와 안정감, 명료성, 더 나아가 영속성을 주고 싶어 했다.

어쨌든 우선은 비록 주제에서는 좀 벗어나지만 당시의 학자들과 철학자들을 이해하려면 그들이 사용하는 언어가 모든 사고에 얼마나 깊숙이 관련되는지에 대해 잠시 설명하고 싶다. 17세기에는 원천적인original 언어를 발견하고자 하는 시도들이 점점 많아졌다. 즉 창세기에 설명된, 바벨탑 이전에 모든 사람들이 같은 언어를 사용했다고 말해지는 그 언어를 찾고자 했던 것이다. 아담이 사용했음직한 언어는 에덴동산에서 사용되었을 것이고 그 언어가 갖는 순수성은 모든 사물과 생각들을 완벽하게 설명할 수 있을 거라고 여겼다. 아담과 이브의 죄 때문에 잃어버린 후, 즉 타락 이후에는 바벨의 언어가 되었으나 사람들은 이 언어를 재발견할 수 있을 거라고, 그리고 그 발견은 아마도 고대 그리스어를 연구함으로써 가능할 것이라고 생각했다. 이 탐구 작업은, 연금술 연구를 통해 물질의 근본적인 비밀을 밝히고자 했던 뉴턴의 연구만큼이나 순수하고 공들인 연구였으며 인간 심성에 대한 진지한 탐구와 함께 진행되었다. 17세기 후반, 영국왕립연구원은 회원인 존 윌킨스에게 보편적인 언어를 새롭게 만들어 내는 일을 위임했다. 이것은 가치가 높이 평가되는 임무였다.

『진정한 인격과 철학적 언어를 지향하는 산문집An Essay Toward a Real Character and a Philosophical Language』(1668년)이라는 책에서 윌킨스는 모든 사람의 마음은 같은 방식으로 작용하고 사물에 대하여 비슷한 인식을 하기 때문에 하나의 보편적인 언어universal language가 존재할 수 없다고 믿을 만한 이유가 없다고 주장했다. 또한 보편적인 언어는 국제적인 협력을 이전보다 모든 수준에서 단순하게 만들어줄 수 있을 뿐만 아니라 "아직까지 이 세계에서 제공된 적이 없는, 진정한 지식을 획득하기 위한 가장 빠르고 가장 간단한 방법임을 증명할 것이다."라고 그는 말했다.

윌킨스의 해결책은 복잡했으며 더구나 기호들로 이루어져 있었다. 그 중 한 기호는 공간의 개념을 의미하는 것으로 그에 따르면 '왼쪽에서 위를 향하는 뾰쪽한 각 기호는 첫 번째 차이를 표시하는 것으로 바로 시간'이다. 다른 접사는 첫 번째 차이에 속하는 것들 가운데 9번째 종으로 영원을 의미한다. 이 접사의 끝에 있는 고리는 부사적으로 사용될 수 있는 단어임을 표시한다. 따라서 그것은 우리가 하나의 구문으로 표현하고자 하는 '영원히 그리고 영원히For ever and ever'와 같은 의미가 된다. 이 기호는 사실 그 형태만으로는 잘 이해가 되지 않는다.

존 로크가 이 언어를 추천했고, 뉴턴은 좋게 언급을 했으며, 에라스무스 다윈과 인류학자 몬보도 경은 감탄했고, 그리고 나중에 『어휘고 Thesaurus』라는 동의어 사전을 쓴 로제가 칭찬을 했음에도 불구하고 이 언어는 일반의 요구를 충족시키지는 못했다. 기록되기로는 공들여 쓴 단 두 통의 편지에서 사용되었는데, 존 윌킨스와 같은 왕립연구원 회원이었던 친구 사이에 주고받았던 편지에서였다. 윌킨스는 나중에 부주교가 되었고 알파벳과 음성학을 다루는 방법을 연구했는데 그의 사후에 여러 세대에 걸쳐 권위 있는 연구로 간주되었다. 최근에는 기호 논리학과 의미론 연구 분야에 종사하는 사람들로부터 그의 업적이 새롭게 재조명되고 있다. 그러나 보편성이라는 뛰어난 통찰력에도 불구하고 그가 만든 언어는 인쇄되는 언어, 즉 문자 언어로는 실패했다.

그럼에도 이 언어는 사람들이 당시의 생생한 언어를 좀 더 견고하게 이해하는 데 있어 그것이 아주 강력한 해결의 열쇠라고 생각했음을 잘 보여주고 있다. 시인들과 극작가들 그리고 종교적인 번역가들뿐만 아니라 학문의 우주를 통달하고자 하는 사람들 모두가 그렇게 생각했다. 가령 윌킨스보다 한 세기가 지난 후 프랑스의 라부아지에는 화학 기호를 비자연어 non-natural language로 만들었는데 지금까지도 사용되고 있다.

존 로크는 가장 영향력을 미친 저서 『인간을 이해하기 위한 산문집 Essay on Human Understanding』에서 언어를 명확하게 하는 것은 인류에게 가장 큰 혜택을 가져다줄 것이라고 주장했다. "나는 이 생각이 숙고되어야만 하고 또한 조심스럽게 시험되어야 한다고 주장한다."라고 그는 썼다. "단어의 의미에 대한 이 세상의 논쟁이 단순히 언어적인 것이든 아니든, 그리고 … 그 단어들이 의미하는 혹은 의미해야 하는 단순한 생각들을 모아놓은 것에 그치든 그치지 않든, 이 논쟁들은 스스로 끝나지 않을 것이며 즉시 사라지지도 않을 것이다."

　로크의 생각은 이성적인 이상주의를 보여주는 뛰어난 실례다. 로크처럼 탁월한 지성을 가진 사람이 과연 언어를 명확하게 만듦으로써, 논쟁을 기본적으로 단순화시킴으로써 이 논쟁들이 스스로 끝날 수 있다고 … 믿었을까? 물론 그는 분명히 그렇게 믿었다. 내가 보기에는 순수한 이성으로 보이는 것의 핵심에는 맹목적인 믿음이라고밖에는 볼 수 없는 것이 있다. 왜냐하면 로크가 17세기의 내전을 되돌아보았을 때 그 이후 수백 년 동안 수많은 사람들이 그랬던 것처럼 그는 인간의 탐욕, 권력 투쟁, 종교적인 회한, 그리고 억눌려 있는 지역적이거나 국가적인 분노는 무시해야 했고, 오히려 가장 강력한 단어의 정화만이 그런 분열을 끝낼 것이라고 믿는 관념을 본능적으로 가졌던 것 같다. 그러나 이 이야기에서 매력적인 것은 로크처럼 관록을 가진 사람들은 실제로 언어가 지배했고 언어가 모든 것을 지배하도록 만들 수 있고 또 그렇게 만들어야만 한다고 생각했다는 점이다. 그래서 일단 언어가 순수하고 고정되어 있으면 모든 것은 다 잘될 거라고 생각했다.

**흥분한 독자들,
영어를 실컷 먹어대다**

—

영어의 지위에 대한 신뢰는 점점 높아지고 있었고 일반화되어 가고 있었던 것으로 보인다. 인쇄소는 더 이상 허가를 받을 필요가 없게 되면서 영국 전역으로 급격히 늘어나고 있었다. 그 중에서도 가장 위대한 지성 있는 기관인 왕립연구원은 자연철학자들(natural philosophers, 과학자. scientist는 19세기 이전에는 만들어지지 않았으므로 이때는 자연철학자들이라는 표현을 썼다.)이 영어로 산문을 쓸 때 장식을 걷어치우고 감동적인 말투를 없애야만 한다고 좀 더 영향력 있게 주장했다. 오래된 설득 기술인 수사학은 포기되어야만 했고 이 새롭게 계몽된 세상에서 단어들은 감정에 휘둘리지 않는 냉정한 진실을 위한 것이었다. 모든 것은 마치 시계처럼 정확하고 규칙적이기를 열망했다.

영국에서는 1652년에 첫 찻집이 문을 열었다. 이후 로이드 커피하우스The Lloyds Coffee House가 1688년에 문을 열었는데 이 회사는 얼마 후 세계에서 가장 큰 보험회사가 되었다. 찻집들은 싸구려 대학으로 알려졌다. 1페니는 입장료와 한 잔의 커피값이었고 좀 더 대접을 받고 싶을 때는 예술적으로 놓여 있는 깡통에 동전 한 닢을 넣어 팁(To Insure Prompt Service, 줄여서 tip)을 주면 신속한 서비스를 받을 수 있었다. 그럽가Grub Street는 신문들과 찻집으로 넘쳐났는데 그 수요를 만드는 것은 작가들이었다. 그들은 곧 핵스hacks라고 불리게 되었다. 이 단어는 '판에 박힌 일을 일상적으로 하기 위해 고용된 사람'이라는 뜻의 해킹hacking에서 나왔는데, 고용하는 대상이 사람에서 말로 확대되었고 다음에는 '쓸모없는 말broken-down nags'을, 그 다음에는 '단조롭고 힘든 일을 꾸준히 하는 사람'을 의미하게 되었다. 1749년에는 '고용되기 위해 무엇이든 쓰는 사람', '진부한', '케케묵은'이라는 의미로 등록되었다. 산문과 의견 표명에 대한 욕망, 외설스러운 등장인물이 나오는 시와 소설과 책들에 대한 탐욕은 진정시킬 수 없을 정도로 쏟아져 나왔던 것 같다. 그리고 단어 hack은 지금처럼 언론이 확립된 시대에는 오히려 자랑스럽게 받아들이게 되는 단어지만 당시에는 공식적으로 인정받는 단어가 아니었다. 영국의 시인이자 극작가인 헨리 필딩은 이렇게 썼다.

> How unhappy's the fate
> To live by one's pate
> And be forced to write hackney for bread.

> 운명이란 얼마나 불행한 것인가
> 한 사람의 두뇌로 살아가는 것
> 그리고 빵을 얻기 위해 진부한 글을 쓰도록 강요받는 것이.

필딩은 존슨 박사와 골드스미스와 더불어 영어라는 언어를 사용한 가장 위대한 작가들 중 한 명이었지만 한때는 그럽가에서 돈 때문에 일해야만 했던 작가였다. 대중적이며 전문적인 작가에 대한 생각은 널리 퍼져나가 수백 명의 지망생들이 쏟아져 나왔고, 물론 그들 대부분은 새뮤얼 보이스처럼 무일푼이 되어 담요를 둘러쓰고 두 팔만 구멍 밖으로 내민 채 글을 쓰는 처지로 전락하거나, 리처드 새비지처럼 이스카리옷 해크니라는 필명을 사용해 그 유명한 사기꾼이며 외설물 제작자였던 에드먼드 컬을 위해 어떤 식으로 글을 쓰게 되었는지를 묘사한다. 그는 "(나는) 포프와 스위프트 … 존 게이나 애디슨의 이름을 빌려 음란하고 비속한 내용의 글을 썼다. 나는 그 사람들이 한 번도 쓴 적이 없는 프랑스어로 된 역사물이나 기행문을 간략하게 요약했고 낡은 책에서 새로운 이름을 찾아내는 데 선수였다."라고 썼다.

컬은 『커슬랜드의 존 커의 비망록 The Memoirs of John Ker of Kersland』을 출판해 세상의 웃음거리가 되었다. 그러나 그를 막을 길은 없었다. 인쇄술 또한 마찬가지였다. 영어는 인쇄기에서 막 나온 따끈따끈한 종이에 찍혀 거리로 보내졌다. 이 언어는 자신들의 언어가 몇 세대 동안 갈라진 틈새에서만 살아남았다가 이제는 법적으로 사용 가능해져 삶 속으로 파고드는 모습을 보며 기뻐하는, 새롭고도 흥분된 독자들에 의해 실컷 포식되었다.

**젊은 귀족들,
영어를 타락의 길로 인도하다**
―

한편에서 그런 풍요로움이 있었던 것처럼 다른 한편에서는, 아마도 그 결과로 인한 것이겠지만, 영어의 위신에 대한 〈뿌리 깊은 불안감〉이 있었다. 그 불안감은 그저 한 무리의 참견하기 좋아하는 사람들에 의해서가 아니라 위대한 힘과 우아함을 가지고 영어를 사용했던 사람들에 의해 표출되었다.

여기서 초서는 매우 중요하다. 시인들과 다른 작가들은 그의 위대함을 인식하고 그에게 머리를 숙였지만 냉혹한 진실을 말하자면, 그의 단어들은 읽기가 어려웠고 모음대추이와 같은 사건(음 변화)들로 인해 그의 시가 갖는 운율을 더 이상 감상할 수 없을 것 같았다. 이제 곧 초서는 후손을 잃게 될 것이라고 작가들은 두려워했다. (얄궂게도 그의 단어들은 영어의 오래된 변이형들을 조직적으로 연구하기 시작한, 그리고 방언에 대해 관심이 높아지기 시작한 최근 몇 세대에 걸쳐 오히려 더 쉽게 읽혀지게 되었다.) 만약에 초서가 위험에 처하게 된다면 우리는 어떤 희망을 가질 수 있을까? 위대한 작가들은 이를 두려워했던 것이다. 그들은 〈영어의 타락〉을 막을 어떤 행동을 취해야 한다고 믿었다. 하지만 언어의 타락은 반복해서 일어나며 앞으로도 250년간 계속해서 일어날 것이다. 이에 관해 명확하게 표현된 것은 1824년에 에이논이 쓴 『겁쟁이의 변증법에 대해서*On the Dialect of the Craven*』였다. 이 책은 앞서 지나간 수세기를 그리고 앞으로 다가올 수세기를 변호하고 있다. 이 책은 이 나라의 현재와 과거에 있는 순수함을 찾고 있다.

> 고향에 있는 산들에 갇혀서 그리고 농업에만 주로 종사하고 있기 때문에 이곳의 주민들은 자신들이 사용하는 언어의 순수성을 해칠 만한 기회조차 없었는데, 이는 외국에서 사용하는 관용적인 표현들을 채택하지 않았기 때문이다. 하지만 상거래가 도입되면서 그 결과로 상호접촉이 활발해지자 최근에는 언어의 단일성이 많이 훼손되어 많은 회한의 대상이 되어 왔다.

새로운 단어를 찾아 전 세계를 휘젓고 다니면서 단어들을 조합해 새로 만들어 내고 또 서로 교환하고 게다가 시대 풍조에 맞는 단어들을 만들어 내면서 황금과도 같은 단어들을 영어 어휘 저장고로 쏟아 부었던 16세기 후반은 이들 학자들이 본받고자 했던 모범적인 사례가 아니었다. 그들은 영어가 변하지 않고 고정되기를 바랐다. 하지만 그들의 확신은 새로운 인쇄술이라는 노도와도 같은 질풍 속에서 썰물처럼 빠져나가 점점 약해지고 있었다.

에드먼드 월러는 1645년에 자신의 저서 『영시에 대하여*Of English Verse*』에서 마음과 기분이 결정적으로 변하는 장면을 이렇게 표현하고 있다.

But who can hope his lines should long

Last in a daily changing tongue?

누가 희망할 수 있을까? 자신의 시가 이렇게 길게 가야만 한다고

매일같이 변하는 이 언어 속에서 오래 남아 있을 것이라고

더 나아가 그는 문자의 새로운 공화국에서는 어떤 전쟁 계획을 갖고 있는지 밝히고 있다.

Poets that lasting marble seek

Must carve in Latin or in Greek:

We write in sand, our language grows

And like the tide, our work o'erflows.

오랫동안 변하지 않는 대리석을 추구하는 시인들은

라틴어나 그리스어로 조각을 해야만 한다.

우리는 모래에 글을 쓰고 있고, 우리의 언어는 점점 더 자라나고

그리고 마치 조수처럼, 우리의 작품은 넘쳐흐른다.

다음 세기인 18세기 초에 조너선 스위프트(Jonathan Swift, 『걸리버 여행기』의 저자)는 에드먼드 월러의 탄식을 그대로 반복하면서 이렇게 썼다. "고대의 가장 뛰어난 사람들에게 필적할 만큼 역사에 재능을 가진 사람이 도대체 어떻게 영혼과 발랄함을 가지고 작품을 쓸 수 있단 말인가. 그 작품이 기쁘게 읽혀질 것이라고 생각했는데 몇 년 후 혹은 다

음 세대에게는 통역해 주는 사람 없이는 거의 이해조차 하기 힘들다면 말이다."

조너선 스위프트의 작품이 21세기에도 여전히 잘 읽혀지고 있다는 아이러니는 신경 쓰지 말자. 그리고 이러한 생각을 가졌던 대부분의 작가들이 실제로는 미래에 자신들의 작품이 읽혀질 것이라는 희망을 거의 갖지 않았다는 아이러니도 신경 쓰지 말자. 스위프트의 불평은 자신의 재능을 옳게 파악한 것이었고, 언어가 다음 세대로 잘 전해져 자신의 작품을 이해할 만한 후손을 가질 수 있기를 원하고 요구했던 것이다.

스위프트는 캠페인을 시작했는데 그가 한 첫 번째 일들 중 하나는 자신의 적들을 찾아내는 것이었다. 그가 생각하기에 적들 중에서 우선 떠오르는 사람들은 영어를 세련되지 못하게 사용하는 것처럼 보였던 영국의 귀족들이었는데, 그는 이들이 모범을 보여주기는커녕 아주 나쁜 영어를 사용하고 있다고 보았다.

대서양 건너편에서는 마크 트웨인이 이보다 훨씬 덜 정확한 방언을 포용하고 찬양하고 있을 때, 런던에서는 조너선 스위프트가 그런 방언의 사용을 뿌리째 뽑으려 했다는 사실은 매우 놀랍다. 그는 reputation(명성)을 줄인 rep, positive(긍정적)를 줄인 pos, mob(군중이라는 뜻으로 mobile을 줄인 것), penult(어미에서 두 번째 음절이라는 뜻으로 penultimate를 줄인 것) 등 줄인 단어들을 혐오했다. (이것은 절대 일시적인 유행은 아니었던 것으로 보인다. 현재 사용되는 phone, bus, taxi, ad 같은 줄임말을 보라.)[38] 스위프트는 특히 동

---

[38] phone은 telephone, bus는 omnibus, taxi는 taximeter와 taxicab, ad는 advertisement를 줄인 말이다.

사를 줄여서 사용하는 것을 좋아하지 않았는데, drudg'd(drudged, 단조롭고 힘든 일을 시키다), disturb'd(disturbed, 방해하다), rebuk'd(rebuked, 비난하다), fledg'd(fledged, 깃털이 나서 날 수 있게 되다) 등의 동사에서 모음 e를 빼서 한 음절을 줄이는 것을 좋아하지 않았다. 그는 다음과 같이 말했다. "이렇게 함으로써 우리는 너무나 귀에 거슬리는 소리를 만들어 내는데, 이는 발음하기가 너무 어려워 때로는 이런 발음을 할 수 있을지 의아할 때가 있다." 그는 또한 단지 유행을 따르는 것들이라고 생각되는 단어들을 증오했다. sham(사기꾼), banter(조롱), bubble(거품), bully(불량배), cutting(절단), shuffling(뒤섞기), palming(손바닥으로 쓰다듬기). 이들은 모두 모호크(Mohocks, 주로 젊은 귀족들로 구성된 영국의 갱단으로 고급 속어를 사용했다.)라는 단체의 언어였다.

18세기 초 런던의 거리에는 모호크와 건달들(거친 속어를 사용하는 일반 불량배들)이 있었다. 그들의 발명품 중 하나는 사람을 욕조에 넣어서 스노 힐이라는 언덕에서 굴러가게 만드는 것이었다. 또 다른 것은 쓰레기 더미 속에 마차를 거꾸로 처박는 것이었다. 그들은 면도날과 칼로 무장한 채 아가씨들과 부인들을 위협했다. 게다가 그들이 하는 행동 못지않게 그들이 하는 말 때문에 사람들은 그 언어를 싫어했고 배척의 대상으로 삼았다. 상류층, 귀족 계급, 그리고 그들의 모호크단 아들들은 언어의 정화를 위한 전쟁에서는 아무런 쓸모도 없게 되었다.

영어는 변하지 않고
고정되어 있을 수 있을까

스위프트는 귀족 계급은 구제할 길이 없다고 보았고 그래서 동료 작가들에게로 관심을 돌렸다. 그들은 중류 계급 사람들로 유럽의 습기 찬 앞바다 섬들을(즉 영국을) 전 세계를 위한 무역과 과학, 철학 그리고 상거래와 산업의 중심지로 만들어 가는 놀랄 만한 여행을 시작한 사람들이었다.

그러기 위해서 스위프트는 기꺼이 정치적인 역할을 했고 직접 앤 여왕에게 호소하기도 했다. 그는 "안정된 언어는 통치 기간 동안 여왕의 영광을 위해 대단히 큰 공헌을 할 것입니다."라고 했다. 언어를 고정시키는 사명이 완수되지 않는다면 미래 세대들은 여왕의 영광을 알지 못하게 될 수도 있다고 그는 주장했다. 그 이유는 역사를 기록한 문헌들이 이후 일어난 언어의 변화들 때문에 이해가 되지 않을 것이기 때문이라는 것이다. 역사는 1,000년 후의 후손들도 그 번영을 읽을 수 있도록 청동보다 더 오래가는 단어들로 기록되지 않는다면, "기억은 100년을 넘어서까지 보존되리라는 보장이 없으며 더 나아가 불완전한 전통밖에 만들 수 없을 것이다."라고 했다.

이 글을 해석하는 데는 여러 방법이 있다. 우선은 자신이 애착을 갖는 프로젝트를 얻기 위한 싸움에서 여왕을 자기편으로 끌어들이기 위한 냉소적인 전략이라고 볼 수도 있다. 또 한편으로는 단어의 의미만큼이나 고정시키기 불가능한 무언가를 고정시키기 위해 거의 미친 듯한 시도를 하면서 너무 거들먹거리는 야망을 보이고 있는 그를 비난할 수도 있다. 아니면 오랫동안 영화를 누려온 고전작가들이 처했던 상황이 영어의 불안정한 역사와는 너무나 다른데도 그가 모호한 비교를 하는 데만 정신이 빠져 있었던 것은 아닌지 생각할 수도 있다. 그도 아니면 내 생각처럼 자신이 사용한 단어가, 자신의 일생의 역작이, 성공이 확실한 삶을 보장해 주고 자신만의 잔인한 상상력을 보여 줄 수 있는 증거품인 자신의 작품이 언어의 자비가 있어야만 후대에 살아남을 수 있다는 그의 공포와도 같은 울부짖음은 아니었을까? 즉 언어에 변화가 일어나 자신의 작품성을 약하게 만들지 않도록, 그 의미를 모호하게 만들지 않도록, 궁극적으로는 자신의 작품을 산 채로 그대로 묻어두고 싶어서 그런 것은 아닐까? 그는 자신의 대단한 작품들을 바라볼 때마다 절망하곤 했다.

스위프트의 친구이며 《스펙테이터 Spectator》의 영향력 있는 영국의 수필가 애디슨은 대서양을 사이에 두고 양쪽 대륙의 수많은 작가들을 자기편으로 만들고 있었는데(미국에서는 벤저민 프랭클린이 스위프트를 산문의 모델로 삼았다.) 그들은 스위프트를 지지하기 위해 모여들었다. 1711년 그는 이렇게 썼다.

> I have often wished that as in our Constitution there are several Persons whose Business it is to watch over our Laws, our Liberties and Commerce, certain Men might be set apart, as Superintendents of our Language to hinder any Words of a Foreign Coin from passing among us; and in particular to prohibit any French Phrases from becoming Current in this Kingdom when those of our own stamp are altogether as valuable.

나는 희망하건대, 우리 헌법에 정해진 몇몇 사람들이 우리의 법과 자유와 상거래를 감시하는 것처럼, 우리의 언어를 감독하는 사람이 있어서 그가 우리 주변에 있는 외국어 단어들을 새롭게 조합해서 쓰는 것을 막을 수 있었으면 좋겠다고 자주 생각해 왔다. 특히 우리나라에도 똑같이 소중한 표현들이 있는데도 프랑스어 표현들이 이 나라에서 지금 사용되고 있는 것만큼은 막을 수 있었으면 한다.

말할 필요도 없이 영국인은 프랑스인과 다시 전쟁 중이었다. 애디슨은 자신이 증오하는 유해물의 대표적인 예로 전쟁을 사용했다. "전쟁을 이겨 그 전쟁을 우리의 언어로 묘사해 놓았는데도 어째서 우리의 책은 이해하기 힘든 공적들로만 채워져 있단 말인가? 그리고 프랑스가 어떻게 정복될 것인지를 우리가 채 알기도 전에 어째서 그들은 그들 언어의 일부분을 우리들에게 이미 빌려줄 수 있단 말인가?" 애디슨은 자신의 이 말조차도 프랑스어에서 빌려온 단어들로 이루어져 있다는 것을 알아야 했다. 가령 앞에서 인용된 구절에서 사용된 liberties, commerce, language, current, valuable이라는 단어들은 프랑스어에서 온 것들이다.

당시에는 젊은이들 심지어 모호크 갱단조차 전쟁을 겪으면서 생각나는 것들에 대해 자신들의 새로운 지식을 자랑하고 부모를 당혹스럽게 하고 어쩌면 약 올리려고 일부러 새 단어들을 가득 사용한 편지를 써서 보내곤 했다. 그들은 morass(늪지, 곤경), reconnoitre(정찰), pontoons(고무보트 또는 부교)라는 단어를 글 속에 썼고 Corps de Reserve(예비군)의 hauteur(오만함)와 Charte Blanche(백지 위임장)를 얘기했다. 물론 그들의 고향 언어는 이들 중 많은 단어들을 조용히 받아들여 소화했고 새롭게 영어로 사용했다. 《스펙테이터》라는 상류층 대상의 영향력 있는 잡지를 등에 업고 있던 애디슨도 이 급류를 막기에는 역부족이었다.

스위프트는 영어를 확정하기 위해 학술원 설립을 원했다. 프랑스(1635년)와 이탈리아(1582년)에는 이미 학술원이 설립되어 있었다. 드라이든과 이블린도 몇 년 전에 학술원 설립을 제안한 적이 있지만 구체적이지는 못했다. 심지어 위원회를 만드는 것조차 그들의 능력을 벗어난 일처럼 보였다. 스위프트는 공격적으로 나갔다. 그는 학술원이 영어 문법을 위한 규칙을 공식화하고 잘못된 용법은 없애고 수정해 영구적인 기준을 세우기 원했다. 1712년 스위프트는 『영어를 교정하고 향상시키고 확정하기 위한 제안서Proposal for Correcting, Improving, and Ascertaining the English Tongue』를 썼다. 여기서 ascertaining(확정하기)이라는 단어는 아주 중요했다. 그는 언어를 고정시켜 (초서와는 달리) 궁극적으로는 몇 세기가 지나도 사람들이 쉽고 정확하게 읽을 수 있기를 원했다. "나는 왜 언어가 끊임없이 변해야만 하는지 그 절대적인 필요성을 알지 못하겠다."라고 그는 말했다. 그는 고전어인 라틴어나 그리스어처럼 영어가 고정되어 있기를 바랐다. 사실 라틴어나 그리스어도 변천 과정에서 대단히 많이 변했으며 단지 그 문자가 사어dead language가 되고 나서야 고정되었는데도 말이다. 『걸리버 여행기』에서 스위프트는 언어를 변화시키려는 시도들을 웃음거리로 만들어 풍자하고 있다.

윌킨스의 사용되지 않은 원초적인 언어처럼 스위프트의 학술원 건립 또한 이루어지지 못했다. 스위프트의 제안에 대한 재치 있는 응답으로, 존 올드믹슨은 실제 영어를 사용하는 수많은 화자들을 위해 변호했다. 만약 언어를 고정할 수 있다면 그도 기쁠 것이지만 언어는 그렇게 될 수 없다고 말이다. "(스위프트) 박사는 아마도 우리의 언어가 이 시대를 넘어서 영원히 살아남을 수 있도록 할 수 있는 불로장생의 약, 영속적인 운동의 법칙, 지구의 경도와 같은 것들을 발견하기 위해 학술원을 세우고 싶었을지도 모른다 …." 올드믹슨은 오래 살아남는 것에 대해서는 잘못 생각했다.

그리고 관찰자들은 프랑스어는 학술원을 설립했음에도 불구하고 여전히 변하고 있다는 것을 알아차렸다. 1714년 앤 여왕이 서거했을 때 스위프트의 지지자였던 토리당이 실각하고 휘그당이 입각하면서 왕관은 영어를 잘하지 못하고 영어에 대해 별 관심도 없는 독일인에게 넘어가게 되었다.[39] 학술원을 설립하려던 구상은 주춧돌도 놓기 전에 무산되었다.

존 올드믹슨의 반대 의견에는 눈에 띄는 표현도 있는데 그것은 바로 '우리의 언어our Language'였다. 많은 영국인들은 우리의 언어를 아주 자랑스러워했다. 그들은 자신들의 성격이 이 표현에 그대로 드러나 있다고 생각했고 그 생각은 옳았다. 그들은 이 표현이 영국인의 개인적인 자유정신, 중앙 통제에 저항하는 정신, 그리고 무엇을 하라는 말을 듣는 것을 좋아하지 않은 그들의 정신을 구체화시키고 보존하고 격려한다고 믿었다. 누구라도 자신들의 언어에 규칙을 강요하는 중요한 시도를 하고자 한다면 그 사람은 한 개인이어야 하고 보기 드문, 거의 초인적인 식견이 있는, 냉철하고 확고한 그리고 현저하게 열

---

[39] 앤 여왕이 후계자 없이 죽자 영국의 왕은 프로테스탄트, 즉 신교도여야 한다는 왕위 계승법에 따라 독일 하노버 왕가로 시집간 제임스 1세의 손녀 소피아가 서열 1위였으나 그녀가 일찍 죽자 서열 2위인 소피아의 아들 게오르그 루드비히가 조지 1세가 되어 영국 왕위를 계승했다. 이후 1917년 조지 5세 때 윈저 왕가로 이름을 바꾸고 오늘에 이르고 있다.

정적인 인간이어야 한다고 생각했다. 그것이 바로 영어가 원했던 것이다. 그 누구보다 뛰어난 챔피언, 그러면서도 그들이 맛을 즐기고 있는 언어의 독특한 성격을 이해하는 그런 사람 말이다.

영어를 미라처럼 가두려는 자들, 결국 영어에 굴복하다

그 시간이 다가왔다. 드디어 새뮤얼 존슨Samuel Johnson 박사가 등장했다. 아주 위협적인 학자, 런던에서 제일가는 위트의 제왕, 당대의 횃불, 뉴턴처럼 우울한 현자이면서 애쓰지 않아도 기이한 사람 말이다.

1755년 존슨의 『사전Dictionary』이 두 권의 2절지 크기 책으로 출간되었다. 다른 사람 도움은 거의 받지 않고 7년 동안 일한 결과였다. 프랑스어 학술원 학자 40명은 『아카데미 프랑세즈 사전Le Dictionnaire de l'Académie Française』을 만들기 위해 자료를 모으는 데 55년이 걸렸으며 그 자료들을 개정하는 데 7년을 더 보냈다. 존 애덤스와의 대화에서 존슨은 어쩔 수 없이 질투의 대상이면서 명예를 훼손하게 된 프랑스어 학술원과 40명의 학술원 회원들과 비교해 자신의 위치를 평가하면서 이렇게 결론을 내렸다. "영국인 3명은 적어도 프랑스인 100명만큼의 가치가 있다." 이 계산은 인기를 끌었다. (더 과장된 수치도 나왔는데 그건 1:500이었다! 40명의 프랑스인이 40년 동안 한 일을 한 사람의 영국인이 3년 동안 일한 것으로 나누면 이 숫자가 나올 수 있다.) 이 말은 허풍이지만 존슨의 업적은 지금도 경탄할 만한 것으로 남아 있다. 그는 43,000개의 단어를 모아 정의를 내렸다. 그리고 일부 단어들을 제외한 이유도 밝혔는데, 때에 따라서는 편견이 있거나 오점이나 경멸이 있다 해도 이 사전은 영어 사전의 중요한 출발점이 되었다. 게다가 그림이 함께 있는 인용문을 실은 첫 번째 사전이었다는 점에서 특히 중요한 의의가 있다. 그리고 속표지에서도 스스로 밝히고 있듯이 존슨은 가장 훌륭한 작가들의 글만을 조심스럽게 인용했다.

최초 계획이 보여주듯이 존슨은 처음에는 스위프트-애디슨파에 아주 많이 기울어 있었다. 그의 생각은 '우리 언어의 발음이 고정될 수 있도록, 언어를 쉽게 통달할 수 있도록, 그 순수성이 보존될 수 있도록, 그 용법이 확인되고 사용 기간이 오래갈 수 있도록 하는 사전'을 만드는 것이었다. 이 생각은 스위프트가 학술원을 설립하려고 한 의도와도 흡사한 것이지만 존슨은 네 개의 벽(학술원 건물)이 아닌 단 두 권의 책으로 그 생각을 실천에 옮겼다.

그러나 사전 작업을 끝낸 후 1755년 서문을 쓸 즈음 정직한 실용주의자였던 그는 영어의 힘과 생명력을 마주하며 슬프지만 급격한 심경의 변화를 일으켰다.

> 내 계획을 잘 이해하도록 설득당한 사람들은 이 사전이 우리의 언어를 고정시키고, 그래서 아무런 반대 없이 세월에 따라 우연히 겪게 되는 그런 변화들이 더 이상 일어나지 않게 하기를 요구할 것이다. 나의 작업 결과를 가지고 나는 고백한다. 나는 잠시 동안 우쭐했지만 이제는 두려워지기 시작했다. 어떤 이성이나 어떤 경험도 정당화할 수 없는 그런 제멋대로의 기대를 갖고 있었다고 말이다.

이 침착한 문장과 함께 영어는 학술원에 대한 그 어떤 진지한 제안과도 작별을 고했다. 11세기에 당시 일반인들이 사용하던 세속어, 즉 구어체로 쓴 글(『앵글로색슨 연대기』를 말함)에서 영어가 유럽의 경쟁 언어들에 앞서 다른 언어들과 동맹을 맺어왔던 것처럼, 이제 영어는 선출되지 않은 자발적인 단어의 수호자 존슨 박사를 통해 학술원을 위해 선출되었음직한 그 어떤 단어 고정주의자들도 뒤에 남긴 채 이제까지 그래왔듯이 수많은 언어들과 동맹을 맺고 있음을 선언했다. 11세기에도, 존슨 박사의 경우에서도 우리는 축하할 만한 뭔가를 찾을 수 있다. 영어는 한 번도 채찍질을 당해 주저앉아 본 적이 없으며, 다른 언어들이 방해를 하거나 저항하게 되면 자유의 힘으로 또 다른 추진력을 갖고 일어서곤 했다는 사실이다. 어떤 의미에서는 언어에 패배를 당한 것을 인정하는 존슨의 말은 승리를 거둔 후 자신의 권력에 대해 주장하는 알프레드 대왕의 말처럼 영어에 대해 시사해 주는 바가 있다. 1755년 존슨은 서문을 이렇게 쓰고 있다.

> 사람들이 늙어서 시간이 되어 하나둘씩 한 세기에서 다음 세기로 죽어가는 모습을 볼 때 우리는 인간의 삶을 1,000년으로 연장시켜 준다고 약속하는 불로장생의 약을 비웃는다. 똑같은 이치를 적용하면 자신들의 단어나 표현들을 변함없이 보존할 수 있는 그런 나라를 만들어 내지는 못하면서, 마치 사전학자들이 자신의 사전이 언어를 미라처럼 만들어낼 수 있다거나 부패나 붕괴로부터 안전하게 보호할 수 있다거나 혹은 언어의 세속적인 성격을 바꾸거나 우둔함과 허영과 가식으로부터 이 세상을 정화시킬 수 있다고 상상한다면 그들은 조롱거리가 될 수도 있다.

이제 영어와 대적한 게임은 끝이 났다. 영어를 고정시켜야 한다고 주장한 대가들은 영어에 굴복당했다. 그들은 영어 단어를 알파벳순으로 늘어놓았을 뿐 그밖의 것은 없었다. 존슨이 하기 원했던, 영어 발음을 고정시키는 것도 마찬가지로 불가능했다. "소리는 규칙으로 제한하기에는 너무나 변하기 쉽고 미묘했다."

혼자서 7년 동안 만든 사전, 학술원 역할을 하다

존슨은 자신의 사전을 위해 많은 규칙을 만들었다. 그 규칙들 중에는 고유명사와 연결된 단어들은 모두 제외하는 것도 있었다. 가령 Calvinist(칼뱅주의자들), Benedictine(베네딕도 수도회 수사), Mahometan(마호메트의) 등은 사전에서 제외되었다. 존슨의 생각에는 외국에서 온 단어들은 무지를 통해 소개된다. "허영이나 바람기 혹은 유행을 따르다가, 아니면 새로운 것에 대한 욕망 때문에 (단어들이) 들어온다. 외국에서 온 단어들도 등록시키기는 했지만 일반적으로는 그 단어들을 비난하기 위해 사전에 올렸다." 영어로 된 이 첫 번째 광범위한 사전은 나름대로의 방법으로 계속되었는데 "가령 복합어나 이중어는 잘 찾아보기 힘들었는데 … 좀도둑 같거나 마차를 모는 마부와도 같아서 주목할 필요도 없었다."

그는 계속해서 말하기를 "가령 '성을 관리하기 keeping of the castle'에서의 keeping이나 '군대를 지휘하기 leading of the army'에서의 leading 등에서 보듯이 동명사 '-ing' 형태는 항상 무시했다." 분사들은 일반적으로 생략되었다. 더 이상 사용하지 않는 단어인 폐어들은 현재 읽히고 있는 작가들의 작품에서 발견될 때만 받아들여졌고 또한 그것들을 다시 새롭게 사용할 만한 필요성이 있다고 생각되면 사전에 등재되었다. 존슨은 책에서 한 번도 본 적 없는 단어들과 자신이 이해하지 못하기 때문에 설명할 수 없는 단어들은 제외했다고 밝혔다. 그는 미래의 사전학자들에게는 분노와 감탄을 일으키거나 한방 맞은 듯 놀라게 만드는 방법으로, 그러나 수많은 독자들을 기쁘게 만드는 방법으로 일관해 나갔다. "예술과 제조업에서 사용하는 많은 용어들이 제외되었다는 것을 솔직히 시인할 수밖에 없다."라고 그는 말했다. "그러나 그 결함에 대해서 사실 어쩔 수가 없었다고 나는 과감하게 주장한다. 나는 광부들의 언어를 배우기 위해 탄광을 찾아갈 수는 없었고, 항해술에 사용되는 언어에 대한 내 실력을 완벽히 하기 위해 항해를 떠날 수도 없었으며, 상인들의 창고나 기술자들의 가게를 방문해서 도구나 기구, 작동법을 알아낼 수는 없었다. 말할 필요도 없이 이런 단어들은 책에서 찾아볼 수 없다."

또한 그의 사전에는 법률, 의학, 물리과학 분야의 단어들도 빠져 있다. 스위프트처럼 존슨도 무엇보다도 자신이 은어cant라고 불렀던 단어들을 싫어했다. 그에 대해 존슨은 '사람들 중에서도 노동을 하고 장사를 하는 사람들에게서 발견되는 단어들'이라고 설명했고 또한 "이 사람들의 말은 대단히 일상적이고 쉽게 변하는 성격을 갖고 있으며 많은 단어들이 일시적이거나 특정 지역에 제한된 편의성 때문에 만들어졌다."고 말했다. 존슨 박사, 오직 그만이 대제사장High Priest이었고 언어의 유일한 독재자였다. 당신이 말한 것을 그가 은어라고 결정하면 그것은 은어가 됐고 그리하여 추방되었다. 다른 작은 많은 사전들이 그 격차를 메꾸기 위해 새싹이 돋아나듯이 새롭게 만들어졌다.

존슨은 음란하고 버릇없는 속어들을 싫어했지만, 가령 프랜시스 그로스 같은 사람들에게는 이런 단어들이 중요한 도전이 되었다. 그로스는 30년 후 고전이 되다시피 한 『우리말 사전*Dictionary of the Vulgar Tongue*』을 펴냈는데 아마도 존슨이라면 이 사전에 한 음절도 써줄 내용이 없었을 것이다.

앞에서 언급한 모든 생략과 추방으로 인해 당신은 오늘날 존슨의 사전이 도대체 어떤 비중을 지니고 있을지 궁금할 것이다. 사실 당시에 이 사전은 막강한 권위를 갖고 있었고 또한 한 개인의 재능을 통해서 영어로 쓴 문학작품들이 이처럼 강력한 어휘력이라는 엔진을 달고 있다는 것을 알게 해주는 자부심도 가져다주었다. 사전과 존슨 박사 둘 다 영어가 갖고 있는 특성 중 가장 기본적인 자질들을 강화한 것처럼 보였다.

존슨의 사전은 현대적인 기준으로 보면 그렇게 뛰어나지는 못하다. 어원을 보면 어떤 건 익살맞기조차 하다. 편견도 있고 변덕스럽고 특이하다. 그러나 나는 이런 모든 특성들도 그의 사전에 독특한 풍미를 더하는 것이라고 생각한다. 그의 사전은 그 시대의 자서전이고 자화상이며 또한 처음으로 영어를 사용하는 대중이 길들여지게 되는 사건이다. 그의 사전에 수록된 단어들과 그 설명을 몇 개만 골라서 살펴보자.

Network: any thing reticulated or decussated, at equal distances, with interstices between the intersections.

Cough: a convulsion of the lungs, vellicated by some sharp serosity.

Dross: the recrement or dispumation of metals.

네트워크: 그물망으로 되어 있거나 ×자 또는 열십자형으로 교차점에서 같은 거리와 같은 간격으로 배치되어 있는 것.

기침: 날카로운 장액으로 인해 일어나는 폐의 경련.

불순물: 금속에서 나오는 찌꺼기나 앙금.

그가 진지하게 학문을 추구했던 학자인지를 의심하게 만드는 경우도 있다. 반프랑스어 정서가 분명히 드러나고 있기 때문이다.

Ruse: cunning; artifice; little stratagem; trick; wile; fraud; deceit. A French word neither elegant nor necessary

책략: 교활한; 술책; 작은 모략; 속임수; 농간; 사기; 허위 우아하지도 않고 필요하지도 않은 프랑스어 단어.

스코틀랜드인들도 강타를 당했다.

Oats: a grain, which in England is generally given to horses, but in Scotland supports the people.

귀리: 영국에서는 일반적으로 말에게 주는 곡물이지만 스코틀랜드에서는 사람들이 먹는다.

정확하지 않은 것도 많이 보인다.

Tarantula: an insect whose bite is only cured by musick.

타란툴라(독거미류): 곤충의 일종으로 물리면 음악으로만 치유될 수 있다.

그의 사전에 경박한 단어들을 싣지 않은 것에 대한 일화가 있다. 두 귀부인이 이 문제에 대해 평을 하자 존슨은 이렇게 답했다. "뭐라고요, 부인? 그렇다면 그런 단어들을 찾아보려고 애쓰기라도 했다는 말씀입니까?"

그는 Excise(간접세)를 '상품에 부과되는 가증스러운 세금, 재산에 대한 일반적인 판단에 의해서가 아니라 세금을 걷는 사람들이 고용한 비열한 놈들에 의해 결정되는 세금'이라고 정의를 내렸다. 간접세 무국 위원들은 너무나 기분이 상해서 존슨을 상대로 명예훼손으로 소송을 하려고 했다(그러나 실패했다).

그는 자신의 흠을 잡는 것도 잘했는데 이 점은 아마도 사랑스러운 영어라고 불릴 만한 또 다른 속성인지도 모른다.

> **Lexicographer**: a writer of dictionaries; a harmless drudge that busies himself in tracing the original, and detailing the significance of words.
>
> **Grub Street**: originally the name of a street in Moorfields in London, much inhabited by writers of small histories, dictionaries and temporary poems.
>
> **Dull**: not exhilarating, not delightful: as, to make dictionaries is dull work.

사전학자: 사전 편찬자; 원본을 찾아서 단어의 중요성을 자세하게 파악하는 일로 자신을 바쁘게 만드는, 순진하지만 단순하고 지겨운 일을 하는 사람.

그럽가: 원래는 런던의 무어필드 지역에 있는 거리의 이름이지만 사소한 역사, 사전과 반짝 인기 있는 시를 쓰는 작가들이 사는 곳.

지루한: 유쾌하지 않은, 즐겁지 않은: 가령 '사전을 만드는 일은 아주 지루한 일이다'에서 쓰는 말.

토리당의 정치관에 대해서는(존슨 박사는 토리당 당원이었다.) 아주 확실하게 설명했다.

Whig: the name of a faction.
Tory: one who adheres to the ancient constitution of the state, and the apostolical hierarchy of the Church of England.

휘그당: 파벌 싸움을 벌이는 당파의 이름.
토리당: 나라의 오래된 헌법과 영국 국교회의 사제 위계를 충실히 따르는 사람.

그는 소위 자신의 후원자인 체스터필드 경에게 부당한 대우를 받았다고 생각했고 그래서 냉정한 복수를 했다.

Patron: one who countenances, supports or protects. Commonly a wretch who supports with insolence, and is repaid with flattery.

후원자: 누군가의 뒤를 밀어주거나 후원하고 보호해 주는 사람. 일반적으로 오만하게 후원을 하는 비열한 사람인데 아첨으로 보답받는다.

자신의 무지에 대한 고백은 못 말릴 정도다.

Etch: a country word of which I know not the meaning.
Parsnep: a plant.
Pastern: the knee of a horse.

식각(선명하게 그려 넣음): 시골의 단어로 나는 그 의미를 알지 못함.
파스넵: 식물.
발회목뼈: 말의 무릎.

다른 귀부인이 이 단어들의 뜻을 어떻게 잘못 알 수 있었느냐고 물어보자 그는 이렇게 대답했다. "무지 때문이지요, 부인. 순전히 무지하기 때문입니다."

그는 digladation, cubiculary, incompossibility, clancular, jobbernowl, denominable, opiniatry 등 오래되고 애매한 단어들도 겁내지 않고 포함시켰다. 이 대목에서 그는 미국의 웹스터에게 비판을 받았다. 웹스터는 이렇게 썼다.

나는 존슨의 권위가 영어에서 타락의 수를 줄이기보다는 더 증가시켰다고 믿고 싶다. 올바른 취향을 가진 사람이라면 누구든지 denominable, opiniatry, ariolation, assation, ataraxy … deuteroscopy … discubitory

…indignate(더 이상 사용되지 않는 단어들이다.) 등과 같은 단어들을 보고 수천 개나 되는 이러한 단어들을 공인된 영어로 싣고 있는 사전이 과연 글쓰는 데 참고해야 할 안전한 기준이 될 수 있는지에 대하여 그에게 말해 달라고 하라.

미국영어는 오래된 나라(영국)의 콧대 높은 위선에 한 치도 양보하지 않았다. 웹스터는 이를 비판한 단 한 사람의 학자가 아니었다. 존 혼 투키는 자신의 이론, 즉 단어 하나에는 하나의 뜻만이 있어야 한다는 원칙을 위반했다고 공격했다. 브리태니커 백과사전의 첫 번째 편집자인 윌리엄 스멜리는 우려를 표시했다. 19세기 영국의 역사학자 매콜리는 존슨을 '비열한 어원론자'라고 불렀다. 심지어는 존슨의 전기 작가로 신뢰받던 보즈웰도 존슨이 말하는 어원에 대해 문제를 제기했다. 비록 그가 자신의 영웅인 존슨을 '자기 나라의 언어를 안정시키기 위해 공헌한 사람'이라고 주장했음에도 불구하고 말이다. 그러나 존슨이 너무나 창조적이며 개인적이며 편견으로 가득한 독특한 자기만의 방식으로 사전 편찬 작업을 했다는 사실은 시간이 지나면서 그가 내린 정의를 통해 오히려 명성을 더해 가고 있다.

외국 학자들 중에는 당당한 두 학자가 존슨의 사전에 대해 관대한 칭찬을 했다. 마르키스 니콜리니(이탈리아의 아카데미아 델라 크루스카의 총장)는 "이 숭고한 작업은 저자에게는 영원한 명성의 기념비가 될 것이며 특히 그의 조국에는 명예가 될 것이고, 전 유럽을 통해서는 문자 공화국에 보편적인 이익이 될 것이다."라고 말했다. 프랑스에서는 한 신문이 존슨을 '영국을 대표하는 학술원'이라고 선언하기도 했다. 비록 먼지투성이긴 하지만 영어의 첫 학술원이라고 볼 수 있는 영광이 이 한 권의 책(존슨의 사전) 속에 있었다.

**결국 영어는
스스로 수위를 조절할 것이다**
—

존슨의 업적은 〈문법의 행진〉을 선포하고 출발시켰다. 모든 사람들이 영어를 장악하고 영어가 어떻게 행동해야 하는지를 말하고 싶어 했다. 그들은 이처럼 통제받지 못하는 단어의 무리에 손을 댐으로써 산뜻하게 만들고 잘 가려내고 그리고 몇몇 원칙들을 만들어 내고 싶어서 더 이상 기다릴 수가 없었다.

가장 흥미로운 문법학자는 조지프 프리스틀리였는데, 그는 시민권과 종교의 자유를 지지했고 전기에 대한 글을 썼으며 좀 과격한 국교 반대파 목사였다. 또한 탄산수와 아산화질소(일명 웃음가스)를 만들어 냈으며 이산화탄소와 산소를 발견하기도 했다. 과학은 그의 주된 관심사였다. 게다가 『초급 영문법 The Rudiments of English Grammar』을 썼는데, 이 책에서 그는 문법은 일반적인 용법으로 정의되어야지 자기만의 스타일에 따르는 문법학자가 좌우해서는 안 된다는 견해를 밝혔는데 당시에는 참신한 생각이었다.

그의 영향은 크지는 않았다. 더 많이 알고 있는 사람들이 전쟁에서 계속해서 승리했다. 로버트 로우스의 『영어 문법 개론 Short Introduction to English Grammar』은 프리스틀리가 개방적이며 관대한 것만큼이나 보수적이고 규범적이었다. 로우스는 이 분야를 휩쓸었다. 40년 동안 그의 책은 22판이 발행되었다. 몇몇 문법 구조들은 정확한 것으로 간주되었던 반면 다른 구조들은 부정확할 뿐만 아니라 구어체로 간주되었다. 존경할 만한 후손들이 오늘날에도 많이 존재하고 있는 이 헌신적인 문법서 편찬자들은 존슨 이후에 열렬하게 싸웠고 결코 뒤로 물러서려 하지도 않았다.

lie(눕다, 자동사)를 쓸 것인가, lay(눕히다, 타동사)를 쓸 것인가? I'd better(~하는 편이 낫다)의 표현에서는 would가 아닌 had가 축약되기 전의 단어로 여겨지고 있다. '~와 다른'이라는 표현에서는 different from이 아닌 different to를 더 선호한다.[40] between you and I('우리끼리 얘기지만, 비밀이지만'의 뜻으로 between you and me가 쓰이고 있다.)라는 표현은 더 이상 사용하지 않는다. 두 개의 사물을 비교할 때는 최상급이 아닌 비교급을 사용한다. than과 as 뒤에 오는 단어의 경우 적절한 격은 무엇인가에 대한 문제는 논쟁의 대상이었다. 로우스가 선언했고 수백만 명의 사람들이 그를 따랐는데, 이 경우에는 그 뒤에 나온다고 여겨지거나 암시되는 구조에 따라 결정된다고 했다. 따라서 he is older than she is(그는 그녀보다 나이가 더 많다.)의 경우에는 주격을 사용하고, he likes me better than her(그는 그녀보다 나를 더 좋아한다.)의 경우에는 목적격을 사용해야 된다는 것이다. 또한 연설문에서 몇 번이고 흔하게 장식해 왔던 이중부정은 추방당했다.

이 규칙들 중 일부는 그럴듯하게 보일 수 있다. 그러나 다른 것들은 임의적이었다. 그 끔찍한 쌍둥이인 계급과 속물스러움에게 로우스의 문법 규칙들은 마치 천국과도 같았다. 그들은 신호를 보내기만 하면

---

[40] 이 부분에서는 미국영어와 영국영어 사이에 차이가 있다. 미국영어에서는 different from이 쓰이고 영국영어에서는 different to가 쓰인다.

딱 맞추어 등장했다. 그러나 깊고 겉으로 보기에는 멈출 수 없는 언어의 변천 과정 속에서 "말을 어떻게 하는가의 습관이 그 언어의 원천이며 유일한 기준이 되는 것이다."라는 프리스틀리의 외침은 캔자스시티에서부터 킹스턴과 홍콩을 거쳐 캔버라에 이르기까지 결국은 맞는 말로 드러났다.[41] 그러나 로우스의 규칙도 거부되지는 않을 것이다.

19세기에는 적어도 856권의 영어 문법서들이 발간되었고 영어에게 몸가짐을 제대로 갖추도록 명령했다. 영어는 처음에는 문법에서 요구하는 명령을 따랐다가 살짝 빠져나갈 때도 많았고 그러다가 허락도 없이 사라져 버리기도 하고 게으름을 피우기도 했다.

언어 구조에 도움이 되기는 하지만 사용자들을 격노하게 만들려고 온 것은 문법만이 아니었다. 어떤 단어들은 그때나 지금이나 마찬가지로 사람들을 성나게 만들었고 그래서 단어의 첫머리를 잘라버리는 사람들도 있었다. 스위프트는 많은 단어들 중에서 mob(군중)과 banter(조롱하다. 이 단어의 기원은 알려져 있지 않다.)라는 단어를 특히 없애려고 노력했다. 조지 해리스는 driving a bargain(유리한 조건으로 거래하기), handling a subject(문제를 다루기), bolstering up an argument(논쟁을 부추기기) 등을 없애려고 했다. subject-matter(주제-문제, 같은 뜻의 단어가 중복되어 있는 경우)라는 단어는 또 다른 작가를 흥분시켰다. "모든 혐오스러운 것들, 그리고 몹시 싫은 모든 것에 맹세코, 이건 무엇인가? 한 단어인가, 아니면 꼴 보기 싫은 두 단어인가? 그 뜻은 뭘까? 제기랄, 추측이라도 할 수 있다면! 그러나 그 누구라도 잠깐이라도 이 소름끼치

---

41 문법의 규칙보다는 사람들이 어떻게 사용하는가라는 용법의 문제가 각 지역의 영어에서 받아들여지고 있다는 뜻이다.

는 단어 subject-matter를 보면 얼굴에 놀라는 표정을 지을 것이라는 두려움을 감히 떨칠 수가 없다." 그러나 이 단어는 그 작가의 이름보다도 오래 살아남았다.

영어 단어나 구문을 싫어하는 것은 좋아하는 것보다는 덜 일반적인 경향이었다. 그러나 반대하는 벌떼 같은 군단은 언제나 있으며 때로는 그들이 환영받을 때도 있다. 그렇다면 어떤 의미에서 그들은 실패할 수도 없고 성공할 수도 없다. 영어는 마치 물과 같아서 자신의 수위를 스스로 알아낼 것이다. 용법과 자연적인 선택을 통해 영어 자체는 살아남을 만한 것은 살아남을 것이라는 사실을 알 것이다. 단어를 공격하는 사람들은 약하거나 필요 없다고 생각하는 단어는 서둘러 떠나보내고, 어쨌거나 우리와 함께 조금이라도 더 오래 머물러 있을 것이라고 동의하는 단어들에게는 좀 더 완강한 힘을 주려고 밀어붙일 뿐이다.

영어를 통제하고 규칙화하고 그것에 명령하려는 거대한 노력은 조금은 성공했는데, 이 언어를 사랑하는 사람은 누구든지 존슨 박사가 산파 역할을 했다고 주장할 수 있는 수많은 훌륭한 사전들 중 한 권을 갖고 있을 것이다. 그러나 언어를 움직이는 힘은 신비스럽기만 하다. 절반은 숨겨져 있고 심지어 가장 박식하고 분별력 있는 학자들에게도 그렇다. 패션이나 태도, 옷처럼 얼마 가지 못하는 일시적인 것들도 영어에 의미 있는 영향을 미칠 수 있다. 영어는 아무리 하찮은 것에서 유래하든 모든 영향에 열려 있다.

17

영어는
사람들을 분열시키기도 한다

    18세기 후반 계몽주의 시대에는 종교의 유대와 속박이 느슨해졌다. 이 시대는 인간 심성의 세속적인 성전을 창조해 내기 시작했고 또한 그것을 통제할 수 있다고 믿었다. 미국에서는 웹스터와 프랭클린이, 영국에서는 스위프트와 존슨이 언어를 통제하려고 했던 것도 이러한 시도들의 일환이었지만 결국은 실패로 돌아갔다. 그러나 실패로 가는 과정은 성공으로 가는 과정만큼이나 영향을 미치는 법이다. 영어를 길들여서 굴렁쇠를 훌쩍 뛰어넘게 하고 똑바로 앉아 빌게 하고 주인의 채찍에 순종하게 만들려는 시도로부터 광범위한, 심지어 전 세계적인 중요성을 갖게 될 결과들이 흘러나왔다.

    캑스턴과 그 뒤를 이은 인쇄업자들의 선구적인 노력과, 공문서 보관소의 필연적이면서도 법률적이고 현학적인 태도와, 존슨 박사의 최종 교정을 거쳐 얻어진 정확한 철자를 이 고분고분하지 않은 언어가 완전히 받아들였다. 더 이상의 게임은 없었다. 문자로 쓴 단어들written words은 우거진 숲의 나무들로 만들어진 종이를 수없이 소비했고 그렇게 해서 만들어진 책들은 이제 시간도 많고 단순히 앉아 책을 읽기만 하는 수많은 사람들에게 읽혀지기 시작했다.

문자로 쓴 단어는 사회를 식민지화했고, 따라서 책에 적혀 있는 것과 말로 한 것 사이에 차이가 나기 시작했다. 물론 이 차이는 언제나 있어 왔지만 이제는 문자로 쓴 단어가 말로 하는 단어spoken word를 명령하기 시작했다는 것이다. 최고의 구어체 영어는 놀랍게도 점점 더 최고의 문어체 영어처럼 들려야만 했다. 그렇다면 문어체 영어는 어떻게 들렸을까? 누가 그것을 결정했을까? 바로 이 논쟁에서 말하기의 최선의 방법이 비롯되었는데 학자, 속물근성을 가진 사람, 사회적으로 출세하려는 사람 그리고 풍자가에 의해 눈이 휘둥그레질 정도로 정교한 구분이 이루어지게 되었다. 언어의 발음을 고정시키려는 시도는 강박관념이 되었다. 그러나 영어는 너무나 영리해서 핀을 박아 고정시킬 수 없었으며 심지어 영국인들도 그렇게 할 수 없었다. 영어는 자신의 미래가 속박되지 않고 자유롭다는 사실을 알고 있었다. 그럼에도 불구하고 〈영어의 발음을 고정시키려는 시도〉에 대한 자신들의 생각을 확고히 하고 싶어 했던 사람들을 멈추게 하지는 못했다.

청동보다 더 견고한 단어들을 만들려는 조너선 스위프트의 시도가, 즉 언어를 확정하고 고정시키려는 노력이 실패했다는 것을 이미 살펴본 상태에서 우리는 이제 이 장에서 말에 있어서도 같은 품질 표시를 부여하려 했던 시도에 대해 알아보려고 한다. 〈정확한 발음〉이 이제 그 목표였다.

발음의 차이는
사회 분열을 더 키울까

영어에서 〈발음과 철자의 관계〉는 그야말로 악몽이다. 우리의 철자체계는 반反음성적이라고 할 만큼 음성적이지 못하다. 가령 모음철자 ee로 대표되는 발음 [i:]를 표현하는 방법이 적어도 일곱 가지나 된다. free, these, leaf, field, seize, key, machine에서 보여진 것처럼 말이다. (ee, e, ea, ie, ei, ey, i 등 일곱 가지 철자의 발음이 모두 [i:]다.) 우리는 도대체 무엇을 하고 있는가?

예상했겠지만 어떤 목적으로 영어를 말하고 쓰든 간에 모든 사람을 끌어들이는 마치 자석과도 같은 매력이 영어에 있음을 감안할 때(수학자이며 연금술사인 뉴턴도 음성학에 흥미를 갖고 그에 대한 글을 썼다.) 발음을 고정시키려는 시도는 훨씬 더 일찍부터 시작되었다.

1589년에 조지 퍼턴햄은 『영시의 기법 The Arte of English Poesie』에서 풋내기 시인들에게 어떤 단어를 찾고 어떤 말을 해야 하는지에 대한 조언을 했다. 그는 북부에서 온 것들은 전부 반대했다. 그는 중세 시인인 랭글런드와 가워에 반대했는데, 그 이유는 우리가 그들을 존경할 수는 있지만 초서처럼 결코 그들을 이해하지는 못하기 때문이었다. 퍼턴햄은 런던의 말을 절대적으로 지지했지만 "기술자나 마차꾼의 말 혹은 하층 계급의 사람들이 사용하는 말을 절대로 따라해서는 안 되는데 … 왜냐하면 이런 사람들은 이상한 억양의 방언들 때문에 좋은 말을 나쁘게 만들기 때문이다 …."라고 말했다. 이제 어려운 길에 들어섰다. 이상적인 발음들이 모든 거리의 언어들, 모든 세련되지 못하고 거친 용법들을 대체하기 위해 제안되었다.

방언들이 대부분의 지위를 잃어버린 때는 18세기였다. 그 지위 상실은 쓰기의 체계화 그리고 정확하게 쓰기를 강요하는 것과 관련이 깊다. 방언은 더 이상 신앙적인 목적으로는 사용되지 않았고 다만 아주 드물게 문학적인 목적으로만 쓰였다. 하지만 놀라울 정도의 뿌리 깊은 완고함 덕분에 각 지역의 방언은 그 지역에 살고 있는 지위가 서로 비슷한 사람들 사이에서 일상 대화체로 우선 선택되었다. 그러나 이 방언들은 썰물처럼 밀려오는 〈우월한 영어〉라는 큰 파도에 휩쓸리게 되면서 아메리카 원주민의 언어들만큼이나 큰 재난을 맞게 되었다.

아일랜드 출신인 토머스 셰리던Thomas Sheridan이 이끄는 발음을 감시하는 경찰이 등장했다. 그의 아버지는 조너선 스위프트의 스승이자 친구였다. 그리고 그의 아들은 영국이 낳은 위대한 극작가 중의 한 사람이었다. 토머스는 전문배우이자 극장의 매니저여서 런던에서는 유행의 중심지에 서 있었다. 1750년 그는 발성법 전문가가 필요하다는 것을 알아차렸다. 그는 그 기회를 잡았다. 발음을 위한 기준을 세운 사람들이 가장 적절하다고 했던 영어 발음이 한 아일랜드 출신 배우가 일방적인 결정으로 만든 영어 발음과 아주 유사하다는 사실을 알아차렸을 때 우리의 마음은 따뜻해진다.

셰리던이 쓴 최초이자 아주 중요한 책이 1756년에 출판되었는데 그 책은 존슨 박사의 사전을 철저히 따르고 있었다. 그는 의미심장하게도 책의 이름을 『영국의 교육British Education』이라고 지었다. English가 아니라 British였다. 셰리던은 1,200년 전 앵글로색슨족에 의해 유형을 당했던 그들의 땅과 그들의 언어를 다시 한 번 주장하고 있었다. 브리티시가 이제 다시 논의의 대상이 되었다. 그리고 교육이었다. 즉,

그는 말하는 법이나 발음을 운운한 것이 아니었다. 그는 교육이라는 정확한 단어를 찾아냈고 그것은 영국인들에게는 최대의 급소였다. 만약 어떤 말을 하고 싶을 때 가장 좋은 방법으로 말하기를 원한다면 당신에게 필요한 것은 바로 교육이라는 것, 이 책 그리고 이 책을 쓴 사람은 당신에게 그것을 제공해줄 수 있다는 것이다. 그는 놀랍게도 이것을 잘 해냈다.

셰리던은 1757년 더블린, 에든버러, 옥스퍼드, 케임브리지, 런던 등에서 연설법에 대한 공개 강연을 했다. 그의 강연은 많은 영향력 있는 청중들을 불러모았다. 또한 지배층에 있는 몇몇 엘리트를 제자로 삼았다. 그는 이 일에 체계적으로 접근했는데 그와 같은 태도는 뉴턴의 영광의 그림자와 새로운 계몽시대의 햇빛 아래에서 아직도 행복하게 존재하는 영국 문화를 기쁘게 했고 감동시켰다. 또한 그는 영어의 음소(의미를 갖는 음의 최소 단위)의 숫자 그리고 이중모음과 음절의 숫자와 종류를 정립한 초기 학자들 중 한 사람이었다. 그는 단어에 주어지는 강세의 사용에 대해서도 연구했다.

여기에는 두 가지 흐름이 있었다.

1750년경까지는 궁정에서 사용되는 대도시의 화법이 더 권위를 가지고 있었지만 그렇다고 해서 지역적인 억양이나 외국어의 억양을 가진 상류 또는 하류 계급의 화법이 사회적으로 불리한 것도 아니었다. 원래 스코틀랜드의 왕이었으나 후계자 없이 죽은 엘리자베스 여왕의 뒤를 이어 1603년 영국 왕위도 계승한 제임스 1세는 심한 스코틀랜드 방언으로 말을 하고 글을 썼다. 또한 마치 노르만인들이 프랑스어를 사용했던 것처럼 하노버 왕조(1714년~1901년까지 영국을 통치했던 왕가)의 왕족들은 독일어를 사용하던 사람들이었다. 셰리던은 자신의 생각에 가장 민감한 반응을 보이는 청중을 향학열에 불타는 교육받은 중류 계급에서 찾아냈는데, 그들은 생각의 측면에서 단어의 측면에서 그리고 실제 행동의 측면에서 영국과 영어를 전 세계로 가지고 나갔던 사람들이었다. 중류 계급은 쉽게 무시를 받았지만 우리가 어림짐작도 할 수 없을 만큼 영국인의 삶에 많은 영향을 미친 계층이기도 했다. 중류 계급의 사람들은 로마제국에서는 로마보다 더 뛰어나기를 원했고, 그리스에서는 아테네보다 더 뛰어나기를 원했으며, 그리하여 영국에서는 잡종의 섬인 그곳을 점령하여 그곳의 잡종들을 사납게 날뛰며 지구를 돌아다니는 불독의 무리로 바꾸어 놓았다. 그들은 자신들의 길을 원했다. 그들은 자신들의 단어들을 원했다. 셰리던은 그들의 중추를 건드렸다. 1762년의 한 강연에서 그는 이렇게 말했다. "발음은 … 한 사람이 좋은 친구를 사귀었다는 일종의 증거이며, 유행의 첨단을 걷는 사람으로 인정받고 싶은 사람들이나 멋쟁이들과 함께 사교계의 일원이 되고 싶어 하는 사람들은 누구나 그 이유로 인해 추구해야만 하는 것이다." 그는 죄인들은 받아들이지 않았다. "다른 모든 방언들은 지역적이거나 시골풍이거나 현학적이거나 기계적인 교육의 확실한 표시다. 그러므로 방언들은 거기에 부가되는 어느 정도의 불명예를 갖고 있기 마련이다."

이것만으로 충분히 설득되지 않는 경우를 대비해 그는 다른 사람들이 사용하던 단어들을 내려놓고 자신을 따라야 하는 두 번째 아주 고상한 이유를 이렇게 설명했다. "똑같은 왕의 신하로서 우리 사이에 존재하는 이 가증스러운 차이를 끝내는 것이 큰 도움이 되지 않겠는가? 만약에 순수한 영어라는 언어에 능통하여, 즉 표현과 발음에 모두 능통하는 길이 우리 앞에 활짝 열려 있어 폐하의 땅에 사는 사람들은 모두 쉽게 그 길을 갈 수 있다면 말이다." 누가 감히 이 고귀한 부름에 저항할 수 있겠는가?

그러나 발음을 통해 나라를 하나로 묶으려는 시도를 하는 가운데 셰리던은 적절한 화법proper speech과 적절하지 못한 화법 간의 깊고도 지속적인 사회 분열을 더 키우기도 했다. 후자에는 사회적 출세에 장애가 된다는 낙인이 찍혔다. accent(억양)라는 말 자체는 원래 한 단어에 강세를 어떻게 주는가를 의미하는 데 쓰였지만 이제부터는 〈발음하는 방법 전부〉를 의미하기 시작했다.

셰리던 효과는 부분적으로는 그가 의도한 대로였다. 상류층이 사용하는 공식적인 고급 영어는 단 하나의 적절한 발음 방식을 추구하도록 괴롭힘을 당했다. 그러나 그들의 고급 영어는 그렇게 박해를 받으며 쫓겨 가는 길에서도 순간순간 맞서 싸우곤 했다.

누가 발음을 결정했는가? 알파벳의 첫 번째 글자를 예로 들어보자. a를 보라. 당신은 fast, bath, last에 나오는 a를 어떻게 적절하게 발음하는가? 이 문제는 오랫동안 논쟁이 되어 왔는데 아직도 언어학에서의 장미전쟁으로 남아 있다.

오늘날 여전히 많은 사람들은 현대 영국 남부 지역 방언에 존재하는 장음 a의 음가를 (a와 다른 모음을 구분하는 데) 중요한 기준으로 생각하고 있다. 그러나 1791년 학자 존 워커는 그의 저서 『발음 사전Pronouncing Dictionary』에서 장음 a는 "부정확한 화자들, 특히 비천한 대중들만 사용하고 있다."라고 했다. 그는 단호하게 말했다. "정확한 귀를 가진 사람들은 누구나 father에서 a를 충분히 길게 발음하는 것에 대해 역겨움을 느낄 것이다." 반면 "cat에서의 단음 a가 (오늘날 북부 지역 방언에서처럼) 우아하고 정확하고 분명한 발음이다."라고 쓰고 있다. 전쟁은 계속되었다.

 윌리엄 스미스는 1795년에 워커의 발음에 대해 "점잔 빼기를 좋아하는 현대의 겉치레 … 우리말의 진정한 발음으로부터 멀리 떨어져 나가는 것이다."라고 말했다.

 한편 워커는 스미스의 장음 a에 대해 이렇게 썼다. "전에는 이 발음이 존재했을 가능성이 매우 크다. 이는 지금도 천박한 사람들 사이에서 사용되고 있는 것을 보면 알 수 있는데, 왜냐하면 천박한 사람들은 가장 늦게 일반적인 발음을 바꾸는 사람들이기 때문이다."

 둘로 분열된 결정이었다. 북부에서는 짧게 발음했고 남부에서는 길게 발음했다. 한쪽은 완고했지만 오래되었고, 다른 한쪽은 친절했지만 나온 지 얼마 되지 않은 신참이었다.

 그리고 그때부터 발음은 언제나 사람들을 취하게 만들고, 분노하게 만들고, 웃게 하고, 가끔은 가차없이 진지하게 만드는 영어의 놀이터가 되어 왔다. 발음에 대한 논쟁은 성난 사자처럼 포효하며 19세기로 몰려갔다. 그리고 『어려운 단어를 쉽게 만들기Hard Words Made Easy』와 같은 책들이 20권 넘게 쏟아져 나왔다. 글자 h는 혼자서 고대 문헌들만큼이나 많은 주목을 받았다. 『불쌍한 작은 H: 그 용법과 남용Poor Little H: its Use and Abuse』은 40판까지 출판되었다. 『당신의 H 발음을 조심하라, 해리 호킨스의 H 책Mind Your Hs, Harry Hawkins' H Book』이라는 책도 있었다. 영어 발음은 화자들에게 모든 범위에 걸쳐 선입견을 제공해 주었고 이 나라의 우울함과 유쾌함도 보태주었다.

스코틀랜드어는 저급하고, 영어는 우월한가?

아일랜드 사람인 셰리던은 스코틀랜드로 갔다. 셰리던이 그곳에 간 이유는 '폐하의 영국 전 영토를 통틀어 발음의 통일'이 가져다주는 이점들에 대해 말하기 위해서였다. 그때도 그랬지만 지금도 스코틀랜드는 발음의 통일에 대해서 적어도 두 가지 생각을 갖고 있었으며 여러 가지 간섭들도 받아 왔다. 그러나 제임스 보즈웰과 애덤 스미스처럼 뛰어난 사람들은 상류층에서 사용하는 영어처럼 말하고 싶었던 것 같다. 에든버러의 상류 사회는 일련의 명확한 규칙들을 출판했다. 그들은 스코틀랜드인이기에 겪어야만 하는, 영어를 불완전하게 이해하는 데서 오는 불리함을 잘 알고 있었다. 그들은 어느 정도 참아줄 수 있는 순수성을 가진 영어로 글을 쓸 수 있었다. 영어를 말로 하는 것은 쓰는 것보다도 더 중요하고 더 보편적으로 유용한 일일 수 있었지만, 스코틀랜드 사람들이 영어로 말하는 것은 충분한 주목을 받지 못해 왔다.

존 워커는 한 걸음 더 나아가 『스코틀랜드 출신이 올바른 발음을 하기 위해 지켜야만 하는 규칙들』을 씀으로써 도움을 주었다. 이는 작은 일이 아니었다. 권력의 중심은 중앙(런던)에 집중된 억양을 더욱 강요하기 시작했고 힘 있는 스코틀랜드인들은 이러한 강요가 자신들의 고유 방언이 갖는 지위를 공식적으로 낮추는 한이 있더라도 이를 받아들일 수밖에 없었다. 즉, 그들도 중앙에 집중된 억양을 사용했다. 이는 권위를 갖는 공식적인 언어의 억압적인 측면을 보여주는 좋은 예다.

스코틀랜드에는 두 가지 언어(게일어와 스코틀랜드어)가 있었는데, 기이하게도 사용자가 적은 게일어(Gaelic, 켈트어에 속하는 고대 아일랜드의 언어)가 가장 집요하게 살아남았다. 궁정과 교회가 영국화되면서 게일어는 로마인들조차 감히 공략할 수 없었던 난공불락의 고지대와 섬지방으로 들어가 보금자리를 틀었다. 저지대의 스코틀랜드어는 노섬브리아어와 오랫동안 긴밀한 유대관계를 맺으며 영어와 관련은 있지만 별개인 언어로 발전해 나갔다.

1707년에 이루어진 합병조약은 스코틀랜드의 법과 행정체계가 런던에서 영어로 정의된다는 것을 의미했다. 그리고 계몽시대로 들어서면서 게일어는 고통스럽게도 많은 스코틀랜드인들에게 변방의 언어가 되었다. 스코틀랜드어는 저급한 언어가 되었고, 반면 대도시의 언어인 영어는 법률과 행정과 교육과 종교의 언어가 되었다. 18세기 이후부터 스코틀랜드의 젠트리 계층은 점점 더 많이 영국식 교육을 받았다. 셰리던의 예의 바른 그리고 애덤 스미스의 영향력 있는 모임들에서는 영어가 기준이었다. 스코틀랜드의 어떤 방언들도 공식적으로 인정되거나 기록되지 않았다. 스코틀랜드 방언들은 심지어 비방을 받기 시작했는데 그것도 거기 사는 사람들에 의해서였다. 예의 바른 모임에서는 피해야만 하는 스코틀랜드식 표현들을 찾아내어 나열한 책들로 넘쳐났다. 스코틀랜드어는 맹렬히 공격받았고 사람들은 장광설을 늘어놓았다. 그러나 어떤 점에서는 그들 스스로 자초한 것이다. 그들은 그들의 언어로 된 가장 세련된 철학적인 산문들 중 몇 개를 영어로 바꾸어 놓음으로써 영어가 그 역할을 하게끔 만들었다.

그러나 올바른 발음을 하도록 지도하는 일은 아마도 힘든 일이었음에 틀림없다. 한 가지 예만 들어보자. 발음의 길이 실수는 보기 드문 일이 아니었다. 그리고 우리의 북쪽에 있는 이웃들 발음에서 나타나는 아주 중요한 실수는 우리가 짧게 발음하는 모음들은 길게, 우리가 길게 발음하는 모음들은 짧게 발음한다는 것이다. 따라서 head는 스코틀랜드에서는 heed로 발음되고 take는 tak로 발음된다. 실수들! 실책들! 여기선 너무 길고 저기선 너무 짧고! 만약 열심히 노력하면 아마도 고지대와 섬지방으로 가는 길에 저지대 스코틀랜드 사람을 우연히 만나면 존슨 박사가 잘했다고 머리(head 아니면 heed)를 쓰다듬어 줄 텐데 말이다. "스코틀랜드인들의 대화는 영국인들의 귀에 매일매일 점점 덜 불쾌하게 들릴 것이다." 존슨 박사는 이렇게 썼다. "그들의 특이함은 빨리 닳아 없어질 것이다. 반세기 안에 그들의 방언은 자신들에게조차 국지적이고 시골스러운 방언이 되고 말 것 같다. 위대한 사람들, 학식 있는 사람들, 야망 있고 허영심 강한 사람들, 모두가 영어 표현과 발음에 빠져 있다."

존슨은 맞기도 했고 틀리기도 했다. 스코틀랜드의 가장 북쪽과 섬지방에서 사용한 게일어는 지금도 계속 사용되고 있는데, 보다 적절하게 말하면 영국 왕권을 차지하려는 스튜어트가의 시도에 종지부를 찍었던 1746년 컬로든 전쟁 이후부터 사용되었다. 게일어는 아직도 그 탄성력을 스코틀랜드의 전설적 시인인 오시안Ossian의 시들을 통해 보여주고 있다.

존슨 박사가 스코틀랜드의 저지대 방언에 대해 반세기 안에 그 자신들에게조차 국지적이며 시골스러운 방언이 될 것이라고 예견한 것은 기껏해야 절반밖에 맞지 않았다. 로버트 번스Robert Burns는 1759년에 태어났는데 그의 작품은 존슨 박사의 말을 반박했다. 그의 시는 어쩌면 더 나아가 존슨의 입장을 폄하하는지도 모른다. 그는 스코틀랜드 사람들이 지난 두 세대에 걸쳐 시와 소설과 연극과 노래에 있어서 스스로를 잘 이끌어 나간 뿌리에 기반을 두고 있음을 성공적으로 보여주었기 때문이다.

로버트 번스는 가난한 소작농의 일곱 아들 중 첫째로 태어났다. 아버지는 아들을 교육시킬 방법을 어떻게든 찾아냈고 그래서 그는 낭만파 시인이 되었다. 그는 열여섯 살이 될 때까지도 쟁기로 밭을 갈면서 일을 했던 자연의 자식이었다. 그는 자신이 처한 상황 속에서 발견할 수 있는 일종의 균형감을 위해 시를 썼다. 또한 지나칠 정도로 여자를 사랑해서 유부녀인 진 아모어 사이의 쌍둥이를 포함하여 혼외정사로 아이를 여럿 낳았다. 그는 스코틀랜드인을 사랑했다. 그리고 스코틀랜드어를 사랑했다. 그의 첫 번째 작품집인 『주로 스코틀랜드 방언으로 쓴 시집』Poems-Chiefly in the Scottish dialect은 여러 비평가들의 찬사를 받았다. 에든버러에서 그는 환대를 받았고 후원을 받았으나 한편으로는 농부 시인Ploughman Poet으로 무시당하기도 했던 것 같다. 37세에 죽었지만 그가 남긴 유산은 방대했다. 그가 남긴 400편의 시 중 「The Lea Rig」(광야마차), 「Tam o' Shanter」(셴터의 탬), 「A Red, Red Rose」(빨갛고 빨간 장미) 등 일부분은 걸작으로 인정받고 있다. 그의 장례식에는 1만 명의 조문객이 몰려들어 조의를 표했는데 이건 단지 그의 명성의 시작일 뿐이었다. 문학에 대한 어설픈 지식을 조금이라도 가진 스코틀랜드인들이라면 그들이 스코틀랜드와 위스키에 대해 이야기하고 숙녀들과 건배를 하기 위해 만나는 곳 어디에서든 그의 명성이 살아 있음을 느낄 것이다. 다음은 그의 시의 일부분이다.

Fair fa' your honest, sonsie face,

Great chieftain o' the puddin' race!
Aboon them a' ye tak yer place
Painch, tripe or thairm:
Weel are ye wordy o' a grace
As lang's my arm.

당신의 정직하고 행복한 얼굴이 좋구나,
푸딩(소시지 종류) 경주의 왕초!
위, 내장 혹은 창자들
그들 위로 당신이 자리를 차지하고 있구나.
정말로 당신은 내 팔 길이만큼 긴
그런 우아함의 가치가 있소.

 스코틀랜드인들뿐만 아니라 다른 영국인들도 그의 작품을 읽었다. 어디에서나 그의 독자들이 있었다. 그의 작품은 이해하기 힘든 편이 아니었다. 가끔 읽는 우리를 도와주기 위해 영어 단어를 던져주기도 하는데 특히 두 단어를 함께 묶은 형태로 주곤 했다. 가령 kiaugh and care(돌봄, 같은 뜻의 두 단어가 연결되어 있음), furms an' benches(긴 의자, 같은 뜻의 두 단어임), 'decent, honest, fawsont(순수하고 정직한, fawsont는 decent와 같은 의미)'처럼. 이처럼 존슨 박사와 그의 후계자들이 스코틀랜드어를 그들의 발로 짓밟고 있을 때, 스코틀랜드 출신의 이 남자는 그 옛날 스코틀랜드의 영광과 자부심을 되살려 스코틀랜드어에 가져다주었다.
 번스의 작품에 영어가 있기는 했으나 스코틀랜드어를 통한 것이었기 때문에 그의 작품은 영국 문학의 주류로 받아들여지지 않았고 작품의 질에 대한 평가 역시 제대로 이루어지지 못했다는 것은 부인할 수 없는 사실이다. 억압받던 한 언어에 대한 번스의 충성심은 어느 정도 그를 고립시켰다. 수세기 동안 스코틀랜드어는 비표준영어라고 무시되었다. 최근에야 과거에 가졌던 것과 같은 높은 자리, 그 자리를 주장하기 위해 다시 한 번 일어서고 있다. 여러 해 동안 번스의 언어는 정치의 일부로 여겨질 정도로 민족 정체성의 강력한 시금석이 되었다. 이런 점에서 번스의 작품은 언어가 해온 역할을 다시 한 번 행하고 있다고 볼 수 있다. 한 국가를 하나로 묶을 수 있는 것은 언어만이 할 수 있는 것이다. 과거에 노르만 프랑스어가 영어를 압도하려고 위협했지만 영어가 그랬던 것처럼 말이다.

평범한 단어를 사용한 평범한 화법의 힘
—

번스가 살았던 시골의 남서쪽으로 몇 마일만 더 가면 호수지역이 있는데, 이곳은 번스와 공통된 경험을 했고 평범한 언어를 자신의 작품 주제로 삼고자 했던 또 다른 시인을 보살피고 키워냈다. 그는 바로 윌리엄 워즈워스William Wordsworth다.

영시에 대한 워즈워스의 공헌은 널리 인정되고 있다. 테드 휴스는 "돌아보면 그는 우리가 만나볼 수 있는 첫 번째 뛰어난 인물이다."라고 말했다. 그는 말하기를, 현대에서부터 가까운 순서대로 보면, 우리는 워즈워스, 밀턴, 셰익스피어를 만날 수 있다고 했다. 영어가 겪어온 모험에 워즈워스가 공헌한 것 가운데 하나가 1798년에 출간한 『서정가요집Lyrical Ballads』의 서문에 보이는데, 그는 사람들이 실제로 사용하는 언어로 시를 써야 하며, 따라서 시는 특별한 시적 언어나 현란한 어휘 또는 자신의 깊은 감정들을 표현하기 위한 세련된 옷들을 필요로 하지 않음을 강조했다. 그는 또한 자신이 어린 시절을 보냈던 시골의 생활에 대해 시를 썼는데 그곳은 번스가 어린 시절을 보냈던 곳과 지리적으로 몇 마일 떨어지지 않은 곳이었다. 그러나 그의 세상은 번스와는 또 다른 세상이었다. 번스와 달리, 워즈워스는 아주 훌륭한 기숙학교를 다녔다. 그곳에서 그는 케임브리지 대학으로 진학했고 프랑스와 스위스로 도보여행을 떠났으며 극소수의 사람들만 누릴 수 있는 혜택을 누렸다. 하지만 아마도 더 놀랄 만한 일은 호수지역에서의 일상생활에 몰두하면서 자신의 주요 작품 주제를 하찮고 전원적인 시골생활에서 찾았다는 것이다. 그는 그 이유를 이렇게 설명했다. "그러한 조건에서 본질적인 마음의 열정들이 더 좋은 토양을 찾을 수 있는데, 그 토양에서 성숙할 수 있고 덜 억압받으며 좀 더 평이하고 좀 더 명백한 언어로 말할 수 있기 때문이다. 또한 이런 생활 속에서 우리의 기초적인 감정들은 아주 단순한 상태로 존재하며 따라서 좀 더 정확하게 사색할 수 있기 때문이다."

워즈워스는 여기서 더 나아갔다. "또한 이 사람들의 언어를 채택하는데, 그 이유는 이 사람들은 언어의 가장 좋은 부분이 원초적으로 파생되어 나온 가장 좋은 대상들과 함께 매 시간 의사소통을 하고 있기 때문이다." 거기에는 워즈워스가 당시 온통 마음을 빼앗기고 있었던 프랑스 혁명의 첫 번째 국면에 대한 열정으로 더욱 보완된 온전한 철학이 들어 있다.

Bliss was it in that dawn to be alive

But to be young was very heaven!

새벽이 밝아올 때 살아 있다는 것은 환희였다
그러나 젊다는 것은 바로 천국이었으리라!

셰익스피어가 『맥베스』에서 knife라는 단어를 사용한 것을 두고 존슨 박사가 상인의 단어, 정육점 주인이나 요리사들이 사용하던 도구라며 비난한 것을 볼 때, 워즈워스가 강력한 감정의 무게를 전달하기 위해 평범한 단어들을 사용하겠다고 결심한 것은 아주 대담하며 중요한 시도였다. 이를 통해 워즈워스는 오늘날 영국 문학에 깊이 뿌리박고 있는 시의 새로운 계명을 선포했고 자신도 그 계명을 따랐다. 그는 자신이 얼마나 많은 것을 떠맡고 있었던가를 알고 있었다. 그는 "많은 근대 작가들의 번지르르한 표현과 공허한 문체에 익숙한 독자들은 이 책(『서정가요집』)을 계속해서 끝까지 읽다 보면 아마도 낯설음과 어색함이라는 감정과 자주 싸워야 할 것이다. 그리고 그들은 시를 찾아 주위를 둘러볼 것이다."라고 썼다. 처음에는 비난을 받았다. 하지만 그 비난은 수년 동안 사람들의 목소리로부터 시를 끄집어내기 위해 감히 노력했기 때문이다. 어떤 면에서 워즈워스는 고대영어의 기반으로 돌아가고 있었다.

그보다 몇 년 전인 1790년에 토머스 페인은 『인간의 권리The Rights of Man』라는 책을 평이한 문체로 씀으로써 이런 문체가 사고와 표현의 정밀성을 방해하지 않았음을 보여주고자 했다. 정치적인 사고에 큰 영향을 미친 책과 시 쓰기에 훨씬 더 많은 영향을 미쳤던 젊은 시인들이 이런 내용에 서로 동의했다는 사실은 영어에게는 주요 통로라 할 수 있는 것을 열어놓았다. 이제 평이한 영어plain English에서 채굴해낸 효율성, 시, 의미와 감정의 깊이, 이런 모든 것들이 준비되었다. 페인과 워즈워스 그리고 그들의 추종자들의 영향이 없는 세계를 상상해 보면 아마 이럴 것이다. 그 세계에서는 평범한 영어와는 구분되는 언어만이 숭고한 사고와 심오한 감정을 표현할 수 있는 유일한 언어가 되어 있을 것이다. 내가 믿기에 워즈워스는 영어를 최초의 모습에 충실케 했고 그 자체를 시험하게 했다. 그는 평범한 화법이라는 오래된 언어를 구해냈고 기념했으며 거기에 지속적으로 문학적 에너지를 공급했다.

그동안 예의 바른 사회, 즉 상류 사회에서는 〈말을 하는 방법〉이 화제가 되었다. 상류 사회는 말하는 방식을 둘러싸고 구성되어 있었다. 만약 여러분이 그들 방식으로 말하지 못하면 조롱받을 각오를 해야 한다. 토머스 셰리던의 아들이었던 극작가 리처드 브린슬리 셰리던은 말라프로프Malaprop 부인을 창조하는 데 많은 노력을 기울였다.

말라프로프 부인의 이름은 '부적절하다'라는 의미를 가진 프랑스어 Mal à propos에서 왔다. 그녀의 심각한 결점은 말하고자 했던 단어 대신에 비슷한 음을 가진 다른 단어로 말하는 경향이 있었다는 것이다. "Make no delusions to the past(과거에 대해 아무런 미망을 갖지 않기)."[42] 라고 말한 그녀는 『경쟁자들The Rivals』(1775년)이라는 책에서 이렇게 말했다. "I have interceded another letter from the fellow(나는 동료로

---

42 말라프로피즘의 예를 보여준다. allusion(암시, 빗대어 말하기)을 사용해야 할 곳에서 delusions를 사용하고 있다.

부터 온 또 다른 편지 한 통을 옹호해 주었다)."⁴³ 또 "She's as headstrong as an allegory on the banks of Nile(그녀는 나일 강 강둑 위의 알레고리처럼 고집이 셌다)."⁴⁴, "If I reprehend anything in this world, it is the use of my oracular tonge, and a nice derangement of epitaphs(내가 이 세상에 있는 그 어떤 것을 나무랄 수 있다면, 그것은 아마 내 재수없는 혀끝이며, 묘비명의 멋있는 혼란이다)."⁴⁵라고 말했다. malapropism(말라프로피즘, 말라프로프식의 우스꽝스러운 말의 오용)이라는 단어는 1830년에 처음 기록되었다.

셰익스피어의 『한여름 밤의 꿈*A Midsummer Night's Dream*』에 등장하는 바텀Bottom은 가끔 서로 어울리지 않는 잘못된 단어들, 즉 '불쾌한 향기를 피우는 꽃들the flowers of odious savours sweet'과 같은 표현을 사용했는데 덕분에 그는 글로브 극장에 온 사람들에게 비웃음을 당했다. 그러나 그는 버릇없는 직공이었고 그 웃음은 직공의 영역에서 나온 것이다. 말라프로프 여사는 야심에 찬 중류 계급 출신의 교양 있는 귀부인이어야 했다. 심지어 『경쟁자들』의 등장인물이 나오는 세상에서도 그래야 했다. 그러한 세상의 또 다른 등장인물인 앤서니 앱솔루트는 이렇게 외쳤다. "내가 천 명의 딸을 갖고 있다면, 오 신이시여! 나는 곧바로 그들에게 알파벳의 비밀스러운 예술을 가르쳤을 것이다." 그녀는

---

43 intercepted(가로채다)를 사용해야 할 곳에서 intercede를 사용하고 있다. 즉 원래 이 문장은 "나는 동료로부터 온 또 다른 편지 한 통을 가로챘다."의 뜻으로 쓴 문장이다.
44 악어alligator 대신에 알레고리allegory를 사용했다. "나일 강 강둑의 악어처럼 고집이 세었다."라고 할 것을 "나일 강 강둑의 알레고리처럼 고집이 셌다."라고 했다.
45 apprehend(걱정하다) 대신에 reprehend를, vernacular(토착의, 지방의) 대신에 oracular를, arrangement(배열, 짜맞춤) 대신에 derangement를, epithet(형용사구) 대신에 epitaph(묘비명)를 잘못 사용하고 있다. 즉 의도된 문장은 "내가 이 세상에서 염려하는 것이 있다면, 그것은 내가 사투리를 사용하고, 훌륭하게 배열된 형용사구를 사용한다는 점이다." 정도가 될 것이다.

이보다는 더 잘 알고 있어야만 했다. 억양, 정확한 단어의 사용, 정확한 문법 그리고 언어와 관련된 모든 것은 가장 잘 알고 있는 사람들의 손에서 좌우되었다. 『경쟁자들』에서처럼 풍자를 할 때나, 대화에 관한 필딩의 에세이(그는 여기서 대화를 독점하지 않기, 함께 있는 사람들이 모두 이해하지 못하는 주제는 소개하지 않기와 같은 지침을 제공해 주고 있다.)에서처럼 예의 바른 계몽을 언급하고 있을 때에도, 워즈워스나 존슨 박사와 더불어 영국의 학자들은 우리들에게 어떻게 하면 우리의 언어를 가장 잘 사용하고 가장 잘 말할 수 있는지를 알려줄 것이며, 만약에 우리가 그들의 특별하고도 가장 중요한 규칙들을 따르지 않는다면 그들은 우리를 비웃을 것이며 윽박지르거나 말을 잘라버릴 것이다.

검열관,
영어를 감시하다

이 모든 것들로부터 한 사람의 여류 문학가이면서 소설가가 등장했다. 소설들은 원래 평범하거나 저급한 것으로 경멸스럽거나 혹은 겨우 여성들에게나 알맞은 것으로 인식되었다. 그녀의 글은 계몽주의 시대와 낭만주의 시대의 영국에서 그 전에는 이루어진 적이 없고 그 이후에도 아주 드물게나마 이루어졌던 투명한 기준을 명확하게 했다. 이 특별한 임무에 대해 단 한마디의 언급도 없이 제인 오스틴Jane Austen은 영어를 통치하기 위해 우리에게 왔다. 묘사하고 대화하고 서술하는 그녀의 재능, 내면의 귀를 울리는 그녀의 단어가 주는 소리들, 이 모든 재능에 영어는 최고의 모습을 보여주었고 제인 오스틴식의 문체는 그때나 지금이나 영어가 걸어가는 이 여행길에 새롭게 열린 또 다른 순탄한 길이 되어 주었다.

소설 읽기는 18세기 말과 19세기에 개인적으로 책을 빌려주는 도서관과 함께 시작되었다. 도서관에서는 아주 비싼 책들을 단지 적은 돈만을 받고 사람들의 손에 쥐어주었다. 19세기가 시작되면서 글을 읽을 수 있는 사람들이 점점 많아지고 교육이 확산되고 책값이 저렴해지면서 소설이 점차 대중화되었다. 제인 오스틴 자신이 엄격하게 강조했듯이, 소설은 보다 먼저 정착된 시나 희곡에서 발견될 수 있는 것만큼이나 그 안에서 위트와 총명함과 깊이와 다양함이 모든 면에서 감동적으로 표현될 수 있는 문학 형태로 여겨지게 되었다. 소설은 좋은 영어의 척도가 되었다. 존슨 박사는 아마도 이 사실을 결코 믿지 못했을 것이다. 그에게 그건 '그냥 소설일 뿐!'이었다.

엘리자베스 시대에 시가 언어에 열매를 맺게 한다고 사람들이 인식했듯이 이제 소설이 그런 용도로 쓰이게 되었다. 글로 적혀 있는 단어들이 점점 중요해짐에 따라 가장 헌신적인 소설 독자인 여성들과 어린이들에게 영어를 가르칠 가능성이 가장 높았을 이들이 제인 오스틴이 쓴 작품들에서 이상과 모범을 발견하는 것은 불가능하지 않았으리라. 나는 이 언어의 비공식적인 학술원이 소설을 통해 발전되었고, 소설은 문체에 영향을 미쳤고 말하기와 쓰기에도, 비록 스위프트나 존슨이나 셰리던보다 더하지는 못하더라도, 같은 정도의 영향을 미쳤을 것으로 믿는다.

그러나 제인 오스틴도 한계는 있었다. 거리의 언어는 오스틴의 소설 문 밖에 굳게 남겨져 있었다. 신체기관에 대한 용어는 오스틴이 만들어 놓은 공원에서는 허용되지 않았다. 그녀는 모든 면에서 당시에

글을 읽을 수 있는 사람들이 늘어나면서 점점 글로 적힌 단어와 표현들이 중요해지기 시작했다.

그녀를 능가하는 것처럼 보였던 남자들만큼이나 노련했고 지배적이었다. 그녀만의 적절하고도 정확한 영어 사용은 수만 명 독자들의 마음과 감성을 파고들었다. 그리고 그 언어는 행동에서와 마찬가지로 표현에 있어서도 해야 할 것과 하지 말아야 할 것이 정확하고 엄격하게 세워놓은 원칙에 따라 소설 안에 옮겨져 있었다. 욕설들은 결코 표현되지 않았다. 누구도 a son of a bitch라고 불리지 않았고 그 누구도 bugger off(꺼져)라는 얘기를 듣지 않았다.

『트리스트럼 샌디Tristram Shandy』에서는 두 명의 수녀가 꼼짝도 않고 말을 듣지 않는 노새를 옮길 수 있는 단 하나의 방법은 'bugger(제기 랄! 혹은 꺼져).'라고 말하는 것이라고 믿는 장면이 나온다. 그러나 이런 말을 한다는 것은 죄를 짓는 것이기에 머뭇거리게 된다. 그래서 단어를 나누기로 한다. 각각의 음절을 말하는 것은 죄가 아니기 때문에 한 사람은 '버 버 버bou, bou, bou'라고 말하고 다른 한 사람은 '거 거 거ger, ger, ger'라고 한다. 다른 구절에서 오스틴은 적당한 욕설을 하기 위한 경우를 자세하고도 웃기게 묘사한다.

"나는 그 신사에게 세상에서 가장 큰 존경심을 보인다 … 그 신사는 침착하게 앉아 있으면서 … 자기에게 일어날 수 있는 가장 낮은 수준에서부터 가장 높은 수준에 이르는 자극까지 모든 경우에 적당한 욕을 생각하면서 … 그는 그 욕설들을 벽난로 선반 위에, 사용해야 할 때가 오면 손에 닿을 수 있도록 바로 옆에 갖고 있었다."

존슨은 사전에서 shit(똥이라는 뜻이지만 보통 욕설로 쓰인다.)라는 단어를 제외시켰다. 19세기경 영국에서 발간된 예의 바른 인쇄물에서는 감정이나 까칠함을 느낄 수 있는 미묘한 표현들이 점점 강해지고 있었는데 영어는 점차 이 길로 뛰어들고 있었다. 초서는 막대한 양과 범위의 욕설을 사용했는데, 내가 생각하기에, 그는 자신의 단어 목록에서 보인 원기 왕성할 만큼 건방진 영어의 요소들에게 도대체 지금 무슨 일이 일어나고 있는지 당혹해 했을 것 같다. 도덕심이 언어를 검열했다.

그 결과 거친 언어는 대중의 시야에서 사라졌다. 지하로 숨어들어 갔거나 로체스터에서 로렌스에 이르는 분노하고 난폭한 작가들의 작품 속으로 들어갔다. 스위프트는 이 나라가 부자가 되는 방법, 즉 욕설을 할 때마다 의회의 법령으로 정확한 액수를 산정해서 1실링의 벌금을 부과하도록 하는 욕쟁이 은행을 설립하는 안을 제안하기도 했다.

비턴Beeton 여사는 trousers(남자 사각 팬티)⁴⁶라는 단어를 차마 쓸 수가 없어서 시종이 주인의 옷을 어떻게 입히는가를 묘사할 때마다 그 단어와 그 물건을 다 같이 삭제했다. 이 끔찍한 단어는 unmentionables(언급할 수 없는 것)나 the indescribables(묘사할 수 없는 것), the inexplicables(설명할 수 없는 것) 또는 inexpressibles(표현할 수 없는 것) 등의 단어들로 대체되었다. leg(다리)이라는 단어는 limb(수족)이라는 단어로 표현되었다. 그러나 비턴 여사의 작품에 등장하는 녀석들의 아래쪽 신체 부위 수족은 속옷을 입지 않고 있었다.

이 모두가 영어를 제자리에 놓으려는 노력들이었다. 영어는 마치 제멋대로 구는 오합지졸, 파괴적인 당파 혹은 혁명을 추구하는 정당이기라도 하듯이 자칭 검열관들에 의해 다루어졌다. 이 과정은 뭔가 우스운 면도 있긴 하지만 그래도 언어의 힘을 증명하는 것이기도 했다. 사회 전체에 명령을 내릴 수 있다고 생각한 사람들은 우리의 단어를 잘라냄으로써, 구문들을 없애버리고 표현들을 죽여버림으로써 전적인 통제력을 얻을 수 있다고 생각했다. 그들은 스스로 자신들을 〈단어 경찰〉로 임명한 사람들이었다. 그러나 정리되고 지나치게 점잔을 빼는 새로운 영국에게 영어는 너무나 위험하고 야성적이었다. 셰익스피어조차도 여기서 예외일 수는 없었다. 사실 셰익스피어는 보우들러 집안의 주된 타깃이기도 했다. 보우들러 집안은 토머스 보우들러의 가족들로, 그들은 1818년에 셰익스피어를 구하고 그를 영국의 그리스도교 가정에 잘 맞고 적합한 작가로 만들기 위해 가족 이름

---

46 trousers는 영국영어에서는 '남자 하의 속옷'을, 미국영어에서는 '바지'를 의미한다. 미국영어에서는 boxers가 영국영어의 trousers의 의미로 사용된다.

으로 그의 작품집을 출간했다.

　보우들러는 셰익스피어의 작품들에 대해 "그 본성이 너무나 불순한 단어와 표현으로 더럽혀져 있어 어느 부모도 자기 딸에게 그런 옳지 않은 형태로는 보여주고 싶어 하지 않을 것이다."라고 썼다. 『오셀로Othello』가 주된 타깃이었다. 따라서 보우들러가 펴낸 전집에서는 이아고가 브라반티오에게 더 이상 "Your daughter and the Moor are making the beast with the two backs(당신의 딸과 무어인이 성관계를 하고 있소)."라고 말하지 않는다. 대신에 "Your daughter and the Moor are now together(당신의 딸과 무어인이 지금 함께 있소)."라고 말한다. 원본에서 오셀로는 데스데모나의 body and beauty 때문에 자신의 목표로부터 벗어나게 될 것이라고 걱정한다. 그러나 보우들러는 여기서 body를 삭제했다. "Cassio did top her(카시오는 그녀에게 올라탔다)."라는 문장에서는 top을 빼버렸다. 또한 "an old black Ram is tupping your white Ewe(그 늙은 흑인 램이 당신의 암컷 양과 교미하고 있다)."라는 문장에서도 tup(교미하다)은 사라졌다. 'naked with her friend in bed(그녀의 친구와 함께 침대에서 발가벗고 있는)'에서 naked도 마찬가지였다. 셰익스피어가 'bawdy wind that kisses all it meets(만나는 모든 이들마다 키스하는 음탕한 바람)'라고 쓴 표현은 'very wind(바로 그 바람)'라는 문장이 되었다. cuckold(부정한 아내의 남편)라는 단어도 사라졌고 strumpet(매춘부)과 whore(창녀)라는 단어도 사라졌다. 보우들러보다 한 세대 전에는 프랜시스 젠틀맨이 셰익스피어 작품집을 냈는데 한 장면에서 174행의 대사를 잘라내 무대에 올리기도 했다. 그 부분은 오셀로가 간질 발작을 일으켜 혼수상태에 빠지는 장면이었다. 젠틀맨에 의하면 삭제된 174행의 대사는 비극적 효과를 망친다는 것이다.

영어는 사람들을
묶어주기도 하지만 분열시키기도 한다

스위프트가 학술원 설립에 실패한 이후, 존슨의 기념비적인 사전이 나온 이후, 그리고 셰리던의 계급 차별적인 화법이 나온 이후에는 어디에 정착하든 간에, 영국인들은 엄격한 태도와 계급에 대한 편견들 그리고 경쟁하는 도덕심을 반영하는 형태와 발음을 갖춘 언어로 만들기 위해 영어를 못살게 굴면서 즐거운 한때를 보내고 있다. 영어는 억제되고 깎이고 다듬어지고 씻기고 단련되었으며 혐오의 대상이 될 때가 많았다. 그러나 좀 더 장기적으로 보면 결과적으로는 아무런 차이도 나지 않았다. 영어는 자신만의 생명력을 지니고 있었고 한 문이 닫히면 또 다른 열두 문을 열었다. 그러나 당시의 일부 사람들에게는 그것이 고통스러웠다.

지방 방언의 억양과 단어들은 더욱 비난을 받았다. 신사는 그의 재산이나 혈통만큼이나 정확한 발음으로 알 수 있기도 했다. 영어는 신사인 척하는 속물들에게는 도구가 되었고 상류 계급으로 올라갈 수 있는 유용한 계단이기도 했다. 이러한 차이는 영어에서 가장 핵심적인 문화 속으로 들어갔고 오늘날 우리 삶의 한 부분이 되었다. 아직도 controversy(논쟁)라는 발음에 대한 전쟁이 치러지고 있다. 문법학자들은 대중의 발화를 추적해 그들의 실수에 기뻐하며 달려든다. 영어를 고친다는 것은 우리의 훌륭한 실내 스포츠 중 하나다. 그리고 어떤 면에서는 완전히 남는 장사다. 우리가 이 언어에 얼마나 관심을 갖고 있는지, 얼마나 고귀하게 생각하는지를 보여주기 때문이다. 그리고 저 밖의 이름도 없는 수많은 수호천사들은 우리가 가진 이 언어가 정말로 측정할 수 없을 만큼의 가치를 갖고 있다는 것을, 그리고 그 언어를 좋은 상태로 유지하고 싶어 한다는 것을 제대로 알고 있다.

영어는 사람들을 묶어주는 놀랄 만한 능력만큼이나 〈분열시키는 힘〉도 무한히 가진 것처럼 보인다. 나라, 지역, 시, 마을 그리고 심지어 작은 산골마을조차 과거에도 그래 왔고 현재에도 감탄하고 놀랄 정도로 여전히 자신들만의 말하는 방식들을 고수하고 있다. 이들의 억양은 가족이라는 특정한 그룹이나 공동체 내에서의 무리들, 모임의 회원들, 심지어 비밀결사대 같은 그룹에 제한되었다. 영향력 있는 사립학교 내에 있는 한 채의 건물 안에서도 자신만의 고유한 방식으로 말하는 스타일이 존재할 수 있었다. 마찬가지로 더햄에 있는 탄광마을도 그럴 수 있었다. 우리 각자 모두는 우리의 역사를 광고하며 말하고 있다. 억양이나 방언은 사회적인 야망을 올릴 수도 내릴 수도 있는 뱀이기도 하지만 사다리이기도 하다. 방언은 사기꾼들의 첫 번째 자원이다.

내 경험상 표준어가 아닌 어떤 방언도 과거만큼, 예를 들어 50년 전만큼 영향력이 있거나 잔인하거나 중요하지는 않지만 지금도 남아있고 가끔은 문제가 되기도 한다.

제1차 세계대전이 일어나기 직전에 마침내 우리는 조지 버나드 쇼의 『피그말리온Pygmalion』을 만나게 되었다. 그 책에서 버나드 쇼는 코벤트 가든 출신의 글을 못 읽는 꽃 파는 소녀의 평판과 사회적 지위가, 단순히 코크니 방언(런던 동부 지역의 방언)의 발음을 없애고 적절한 발음을 주입받음으로써 말 그대로 상류층 귀부인으로 변할 수 있음을 보여주려고 시도했다. 그녀는 『피그말리온』을 토대로 하여 만든 미국 뮤지컬 「마이 페어 레이디My Fair Lady」에서 "Hurricanes hardly ever happen(태풍은 거의 일어나지 않는다)."이라는 문장을 제대로 말하게 되면서 타고난 태도 역시 점점 사라진다. 여기서 희극적으로 보이는 것은 현실과 흡사하다. 정확하고 적절한 화법은 사람을 특징짓게 만드는 표시였다. 예의범절이 사람을 만든다고 그들은 말했다. 글쎄. 쇼의 작품에 나오는 헨리 히긴스 교수의 신조에 따르면 〈말하는 것〉이 예의범절을 만들었다. 그녀의 정체를 드러내는 유일한 단어는 욕설이었는데 불행히도 뮤지컬 공연에서는 제외되었다. 하지만 not bloody likely(지독히도 그럴듯하지 않은)라는 표현에서의 bloody(젠장!)가 런던의 연극 무대 위에서 사용되었는데 쇼가 계급과 언어에 대해 전하고자 했던 메시지를 완전히 삼켜버릴 만큼 이는 전국적인 물의를 일으켰다.

1914년 《데일리 익스프레스*Daily Express*》는 이 연극이 개막되던 날 밤에 런던의 꽃 파는 소녀에게 말을 걸었다. 그녀는 말하기를, 어떤 코크니 출신의 꽃 파는 소녀도 bloody라는 단어를 쓰지 않을 거라고 대답했다.

18

산업혁명,
영어를 롤러코스터에 태우다

18세기와 19세기의 여러 혁명들 가운데서도 영국의 산업혁명은 가장 커다란 영향력을 미쳤다. 그것은 역사를 송두리째 바꾸어 놓았다. 그것은 자연을 제어하여 기계화했으며 이탈리아 르네상스를 탄생시킨 이들을 넘어서는 영향력과 상상력을 발휘하는 수많은 발명가들을 불러모았다. 그리고 도처에서 수백만 명의 남녀와 어린이들을 해방시키고 훈련시켰다. 또 도시와 공장이 교외 거주지와 농촌을 대신했다. 세계 인구의 대다수가 10~15만 년 동안 눌러앉아 있던 땅을 마침내 떠나기 시작한 것이다. 철로 위를 질주하는 기차들, 대기를 통해 전해지는 소리, 밤새도록 불을 밝히는 전구처럼 옛날에는 마법으로 생각되었을 것들과 난방, 다양한 옷들, 여행처럼 특권층과 부자들의 전유물로 여겨졌던 것들이 산업화가 만개한 나라들에서는 일상적인 것이 되면서 다수의 사람들이 사용할 수 있게 되었다. 산업혁명은 노동자

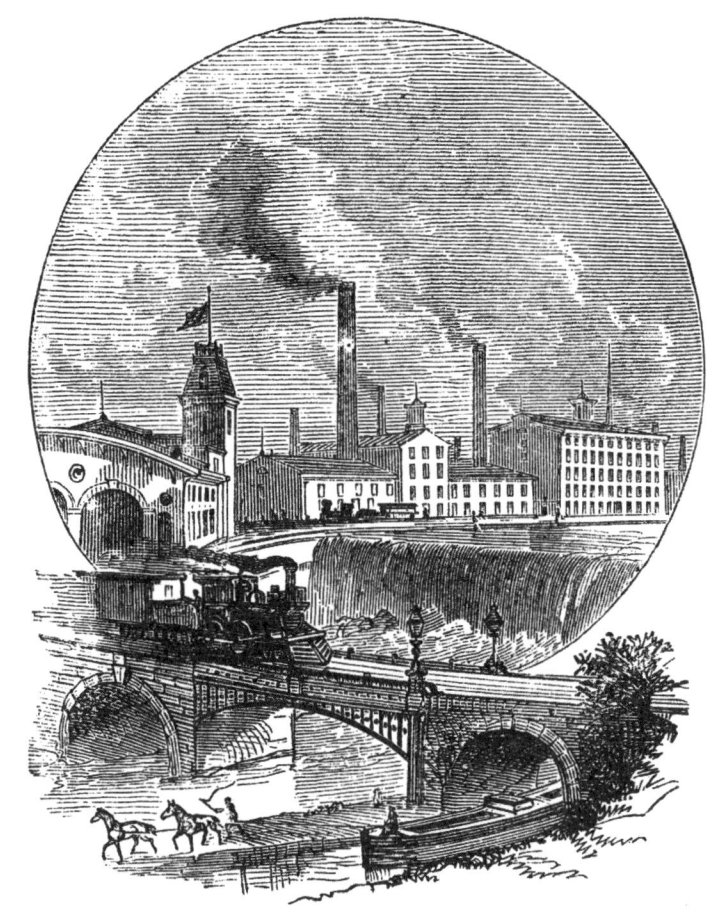

산업혁명은 우리 삶의 방식뿐만 아니라 영어의 지평도 넓혀 주었다.

들을 착취하는 동시에 교육시켰으며 삶의 가능성을 바꾸어 놓았다. 그리고 영어는 자신을 경제 발전을 위한 전 세계적인 국제어로 만들어줄 도전을 받고 그에 응했다.

   1756년 존 로빈슨 교수는 증기기관을 발명한 제임스 와트를 만나러 갔다. 와트라는 이름은 영어에 전력의 단위라는 뜻으로 그 흔적을 남겼다. 로빈슨은 유명한 기술자에게서 최신 정보를 얻어내려고 열심이었고 와트는 거기에 끌려가지 않으려고 신경을 곤두세웠다. 그 후에 쓴 편지에서 로빈슨은 둘의 만남을 침울한 어조로 묘사하고 있는데 편지에는 다음과 같은 단어들이 기록되어 있었다. 일부는 새 단어였고 일부는 산업용으로 활기를 되찾은 단어였다. condenser(축전기, 새 단어), vacuum(진공), cylinder(원통, 실린더), apparatus(장치), pump(펌프), condensation(압축), air-pump(공기펌프), steam-vessel(증기선, 새 단어), reservoir(저수지, 새 단어), eduction pipe(배출 파이프, 새 단어), suck-pipe(흡입 파이프, 새 단어), siphon(흡입관) 등.

**경제 발전과 조우한 영어,
산업혁명의 엔진 역할을 하다**

―

불과 반세기 만인 1851년에 대박람회Great Exhibition가 열렸을 때 영어는 전 세계에 기계시대가 어떻게 만들어져 왔는지를 보여주었다. 새로운 어휘가 전시되었다. 존슨이 멸시했고 당시 학자들의 지식 범위 밖에 있었던 상거래 용어들trade terms은 마치 틴들의 성경만큼이나 강력하게 영어에 힘을 부여했다고 말하고 싶다. 틴들의 성경이 굳건한 믿음을 영어에 가져왔다면, 상거래 용어들은 영어가 새롭고도 혁명적인 업적을 돌볼 수 있도록 만들었다. 발명가들은 아주 좋은 시간을 갖게 되었다. 그들은 익숙한 출처에서 용어들을 몰래 들여왔다. 예컨대 시계 제조 같은 초기 근대 산업에 필요한 용어를 만들기 위해 그들은 가능하면 언어 형성의 원천 가운데 하나인 고대의 세계, 즉 고전적인 용어들을 조사하고 이들과의 유추를 통해 단어들을 가져왔다. 그들이 발견했던 것은 새로운 대륙이었다. 그 대륙은 사방팔방에서 이름, 방향, 표지판, 신호, 구체적인 위치 등을 나타내는 용어가 필요했다. 그리고 영어는 이러한 일에 능력을 발휘했다. world's fair(만국 박람회)라는 용어가 영어에 들어왔다.

새로운 단어들은 1851년의 박람회 카탈로그에 실리기도 전에 이미 확고히 자리잡기 시작했다. spinning-jenny(방적기), donkey engine(보조 엔진)과 locomotive(기관차, 이 단어는 아리스토텔레스 시대로 거슬러 올라간다.)가 그 예다. 하그리브스 방적기로 작업한 최초의 사람들은 시계를 만들던 사람들이었다. 그들은 자신들의 언어를 가져왔다. 그들이 사용한 wheels(톱니바퀴)를 teeth(톱니바퀴의 치상돌기), pinions(피니언, 맞물린 두 개의 톱니바퀴 가운데 있는 작은 톱니바퀴), leaves(용수철판), pivot(축)와 같은 관련 단어를 지시하는 단어로 사용했다. 모두가 시계 제조법에서 비롯한 단어들이다. 제분 공장으로 들어온 농업 노동자들 또한 그들만의 고유한 용어를 가져왔는데 일반적으로 물건의 모양에 바탕을 둔 단어들이었다. beetles(딱정벌레)는 망치질을 뜻했고, 추가로 더 심하게 하는 망치질은 ram(숫양)이라고 불렀다. pig-iron(선철, 철광석에서 바로 제조된 철)이라는 단어는 녹인 쇠를 작은 토막으로 나누어 굳히는 작업이 농사를 짓던 사람들에게는 마치 새끼에게 젓을 빨리는 암퇘지의 모습을 연상시켰기 때문에 나온 단어다. horsepower(마력)는 증기기관을 사고자 하는 사람들이 그것의 힘이 몇 마리의 말이 내는 힘을 대신할 수 있는지를 알고 싶어 했기 때문에 여기에 도움이 되도록 만들어져야만 했던 단어다.

이들은 대박람회의 카탈로그에 나와 있는 단어들 중의 일부이며 이때 처음 나온 단어들도 있다. 그 중 일부 단어들은 평범한 영어지만 다른 언어들로부터 새롭게 만들어진 단어들도 있었다. self-acting mills(자동식 분쇄기), doubling machines(재증류기), electro-plating(전기 도금), centrifugal pump(원심력 펌프), cylindrical steampress(실린더 증기 압력기), hair-trigger(촉발 방아쇠), lithograph(석판인쇄), lorry(화물자동차) 등이 그 예다.

대박람회가 영국에 가져다주었던 기계공학에 대한 흥분과 자부심을 지금은 느끼기가 어렵다. 하지만 빅토리아 여왕이 박람회를 방문하고 나서 쓴 일기에 잠깐 그 모습이 비친다.

> 기계 전시관에 가서 두 시간을 머물렀다. 너무나 흥미로웠고 많은 도움이 되었다 … 손으로 하던 일들, 그리고 수개월 걸려 하던 일을 이제는 가장 아름다운 기계로 단 몇 분 안에 모두 해낼 수 있다고 한다. 올드햄에서 온 방직기계를 먼저 보았다. 휘트워스 씨의 기계도 있었는데 이는 마치 빵을 다루듯이 철을 잘라내고 두들겨 펴서 2분의 1인치 두께로 만드는 기계였다 … 특히 흥미로웠던 것은 세로로 되어 있는 인쇄기였는데 여러 장이 한꺼번에 인쇄되고 건조되는 모든 작업이 1초 안에 이루어졌다 … 우리는 수압을 조절하는 기계와 펌프들과 모든 종류의 여과 장치들, 그리고 설탕을 정제시키는 기계 등을 보았다. 실제로 상상할 만한 발명품은 다 있었다 ….

빅토리아 여왕의 기록은 계속되고 있는데 전시회장을 놀라울 정도로 부지런히 돌아다닌, 전형적인 감탄하는 방문객의 입장에서 전시회에 대해 훌륭하면서도 열정적인 관찰력을 제공해 주고 있다.

과학과 기술에 관한 어휘는 엄청나게 증가하고 있었다. 17세기 말까지 기초 해부학과 수학에 관한 많은 단어들이 도입되었다. 19세기 초부터는 화학, 물리학, 생물학 분야의 어휘들이 밀려들어 왔다(괄호 안의 숫자는 그 단어가 도입된 연도다). biology(생물학)라는 단어는 1819년에 등장했는데, 그밖의 학문 분야에 대한 새로운 어휘들로는 petrology(암석학, 1811), morphology(형태학, 1828), taxonomy(분류학, 1828), palaeontology(고생물학, 1838), ethnology(인종학, 1842), gynaecology(부인과의학, 1847), histology(조직학, 1847), carcinology(악성종양학, 1852) 등이 소개되었다. 화학 분야에서는 sodium(나트륨, 1807), platinum(백금, 1812), silicon(실리콘, 1817), caffeine(카페인, 1830), chloroform(클로로포름, 1838), cocaine(코카인, 1874) 등이 새롭게 등장했다. 물리학 분야에서는 sonometer(현의 진동수 측정기, 1808), centigrade(섭씨, 1812), altimeter(고도계, 1847), voltmeter(전압계, 1882), watt(와트, 1882) 등의 단어가 새로 소개되었다. 생물학에서는 chlorophyll(엽록소, 1810), spermatozoid(식물의 정자, 1857), symbiosis(공생, 1877), chromosome(염색체, 1890), photosynthesis(광합성, 1898) 등이 소개되었다. 지리학에서는 jurassic(쥐라기의, 1831), cretaceous(백악기의, 1832)가 새로 등장했다. 의학에서는 gastritis(위염, 1806), laryngitis(후두염, 1822), kleptomania(도벽, 1830), haemophilia(혈우병, 1854), diphtheria(디프테리아, 1857), claustrophobia(폐쇄공포증, 1879)가 소개되었다.

새로운 사물들을 묘사하면서 영어는 많은 단어를 라틴어와 그리스어에서 가져왔고 때로는 프랑스어를 경유하기도 했다. oxygen(산소), protein(단백질), nuclear(핵의), vaccine(예방접종, 백신)은 고전어에는 없는 단어들이지만 이들의 어근은 고전어다. 라틴어에서 직접 온 것들도 있다. 19세기에 들어온 ego(자아), sanatorium(요양소), aquarium(수족관), referendum(투표)과 myth(신화) 등이 그러하다. pylon(고압선용 철탑)은 그리스어에서 바로 온 것이다. 고전어 단어들에서 한 부분을 떼어내어 새로운 단어를 만드는 데 사용하는 것도 아주 좋은 방법으로 여겨졌다. 예를 들어 anthropo-(사람, 인류의), bio-(생체에 관련된), neo-(새로운, 근대의), poly-(다수의, 복수의), tele-(원거리의, 전신의) 등은 접두사로, -glot(언어에 능통한), -gram(기록, 문서), -logy(학문), -morphy(형태, 변형) 등은 접미사로 사용되었다.

 1750년과 1900년 사이에 전 세계에서 기계와 산업과 과학 진보에 관한 출판 논문의 절반은 영어로 배포된 것으로 추정된다. 제임스 와트가 수학적인 연구를 해야 했을 때만 해도 그는 프랑스어와 이탈리아어를 읽을 수 있어야만 했다. 하지만 이제 영어는 기본적인 주요 언어가 되었다. 증기 기술은 대변혁을 일으켰고, 정보는 그 어느 때보다도 더 빨리 더 멀리 전보와 전화로 전파될 수 있었다. 게다가 영어는 유럽의 과학자들로 하여금 연구를 하기 위해 서쪽으로, 즉 영국으로 오게 만드는 자석 역할을 했다. 그 중에는 이탈리아에서 온 마르코니, 프러시아에서 온 지멘스, 프랑스에서 온 브뤼넬 왕국의 시조 마르크 이잠바르 브뤼넬이 있었다. 19세기 초반에는 이 작은 섬이 세계를 선도하는 상거래와 산업국가로 세계의 작업장이 되어 있었고, 수세기에 걸쳐 흡수하고 훔쳐오고 새롭게 만들어 내고 다시 구성하는 모든 기술에 유연해져 있던 영어는 경제적인 폭발과 조화를 이루었다. 산업혁명의 산물인 〈확대된 영어〉는 이제 산업혁명을 앞으로 끌고가는 엔진이 되었다.

오래된 단어가 다시 등장하다

역사상 되풀이되어 나타나는 영어의 특징 중 하나는 한 단어가 한 시대에서 다른 시대로 가면서 계속 각 시대에 적합하게 바뀌어 가는 방식이다. 따라서 chip이라는 단어는 나뭇조각에서 시작해 실리콘(실리콘 칩)과, 골프(그린을 향해 짧고 낮게 공을 쳐올리는 chip shot에서 쓰임)와, 그리고 영국의 식단에서 절반을 차지하는 가늘게 썰어 튀긴 감자(영국에서 가장 흔한 식단인 생선과 감자튀김인 fish and chips에서 쓰임)와도 함께 쓰일 수 있다. 단어를 왕성하게 만들어 내던 이 시기에 오래된 단어들은 가끔 다시 한 번 새로운 뜻을 가진 단어로서의 의무를 수행하도록 소환되기도 했다. 영어는 이 점에 있어서는 아무런 자부심도 갖고 있지 않다. 일단 영어로 들어오면 손에 쉽게 닿는 것을 잡히는 대로 사용한 다음, 그 결과 야기될지도 모르는 혼란은 후손으로 하여금 걸러내도록 했다. coach는 이런 예를 보여주는 단어 중 하나다. 이 단어는 16세기에는 말이 끄는 마차에서 사람이 타는 부분을, 19세기에는 증기기관차에 달린 객차를, 20세기에는 버스를, 지금은 비행기 안에서 객실의 등급을 알려주며, 특히 스포츠에서 재능 있는 사람들을 가르치는 사람을 뜻하는 말도 된다. coach란 단어는 큰 부담 없이 이러한 의미들을 잘 감당하고 있는 것 같다.

어떤 단어는 역사 자체일 수도 있다. industry(산업)라는 단어는 영어에서는 1566년에 맨 처음 기록되었다. industrious라는 단어는 능숙함이나 근면성실함을 뜻하는데 16세기에도 이 단어는 있었다. industrial(산업의)은 16세기에는 경작을 해서 수확한 것과 자연적으로 자라난 과일들을 구별하는 의미로 쓰였다. 17세기 말과 18세기가 되어서야 industry라는 단어는 현대적인 의미를 갖기 시작했다. 1696년에는 College of Industry for all Useful Trades and Husbandry(모든 유용한 상거래와 가정 관련 산업대학)라는 표현이 언급되었다. 그러나 18세기에 이 단어가 가장 많이 쓰였던 곳은 House of Industry(산업회관)인데 뜻은 억지로 하긴 해야 하지만 유용한 일을 하는 작업장을 의미했다. 애덤 스미스는 1776년에 funds destined for the maintenance of industry(산업을 유지하기 위해 예정된 자금)에 대해 쓴 적이 있는데 19세기 중엽이 되면서 이렇게 쓰는 경우가 보편화되었다. 디즈레일리(19세기 영국의 정치가이자 소설가)는 our national industries(우리의 국가적 산업들)에 대해 1844년에 말했고, 칼라일(영국의 평론가이자 사상가)은 Leaders of Industry(산업의 지도자들)에 대해 1843년에 말한 바 있다. 이 단어의 어근에서 파생되어 나온 단어들도 있다. 칼라일은 새로운 사회질서를 가리키는 단어로 Industrialism(산업주의)을 소개했고, 존 스튜어트 밀은 Industrial Revolution(산업혁명)이라는 단어를 1848년에 사용했다. industry라는 단어는 산업 자체만큼이나 번성해 나갔다.

class(계급)라는 단어가 발전해온 과정은 산업혁명에서 시작해서 19세기 말과 20세기를 따라가면서 추적해볼 만한 가치가 있다. 그것은 그 시기에 사회에 관한 수많은 글들을 흠뻑 적신 단어이기도 하다. 앞에서 살펴본 단어들과 다른 점은 class라는 단어를 둘러싸고 일어난 대단한 변화들에도 불구하고 단어 자체의 의미는 별로 변한 게 없다는 것이다.

이 단어는 라틴어 classis에서 나왔는데, 이는 로마인들을 재산에 따라 구분하던 개념이었다. 그러다가 교회 조직에서 사용하는 용어가 됐는데 여기서는 서로 다른 구획이나 그룹을 묘사하는 것으로 사용이 확대되었다. 17세기 영국에서는 class가 특별히 교육과 연결되었다. classroom(교실)에서부터 second class honors(차석 우등 졸업)에 이르기까지의 단어들이 바로 그렇다. 1705년 다니엘 디포가 다음과 같은 글을 썼을 때 그는 통합된 나라로서의 브리티시가 아닌 과거의 잉글랜드에 기반을 두는 잉글리시적 강박관념을 갖는 사람들의 선구자가 된 것처럼 보였다. "급여가 좋기 때문에 영국은 다른 나라에서보다 더 많은 종류의 계급을 만들어 사람들을 몰아넣고 있음은 명백하다." 오늘날 우리는 디포의 말에 고개를 끄덕이지만 당시에 그는 시대를 너무 앞서갔다. 18세기에 들어설 때까지도, 그리고 여전히 19세기에도, 심지어 20세기에도 영어에서 가장 보편적으로 쓰이는 단어로는 rank(열, 혹은 지위나 계급)와 order(질서)가 있었고, estate(재산, 계급)와 degree(등급, 계급)는 class보다 더 흔하게 쓰였다. 이 모든 단어들은 태생과 관련 있었다.

  class라는 단어는 사회 내에서 특정 집단과 관련이 있다. 사회가 그 자체를 묘사하기 위해 선택한 방법을 다시 묘사하기 위해 라틴어로 회귀하고 있는 것이다. 태생으로 자신의 위치가 정해지는 것은 그 중요도가 예전보다는 감소되었다. 아직 완전히 사라진 것은 아니지만 초서와 셰익스피어 그리고 존슨 박사 시대의 한낮의 광채에 비하면 새벽의 여명처럼 미미하다. 이제 우리 앞에는 산업혁명이 산파 노릇을 했던, 사회에 대한 다른 개념이 있다.

  사회 자체의 복잡성을 묘사하는 많은 단어들처럼, 우리가 알고 있거나 알고 있었던 계급 자체가 확고히 되는 데는 시간이 걸렸다. lower classes(하층 계급들)라는 단어는 1772년에 사용되었다. lowest classes(최하층 계급들)나 lowest class(최하층 계급)는 1790년대부터 평범한 단어가 되었다. middle class(중류 계급)는 1756년에 기록되고 있는데 1840년대에는 lower classes만큼이나 자주 쓰이게 되었다. 19세기 중반부터 이 단어는 가능한 한 많은 노력을 들여 lower middle class(중하류 계급), upper middle class(중상류 계급), lower working class(하층 노동 계급), upper working class(상층 노동 계급), skilled working class(숙련된 노동 계급), upper class(상류층, 상류 계급), middle middle class(중간 중류 계급)와 같은 단어를 갖게 되었다. 위에서 언급한 계급으로 분류할 수 없는 사람들에는 왕족, 귀족, 예술가, 방랑자, 사색가뿐만 아니라 이처럼 갈기갈기 갈라놓는 분류법에 구속되지 않는 자유로운 켈트족 등이 있었다. 오늘날 class라는 단어는 오랫동안 지녀왔던 확실성과 신뢰함을 잃어가고 있다.

가장 저급하고 야만적인 발음?

계급에 대한 인식은 억양과 발음이라는 문제를 이전보다 더욱 날카롭게 부각시켰다. 이 경우 런던 동부 지역의 코크니 방언은 아주 유용한 예가 될 수 있는데, 부분적으로는 그 이유를 18세기 말 런던은 영국에서 가장 큰 대도시였다는 데서 찾을 수 있다. 19세기 말이 되면서 런던의 인구는 450만 명이 되었다. (엘리자베스 1세 여왕 때는 잉글랜드 전체 인구가 이보다 적었다.) 읽고 쓰는 사람들의 비율 또한 다른 곳보다 런던이 높았다. 1700년이 되면서 하인들 중 70퍼센트는 자기 이름을 쓰고 서명할 수 있었다. 출판된 책들 중 98퍼센트가 런던에서 나왔고 도서 판매업자들의 절반 이상이 런던에 자리를 잡았다. 그리고 코크니 방언은 아주 매력적인 역사를 갖고 있었는데, 특히 찰스 디킨스는 코크니 방언에 오래도록 지속되는 문학적 삶을 부여한 천재였다.

물론 코크니 방언은 영어를 전통에 따라 제대로 만들기 원하는 사람들에게는 경멸받았다. 그래서 방언은 18세기에는 완전히 평판이 나락으로 떨어져 범죄, 빈곤, 무지의 언어로 인식되었으며 런던의 무대에 오르는 연극들 중에서도 별로 좋지 않은 작품들에서 희극적인 요소를 가미할 때만 사용되었다.

1791년 존 워커는 『중요한 영어 발음 사전Critical Pronouncing Dictionary of the English Language』에서 아주 결정적으로 이를 발설했다. 그는 "가장 야만적인 발음은 런던의 코크니 방언이다."라고 썼다. 그는 코크니들, 즉 런던의 동쪽 지역 사람들이 런던의 더 좋은 언어들을 배우지 않았다고 비난했다. 사실 코크니들은 런던 표준영어에 대한 접근성을 가지고 있다는 특권을 잘 사용하지 못했고 이들의 방언은 콘월, 랭커스터, 요크셔 지역에서 나타나는 차이들보다 천 배나 더 불쾌하고 혐오스러웠다.

중세 문학작품 「농부 피어스」(1362년)에서 코크니는 수탉이 낳은 것처럼 작고 모양이 이상한 달걀을 의미했다. 초서의 작품에서는 어머니가 가장 총애하는 사람을 의미했다. 16세기 초가 되면서 이 단어는 도시에서 자라나서 실생활에 무지한 사람들을 뜻했다. 이러한 저평가는 17세기 초에는 단지 한 지역에 사는 사람들에게만 적용되었는데, 바로 런던 코크니 혹은 보우 벨 코크니 지역에만 적용이 됐다. 진정한 코크니들은 런던에 있는 보우 성당의 큰 종소리를 들을 수 있는 지역에서 태어난 사람들이라는 것을 주목하도록 하자. 이들 코크니들은 얼마 지나지 않아 보우 벨 코크니들이 되었고 또한 그들은 자신들만의 지역 외에는 어떤 것에도 관심이 없다고 알려져 있다.

존 워커는 이들을 목표로 삼았다. 그는 경멸적으로 말하기를, 코크니들은 fists(주먹들)나 posts(말뚝들) 같은 단어들을 2개의 음절로, 즉 fistiz와 postiz로 발음하는데, 이를 가장 저급의 발음이라고 했다. 또한 코크니들은 v를 w처럼 발음했고 마찬가지로 w는 v처럼 발음했다. 따라서 wine(포도주)과 veal(송아지고기)은 vine(포도나무)과 weal(복리)처럼 들렸다. h 또한 다시 한 번 미결수의 처지가 되었다. while(~하는 동안에)이라는 단어는 h를 발음하지 않으면서 wile(계략)과 발음이 같아졌다. 코크니들이 h를 떨어뜨리는 현상은 도처에서 발견되었다. heart(심장)를 art(예술)처럼 발음했고 harm(손해)은 arm(팔)으로 발음했다. 또한 th 발음을 f로 대체하여 thirty(30)는 firty로, thousand(1천)는 fahsn으로 발음한다. bother(성가시게 한다)는 bovver로, mother는 muvver로 발음하는 등 이런 식의 발음들은 산더미처럼 쌓여 있다. humour(유머)는 yewmour로, tell him(그에게 말하다)은 tewwim으로 발음한다. 반면 이중부정 사용이라는 중대한 죄악은 뿌리 뽑을 수 없는 것처럼 보인다. There ain't nuffink te see(볼 만한 건 아무것도 없다). 게다가 부가의문은 문장을 혼란스럽게 만든다. 'That arright then?(괜찮은 거냐, 응?)', 'Ain't it?(그렇지 않니?)'은 결국 'innit?'로 축약해서 코크니들은 말한다.

찰스 디킨스가 화법을 계급의 표시로 사용한 첫 번째 작가는 아니었지만 그는 정말 기억에 남을 정도로 잘 사용했다. 이 분야에서 그의 천재성은 존 워커가 불명예스러운 슬럼가의 말투로 평가한 것을 문학작품으로 바꾸어 놓았다는 것이다. 그는 틀리게 쓰고 말하는 것을 나타낼 수 있었고 그리고 나타냈다. 그러나 등장인물에 대한 존경심과 그들에 대한 관심, 그리고 그들이 말하는 어투를 너그럽게 보려는 마음을 억제하지는 않았다. 하층 계급의 말, 특히 런던에서도 코크니 화법의 사용이 디킨스의 『우리 서로의 친구들Our Mutual Friends』이라는 작품에서 발견된다.

> The visitors glanced at the long boy, who seemed to indicate by a broader stare of his mouth and eyes that in him Sloppy stood confessed. 'For I ain't, you must know,' said Betty, 'much of a hand at reading writing-hand, though I can read my Bible and most print. And I do love a newspaper. You mightn't think it, but Sloppy is a beautiful reader of a newspaper. He do the Police in different voices.'

> 방문객들은 이 키 큰 소년을 힐끗 보았다. 그는 입과 눈을 크게 벌리고 있어서 마치 자신 안에 슬로피(Sloppy. 등장인물 가운데 한 사람)가 존재한다고 고백하듯이 보였다. "여러분은 아셔야 합니다. 왜냐하면 난 아니니까요." 베티가 말했다. "쓰거나 읽거나 하는 손은 아니라고요. 그래도 내 성경과 대부분의 인쇄물을 읽을 수는 있습죠. 그리고 신문은 정말 좋아하지요. 여러분은 그렇게 생각하지 못했겠지만, 그러나 슬로피는 신문을 술술 잘 읽는 독자이지요. 그는 다른 종류의 목소리로 경찰 흉내를 내기도 하지요."

마지막 문장은 디킨스의 신조와도 같았다. 그의 놀라운 성공(염가판 『올리버 트위스트Oliver Twist』는 3주 만에 15만 부가 팔렸다.)에는 신문사 통신원으로 일한 경험이 한몫했다. 그는 런던의 여러 상황들을 관찰했고 아마도 그의 속기술이 거기에서 나오는 표현들을 기록할 수 있게 도와주었을 것이다. 그는 직접화법으로 등장인물들의 성격을 묘사할 수 있다는 것을, 그리고 자신이 최하층 계급의 언어를 사랑했다는 것을 보여주었다. 그는 사람들이 자신이 속한 계층을 나타내는 말의 속도와 정확성을 사랑했다.

h 연구의 대가인 언어학자 린다 머글스톤은 가령 찰스 디킨스의 자전적 장편소설 『데이비드 코퍼필드David Copperfield』에서 클라라 페고티가 h 발음을 탈락시킨다는 것을 지적한다. 그래서 클라라는 곧바로 열등한 사람으로 전락한다. "There's the sea; and the boats and ships; and the fishermen; and Am to play with(바다가 있다. 그리고 보트도 있고 큰 배도 있고 어부들도 있다. 그리고 앰은 놀고 있다)."라는 문장에서 Am은 조카 햄Ham을 의미했다. 그녀는 자신의 조카 이름을 영어 문법의 한 요소처럼 발음(be 동사 am으로 발음)한 것이다.

1869년 영국의 음성학자 알렉산더 엘리스에 따르면 발음에서의 h 탈락은 사회적 자살 행위였다. 그러나 린다 머글스톤은 모든 문학작품에서 h를 탈락시키는 가장 유명한 등장인물로 유리어 힙Uriah Heep을 꼽았다. 여기서 디킨스는 유리어 힙이라는 인물이 갖는 불쾌하면서도 위선적인 본성을 경고하기 위한 방법으로 문법적인 실수를 사용하고 있다. "I am well aware that I am the **umblest** person going(나는 사람들 중에 가장 겸손한 사람이라는 것을 잘 알고 있습니다)."이라고 유리어 힙은 겸손하게 말했다. "… and my mother is likewise a very **umble** person. We live in a **numble** abode, Master Copperfield, but have much to be thankful for. My father's former calling was **umble**(그리고 나의 어머니도 마찬가지로 아주 겸손한 사람입니다. 우리는 변변치 않은 집에서 살고 있습니다만, 그래도 감사할 게 너무 많지요, 코퍼필드 선생님. 우리 아버지의 예전 소명은 겸손이었습니다)." umblest와 umble은 humblest와 humble을 발음할 때 h를 탈락시키고 있음을 보여준다.

린다 머글스톤이 다시 이 점을 눈치 채기는 했지만 흥미롭게도 힙이 자신의 본색인 거만함을 드러냈을 때 상류 계층의 상징이며 사회적 신분과 권위의 징표였던 h는 기적적으로 회복되어 나타난다. "You had better not join that gang(그 무리에는 합류하지 않는 게 좋겠군요)." 라고 그는 말한다. "I have got some of you under the harrow(여러분들 중 몇몇은 시달림을 받고 있습니다)." harrow라는 발음을 h와 함께 정확히 하고 있다.

오랜 시간 질질 끌어온 영어의 신화는 시골 가난뱅이와 대부분 시골에 살고 있는 귀족들은 한꺼풀 벗겨서 내면을 보면 다 형제자매라는 것이다. 그리고 그 증거는 귀족들이 발음에서 g를 탈락시키는 현상에서 볼 수 있다. 『데이비드 코퍼필드』에 나오는 페고티가 hunting을 huntin'으로, shooting을 shootin'으로, fishing은 fishin'으로 발음하는 것처럼 말이다. "You're a-wonderin' what that's fur, sir … when I'm here at the hour as she's a comin' home, I puts the light in the winder(당신은 이게 무엇 때문인지 궁금해 하는군요. 내가 시간에 맞게 여기 있을 때 그녀는 집으로 오고 있었고 전 계단에 불을 켰습니다)." 지금까지의 편리한 비교에서 우리가 간과해온 것은 공작은 페고티의 출신을, 페고티는 공작의 출신을 즉시 알아냈다는 것이다. 바로 발음에서 g가 탈락되는 것이 직격타가 된 셈이다.

디킨스는 말투와 성격을 분명하게 나타내기 위해 음성철자법(발음 나는 대로 철자를 적는 방법)을 쓰는 데 아주 뛰어났다. 갬프 여사의 말투에서는 minute라는 단어를 minnit로, poison을 pizon으로 실제 발음에 가깝게 표기했다. 반면 크럽 여사는 spasms를 spazzums로 발음한 것으로 표기했다. 샘 웰러는 v와 w로 인해 불멸의 명성을 얻었다. "And that was a **wery** partickler and uncommon circumstance **vith** me in those days(그리고 그것은 그 당시 내게는 매우 특별하고 보기 드문 상황이었다)." very를 wery라고 발음하고, with를 vith로 발음했다. 그러나 디킨스는 또한 상류사회의 주인공들이 연관되는 때는 일부러 못 본 척할 수도 있었다. 여성용 모자 제조업자인 케이트 니클비는 oblige 라고 말한다. 페고티는 이 단어를 오래전 발음, 그 당시에는 속어 수준이었던 obleege라고 말한다. 그러나 케이트는 신사의 딸이었고, 마찬가지로 올리버 트위스트는 공장에서 자라나긴 했지만 숙녀의 아들처럼 말을 하고 그 말투는 그의 신분을 드러낸다. 디킨스는 필요하다고 생각할 때면 언제고 감정을 재능보다 앞세울 수 있었다. 또한 그의 출세 지향적인 중류 계급 독자들은 아무리 아름답게 묘사되어 있다 할지라도 지극히 평범해 특별한 것이 전혀 없는 인물들보다는 귀족들과 그의 부인들이 작품의 중심에 있는 것을 더 많이 원한다는 것을 디킨스는 알고 있었다. 그리고 그는 우리를 혼동시키는 것을 좋아했다. 말하는 방법이 그 인물을 표현해 준다는 견해를 대체로 고수하고 있음에도 불구하고 그는 여전히 세련되게 말을 하는 사람들은 나쁘게 행동하게 하고, 서투르고 촌스럽게 말을 하는 사람들은 고상하게 행동하게 할 것이다.

또한 당시는 속어가 후퇴하기를 거부한 때이기도 했다. 특히 런던이 아닌 다른 곳, 가령 거지들의 청승맞은 말투나 도둑들 사이에서만 쓰이는 은어들, 횡설수설하는 말들이나 행상인들의 프랑스어 은어,

뜻을 알 수 없는 전문용어들 그리고 런던의 성 길레스 지역에 살던 거지와 범죄자들이 사용했던 은어 등 수많은 변이형들이 있는 곳에서는 더욱 그랬다. 옥스퍼드 대학과 케임브리지 대학에서 나온 속어들도 있었다. wooden spoon(직역하면 나무숟가락이라는 뜻이지만 최하위 성적을 받은 학생에게 주는 상을 뜻한다.)은 19세기에 나왔다. 왜냐하면 학위를 받을 때 우등상 명단에 이름을 올리지 못한 졸업생들의 어깨 위로 커다란 숟가락이 내려왔기 때문이다.⁴⁷ '밭을 갈다'는 뜻의 plough는 '논문에서 낙제하다'라는 뜻의 속어로 쓰였고, floor는 '마루를 깔다'라는 뜻이지만 '시험에 나온 모든 문제에 답을 한다'는 뜻으로 쓰였다. post는 '편지를 부친다'는 뜻이지만 '후보를 반대하다'라는 뜻으로, '돌다'라는 뜻의 spin은 '후보를 소환하다'라는 뜻으로 쓰였다.

코크니의 발음으로 각운을 이루는 속어는 1851년 헨리 메이휴에 의해 알려졌다. "거지들이 쓰는 새로운 스타일의 청승맞은 말투는 각운을 이루는 규칙에서 모두 받아들여졌다." 그 점이 코크니 말투의 특징적인 풍미를 가장 잘 보여주는 것이 되었다. 그 위트와 풍자는 지금도 생생하게 살아 있다. trouble and strife(수고와 싸움)는 부인wife을 뜻하고 apples and pears(사과와 배)는 계단stairs을, a bull and a cow(황소와 암소)는 줄row을 뜻한다. 이 표현들의 연장선상에서 보면 고전이라고 할 만한 표현들도 있는데 이렇게 시작하는 문단도 있다. 믿는다라는 뜻의 Adam and Eve(아담과 이브), 셔츠를 말하는 Dicky Dirt(그 놈의

---

47 학위를 받는 졸업식장에는 성적이 가장 낮은 등급의 학생들이 앉아 있는 곳 천장에 나무로 만든 커다란 숟가락이 매달려 있었다고 한다. 이들 학생이 학위를 받기 위해 일어나면 숟가락이 학생들의 어깨 위로 내려지고 그러면 다른 학생들이 숟가락을 매달고 있던 끈을 잘라서 그 숟가락을 학생에게 주었다고 한다.

더러움), 길을 뜻하는 frog and toad(직역으로는 개구리와 두꺼비지만 철로의 교차점이 개구리 모양을 닮았다고 해서 붙여진 이름이다.), 도둑을 뜻하는 tea-leaf(차 잎사귀), 양복을 뜻하는 whistle and flute(휘파람과 피리)가 있다. 이 밖에도 이런 표현들은 계속 이어진다. dog and bone(개와 뼈)은 전화를 뜻하고, boat race(보트 경주)는 얼굴을 말하며, elephant's trunk(코끼리의 다리)는 술 취한, 그리고 jam jar(잼이 든 병)는 자동차를 뜻한다.

암호처럼 만들어진 동성애에 관한 내용들도 나왔다. earnest(진지하고 성실한)라는 단어는 이 당시 동성애자를 뜻하는 단어였다. 아일랜드의 시인이며 소설가이자 동성애로 2년간 실형을 산 오스카 와일드의 작품 『성실함의 중요성 The Importance of Being Earnest』에서는 earnest가 이처럼 다른 의미를 갖게 된다. 이 작품에 대한 학문적인 연구 논문도 있는데 이 논문에서는 오스카 와일드의 작품이 빅토리아 시대에 동성애의 위치를 완벽하게 위장한 모습으로 묘사하고 있다고 재해석하고 있다. 경우에 따라서는 움직일 수 없는 증거도 있다. 잭과 앨저논은 머핀muffin을 다 먹는다. 좀 똑똑한 청중들은 아마도 머핀이 빵이지만 동시에 동성애 남자를 뜻한다는 것, 특히 아주 귀엽게 생긴 남자를 뜻한다는 것을 알지도 모른다.

19세기를 산업화를 미화하고 숭배한 시기라고 보고 싶은 유혹이 든다. 19세기에는 계급이 여러 층위로 나누어졌고, 또 다른 커다란 도약을 앞에 둔 언어의 미묘한 표현도 증가했기에 수많은 기능과 기술들이 잘 매치되어 표현될 수 있었다. 억양과 언어는 게임이 되었고, 가끔은 모든 사람들의 출신을 파악하기 위해 섬세한 구별을 한다는 것은 잔인하기조차 했다. 우연히 남겨진 것은 아무것도 없었다. 조지 버나드 쇼는 이에 대해 『피그말리온』의 서문에서 분명하게 밝히고 있다. 그의 아일랜드 방언에 대한 편견과 풍자적인 조소는 당시의 현실에 대한 정당한 견해를 단지 아주 살짝 보여주는 것 같다.

영국인들은 자신들의 언어에 대한 존경심이 전혀 없다. 그들은 어린이들에게 영어를 말하도록 가르치지 않을 것이다. 그들은 철자를 제대로 쓰지 못하는데, 그 이유는 가지고 쓸 철자가 없기 때문이다. 대단한 음가를 갖고 있는 외국어에서 온 오래된 알파벳 자음 외에는 사용할 철자가 없고 그것조차 다 있는 것도 아니기 때문이다. 결과적으로 아무도 책을 읽으면서 어떻게 발음해야 하는지 스스로에게 가르칠 수가 없다. 영국인은 다른 영국인이 자신을 경멸하게 만들지 않고서는 입을 떼는 것조차 불가능하다.

히긴스 교수[48]는 영어를 원주민 부족들에게 붙잡힌 포로로 보았다. "어떤 방언을 쓰는지에 따라 아일랜드인인지 요크셔인인지 알 수 있지요. 나는 어떤 사람이든지 6마일 반경 이내의 출신지를 알아낼 수 있습니다. 런던에서는 2마일 이내로 알아낼 수 있지요. 가끔 두 블록 내에서 그 사람의 출신지를 알아낼 수도 있어요."

그러나 표준발음도 아니고 그렇다고 해서 이상적인 발음이라고 볼 수 있는 것도 아닌, 그 위를 떠다니는 어떤 언어가 있다. 쇼가 편지에서 암시적으로 말했던 것처럼 그것은 〈지배 계급의 말〉 자체였다. 그는 이렇게 썼다.

"영어권 세계의 모든 지역에서 자신의 말이 누구나 인정하는 확실

---

48 히긴스 교수는 『피그말리온』에 등장하는 음성학자로, 거리의 꽃 파는 소녀 엘리자 두리틀의 발음을 고쳐서 그녀를 마침내 상류사회 출신인 것처럼 만드는 데 성공한다.

한 18캐럿짜리의 말이라고 받아들일 화자를 찾는 것은 완전히 쉽다 … 만약에 그 사람이 발음을 할 때 자신의 말이 경찰청장, 옥스퍼드 대학교 총장, 캔터베리 대주교, 황제, 대통령 혹은 런던 시장과 같은 지위에 어울리는지를 신경 쓴다면, 그는 아까 말한 그 화자가 될 자격이 있다."

  그 어떤 것과 비할 데 없는 산업적인 부를 등에 지고 영어를 이 지구 곳곳으로 광범위하게 몰고 간 것은 바로 이 18캐럿의 목소리였다.

19

영국의 지배가 끝났는데도
왜 영어는 인도에서 계속 번창하고 있는 걸까

인도에서 영어는 아주 특별한 도전을 만났다. 영어는 처음으로 자신의 제국보다 훨씬 더 거대한 제국을 만났다. 그 나라는 강렬하면서도 정교한 문명의 나라였고 동시에 200가지 언어를 자랑하고 있었다. 그 중에는 산스크리트어, 힌디어, 벵골어, 구자라트어, 마라티어, 펀자브어, 카슈미르어와 우르두어 등 오래되고 이미 안정되어 있는 언어들이 있었다. 그들은 또 다른 언어를 필요로 하지 않았다. 문학작품이든 학문을 위한 것이든 다른 언어는 더 이상 필요 없었고 하물며 대화나 교역, 종교 또는 소문을 퍼나르기 위해서는 더더욱 필요 없었다. 이 장에서 다루게 될 영어의 모험담 중에서 가장 놀랄 만한 것은 외국어인 영어가 제국주의의 지배로 인해 이곳에서 사용되기 시작했다는 점이 아니다. 오히려 제국주의 지배보다 영어가 더 오랫동안 이곳에서 사용되었다는 것이며 또한 지금도 10억 인도 인구 가운데 3억의 인구가 아직도 영어에 친숙하고 4,000~5,000만 명의 사람들이 제2언어나 제3언어로 영어를 고급 수준으로 말하고 쓸 수 있으며, 그리하여 지난 2~3세대에 걸쳐 온갖 상을 받는 소설작품들이 인도에서 나오고 있다는 사실이다. 그러나 이곳에서 영어는 미움을 받았으며 분개의 대상이었다. 인도의 가장 위대한 정치가인 간디는 영어가 인도인들을 〈노예화했다〉고 믿었다.

영어를 말하는 사람이 맨 처음 인도에 도착한 때는 알프레드 대왕 시절에 사신을 보냈던 882년으로 알려져 있다. 『앵글로색슨 연대기』의 기록에 의하면, 알프레드 대왕의 밀사가 그리스도교를 인도와 인도 주변국으로 전파시켰다고 전해지는 토머스 성인의 무덤에 바칠 선물을 들고 찾아갔다고 한다. 이 이야기에 의하면 바닷길이 교역에서 주요한 통로였을 때 며칠 걸려 갈 수 있는 거리에, 즉 알프레드 대왕이 손을 뻗을 만한 거리에 인도가 있었음을 보여준다.

중세 초기에 교역으로 인한 접촉이 늘어남에 따라 아시아 언어의 단어들, 인도어 단어들이 자주 라틴어와 그리스어를 통해 영어로 들어왔는데 이 단어들은 이후 영어에 흡수되었고 다음 세대로 전해졌다. 가령 pepper(후추)는 그리스어에서는 peperi, 라틴어에서는 piper, 산스크리트어로는 pippali이다. ginger(생강), sugar(설탕), musk(사향), sandal(샌들), camphor(장뇌) 등의 경우 기원을 깊이 파고들어 가다 보면 만나게 되는 언어가 산스크리트어다. 이들은 겨우 시작에 불과했다. 상인들과 선원들이 서쪽으로 여행하면서 단어들의 행렬은 늘어만 갔다. 그 가운데 많은 단어들은 언제나 영어였다고 맹세할 수 있는 것들이었다. 즉 bungalow(방갈로), loot(약탈품), pundit(학자), calico(캘리코, 옥양목), chintz(무명천), cot(간이침대 또는 어린이용 흔들침대), gymkhana(경기장), jodhpurs(승마용 바지), polo(폴로), bangle(팔찌), jungle(밀림), cushy(편한), khaki(카키색), pyjamas(파자마), catamaran(뗏목의 일종) 등을 그 예로 들 수 있다. 모든 종류의 라이프스타일이 포함될 것 같은, 공포심이 들 정도로 모든 것이 이렇게 선택된 가장 소박한 단어들에 압축되어 있다.

아첨하고 간청하고 고개를 숙여도
영어는 아직 인도에 안착할 수 없었다

영국과 인도 사이의 가깝고도 격렬한 관계가 수립된 것은 1600년의 마지막 날이었다. 이 날짜가 마치 상징적인 파급효과가 있는 것처럼 들릴지 모르겠지만 그건 단지 우연히도 기억하기 쉬운 날짜였을 뿐이다. 엘리자베스 1세 여왕은 몇몇 상인들에게 신용장을 수여했는데, 그 내용은 동양의 풍부한 향신료 시장에 대한 독점권을 인정하는 것이었다. 그 중에서도 가장 풍요로웠던 시장은 인도네시아 자바 섬에 있는 반탐(Bantam, 옛 반탐 왕국의 수도로 유럽과의 향신료 무역의 기지였다.)이었다. 이곳에서는 후추와 향신료, 비단과 향목을 살 수 있었다. 영국인들은 반탐에서 교역을 하기 위해 현금뿐만 아니라 인도산 섬유도 들여와서 더 큰 이윤을 얻고 싶어 했다. 처음에 이곳은 목표지점이라기보다는 발사대 역할을 했다.

섬유업은 상업적인 중요성이 점점 커져갔다. 영국인들은 거래를 성사시키기 위해 작업을 해야만 했다. 그들은 교묘하게 숨어들어 갔다. 이들 상인 모험가들은 복잡한 동양사회의 권력가들을 만났다. 하지만 런던에 있는 그들의 여왕이 아무리 영광스럽고 스페인의 무적함대를 그들이 어떻게 물리쳤는지에 대해 아무리 꾸며내서 이야기했다 할지라도, 그리고 셰익스피어가 얼마나 눈부시며 그들의 법률과 자연과학 철학이 아무리 강력했다 할지라도, 인도에서 영국인들은 자신들의 권력제도가 오히려 초보자들의 것처럼 보일 만큼 인도의 권력제도에 대해 더 공부해야 했고 더 복종해야 했다.

그들은 아첨하는 방법도 배워야 했다. 그것만이 거래를 성사시킬 수 있는 유일한 길이었다. 이들의 고민거리는 그들이 만난 사람들의 직함에서도 볼 수 있다. 직함들은 인도의 수많은 언어들로부터 온 것으로 페르시아어에서 온 것도 있었다. maharajah(대왕, 토호국의 왕), mandarin(상급관리), nabob(인도인 용병의 중대장), subahdar(중대장, 지방 총독), sahib(각하, 선생), sirdar(군 지휘관), sheikh(족장), sultan(군주), caliph(무함마드의 후계자), imam(지도자), shah(왕), mogul(모굴 사람 또는 거물), khan(주권자에 대한 칭호), rajah(귀족), emir(족장, 토후), nizam(군주), nawab(귀족이나 왕족에 대한 칭호), padishah(대왕, 제왕), lama(라마, 대지도자), seyyid(왕), sultana(왕비), maharani(힌두교의 도사, 정신적 지도자) 등. 이곳은 위계질서를 확실히 아는 나라였다. 영국인들은 넙죽 엎드려 머리를 조아려야만 했다. 그들은 그렇게 했다. 그들은 자신들의 빛나는 언어를 강요하는 대신 벵골어를 배우고 힌디어를 배워야만 했다. 또한 폭약과 무기를 쓰는 대신에 부드러운 말과 협상을 이용했다. 그들은 무굴인들이 사용하는 페르시아어로 무굴인들에게 아첨했다. 그리고 그들은 간청했다. 그들은 고집했다. 결국 그들은 마드라스, 봄베이 그리고 수라트의 부유한 지역에 교역소를 세우는 것을 허락받았다. 동인도회사의 지도신부였던 존 오빙턴은 기쁨에 넘쳐 다음과 같이 썼다.

수라트는 아시아 전역의 물건이 거래되는 곳으로 유명하다. 특히 아틀라스, 커태니, 소프리, 컬가, 알라자, 벨벳, 타페타, 사틴과 같은 양질의 비단들과 페르시아에서 온 자바프트로 유명하다. 그리고 페르시아 만에서 가져온 풍부한 진주로도 유명하다. 진주뿐 아니라 다이아몬드와 루비, 사파이어, 토파즈 그리고 다른 화려하고 귀한 보석들도 풍부하여 이곳에서 대량으로 판매된다. 홍옥수 등의 광물이나 접는 책상, 말끔하게 닦아서 아름답게 꾸민 상자들도 유명한데 그것들은 이곳에서 아주 괜찮은 가격으로 구입할 수 있다.

동인도회사 상인들이 자신들의 방법을 얼마만큼 하찮게 여겼는지는 모르겠지만 어쨌든 그들은 고개를 숙였고 미소를 지었고, 그리고 이를 계속함으로써 마침내 자신들의 목적을 달성했다. 그럼에도 영어는 인도라는 대륙이 갖고 있는 풍요롭고 오래된 문화 속에 아직 자신의 이름을 등재하지는 못했다.

그러나 그들은 소유권을 주장했다. 그 어느 누구라도, 그 어떤 기준에 의해서라도 인도에서의 놀랄 만한 영어의 약진이 진정으로 시작된 곳이라고 할 수 있는 장소가 있다면 그곳은 바로 휴리 강가에 있는 아주 작은 마을, 콜카타Kolkata였다. 원래 콜카타라고 불렸던 이 작은 마을은 나중에 영국 상인들에 의해 캘커타Calcutta라고 불리다가 이제는 다시 콜카타가 되었다. 상인들은 그곳에 공장을 세웠고 그 공장에서 세계에서 가장 큰 무역거래소 중의 하나가 성장하게 된다. 영어는 캘커타에서 교두보를 발견했다. 지금 이 순간에도 캘커타에서는 여러 나라 말로 적힌 도로 표지판과 표어, 광고 그리고 온갖 종류의 선명한 인쇄물들이 넘쳐나는데 그 중에서도 가장 두드러진 언어가 영어다.

무역상들은 품질이 우수하고 밝은 색깔의 무늬가 있는 직조된 섬유가 영국에서 즉각적인 성공을 가져다주고 이로 인해 막대한 돈을 벌 수 있다는 것을 알아냈다. 영국과 인도의 관계는 이러한 섬유사업을 통해 형성되어 갔다. 그러나 무역은 번성해 나갔지만 영어는 아직도 변경에 머물러 있었다. 17세기 후반에 영어를 말하는 고용인은 아직도 몇 백 명에 불과했고 1,000명이나 2,000명을 향해 천천히 나아가고 있었다. 따라서 사업을 하고 싶어 하는 사람들은 현지 언어를 배워야만 했다. 여기서 우리는 영어를 사용하는 사람들이 다른 언어를 배우기 위해 처음에는 자신들의 언어를 포기하지만 결국에는 그들의 모국어 속에 담겨져 있는 단어와 표현을 다시 가져오는 사례를 잘 볼 수 있다. 그들은 처음에는 인도인들처럼 말할 뿐만 아니라 현지인을 부인으로 맞이하고 그 지역의 관습에 적응하고 그 지역의 옷을 입도록 격려되었다. 그들은 그렇게 했다.

동인도회사에서 일하는 사무원이나 서기들은 수많은 현지의 사업 용어들과 단어들을 사용하도록 강요받았다. 상거래 언어의 장악 능력을 고려할 때 다소 놀랍게도 이 단어들은 영국 본토에서는 아주 드문 정도로만 알려졌다.

상황은 역전되었다,
영어는 더 이상 인도에 아첨할 필요가 없어졌다
—

아마 여러분은 영어가 〈때를 기다리고 있었다〉고 말할지도 모른다.
그때가 18세기에 왔다. 볼 만했지만 그러면서도 생각조차 할 수 없었던 무굴제국의 멸망을 가져온 여러 사건들이 누적되면서 말이다. 또한 영국 해군은 프랑스 해군을 물리쳤다. 동인도회사는 사설군대를 창설했고 1765년 무굴인들은 이 회사가 인도에서 가장 부유했던 벵골 지역의 행정과 재정을 통제하는 것을 공식적으로 인정했다.

이제 사태는 역전되었다. 영국인들은 더 이상 구걸하거나 환심을 사거나 아첨하거나 빌붙을 필요가 없었다. 그러나 처음에는, 즉 희망에 부푼 공백 기간처럼 보이는 기간에는 제국주의라는 운명의 추파는 아직 시작되지 않고 있었다. 그들은 아직도 현지 여인들과 결혼했고 현지 관습을 따랐으며 인도에 진정한 매력을 느끼고 있었다. 예를 들어 벵골 지역 총독이었던 워런 헤이스팅스는 인도어와 인도의 전통을 공부할 것을 적극적으로 권유하곤 했다.

그리고 바로 이때 인도의 언어와 영어 사이에 깊게 뿌리내리고 있는 관계를 아마추어 학자이자 대법원 판사인 윌리엄 존스가 밝혔다. 윌리엄 존스에 대해서는 이 책의 서두에서 언급한 적이 있지만 여기서 다시 거론할 만하다. 그는 아시아의 역사와 문명과 자연, 고대 유물, 예술, 과학 그리고 문학을 연구하는 것을 고무하기 위해 벵골아시아협회를 창설했다. 그는 영국의 계몽주의를 혼자서 대표한 사람이었다. 호머의 서사시보다 수세기 이전에 쓰였던 문자인 산스크리트어라는 고대 언어를 살펴보기 시작했을 때 그는 "유레카!"라고 외칠 만한 순간과 조우할 수 있었다. 그가 발견한 것은 산스크리트어와 다른 언어들은 사실상 서로 같은 기원을 갖고 있다는 사실이었다. 지금은 더 이상 존재하지 않지만 다른 어족들과 먼 부모뻘로 추정되는 경로가 있다는 것이다. 따라서 영어에서는 father이지만 산스크리트어에서는 pitar이고, 라틴어에서는 pater이며, 고트어에서는 fadar

가 된다. 산스크리트어에서 형제라는 뜻의 bhrater는 라틴어에서는 frater, 독일어에서는 Bruder, 아일랜드어에서는 braithair, 영어에서는 brother이다. 심지어 동사들도 형태가 비슷하다. 영어에서의 am(be 동사의 1인칭 현재형)은 고대영어에서는 eom이고 고트어에서는 im이며, 라틴어에서는 sum, 그리스어에서는 eimi, 산스크리트어에서는 asmi이다. 영어의 is(be 동사의 3인칭 단수 현재형)는 고트어에서는 ist, 라틴어에서는 est, 그리스어에서는 esti, 산스크리트어에서는 asti이다. 윌리엄 존스의 통찰력은 현대 어원학에서 가장 중요한 초석이 되었다. 내가 생각하기에 그의 업적은 당시에 밀고 들어오는 작은 나라(영국)가 천천히 조금씩 통치해 가고 있던 아대륙(subcontinent, 인도)에 살고 있던 경이로운 집단에 대해 갖고 있던 대단한 존경심을 보여주었다는 점이다.

영국인들의 존경심은 제53보병대장의 아내였던 마사 셔우드가 1805년에 쓴 편지에서도 볼 수 있다. 이 편지에는 과시욕과 함께 주부의 일을 감당해 내려는 결심이 뒤섞여 있다. 그리고 그녀는 이국적인 새로운 문화가 갖고 있는 복잡함에 대해서는 거의 학자처럼 매료되어 있었다.

포트 윌리엄(캘커타)에 도착했을 때 나는 이미 우리 정착지의 규모가 크다는 것을 알았다. 남편은 연대의 급여 지급 담당자로서 금고를 가지고 있었기 때문에 인도에서는 아주 대단한 사람으로 흑인 지휘관이나 집사를 두고 있어야만 했다. 랜 해리는 최고의 승려 계급인 브라만으로 아주 점잖았는데 캘커타에서 추천된 사람이었고 내가 주둔지에 도착했을 때에는 그를 통해서 다른 하인들도 이미 마련되어 있었다. 하인들은 다음과 같았다.

키트무트가르kitmutgar 한 명: 한 달에 9루피를 줌. 이 사람이 하는 일은 장에 가고 요리사들을 감독하고 식탁에서 시중을 드는 것이다. 그러나 그는 시장에서 산 물건들을 집으로 나르지는 않는다.

무솔디mussauldee 한 명: 이 사람의 일은 그릇을 씻고 등불을 켜고 키트무트가르의 시중을 드는 것이다.

비스티Bheesty 한 명: 이 사람의 이름은 천상의 사람들이라는 뜻을 가지고 있는데, 그는 물이 든 가죽 부대를 어깨에 지고 나른다.

그러므로 인도와 같은 분위기에서 그들이 어떻게 자신의 이름을 갖게 되었을지 우리는 이해할 수 있다. 물론 열등한 종류의 존 불(John Bull, 영국인을 대표적으로 표현할 때 쓰는 단어)은 이처럼 각자의 일을 분류해서 하는 것을 야만적인 것이라고 표현했겠지만 말이다.

마지막 문장은 정말 사랑스럽다. 그런 후 셔우드 여사는 계속해서 다섯 명의 하인의 이름을 언급하고 비교적 검소한 대장의 집에서 그들이 해야 하는 일들을 설명하고 있다. 그 안에는 상대의 문화를 존중하는 호기심이 여전히 들어 있다. 그리고 존경심도 있었다. 그러나 아마도 이 모든 것들은 좀 성급했는지도 모른다. 당시 영국인들은 작은 무굴인들처럼 행동하도록 허용되었고 그들은 곧 무굴이 갖는 힘과 매력에 빠져들었다. 하지만 이제 그들이 빛날 시간이 되었다. 적은 수의 사람들이 이처럼 전통과 역사와 규모로 빛나는 곳을 통치하게 되었고, 따라서 그들은 〈우월감〉이라는 환상을 조장하지 않을 수 없었다.

여기서 영국인들의 상업적인 대담성과 군사적인 위엄을 논하고 그로 인해 발생한 의심할 바 없는 무자비함과 비참함을 비교해 보려는

영국인들은 더 이상 인도인들에게 머리를 조아리지 않아도 되었다.

것은 아니다. 어쨌든 영어의 흔적을 따라가다 보면, 19세기가 시작되면서 영국인들은 점점 더 우월감이라는 태도를 갖기 시작했다는 것을 지적하고 넘어갈 필요가 있다. 현지화하는 것, 인도의 관습을 받아들이는 것(인도의 단어들과 표현들은 제외되지만), 그들의 문화를 존중하는 것. 이제 이런 것들은 대체로 시대에 뒤떨어지는 일이 되었다. 아마도 새로운 상황이 가져다주는 심리적인 무게를 고려해볼 때, 전사들과 지성으로 들끓고 있는 대륙에서 위험할 정도로 적은 수의 외국인들이 살아 나가기 위한 내적 외적 안전을 위해서는 이렇게 하는 것이 필수적이었는지도 모른다. 아니면 권력이 늘 그렇듯이 부패했기 때문이었는지도 모르지만 말이다.

우월한 지위는 종교를 통해 정당화되었다. 1813년 영국의 외무부 장관 윌리엄 윌버포스는 의회에서, 인도의 "어둡고 피비린내 나는 미신을 그리스도의 빛과 진리라는 온화한 영향으로 바꾸어야만 한다."라고 말했다. 그 결과는 선교사들과 선교를 위한 학교 그리고 우리가 의도하는 대로 보자면 영어를 많은 인도인들에게 전해주기 위한 첫 번째 조직화된 운동으로 나타났다. 이것은 〈라지Raj의 정신〉이었다. 라지라는 단어는 힌디어로 왕국이나 통치, 주권을 의미한다. 이제 영국 사람들이 지배하게 되었고, 영어가 소환되었으며, 그 언어가 등재되었다.

이제 영어는
특권과 승진의 언어가 되었다
—

논란이 있었지만 영향력 있는 소수 인도인 무리가 서구적인 사고방식에 감화를 받았다. 특히 과학과 기술 분야에서 그랬다. 그들은 추론하기를, 영어는 이런 지식에 접근할 수 있도록 해줄 것이며 따라서 힌디어나 페르시아어, 산스크리트어보다 우월하지는 않더라도 아마도 이 언어들과 함께 배울 필요는 있을 것이라고 생각했다. 람모한 로이는 그런 사람들 중에서도 자신의 생각을 가장 뚜렷하게 표현한 대변인이었다. 1823년에 영국의 지배하에 있는 인도인들을 훈련시키는 데 돈을 쓸 수 있다는 것을 알았을 때 쓴 그의 편지 일부분을 보자.

> 우리는 능력 있고 교육받은 유럽의 신사들을 고용해서 인도인들에게 수학, 자연철학, 화학, 해부학 그리고 다른 유용한 과학들을 가르칠 수 있도

록 이 전체 금액이 사용될 것이라는 낙관적인 희망으로 가득 차 있었다. 유럽의 원주민들은 이 학문들을 완벽한 수준으로 끌어올림으로써 그들을 세계의 다른 지역에 사는 사람들보다 더 높은 위치로 올려놓았다고 볼 수 있다.

이처럼 존경과 갈망 그리고 경쟁하고자 하는 명확한 의도가 현명하게 뒤섞여 있는 그의 편지는 런던에 사는 순수 영어주의자들을 기쁘게 할 만큼 뛰어난 영어 문체로 써져 있지만 뒤로 가면 그러한 미몽에서 깨어나고 있다. "우리는 정부가 그 돈으로 인도에서 통용되는 지식을 전파하기 위해 힌두교 학자들 아래 산스크리트어 학교를 세우려 한다는 것을 이제 알게 되었다."

그러나 여기에는 주목할 만한 것도 있다. 그 중 한 가지는 이때부터 격렬한 반대를 받으면서도 자신들에게 아주 유용한 언어로서 영어를 잡으려고 했던 인도의 영향력 있는 그룹들이 존재해 왔고 현재에도 남아 있다는 것이다. 그들은 지식을 원했고 그 지식에 접근해 전수받길 원했다. 그들은 공부하고 배울 준비가 되어 있었고 그렇게 했다. 또 다른 한 가지는 영국인들은 영어를 강요하고 싶어 했는데 이는 해방을 위해서라기보다는 통치하기 위해서였다는 것이다. 영어는 인도인들을 한 줄로 세워놓기 위한 것이었지 계몽주의의 보석과도 같은 작품들 속에 그들을 해방시켜 주려던 것은 아니었다. 이 문제는 인도에서 영어에 대한 중요한 논쟁의 전쟁터가 되었다. 제국의 도구가 될 것인가? 아니면 바람직한 지성의 세계로 가는 창이 될 것인가? 이 연기가 걷히면 누가 그 언어를 소유할 수 있을까?

1835년 작가이자 역사학자였던 캘커타의 대법원 판사 토머스 배빙턴 매콜리는 악명 높은 비망록을 썼는데, 여기서 그는 인도인들에게 영어를 가르칠 이유에 대해 말하고 있다. 이는 획기적인 기록물이 되었다. 편집을 한 문단들은 다음과 같은 내용을 포함하고 있다.

> 나는 동양인들 스스로 매겨놓은 가치만큼 동양적인 학식을 손에 넣을 준비가 되어 있다. 나는 유럽의 좋은 도서관에 있는 단 하나의 서고에 인도와 아라비아의 문학 전체를 비치할 가치가 있다는 것을 부정하는 사람은 단 한 사람도 발견하지 못했다 … 우리는 지금 자신들의 모국어로는 교육받을 수 없는 사람들을 교육시켜야만 한다. 우리는 그들에게 외국어를 가르쳐야만 한다. 서구의 언어들에서조차도 영어는 탁월하다.

매콜리에게는 영어의 탁월함이 대영제국의 세계적인 제국주의 통치를 가능하게 했다. 영국인들은 인도인 직원과 서기들을 소환해 제국이 의도하는 바를 위해 일하도록 했다. 영어를 말하는 하급 공무원 계급이 필요했고 캘커타에서는 이들을 수용하기 위해 거대한 건물을 지었다. 가끔 인도인들은 영어를 배우기를 간절히 원하기도 했지만 또한 강요받기도 했다. 그때나 지금이나 교육을 받은 인도인들이 사용하는 언어는 그 목록이 아주 쉽게 불어나는 것처럼 보이는데 그 목록에 영어가 더해졌다. 그러나 영어는 특별한 지위를 갖고 있었다. 영어는 〈특권과 승진의 언어〉였고, 단지 소수의 인도인들만이 영어로 공식 교육을 받을 수 있었기에 어쩔 수 없이 〈엘리트들의 언어〉였고, 다른 사람들과 구분을 짓는 언어였다. 그러나 영어를 말하는 인도인 관료들이 없었다면 라지도 없었을 것이다. 이는 인도의 지성인들에게는 잃어버릴 수 없는 모순이었다.

인도에서도 단어 사냥은 멈추지 않았다

영어 자체는 이 새로운 대륙에서 신바람이 나기 시작했다. 집사 영어 Butler English라고 불리던 것은 곧 용수철처럼 솟구쳐 올라갔고, 미국이 서부 개척지에서 long time no see(오랜만입니다)라는 표현을 만들어 냈듯이 인도에서도 상황이 비슷하게 되었다. 인도의 영어는 미국 대륙과 카리브해의 피진과도 비슷한 점이 있다. 예를 들면 다음과 같다. "Tea, I making water. Is boiled water. Wat anybody want mixed tea, boil the water, then I put tea leaves, then I pour the milk and put sugar(차를 만들려면 우선 물이 있어야지요. 팔팔 끓인 물이 있어요. 누구든지 차를 원하면 물을 끓이고 찻잎을 넣어요. 그리고 우유를 붓고 설탕을 넣습니다)."

바부 영어Babu English[49]라고 불리는 변이형도 있었다. 바부는 원래 벵골어로 신사라는 뜻이었다. 그러나 이 단어는 지나치게 장식적인 영어의 변이형이라는 뜻으로 쓰이게 되었는데 이는 사회적인 맹종과 함께 대부분 인도인이 인도인들에게 영어를 가르치게 되어 있는 교육제도로 인한 산물이었다. 따라서 교재에서나 적절할 것 같은 문체들이 제거되지 않고 그대로 남았다. 그 예로 다음의 편지를 보자.

Sir,

Being in much need and suffering many privations, I have after

---

[49] babu라는 단어는 영국인이 고용한 인도인 시종을 칭하는 단어이므로 학자에 따라 Babu English는 Butler English와 같은 뜻으로 쓰이기도 한다. 그 특징은 be 동사와 같은 연결사의 생략, 시제의 결어 등을 들 수 있다.

long time come to the determination to trouble your bounteous goodness. To my sorrow I have not the good friendships with many people hence my slow rate of progress and destitute state. Here on earth who have I but thee, and there is Our Father in heaven, needless to say that unless your milk of human kindness is showered on my sad state no other hope is left in this world.

선생님,
많은 어려움과 많은 결핍을 겪으면서 저는 오랜 시간이 지나 당신의 관대한 자비심에 폐를 끼치기로 결심하게 되었습니다. 슬프게도 저는 많은 사람들과 좋은 친분관계를 갖지 못하고 있어서 발전도 느리고 결핍의 상태에 있습니다. 이 지구상에 당신 외에는 없고 하늘에는 우리 아버지 하느님께서 계십니다. 두말 할 필요도 없이 저의 이 슬픈 상황에 당신의 인간적인 친절함이 소나기처럼 내려주지 않는다면 제게는 이 세상에 다른 어떤 희망도 남아 있지 않을 것입니다.

열등한 부류의 존 불은 아마도 이 편지를 조롱할 것이고 겉으로 마지못해 진지한 표정을 지으려고 애쓸 것이다. 그러나 1903년 총독 쿠르존 경은 그 내용을 가능한 한 이해하려고 노력했고 한편으로는 재미를 느꼈다.

만약에 내가, 또는 그 누구라도, 일반적으로 바부 영어라고 불리는 이 영어에서 유쾌한 내용을 인용한다면 우리는 그 원주민의 지성을 비웃거나 실수들을 웃음거리로 만들어 버리려는 생각을 가져서는 안 된다. 반대로 인도에서 할 수 있는 가장 주목할 만한 경험 중의 하나는 영어라는 언어가 가진 놀랄 만한 자유자재의 구사력이다. 이들에게는 외국어이지만 더 잘 교육받은 인도인들이 그것을 학습하고 있으며 따라서 그들은 단순히 영어를 쓸 뿐만 아니라 정확하고 유창하게 말할 수도 있어, 이 점에 대해 나는 정말 놀라움을 멈추지 못하고 있다 ….

바부 영어에 대해 쿠르존은 또 이렇게 쓰고 있다. "바부 영어는 작가들의 입장에서는 기이하면서도 참신한 유머감각을 자주 드러낸다." 그의 감탄은 진실성이 느껴지지 않을 정도로 지나쳐서 인도의 영국인 주요 인사들에게는 좀 놀라움을 준다면, 잘난체하는 듯한 그의 언급 역시 그와 같은 상류층 사람들에게도 놀라움을 준다.

속어와 말장난은 영국인 장교들에게 풍토병처럼 번졌다. 심지어 새 식민지 총독이 도착했을 때 부관이 쓴 보고서를 이해할 수 없다고 불평할 정도였다. 영어와 특히 힌디어 사이에 서로 끌리는 매력은 점점 더 강해져 갔다.

영국 군인들은 인도어 단어들을 즐겁게 골라냈다. 그들은 스스로에게 자부심을 갖고 bolo the bat a tora(그 지방의 언어를 조금 말할 수 있다.)라고 하기도 했고, banged up(대마초를 사용해 기분이 좋아진 상태)일 때면 amen-wallah(목사)에게 설교를 듣기도 했고, tori peechy(연기된 본국송환)에 직면하기도 했다. 그러나 인도에서 사용되는 이런 용어들은 영국 본국까지는 들어가지 못했다. 인도에서는 결정적인 일격이었지만 영국에서는 아무것도 아니었다. chota hazry가 아침식사라는 것을, badmash가 불량배라는 것을, durzee가 재단사라는 것을, burra-peg이 위스키를 곱빼기로 마시는 것을 뜻한다는 것을 영국인들은 아무도 몰랐다. 그리고 gubbrow가 약한 자를 못살게 구는 사람이라거나, lugow가 배를 정박시킨다는 뜻이라거나, foozilow가 아첨하는 것이고 dumbcow는 위협하는 것, puckerrow는 붙잡다, bunow는 거짓으로 꾸며낸다는 뜻이라는 것을 아무도 몰랐다. 그러나 이 단어들은 서로 뒤섞여 있다가 결국 1886년 앵글로-인도어 어휘에 관한 굉장한 어휘집인 『홉슨-좁슨Hobson-Jobson』이 거의 900쪽에 이르는 분량으로 출판될 정도가 되었다.

홉슨-좁슨은 군대에서 사용하던 용어였는데 무슬림들이 행렬을 지어 가면서 소리 높여 외치던 표현이 변형된 것이다. 원래는 Ya Hassan, Ya Hassayn이었는데 Hosseen Gosseen이 되었다가 Hossy Gossy로, Hossen Jossen으로, 다시 Jackson Backson이 되었다가 결국 Hobson Jobson이 되었다. 이제 이 단어는 언어학 분야의 전문용어가 되었는데, 앞에서 살펴본 것처럼 한 언어에서 비롯한 단어들이 이 화자에서 저 화자로 옮겨지면서 변형되어 가는 경우를 지칭한다. khakee(카키)는 이 가운데 가장 유명한 단어들 중 하나다. 이 단어는 석탄재 색깔dust-coloured이라는 의미로 힌디어에서 왔는데 원래 옅은 진흙색 또는 갈색의 옷을 뜻했다.

홉슨-좁슨주의Hobson-Jobsonism는 영어가 인도에서 발견하고 포획한 새로운 단어들로 우리들을 데려간다. 이 단어들을 알파벳 순으로 배열하면 다음과 같다. amok(맹렬한 살상욕구를 동반하는 정신착란 상태), ashram(힌두교도들이 수행하며 거주하는 곳), avatar(분신), bandanna(염색한 대형 손수건), bangle(발찌, 발목 장식), caddy(차를 담아 놓는 작은 깡통, 골프 심부름꾼), calico(옥양목), candy(사탕), cashmere(캐시미어), cheetah(치타), coolie(하급 노무자), cushy(돈, 편안한), dinghy(음침한, 더러운), guru(지도자, 권위자),

Himalayan(히말라야 산맥), jungle(밀림), karma(카르마, 업), khaki(카키), lilac(라일락), mantra(만트라, 기도하면서 외우는 주문), mongoose(몽구스, 사향고양이과 육식동물), panda(팬더), pariah(최하층민, 천민), rattan(등나무), sacred cow(신성한 소, 힌두교에서 소를 신성시하여 나온 표현), Sherpa(세르파), Tantra(힌두교의 탄트라 경전 또는 교리), yoga(요가) 등. 이처럼 제한되고 임의적으로 선택한 단어들만 보더라도 영어가 새로운 사물, 경험, 생각, 의미를 설명하기 위해 쉬지 않고 얼마나 잔인하게 새로운 단어들을 사냥했는지, 그리고 앵글로색슨어의 단어 저장고가 대양과 대륙을 이동하면서 만나는 모든 언어들을 얼마나 깊이 탐구하면서 확대되어 나갔는지를 잘 알 수 있다. 그리고 영국인들이 좋아하는 음식 중 몇 가지를 소개받았던 곳도 바로 이곳 인도였다. 그것은 바로 카레curry인데 최근 자료에 의하면 영국인들에게 가장 인기 있는 음식이라고 한다.

간디의 간절한 외침에도
영어는 인도에서 사라지지 않았다

러디어드 키플링(Rudyard Kipling, 인도 뭄바이 출신의 영국 작가로 『정글북』으로 노벨상을 수상했다.)은 작가로서의 위대함이 좀 가려지긴 했지만 다른 어느 작가보다 영국 군인의 삶과 어려움, 인도의 신비함과 매혹적인 차이를 일반인들에게 더 많이 알린 작가다. 그의 작품은 잘 알려져 있다. 키플링 외에도 인도와 인도에서 사용되는 영어에 대해 열정을 갖고 있었던 수많은 사람들이 있었지만 제국주의의 부정적인 면을 고려할 때 그들의 열정은 본국에서 찬사를 받기에는 무리가 있다.

영어가 혼자서, 아니면 적어도 대부분의 경우에는 혼자서, 많은 인도의 지식인들로 하여금 영국 통치자들의 손목을 비틀어 인도를 다시 빼앗아 올 수 있는 민주주의와 독립이라는 사상을 직접 접하게 했다는 것을 증명할 수 있다면 그것은 낭만적이면서도 역설적일 것이다. 그러나 내 생각에는 독립을 향한 결단력은 아마도 하나의 언어나 하나의 문화에 국한되는 일은 아닐 것이다.

그럼에도 불구하고 대영제국에 대한 저항을 가져온 것은 바로 영어와 영어가 지녔던 정신이었다고 믿는 사람들도 있다. 영어가 대영제국을 대신하여 인도인들이 통치하는 것을 가능하게 만들었던 것처럼, 영어는 능력 있는 인도인들이 영국에 대항하여 일어설 수 있게끔 만든 요인이었을지도 모른다.

매콜리의 비망록과 교육정책은 영어라는 언어를 인도 국민에게 가져다주었고, 특히 러디어드 키플링은 영어를 통해 인도인들 사이에 민족주의 움직임이 점점 발전해 나가는 것을 보았다. 키플링은 영어가 그 움직임에 진실성을 부여하고 있음을 두려워했다. 그는 "자신들이 스스로 국가 행정을 담당할 수 있는 능력을 가지고 있다는 것을 인도인들은 강하게 믿고 있다."는 것을 알아냈고 "그 이론은 최근에 생겨난 모든 정치적인 취향들과 함께 영어로 아름답게 쓰여 있었기" 때문에 많은 영국인들이 그러한 믿음을 공유하고 있음을 파악했다.

물론 키플링은 인도의 독립을 아름다운 생각 그 이상도 그 이하도 아닌 것으로 결론을 내렸다. 하지만 그 이상이었다. 움직임은 끈질겼다. 이 움직임은 부자들의 집에서도 만날 수 있었고, 관직을 갖고 있는 자유주의자들에게서도 볼 수 있었으며, 새롭게 선거권을 부여받은 사람들 사이에서도 목소리를 내기 시작했다.

1903년 총독 쿠르존 경은 에드워드 7세의 등극을 축하하기 위해 근사한 왕실무도회를 열었다. 인도는 영국의 손 안에서 그 어느 때보다도 가장 안전해 보였고 자기기만일지도 모르지만 가장 행복하다고 생각되었다. 5년 후 간디Gandhi라는 변호사는 거대한 눈사태를 일으킬 첫 번째 중요한 조약돌이 될 선전문을 썼다. 영어의 모험 입장에서는 아주 매력적인 글이었는데, 왜냐하면 간디는 법률이나 군대나 경제적인 통제에 집중한 것이 아니라 영어라는 언어에 관심을 쏟았기 때문이다. 영어는 간디가 공격한 가장 중요하고 본질적인 목표였다.

> To give millions a knowledge of English is to enslave them. The foundation that Macaulay laid of education has enslaved us. I do not suggest that he has any such intention, but that has been the result. Is it not a sad commentary that we should have to speak of Home Rule in a foreign tongue? …
>
> Is it not a painful thing that, if I want to go to a court of justice, I must employ the English language as a medium, that when I become a barrister, I may not speak my mother tongue and that someone else should have to translate to me from my own language? Is not this absolutely absurd? Is it not a sign of slavery?

수백만의 사람들에게 영어를 배우게 하는 것은 그들을 노예로 만드는 것이다. 매콜리가 만들어 놓은 교육제도의 기반이 우리를 노예화하고 있다. 나는 그에게 그런 의도가 있었다고는 생각하지 않지만 결과적으로 그렇게 되었다. 우리가 우리 땅에서 우리의 내정에 대해 외국어로 얘기해야만 한다는 것은 슬픈 일이 아닌가? …

우리가 정의를 구하기 위해 법정에 가고 싶다면 그 매체로 영어를 사용해야만 한다는 것, 그리고 변호사가 되기를 원한다면 모국어로 말하면 안 된다는 것, 그리고 다른 사람이 내가 말하는 모국어를 번역해 주어야만 한다는 것, 이 모두가 고통스러운 일이 아닌가? 아니 분명 터무니없는 일이 아닌가? 이것이 바로 노예의 표시 아닌가?

간디는 이러한 사고방식을 고수하여 독창적이며 급진적인 결론으로 몰고 간다.

"나는 이 일에 대해 영국인을 비난할 것인가, 아니면 나 자신을 비난할 것인가? 인도를 노예로 만든 것은 영어를 알고 있는 인도인들인 바로 우리다. 우리 국가에 대한 저주는 영국인들이 아니라 우리에게 내려질 것이다."

간디가 미래의 인도에 대한 청사진을 그리기 시작했을 때 영어는 말 그대로 사라졌다. 그는 이렇게 말하는 것처럼 보였다. "영어라는 언어와 인연을 끊어라. 그리고 압제자와 인연을 끊어라. 압제자들이 여러분들에게 계속 강요하는 것은 여러분을 영어로 말하게 하여 그들처럼 생각하고 행동하게 만드는 것이다."

이는 힘을 모으는 생각이었다. 1947년 인도가 독립을 향해 다가가고 있을 때 많은 민족주의자들은 영어를 압제의 가장 중심적인 요소이며 상징으로 간주했다. 그들은 영어를 없애고 싶어 했는데 라지라는 통치권의 종말로 인해 인도에서의 영어는 서서히 종언을 고하게 되어 있었다. 새로운 헌법은 영어가 공식어로 1965년까지 계속해서 사용되도록 했지만 그 이후에는 완전히 힌디어로 대체되는 것으로 되어 있었다.

그러나 그런 일은 일어나지 않았다.

이러한 상황이 일어나게 된 배경에는 여러 가지 이유가 있다. 힌디어를 사용하지 않는 사람들은 힌디어의 계획된 최고 지위에 반대했다. 거리에서는 폭동이 일어났는데, 힌디어를 거부하고 영어를 계속 쓰자는 이유에서였다. 그리고 현실적으로 영어는 사회적 출세와 지위라는 제도 안에 깊이 뿌리를 내리고 있었다. 영어는 세계에 접근하게 해주었다. 이러한 현상은 문학에서 가장 두드러지는데, 독립 이후 영어로 작품을 쓴 인도 소설가들은 대단한 성공을 거두었고 그들의 작품은 인도와 영국뿐만 아니라 미국과 옛 영연방국가들을 통해 찬사를 받았으며 전 세계의 언어로 번역되었다. 그러나 지금까지도 상황이 간단치는 않다. 캘커타에서 태어나 벵골어를 말하며 자란 젊은 소설가 아미트 차우두리는 영어로 소설을 썼다. 그는 이렇게 말했다.

나는 영어가 이중적인 역할을 하고 있다고 생각한다. 영어는 통일을 위한 언어였다. 또한 인도인들로 하여금 자의식을 강하게 갖도록 만들었는데 그리하여 자신들이 다른 사람들과 다른 점들을 갖고 있다는 것, 즉 서로 다르고 영국인과도 다르다는 것을 더 인식하게끔 만든 것도 바로 이 언어를 통해서였다. 따라서 영어는 이러한 이중적인 기능을 하고 있다. 영국인들 자신은 이 일에 대해 지나치게 책임감을 느낄 필요가 없는데, 왜냐하면 이런 일이 일어나고 있는지를 몰랐기 때문이다. 이는 영어를 이런 식으로 사용한 인도인들에게 전적으로 책임이 있다. 현대 인도 역사에서 영어는 모든 것의 중심에 있어 왔다. 영어는 국제 공용어이기도 하지만 더 많은 역할을 하기도 한다. 영어는 부분적으로 인도 원주민들의 언어를 성장하게끔 했고 현대적인 모습을 갖게 만들었다. 따라서 영어는 우리들이 갖고 있는 차이, 즉 서로 다른 정체성에 대한 개성적인 자기 표현을 점차 해나가게끔 했는데, 이는 인도가 어떤 나라인가를 얘기할 때도 아주 중요하다.

영어는 많은 것을 인도로부터 흡수했다. 그러나 인도는 자신의 언어들 중 하나로 영어의 모든 것을 흡수했다. 오늘날 인도 인구 중 4~5퍼센트가 영어를 유창하게 말할 수 있으며, 이들은 적어도 다른 언어 하나씩은 똑같은 수준으로 유창하게 말할 수 있는 사람들로 거의 무의식적으로 이 언어에서 저 언어로 옮겨다니며 이야기한다. 4~5퍼센트라고 하면 적은 수로 들릴지도 모른다. 그러나 인도라는 나라의 크기에서는 이 숫자가 4~5천 만 명을 의미하는 것으로, 이는 총독이었던 크루존 경이 아마도 교육을 잘 받은 사람들이라고 묘사했을 만한 숫자다. 이 숫자를 넘어서서 지금은 적어도 3억 명이 넘는 인도인들이 영어를 접하고 있으며 어느 정도 영어를 알고 있다고 추산되고 있다.

인도에서 영어로 출간되고 있는 《더 타임스》는 런던의 《더 타임스》 판매량의 세 배가 넘는다. 캘커타는 영어로 된 표지판으로 온통 둘러싸여 있다. 인도의 학자들은 세계 무대에서 과학과 예술, 정치와 사회 등 여러 분야에 걸쳐 권위 있는 글들을 영어로 쓰고 있다.

영국의 인도 통치는 50년보다도 훨씬 더 전에 끝났다(인도는 1947년 8월 15일에 독립했다). 하지만 영어는 인도에 남아서 계속 번창하고 있다.

20

당신이 〈h〉를 발음하지 않는다고 해서 당신을 죽여야 하나요?

인도제도Indies라는 이름은 처음부터 잘못 붙여진 것이다. 콜럼버스는 인도로 가는 항로를 찾기 위해 서쪽으로 가다가 이곳에 도착했다. 오랫동안 망망대해에서의 항해를 하고 난 후 이곳에 도착한 콜럼버스는 몇 가지를 정당화시키면서 자신이 목적지에 제대로 도착했다고 생각했고 따라서 원주민들을 인디언Indians으로 명명했다. 이 사건은 영어 단어가 카리브제도에 기원을 두고 있을 때는 평소보다 더 주의 깊게 살펴봐야 하는 첫 번째 이유를 보여준다. 카리브인Caribbean이라는 단어는 이곳에 살고 있는 종족의 이름인 카리브Carib에서 왔다.

데이비드 크리스털 교수는 이 지역에는 서로 구별될 만한 독특한 차이를 갖고 있는 여섯 가지의 영어 변이형들이 있다고 쓴 적이 있다. "영어를 사용하고 있는 세계 안에서도 이 상황은 매우 독특한 것이다. 왜냐하면 이 지역의 역사가 두 개의 다른 차원에 속한 영어 변이형들을 함께 묶는 방식 때문이다. 하나는 지역적인 차원으로 해당 방언을 사용하는 사람이 어느 지역 출신인가를 알려주고, 다른 하나는 인종적인 차원으로 어떤 언어를 사용하느냐에 따라 사회적이면서도 민족적인 정체성을 알려준다."

『케임브리지 영어사』는 다음과 같은 내용을 담고 있다.

> 영어와 크리올이 서인도제도에 어떻게 전파되었는지를 일목요연하게 파악하기는 힘들다. 표준영어나 영국의 방언으로 혹은 카리브제도 영어나 북미 영어의 모습으로, 아니면 영어에 기반을 둔 피진이나 크리올의 모습으로 전해졌는지 우리는 알 수가 없다. 이 지역에서의 일반적인 영어 변천사는 특히 섬지방에서는 12개도 넘는 조각으로 나뉘어져 그 파편들만이 부분부분 남겨져 있을 뿐이다 … 게다가 더 어려운 것은 서인도제도와 근방으로 퍼져나간 영어의 전파 과정은 그 지역에서 영국이 갖는 정치적 영향력의 전파 과정과 항상 일치하는 것은 아니라는 점이다….

세인트 루시아나 도미니카처럼 예전에 영국의 식민지였던 곳에서는 영어가 제2언어로 사용되고 있다. 반면 코스타리카처럼 영국의 식민지가 아니었던 지역에서 영어가 제1언어로 사용되기도 한다. 그리고 그곳에는 피진과 크리올의 형태를 갖는 변이형들이 있다.

물론 이러한 사실들이 놀랄 만한 것은 아니다. 우리는 아주 호탕하게 이 지역의 섬들을 한꺼번에 묶어 〈서인도제도West Indies〉라고 말하지만 사실은 1,000마일이 넘는 대양(카리브해)을 사이에 둔 열두 개쯤 되는 각각의 영토들을 말한다. 이곳은 본질적으로 다윈이 갈라파고스제도에서 증명한 것과 같은 많은 다양성이 여러 방식으로 조합된 곳이다. 우리는 또한 영국인의 정착뿐만 아니라 스페인인, 포르투갈인, 프랑스인, 네덜란드인의 정착에 대해서도 말하고 있다. 그리고 무엇보다도 수십 종류의 서로 다른 아프리카 언어들을 말하는 수십만 아프리카인들의 집중적인 강제 이주에 대해서도 이야기하고 있다. 또한 마지막으로 이들이 뒤섞이면서 이루어진 문화 융합에 대해 이야기하고 있다. 놀라운 것은 이들 언어의 운율이 대체로 동질적이라는 것이다.

청소부처럼
땅과 바다를 가리지 않고 쓸어 담다

영어는 그곳에 늦게 도착했다. 16세기경 스페인과 포르투갈은 신세계에 정착했고 그즈음 노예제도가 시작되었으며 포르투갈인들은 서아프리카로부터 노예들을 실어 나르기 시작했다. 그리고 다양한 유럽의 질병들이 스페인인들의 완고함과 함께 원주민들의 수를 급격히 감소시키거나 경우에 따라서는 완전히 사라지게 만들기도 했다. 영국인들은 아주 늦게 왔고 처음에는 보물선을 기다리는 해적처럼 해변에 머물렀다. 특히 엘리자베스 여왕의 암묵적 동의하에 드레이크와 호킨스와 다른 영국인들은 스페인인들을 약탈했다.

하크루이트의 『항해*Voyages*』는 1589년에 처음 출간된 책으로 선원들의 이야기를 모아놓은 것이다. 이 책에는 존 호킨스가 1564년에 행한 기니(Guinea, 아프리카 서부 해안 지방)와 인도제도 여행에 대한 이야기가 실려 있는데 우리에게 이 지역의 어휘들을 많이 소개하고 있다.

… we came to an island of the cannibals, called Domenica, where we arrived the ninth of March, cannibals exceedingly cruel and to be avoided … Near about this place [later, he is now near Santa Fé] inhabited certain Indians who … came down to us … presenting milk and cakes of bread which they had made from a kind of corn called maize … also they brought us down hens, potatoes and pines … these potatoes be the most delicate roots that may be eaten, and do far exceed our parsnips and carrots …

… 우리는 도미니카라고 불리는 식인종의 섬으로 왔다. 우리가 도착한 날은 3월 9일이었는데 식인종들은 아주 잔인했고 피해야만 하는 대상이었다 … 근처에는 (나중에 알려진 바로는 산타페 근처였다고 한다.) 인디언들이 살고 있었는데 … 그들은 우리에게 내려와 우유와 메이즈라고 부르는 옥수수로 만든 빵을 선물로 가져다주었다 … 그들은 또 우리에게 암탉과 감자와 소나무들도 가져다주었는데 … 감자는 먹을 수 있는 가장 맛있는 뿌리채소였고 우리가 먹는 방풍나물이나 당근보다도 훨씬 좋은 것들이었다 ….

자, 이제 우리는 maize(옥수수), potato(감자), cannibal(식인종) 등의 단어들을 인디언들이 사용하는 언어에서 가져오게 되었다. cannibal이라는 단어는 카리브 사람들에 대한 또 다른 형태의 이름에서 온 것으로 Canibale이라고 불리기도 했다. 이들은 포로들을 무자비하게 다루는 것으로 유명했다. 카리브어는 영어에 수많은 단어들을 가져다주었는데 그 중에는 cayman(큰 악어), peccary(멧돼지류) 등이 있다. 그리고 또 다른 원주민이었던 아라와크족에게서는 hurricane(허리케인),

guava(구아바 열매), hammock(해먹), iguana(이구아나), savannah(사바나)를 가져왔다. canoe(카누)와 potato(감자)는 아이티어에서 온 것이다.

그러나 바다로 나가 서쪽을 향하면서 영어는 우연히 만나는 모든 언어들이라는 배를 약탈하기 시작했다. 아즈텍 고유 언어인 나와틀어, 아즈텍어, 멕시코어에서 chocolate(초콜릿), chilli(칠리), avocado(아보카도), cocoa(코코아), tomato(토마토), coyote(코요테), mescal(메스칼, 선인장의 일종) 등의 단어들이 왔는데 이들 중 많은 단어들은 다른 유럽의 언어들을 통해 간접적으로 들어오기도 했다. 페루를 점령한 것은 스페인이었지만 영어는 그곳에도 곧 도착했다. 그곳에서는 llama(라마), puma(퓨마), cocaine(코카인), quinine(키니네, 말라리아 특효약), guano(구아노) 등의 단어들을 손에 넣었다. 투피와 과라니 같은 브라질 언어들은 jaguar(재규어), piranha(피라니아, 남아메리카의 육식성 담수어), toucan(투칸, 열대 아메리카의 큰 부리새), cashew(캐슈, 열대 아메리카산 견과류 열매), tapioca(타피오카, 땅콩 종류) 등의 원천이 되는 언어들이다. 영어는 어휘를 사냥하고 수집했는데 땅과 바다를 가리지 않고 모두 다 쓸어 담는 〈청소부〉와도 같았다. 바닷개라는 영국의 해적은 널리 알려진 영웅이었는데 특히 스페인의 가톨릭교도 왕을 신경질 나게 만들어서 왕은 엘리자베스 여왕의 목에 현상금을 걸기도 했다. 해적질은 애국이었다. 그들은 freebooters(해적)라고 불리거나 filibusters(해적 혹은 불법 침입자, 16세기 명칭), privateers(사략 선원들, 사략선은 민간어선이지만 전시에는 적의 배를 나포할 수 있는 권한을 갖고 있다.), 또는 old sea-dogs(늙은 바닷개, 17세기 명칭)라고 불렸다. cutlass(옛날 뱃사람이 사용하던 몸체 부분이 휘고 넓적한 단검)라는 단어는 백 년 전에 나왔고, Jolly Roger(해적 깃발)라는 단어는 백 년 후에 나왔다. 그러나 깊은 바다에서 폭력과 함께 이루어진 약탈은 영국의 신문 지상에서 호평을 받았는데, 또 다른 단어인 buccaneer(해적, 악덕 정치가라는 뜻도 있다.)에는 해적들에 대한 남성 우월적인 허풍이 들어 있었다.

살아남기 위해
아프리카어 문법을 적용하다
―

영국인들은 1609년 버뮤다로 이주하기 시작했고 카리브제도에는 1624년에 도착했다. 그 해에 토머스 워너와 12명의 동료들은 세인트 키츠 섬에 있는 샌디 베이에 정착했다. 1626년에 최초의 아프리카 노예들이 세인트 키츠 섬에 도착했는데 그곳은 유럽의 다른 나라들처럼 영국이 노예 노동력을 조직적으로 착취하기 위해 만든 곳이었다. 이곳에서 먼저 시작한 것은 담배농사였다. 설탕은 이윤이 더 남는 것으로 판명되었지만 더 많은 노동력이 필요했다. 노예들의 수는 점점 늘어나기 시작했고 서인도제도의 토박이 언어들, 망가지긴 했지만 완전히 뿌리째 뽑히지는 않은 언어들이 여러 조각으로 나뉜 채 유럽의 언어들과 짝을 지어 나타나기 시작하면서 〈아프리카 언어들의 습격〉이 본격적으로 시작되었다. 16세기 말엽만 하더라도 아프리카인들은 유럽인들보다 수가 더 많았고 다음 세기에서도 아프리카의 인구는 대규모로 늘고 있었다.

미국을 향해 가는 노예선에서 조직적인 반란이 일어나는 것을 막기 위해 서인도제도에서 활동하던 유럽의 노예상인들 역시 부족들을 나누어 싣는 정책을 채택했는데 이는 결국 언어 또한 나뉘는 결과를 낳았다. 이에 덧붙여 한 가지 주장을 살펴보면, 이들 노예선에서 언어는 스스로 결합하기 시작했는데 바로 선원들로부터 주위들은 영어의 형태를 취하게 되었다는 것이다. 이 주장에 대해서 반박하는 사람들도 있다. 그러나 사람들이 의심할 바 없이 동의하는 내용은, 이처럼 전적으로 서로 다른 언어를 말하는 사람들이 농장에 도착하자마자 의사소통할 방법을 찾아냈다는 것이며, 그 방법은 영국인 주인들을 위해 일한다는 전제 조건하에서는 어쩔 수 없이 영어를 사용한다는 것이었다. 여기에는 두 가지 방법이 있었다. 하나는 피진이었고 다른 하나는 크리올이었다.

『케임브리지 영어사』에 의하면 "피진은 축약된 언어로서, 공통의 언어를 사용하지 않는 두 민족들 사이에 광범위한 접촉이 이루어지면서 생겨난 결과다 … 단순화는 여러 단어들이 축약된 형태로 나타나거나 굴절어미와 같은 복잡한 문법적 어미 형태를 더 이상 사용하지 않게 되는 등의 현상을 포함한다." 이는 two knives(두개의 칼이라는 뜻의 복수형)가 two knife(두 개의 칼이라는 같은 뜻이지만 복수형이 아닌 단수형으로 쓰인다.)로 되는 식이다. 주격 대신 목적격 형태를 쓰기도 하는데, 가령 him can read라는 문장에서 보듯이 주격 he 대신에 목적격 him을 쓰는 것이다. 복수형은 단수 명사에 dem을 붙여 표현한다. de dog dem은 복수 the dogs를 나타낸다. 동사 형태는 단순화되어 수동태는 사용하지 않는다. de grass cut은 the grass has been cut이라는 수동태의 뜻을 가지고 있다. 조동사 do는 의문문에서 생략된다. Why you hit him? 그리고 부사를 쓸 자리에 형용사를 쓴다. I do it good.

피진은 살아남기 위해 만들어낸 기발하면서도 즉각적으로 이루어지는 속기술과도 같다. 크리올은 피진을 사용하는 사람들의 아들딸들에 의해 발전한 완전한 언어를 말한다(즉 피진이 모국어 화자를 가지게 되면 그것을 크리올이라고 한다). 피진 화자의 자녀들은 아프리카어보다 그들의 부모가 사용하는 피진 영어가 일상생활에서 더 많이 사용되는 것을 알게 된다. 부모들의 피진 영어에서 자식들은 실제로 새로운 언어를 조직한다. 즉 피진을 크리올화하는 것이다. 어휘들은 크리올화되고 문법은 스스로를 다져나간다. 어떤 언어학자들은 이처럼 특별하고 기적적으로 빠른 문법적인 발전은 인간의 내재적인 본능에 의한 것으로, 휘파람을 부르는 고래가 휘파람을 불도록 되어 있듯이 그렇게 인간의 뇌 일부 역시 문법화되어 있다고 믿고 있다. 그러나 서인도제도의 학자들 중에는 이곳에서 사용되는 크리올은 궁극적으로는 서로 많이 다른 서아프리카 언어들이 모두 속해 있는 니제르-콩고Niger-Congo 어족으로부터 직접 내려온 것이라고 믿는 사람들도 있다. 여기서 논점이 되는 것은, 형태는 영어에서 빌려왔지만 구조는 서아프리카어의 것을 사용했다는 점이다.

서인도제도 대학교의 휴버트 데버니시 박사는 한 가지 예를 이렇게 들고 있다. 'Me go run school'이라는 표현은 영어로는 'I ran to school(나는 학교로 뛰어갔다)'로 번역된다. 따라서 서인도제도식의 표현은 열등하며 무식하다고 간주되곤 한다. 그러나 데버니시 박사는 영어에서는 전치사를 사용해 방향을 말해 주지만 여기서는 go가 방향 표지어로 어디로 달려가고 있는지를 말해 주는 것임을 지적한다. 원래 go는 직설적인 동사 형태로 'Me go there'이라는 문장은 'I went there'를 말하게 된다. 그러나 'Me run go school'에서의 go는 전치사, 즉 'Me run go/to school'과 같다. 결국 크리올은 문법적으로 필요하다면 동사를 전치사로 단순히 바꾸어 주었다는 것이다. 영어의 변천에서도 마찬가지 경우가 있었는데 명사는 동사로, 동사는 명사로 쓰이는 경우도 많았다. 이는 결코 무식한 것이 아니라 전적으로 타당한 적응 방법이다. 똑같은 예를 다른 데서 찾아보면, 요루바어와 에도어와 같은 서아프리카 언어는 사실상 이런 종류의 문장 구조를 갖고 있는 몇 안 되는 언어들 중 한 그룹이다. 특히 run go는 으뜸이 될 만한 경우다.

18세기 후반, 세인트 키츠 섬에서는 새뮤얼 매튜스라고 불리던 목수가 크리올을 말하던 흑인들에게서 들은 적이 있는 언어로 다음과 같은 글을 남겼다. 그는 전에는 한 번도 기록된 적이 없었던 말소리를 문자로 남기고 있는데 아래 4개의 시행을 자세히 살펴보면 그가 언어에 대한 대단한 통찰력을 지니고 있었음을 알 수 있다.

    Vos mottor Buddy Quow?
    Aw bree Obeshay bong you.
    You tan no sauby how
    Daw boekra mon go wrong you, buddy Quow

    무슨 일인가, 쿼우 형제여?
    농장 감독이 당신을 한 대 쳤구려.
    어떻게 해야 할지 모르는 것 같구나.
    그 백인이 당신에게 나쁜 짓을 할 것을 모르는 채, 쿼우 형제여.

몇 개 안 되는 단어들이지만 이 시에는 크리올의 특성이 많이 드러나 있다. 대부분의 단어들은 영어다. 걸라어에서처럼 영어의 뿌리 깊은 융통성은 도전을 받을 때마다 살아나 서로 다른 어족에서 온 다양한 언어들에서 새로운 언어를 만들어 내곤 한다. 세인트 키츠 섬에서 사용되는 억양과 말투는 비록 종이에 옮겨졌음에도 불구하고 두 번째의 놀랄 만한 사실인 말소리의 변화를 보여주고 있다. 그리고 몇몇 단어들은 서아프리카어의 프리즘을 통해 다시 태어났다. brother(형제)는 buddy(친구)가 되었는데 이 단어는 나중에 아주 널리 쓰이게 되었지만 여기에 처음으로 기록되어 있다. overseer(감독자)는 obeshay로 바뀌었는데, 이 단어들을 몇 번씩 반복해 발음하다 보면 어떤 일이 일어났는지 쉽게 이해할 수 있다. what의 wh 발음은 v가 되었고 believe의 l은 bree에서처럼 r로 발음되었으며 that의 th는 daw나 dat으로 표기한 것에서 알 수 있듯이 d로 발음되었다. 많은 아프리카어들은 한 음절에는 하나의 자음과 하나의 모음만을 가질 수 있다는 음성 규칙을 갖고 있다. 따라서 영어에서처럼 자음이 여러 개 결합되면 크리올은 이를 하나의 자음으로 축약되는 경우가 많다. 즉 stand는 st와 nd가 t와 n으로 줄어 tan이 되었다. 영어의 어휘에 아프리카어 문법을 적용하여 stand라는 뜻의 새로운 단어 tan을 만들어낸 것이다.

  영어 단어가 아닌 것들도 있다. boekra는 white man을 뜻하는 아프리카어에서 온 단어다. sauby는 saber에서 왔는데 이는 포르투갈어로 알다라는 뜻의 동사다. 시 후반부를 보면 morrogou라는 단어가 있는데 이 단어는 프랑스어에서 온 것이다.

  새뮤얼 매튜스의 글과 세인트 키츠 섬에서 발견된 다른 작품 속에 처음으로 기록된 단어들 중에는 How come?(어째서? 왜?)도 포함되어 있다. 배설물이라는 단어 대신으로 쓰인 것은 kackar 혹은 caca가 있다(고대영어에 땅을 파서 만든 변소라는 뜻의 cachus라는 단어가 있긴 했지만). 때리다는 뜻의 bong 또는 bang, 악을 뜻하는 ugly, 어린이를 뜻하는 pikni, 크다는 뜻의 grande 그리고 문제 또는 논쟁이라는 뜻의 palaver 등도 포함되어 있다.

프랑스어 크리올도 있다. 이 섬의 어부들에게 일어난 일에 대한 서사시인「오메로스Omeros」로 노벨상을 수상했던 데릭 월컷(Derek Walcott, 세인트 루시아 출신의 시인 겸 극작가로 카리브해의 현실과 정서를 강렬한 이미지와 은유로 표현했다.)은 모국어로는 공식적인 영어를 배웠지만 부엌과 거리의 언어로 프랑스어 크리올을 배워가며 자랐다. 그의 작품을 보면 이 두 가지 언어가 서로 마찰하고 있다. 단어의 마찰도 있고 새로운 문법의 마찰도 있으며, 언어학자와 마찬가지로 역사학자나 사회학자들 또한 아주 풍부한 정보의 원천으로 크리올을 찾게 만드는 여러 다양한 원천들이 그의 작품에서 마찰하고 있다.

사람들은 대체적으로 자메이카에서 사용되는 크리올이 카리브제도의 크리올들 중에서 가장 중심이 되고 있다는 것에 동의하는 듯하다. 그 이유는 부분적으로는 상당수의 아프리카인들이 그곳으로 이송되어 왔기 때문이고, 또 부분적으로는 그들 중 많은 사람들이 산으로 도망쳐 자신들만의 언어 그룹을 일찍부터 형성했기 때문이다. 그리고 영어가 아주 두드러지긴 해도 여전히 스페인어의 흔적도 남아 있다. 예를 들어 탈출한 노예들은 maroons라고 불렸는데 이 단어는 거칠거나 혹은 길들여지지 않았다는 뜻의 스페인어 cimmarón에서 온 것이다.

서인도제도의 영어는
과연 열등하고 무식한 것일까

이 장을 마무리하면서 미스 루Miss Lou가 쓴 「죽이기 금지Bans a Killin」라는 시의 꽤 많은 부분을 그대로 보여주는 것보다 더 좋은 방법은 없다고 생각한다. 미스 루는 시인이면서 자메이카 여성들과 작가들에게 영감을 제공해준 사람으로 유명하다. 그녀는 자메이카의 방언은 적절하지 않거나 혹은 정확하지 않은 영어이므로 경멸받아야 한다는 당시의 생각에 대해 자메이카 방언을 변호하기 위해 이 저항시를 썼다. 미스 루는 영문학을 잘 알고 있었고 자신의 무기로 영어의 방언을 사용했다. 다음의 시를 읽어 보면 그녀가 영어의 심장에 자신의 고유한 방언을 심어 놓고 있다는 것을 알 수 있을 것이다.

> So yuh a de man me hear bout!
> Ah yuh dem seh dah teck
> Whole heap a English oat seh dat
> yuh gwine kill dialec!
> Meck me get it straight, mas Charlie,
> For me no quite understan
> Yuh gwine kill all English dialec
> Or jus Jamaica one?
> Ef yuh dah equal up wid English
> Language, den wha meck
> Yuh gwine go feel inferior when

It come to dialec?

Ef yuh cyaan sing 'Linstead Market'

An 'Water come a me yeye'

Yuh wi haffi tap sing 'Auld lang syne'

An 'Comin through de rye'.

Dah language weh yuh proud a,

Weh yuh honour an respec —

Po Mas Charlie, yuh no know se

Dat it spring from dialec!

Dat dem start fi try tun language

From de fourteen century —

Five hundred years gawn an dem got

More dialec dan we!

Yuh wi haffi kill de Lancashire,

De Yorkshire, de Cockney,

De broad Scotch and de Irish brogue

Before yuh start kill me!

Yuh wi haffi get de Oxford Book

A English Verse, an tear

Out Chaucer, Burns, Lady Grizelle

An plenty a Shakespeare!

When yuh done kill 'wit' an 'humour',

When yuh kill 'variety',

Yuh wi haffi fine a way fi kill

Originality!

An mine how yuh dah read dem English

Book deh pon yuh shelf,

For ef yuh drop a 'h' yuh mighta

Haffi kill yuhself!

여러분, 제 말을 들어 보세요!

아, 그걸 가져간다고요

영국산 귀리가 한 무더기 쌓여 있는데

당신은 방언을 죽이려고 하는군요!

찰리 님, 단도직입적으로 말할게요

저는 이해가 잘 안 돼서요

그렇다면 모든 영어의 방언을 죽이실 건가요,

아니면 자메이카 영어만 죽이나요?

만약에 영어도 똑같이 대하신다면

당신이 만들어낸 이 언어에 대해서도

열등감을 느끼시나요

방언에 대해서?

「린스테드 시장」이라는 노래를 부를 수 있다면 한번 보세요

'물이 내게 온다네'라는 표현도 있고

「그리운 옛날」이라는 노래도 부르며 행복해하지 않나요?

'호밀밭을 가로질러 오다'라는 표현도 있고요.

이 언어가 당신이 자랑스러워하는

당신이 존중하고 존경하는 언어인 것을

불쌍한 찰리 님, 모르셨나요?

모두 다 방언에서 나왔다는 것을

만약 언어를 돌려놓고 싶다면

14세기로 돌아가

500년 동안 내려온 것을 보면

우리보다 더 많은 방언을 갖고 있다는 것을!

그러니 당신은 랭커셔를 죽여야 하고

요크셔도 죽여야 하고 코크니도 죽여야 하고

스코틀랜드와 아일랜드의 방언들도 다 죽여야 할 텐데요

나의 말을 죽이기 전에!

옥스퍼드 책을 가져와서

영어의 시와, 그 눈물들

초서와 번스와 그리젤 부인의 작품들

그리고 셰익스피어에서도 많이 찾을 수 있는

그 '기지'와 '유머'를 죽이고 나서

'다양성'을 죽이고 나서

그러고 나서야 아마도 죽일 방법을 찾아내겠지요

독창성을 죽일 방법을!

당신이 어떻게 영어를 읽는지 난 모르지만

불쌍한 당신이 책을 읽을 때

h 발음을 하지 않는다고 해서

당신 자신을 죽여야만 할까요!

21

죄수들과 함께
오스트레일리아로 유배를 떠나는 영어

수백 년 동안 오스트레일리아는 테라 오스트레일리아 인코그니타 Terra Australia Incognita로 불렸다. 1770년에 제임스 쿡 선장은 전설적인 대륙으로 알려진 이곳으로 탐사를 떠났다. 쿡의 배 엔데버호는 그곳에서 식물학자 조지프 뱅크스를 중심으로 동식물을 수집하기 시작했다. 쿡은 자신이 닻을 내린 지점을 Stingray Harbour(노랑가오리항)라고 부르기를 원했으나 조지프 뱅크스에게 경의를 표하기 위해 Botany Bay(보타니 베이, 식물학 만)라고 명명했다. 새로운 땅에 대한 이름 짓기와 소유권 주장은 이렇게 시작되었다.

영어가 이 대륙에 실제로 이식된 것은 1788년이 되어서였다. 그 해 723명의 죄수가 이곳에 유형지를 건설하게 되면서 의심할 여지없이 이곳은 전 세계에서 가장 중요하고 가장 비옥하며 가장 성공적인 유형지가 되었다. 죄수들의 배는 보타니 베이를 향해 출발했지만 찌는 듯한 여름 더위로 쿡 선장이 처음 보았던 원시의 푸르름으로 덮여 있던 경치는 황량해져 있었다. 죄수들의 배는 북쪽으로 항해를 계속해 지금은 시드니 항구로 알려져 있는 잭슨 항에 도착했다.

현지어와의 접촉은 두 가지 방법으로 가장 직접적으로 설명될 수 있다. 첫 번째는 캥거루에 대한 이름 짓기다. 잭슨 항에서 영국인들을 현혹시킨 이 낯선 동물은 patagorong(파타고롱)으로 불렸던 것 같다. 아니 정말 그 이름으로 불렸을까? 왜냐하면 당시 약 250개의 원주민 언어가 있었던 것으로 보이는데 그 중 많은 언어들은 서로 의사소통이 불가능했다. 그러니 캥거루에 대한 이름으로 250가지 단어가 있었을 가능성이 있다. 캥거루라는 단어가 아예 존재하지 않았을 가능성도 있다. 캥거루는 쿡의 선원들 중 한 명이 이 독특한 동물을 가리키면서 무엇이냐고 물었을 때 오스트레일리아 원주민 정보원이 한 대답에서 나왔다. 그 대답은 "I don't understand what you're asking(난 당신이 무엇을 묻는지 잘 모르겠습니다)."이라는 것이었고 이 문장은 원주민의 언어로 하면 대충 kangaroo라고 번역된다. 물론 캥거루라는 단어가 어디서 왔든지 간에 이 단어는 살아남았다. 이곳에 정착한 사람들은 강제로 여기에 온 것이기에 우선 자신들의 처지를 알 필요가 있었다. 그들은 자신들의 목적을 위해서라면 원주민의 언어에서 무엇이든지 닥치는 대로 약탈했다.

이곳에서 영어가 차용한 단어들의 한 무리는 잭슨 항 근처에서 사용되던 다루크어에서 왔다. boomerang(부메랑), koala(코알라), wallaby(왈라비, 작은 캥거루), wallaroo(왈라루, 큰 캥거루), wombat(웜뱃, 곰 비슷한 동물) 등. 이곳에서의 단어 차용은 미국에서의 경험과 거의 비슷하게 평행선을 이루고 있다. 영어는 자신의 언어에 아주 밀착되어 원주민의 언어에 강하게 저항하지만 결국은 새롭고도 낯선 곳이 주는 압박 때문에 원주민의 단어를 훔칠 수밖에 없었다. 그들은 5세기의 프리지아인들과 켈트의 원주민들과 다르지 않았다.

미국에서와 마찬가지로 이곳에서도 영어에서 온 단어들이 지역의 사물들에 무자비하게 적용되었다. 가령 magpie(까치)나 apple(사과) 등이 그 예다. 그리고 영국인들은 지명을 영국에서 가져왔다. 한 가지만 예를 들면 시드니 북쪽에 뉴캐슬이라는 곳이 있는데 이곳 가까이에서 영국의 뉴캐슬 지역에 있는 지명을 여러 개 찾을 수 있다.

정착한 지 100년도 안 되어 영국인들은 '오스트레일리아 원주민'이라는 뜻으로 aboriginal이라는 단어를 사용했다. 처음 이 대륙에서 살고 있는 것으로 발견된 사람들은 Native Australians이라고 불렸다. australian은 '남쪽'을 뜻하는 라틴어 형용사에서 파생된 것이고, aboriginal은 '태초부터'라는 뜻의 라틴어였다. 로마인들은 aboriginal을 살던 곳에서 추방된 사람들을 뜻하는 데 사용했다. aboriginal이라는 단어가 '원주민'을 가리키는 데 사용되면서 australian은 '정착민'이라는 뜻으로 전유되었다.

언어 차용은 두 가지 방향에서 모두 작용한다. 원주민들은 이전에 말이라는 동물을 본 적이 없었다. 그들의 언어 중 몇몇에서는 말을 yarraman이라고 했는데 아마도 치아teeth라는 뜻에서 나온 것 같다.

원주민들은 영어 피진도 만들어 발전시켰는데 그 중 일부는 새로운 언어에 흡수되어 살아남았다. 흥미로운 것들 중 하나는 jumbuck(양)인데 오스트레일리아에서 광범위하게 사용되고 있다. 이 단어는 jump up이라는 구절이 변한 것일 수도 있고, 덜 그럴듯하긴 하지만 내 생각에는 크고 하얀 뭉게구름이라는 뜻의 jombok이라는 단어에서 온 것일 수도 있다. walkabout(원주민들의 숲속 떠돌이 생활, 도보 여행)이라는 단어는 오지에서 나와 영어를 말하는 나라의 모든 도시의 거리와 광장에서 사용되고 있다.

멜버른의 라트로브 대학교의 케이트 버리지 박사는 오스트레일리아의 크리올에서 발견되는 다양성과 미묘함을 지적해 왔다. 그녀에 의하면 이 크리올은 표준영어와는 놀랄 정도로 다르며, 아마도 크리올이라고 하면 단순하리라고 생각하는 사람들에게는 더욱 놀랍게도 표준 오스트레일리아영어나 표준 영국영어보다 훨씬 더 복잡할 수도 있다는 것이다. 그녀는 한 가지 뚜렷한 예를 들고 있다.

> 대명사 구조를 한번 보지요. 표준영어는 we라는 한 형태만을 갖고 있습니다. 따라서 내가 여러분에게 얘기를 하려면 "We're going now."라고 하겠지요. 그러나 내가 이 말을 했을 때 we에 당신이 포함되는지 안 되는지는 알 수가 없고 we에 정확히 누가 포함이 되는지도 알 수 없습니다. 하지만 오스트레일리아 크리올에는 네 가지 서로 다른 we의 형태가 있습니다. '당신과 나', 즉 '우리 둘'이라는 뜻의 형태와 '나와 당신을 제외한 어떤 사람들'이라는 뜻의 형태, '당신과 나와 그리고 다른 사람들의 무리'라는 뜻의 형태, 그리고 '당신을 제외한 다른 사람들의 무리와 나'를 의미하는 형태가 있습니다. 이처럼 더 세분화된 구분을 사용하고 있는 것입니다.

약 1만 5천 명의 죄수들이 80년의 이동 기간 동안 지구를 반 바퀴 돌아 이곳으로 왔다. 이 숫자는 흥미롭게도 5세기에 영국을 침략했던 프리지아인의 수와 비슷한 것으로 추정된다. 이들 중 많은 죄수들의 범죄가 가벼운 것이었다는 증거들이 있다. 지금 같으면 영장을 청구할 필요조차 없는 것들이었다. 아마도 며칠 동안의 사회봉사로 충분했을 것이다. 어쨌든 지구 반대편에서 살아가려면 건강을 유지해야 했기 때문에 죄수들을 이동시키면서 적절한 의료 처치가 행해졌다는 주장도 있다.

그러나 200년 전에는 이들을 동정하는 사람이 많지 않았다. 형벌은 주님의 벌이었으므로 동정심이 개입될 여지가 없었다. 1790년 로버트 휴스는 자신이 쓴 서정시에서 보타니 베이를 향한 '도둑들, 강도들 그리고 악한들'의 출발을 축하하고 있다. 그 시에는 이런 내용이 있다.

Some men say they have talents and trade to get bread,
Yet they sponge on mankind to be clothed and fed,
They'll spend all they get, and turn night into day −
Now I'd have all such sots sent to Botany Bay.

There's gay powder'd coxcombs and proud dressing fops,
Who with very small fortunes set up in great shops.
They'll run into debt with designs ne'er to pay,
They should all be transported to Botany Bay.

You lecherous whore-masters who practice vile arts,
To ruin young virgins and break parents' hearts,
Or from the fond husband the wife lead astray −
Let such debauch'd stallions be sent to the Bay.

어떤 이들은 자기가 재능을 갖고 있으니 빵과 바꿔 달라고 말하네
그러나 그들은 입고 먹기 위해 인류의 식객이 되었으니
그들은 갖고 있는 모든 것을 다 쓰리라, 밤을 낮으로 바꾸리라
이제 나는 이들 주정뱅이들을 모두 보타니 베이로 보내노라.

분을 바르고 화려하게 차려입은 동성애자들이 옷맵시를 자랑하지만
아주 적은 돈을 가지고 비싼 가게에 들어갔으니
그들은 결코 갚을 수 없는 빚을 지게 되리라
모두 다 보타니 베이로 보내져야만 하리라.

사악한 행위를 한 음탕한 포주들이여,
젊은 처녀들을 망치고 부모들의 마음을 산산이 부셔놓았으니
또는 사랑하는 남편 곁에서 부인을 떼내어 타락하게 만들었으니
이 방탕한 숫말들을 모두 보타니 베이로 데려가라.

오스트레일리아인들이 아직도 스포츠 경기에서 영국인들을 이기고 싶어 하는 것도 이상한 일이 아니다.

**범죄자들이 쓰는 속어,
사방으로 퍼지다**

—

다른 곳에서와 마찬가지로 이곳에서도 영어 방언들은 잘 퍼져나갔다. 오스트레일리아에 온 사람들은 서쪽으로, 즉 미국으로 간 사람들

과 마찬가지로 지역의 방언을 표준으로 삼고 있던 사람들이었다. 간혹 방언에 있던 어휘들은 영어에서는 시들어 말라버렸지만 본토가 아닌 멀리 있는 다른 곳에서 살아남기도 했다. 가령 dinkum은 영국 중부 지역 방언으로 '일, 작업'을 뜻했고 따라서 fair dinkum은 fair day's work(하루 동안 하기에 적정한 양의 일 혹은 작업)를 의미했고 fair play가 여기서 나온 것이다. cobber는 친구나 짝을 의미하는데, 영어의 한 방언에서 '~가 마음에 들다'라는 의미를 가진 cob에서 만들어진 것으로 보인다. digger(땅을 파는 사람, 광부)는 영국의 농지에서 사용되던 단어가 오스트레일리아의 금광으로 여행을 간 셈이다.

범죄자들은 자신들의 속어를 가져왔다. 반짝반짝 빛나는 것을 뜻하는 flash는 속어로 kiddy talk(조롱하는 말, 속임수)를 의미하는 것으로 알려져 있는데, kiddy는 to kid에서 파생되었으며 kid는 '훔치다' 혹은 '속인다'의 의미를 갖고 있다. 범죄에 관련된 단어들은 놀랄 만큼 쉽게 자리를 잡았다. 그리고 시간이 지나면서 그 뜻은 완벽하게 정제되었다. chum(단짝친구)은 같은 집에 함께 사는 친구라는 의미로 옥스퍼드 대학에서 그 생명을 시작했다가 이후에는 동료 죄수를 의미하게 되었다. swag는 원래 약탈한 물건이 담긴 가방을 뜻했는데 swagman으로 발전해서 '자신의 소지품을 꾸러미로 만들어 가지고 다니는 방랑자'를 뜻하게 되었다.

친숙하지 않은 단어들도 있다. unthimbled라는 표현은 시계를 도둑맞았다는 뜻이고, 경찰에게 쫓기는 사람들은 traps라고 불렀다. 도둑은 prig라고 했고 lagged for your wind(당신의 바람 때문에 감옥에 갇히다.)는 종신형을 받아 이곳으로 추방되는 것을 의미했고, 당신의 배를 쳐서 잠시 숨을 못 쉬게knock the wind out of you 하는 판결이 내려지면 당신은 종신형을 살게bellowser 된다.⁵⁰ 옆에 있는 죄수들과 함께 쇠고랑을 차고 있는 것은 married로 표현한다. 1812년 제임스 하디 복스의 기록에서 볼 수 있듯이 수감자들의 말투는 그랬다. 복스는 중노동 속에서도 잠깐씩 쉬는 틈을 타서 이 용어들을 기록해 놓았다고 전해진다.

영국 사람들이 계급제도를 오스트레일리아로 옮겨오지 않은 것은 정말 기적과도 같은 일이다. 그러나 그러한 상황은 오스트레일리아를 유연하게 만들었지만 한편으로는 경직되게 만들기도 했다. 죄수들이 있었고 오스트레일리아에서 태어나 currency(유통되는 화폐)라고 불리던 그들의 자식들도 있었고, pure sterling(순은으로 된 은화, 즉 영국 화폐를 지칭)으로 표현되는 영국 본토 태생들도 있었다. 전자는 지역 방언을 발전시켰고 후자는 런던 표준영어를 강력하게 고수했다. 물론 영국에서 계급의 차이가 좀 더 심해 보일 수도 있겠지만, 이곳 사회에서 출세하기 위한 상황이나 조건도 사실상 당시의 영국과 별다른 차이가 없었다. 즉 출세하려면 주로 지배 계층이 사용하는 전통적 영어Establishment English를 사용해야 했다. 그것은 100번의 채찍질을 뜻하는 caning이나 감옥에서 주는 보리로 쑨 죽을 의미하는 smiggins 혹은 오래되어 변한 빵을 뜻하는 scrubby brushes, 채찍질로 인해 다 벗겨진 남자를 뜻하는 sandstone 같은 단어들은 버려야 한다는 것을 뜻한다.

bloody(빌어먹을)라는 단어도 있었다. 전쟁이나 폭력, 신성모독 그리고 노골적인 저주에 관한 글들을 보면 이 단어는 아주 오래된 흥미로

---

50   bellowser는 '배를 주먹으로 치기'라는 의미를 가진 19세기 영국의 속어였으나 오스트레일리아에서는 '종신형으로 멀리 유형을 보내기'란 의미의 속어가 되었다.

운 역사를 가지고 있다. 놀랄 만할 일도 아니지만 이 단어는 죄수들 사이에서 즐겨 쓰이다가 오스트레일리아 전역에서 널리 쓰이게 되었다. 어떤 여행객은 이 끔찍한 단어를 15분 동안 27번을 사용한 오스트레일리아인을 만난 적이 있다고 지적했다. 모험심이 왕성한 이 관찰자는 수치를 계산해 보더니 50년 동안이면 그 단어를 1,820만 번을 사용하게 될 거라고 말했다. 그러면서 자신이 만난 오스트레일리아인은 아마도 이 목표치에 충분히 도달할 수 있을 거라고 덧붙였다.

영어에 존재하는 많은 방언들이나 크리올들 그리고 비표준어들은 인정받은 표준어에 의해 비난을 받기도 하지만 그럼에도 자주 자부심과 애정을 받게 될 때도 있는데, 왜냐하면 방언들 또한 이를 사용하는 화자들에게는 적절한 언어라는 관점도 있기 때문이다. 사회에서는 외부인(피지배 계급)의 언어일 수 있지만 내부인(지배 계급)들에게 대항할 만큼 자신들의 언어에 자신이 있기 때문이다. 그 언어는 같은 패거리가 누리는 안락함을 가지고 있으며 동시에 파괴당할 위기를 맞기도 했지만, 이를 사용하는 배타적인 집단에 의해서 그리고 그 집단만을 위해서 만들어진 것처럼 보이는 어떤 것에 대한 자유를 갖고 있다.

convict(기결수, 죄수)는 bloody보다 훨씬 더 분노를 일으키는 단어였다. emancipist(사면자, 사면론자), government men(정부 사람들), legitimate(합법적인 사람, 적출자), exile(망명자, 추방자), empire builder(제국의 건설자). 이것들이 죄수라는 단어 대신에 그들이 불리고 싶어 했던 단어들이다.

새로운 표현으로
자신들의 정체성을 드러내다
—

19세기를 보내면서 오스트레일리아는 새로운 억양과 생생한 속어를 만들어 내는 능력과 사랑에 빠지기 시작했다. 1880년 《회보Bulletin》와 《부시맨의 성경Bushman's Bible》 등의 잡지가 시드니에서 매주 발간되기 시작했는데, 이들은 fair dinkum(하루에 할 일), larrikin(깡패), bonzer(우수한 것), bloody(빌어먹을), offsider(지지자), fair cow(분통 터지게 하거나 성가시게 만드는 것), battler(유랑인), bludger(식객, 게으름뱅이)와 같은 단어들을 즐겨 사용했다. 어구 만들기는 전문이었다. better than a poke in the eye with a burnt stick(뜨거운 꼬챙이로 눈을 찌르는 것보다 나은) 혹은 as miserable as a bandicoot on a burnt ridge(타버린 능선 위의 큰 쥐만큼이나 비참한) 등이 그 예다. 이 사람들은 자신들의 정체성을 가장 근본적이고도 즐거운 방법으로 찾고 있었던 것이다. 즉 자신들과 함께 시작했던, 자신들에게 처음으로 속했던 단어들을 통해서 말이다. 《부시맨의 성경》에는 시도 실렸는데 그 중 하나는 오스트레일리아의 국가國歌가 되었다.[51] 오스트레일리아주의Australianism의 보물상자와도 같은 노래로 「Waltzing Matilda(왈츠를 추는 마틸다)」가 바로 그 주인공이다.

이 노래의 가사는 양을 키우는 농장station에 관한 것이다. station이

---

[51] 저자는 「Waltzing Matilda」가 오스트레일리아의 국가가 되었다고 말하고 있지만 오스트레일리아의 정식 국가는 「Advance Australia Fair」다. 1974년까지는 영국의 국가인 「God Save the Queen」이 오스트레일리아의 국가였으나 1956년 멜버른 올림픽을 치르면서 국가 개정 문제가 본격적으로 논의되었다. 「Waltzing Matilda」와 치열한 경쟁 끝에 1974년에 이루어진 여론조사와 1976년에 행해진 국민투표에 의해 1878년에 피터 매코믹이 작곡한 「Advance Australia Fair」가 국가로 최종 선택되었다.

라는 단어를 사용한 것은 도시에서 자라난 죄수들이 농촌생활에 대해 아는 바가 전혀 없어서 farm(농장) 대신에 station을, 한 무리의 양떼flock of sheep 대신에 muster(집합, 소집)나 mob(군중)과 같은 군대 용어를 사용한 것으로 알려져 있다. 밴조 패터슨이 1895년에 작사를 했다. 내가 증언하건대, 이 노래는 오스트레일리아에서와 마찬가지로 1940년대 영국 북부 지방의 초등학교에서도 목가풍의 노래로 불렸다. 당시 이 노래는 많은 영국 북부 출신 사람들을 오스트레일리아의 해변가로 이끌었다.

초등학교에서 이 노래를 부른 적이 없는 사람들을 생각하여 아래에 싣는다. 노래는 이렇게 시작한다.

> Once a jolly swagman camped by a billabong
> Under the shade of a Coolibah tree,
> And he sang as he watched and waited till his billy boiled,
> You'll come a-waltzing Matilda with me.
>
> Waltzing Matilda, Waltzing Matilda,
> You'll come a-waltzing Matilda with me,
> And he sang as he watched and waited till his billy boiled,
> You'll come a-waltzing Matilda with me.
>
> Down came a jumbuck to dri-ink at that billabong,
> Up jumped the swagman and grabbed him with glee.
> And he sang as he stuffed that jumbuck in his tucker bag,

You'll come a-waltzing Matilda with me.

언젠가 즐거운 방랑자가 호숫가에서 야영을 했다.
쿨리바나무 그늘 아래서
주전자의 물이 끓기를 기다리며 지켜보다가 노래를 불렀다.
넌 나와 함께 왈츠를 추는 마틸다가 될 거야.

왈츠를 추는 마틸다, 왈츠를 추는 마틸다
나와 함께 넌 왈츠를 추고 있는 마틸다가 될 거야.
주전자의 물이 끓기를 기다리며 지켜보다가 노래를 불렀다.
넌 나와 함께 왈츠를 추는 마틸다가 될 거야.

양 한 마리가 호수에 물을 마시러 왔다.
방랑자는 펄쩍 뛰어올라 즐거움으로 양을 잡아챘다.
봇짐에 양을 채워 넣으면서 노래를 불렀다.
넌 나와 함께 왈츠를 추는 마틸다가 될 거야.

　노래는 단순하지만 그 내용은 19세기 말 오스트레일리아의 오지에서 사용한 속어를 잘 알지 못하면 바로 이해하기는 쉽지 않다. 내가 추측하기에 이 노래는 아마도 배타적인 요소, 즉 새로운 언어를 소유하고 있다는 증거를 부분적으로 보여준다. swagman은 떠돌이, 방랑자다. billabong은 연못이고, 방랑자는 교목나무의 일종인 쿨리바나무 아래 그늘에 앉아 있다. billy로 표현된 주전자는 분명히 이해가 되고 jumbuck은 양이다. tucker bag(봇짐) 또한 명백하기는 하지만 billy

처럼 오스트레일리아식 표현이다. waltzing Matilda는 '길을 떠나다'
는 뜻이다. Matilda는 침낭(또는 휴대품 보따리)을 뜻하는 속어고 따라서
방랑자는 아마도 빠르게 움직여 가는 것에 대해 노래하고 있다. 그러
나 충분히 빠른 것은 아니다. 그는 squatter(불법 거주자. 여기서는 농부를 의미
하는데 농부는 땅을 소유하기 위해 일단 불법 거주를 했기 때문이다.)와 말을 탄 경찰에
게 쫓겨 다니고 있다.

Up rode the squatter, mounted on his thoroughbred,
Down came the troopers, one, two, three.
'Who's that jolly jumbuck you've got in your tucker bag?
You'll come a-waltzing Matilda with me.'

Up jumped the swagman and sprang into that billabong.
'You'll never take me alive,' said he.
And his ghost may be heard as you pa-ass by that billabong,
'You'll come a-waltzing Matilda with me.'

농부는 혈통 좋은 말에 높이 올라 앉아 길을 갔다,
기마경찰들이 왔다, 한 사람, 두 사람, 세 사람.
"봇짐 속에 갖고 있는 그 양은 뭐지?"
넌 나와 함께 왈츠를 추는 마틸다가 될 거야.

방랑자는 펄쩍 뛰어 호수 속으로 첨벙 뛰어들었다.
"절대로 나를 산 채로 잡지는 못할걸."이라고 말했다.

당신이 그 호수를 지날 때면 그의 유령이 하는 말을 들을지도 몰라.

"넌 나와 함께 왈츠를 추는 마틸다가 될 거야."

학교에서 우리는 항상 마지막 소절을 아주 부드럽게 부르라고 배웠다.

이 노래에는 오스트레일리아에 대한 풍성한 내용이 들어 있다. squatter는 영국에서는 아주 모욕적인 상황을 묘사하는 단어지만 오스트레일리아에서는 '땅을 소유한 부자'를 가리키는 뜻이 되었다는 사실이 흥미롭다. 양을 훔치는 것은 중죄였고 따라서 고대 영국에서는 재산권에 반항하는 것으로 사형죄로 다스렸다. 그러나 그것은 굶어가는 사람들의 마지막 수단이었고 기술 좋은 침입자가 갖고 있는 특별한 재능인 경우가 많았다. 그것은 영어의 역사 속으로 불려나와 오스트레일리아에서 소위 마지막 대성공을 거두었다고 말하는 것이 적절하다. 그 행위가 불러일으킨 반향과 반항적인 결말, 이 둘은 모두 똑같이 시의적절했다.

양을 도둑질하는 무서운 범죄가 거의 영웅적인 행위로, 권위에 대항하는 독립적인 행위로, 심지어 이를 위해 목숨조차 걸 수 있는 행위로 바뀌었다. 풋내기들의 돌림노래를 통해(우리가 그랬듯이) 마치 호수 주변에서 왈츠를 추며 가고 있는 마틸다를 연상하도록 속어는 놀랄 만한 위장 효과를 주고 있다.

젊은 영어의 펄펄 뛰는 생명력

오스트레일리아인들이 자신들의 언어에서 찾을 수 있었던 즐거움은 줄어들 줄 몰랐다. 1965년에는 오스트레일리아어와 그 발음을 세상에 알리는 책이 출간되었다. 애퍼벡 로더가 쓴 『스트라인을 이야기하자 Let Stalk Strine』가 그것이다. 이 책에는 gonnie(무엇을 가지고 있냐고 물어볼 때 쓰는 표현, 가령 'Gonnie apples?'라고 물으면 '사과를 갖고 있니?'라는 뜻이 된다.), harps(30분을 말할 때 쓰는 용어로 harps two는 2시 30분을 뜻한다.), 아침식사 음식인 baked necks, emma necks, scremblex 등이 포함되어 있다.[52]

cossie는 수영복이고 pokies는 슬롯머신을 말하며 drongo는 멍청한 사람, no-hoper와 gutless wonder는 완벽하게 깨끗하다는 뜻이다. chine은 친구, 짝을 뜻한다. 아주 많은 존경을 받는 사람은 blood worth bottling(피 흘릴 만한 가치가 있는 포도주)이라고 한다. 다른 모든 곳에서 그렇듯이 돈은 많은 자손들을 만들어 낸다. 돈을 뜻하는 단어로는 splosh, spondulicks, boodle 등 많이 있다. 술 취한 모습에 대한 단어도 결코 이에 못지않다. spifflicated(알맞게 술에 취한), rotten(썩은, 술에 취한), full as a boot(장화만큼 가득 찬, 술에 취한). 방귀 뀌기는 shooting a fairy(요정을 쏘다)다. pom은 영국 사람을 말하는데, 일반적으로 경멸의 뜻을 갖고 있지만 그래도 나나 내가 알고 있는 사람들의 경험에 의하면 조금 멀리 떨어진, 즉 소원한 관계를 말하는 단어로 여겨진다.

그러나 전형적인 오스트레일리아 단어들은 아주 최근에 와서야 인

---

52 baked necks는 baked eggs(조리된 계란), emma necks는 ham and eggs(햄과 계란), scremblex는 scrambled eggs(스크램블드 계란)를 의미하는 각운 속어다.

정을 받았다. 사실 거리와 오지에서 쓰이는 언어들이야말로 오스트레일리아의 언어임에도 불구하고 1970년대에 와서야 사전에 등재되었다.

『매쿼리 사전Macquarie Dictionary』은 마침내 근사해 보이는 양장본 표지 다음에 아래의 단어들을 등재했다.

Bluey: 원래는 말아놓은 파란색 담요라는 뜻이었지만 오지의 부시맨의 소유물을 뜻함. 빨간 머리를 가진 사람에 대한 반어적인 별명이기도 함. hump the bluey라는 표현은 '방랑자의 삶을 산다'는 뜻임.

Bonzer: 형용사. 탁월한, 또는 감탄사로 기쁨을 나타내는 표현.

Boofhead: 덩치가 크고 멍청한 친구를 말함. 《시드니 데일리 미러Sydney Daily Mirror》에 1941년부터 실렸던 만화 주인공의 이름을 따서 붙여진 것으로 buffalo head(버팔로 머리)에서 나온 것임.

Daggy: 더러운, 단정치 못한; 나중에 자신 없거나 품위 없음을 뜻하게 됨.

Dob: 축구 경기에서처럼 정확하게 차기. 'he's dobbed another goal.'이라는 표현은 '그는 골을 하나 더 정확하게 차 넣었다.'라는 뜻. dob in은 배반하다, dob on은 고자질하다라는 뜻임.

Druthers: I'd rather가 변한 형태로 선택 혹은 선호를 뜻하며 'if I had my druthers, I'd be in bed.'는 '내가 선택할 수 있다면 잠자리에 들겠다.'라는 뜻임.

Dunny: 실외 변소. all alone like a country dunny는 '시골에 있는 실외 변소처럼 혼자 있는'이라는 뜻이다. 1960년대부터는 '격리된, 고립된'의 의미로 사용됨.

쭉 내려가다 보면 다음의 단어들도 있다.

>Widgie: 1950년대와 1960년대의 반문화를 받아들이는 여성, 특히 짧은 머리와 몸에 달라붙는 의상, 거친 행동과 자유로운 성관념 등으로 대표됨 (남성형은 bodger 또는 bodgie).
>Woofering: 군대 속어. 진공청소기의 막대를 성기에 대는 사관학교 생도들의 신고식.
>Wowser: 흥을 깨뜨리거나 깨뜨리는 사람. We only want social evils remedied(우리는 단지 사회악을 치유하고 싶다)의 두문자어로 추측됨. 이 문구는 언론인이며 정치가였던 존 노턴의 선전 문구였다.

케이트 버리지 박사는 가장 뛰어난 오스트레일리아 영어의 특징이라고 생각하는 것들을 묘사하고 있다. 그녀의 설명이 극적이지 못한 관찰인 것처럼 보일지도 모르지만 영어는 그 역사에 있어 겉보기에는 작은 일들(전치사의 발전처럼)이 누적되면서 큰 변화로 나아가곤 했다. 이 모든 모험, 여기에서 설명된 것처럼 하나의 단어를 유지하는 것, 이것은 내 생각으로는 머리털만큼이나 가느다란 선택이라 길에서는 거의 알아차릴 수도 없었던 갈림길에서의 선택인 것처럼 보일지도 모르는 기회에 자주 의존하게 된다. 그러나 일단 하나의 길이 선택되면 시간과 발전하는 상황들이 전혀 예상도 하지 못했던, 의도하지 않았던 곳으로 언어의 여정을 인도하게 된다.

그 예들 중 오스트레일리아 영어의 열정으로부터 거침없이 흘러나오는 경우는 단어를 축약시키거나 단어에 o나 ie를 첨가하는 방법이다. 앞에서 언급했던 케이트 버리지 박사가 든 예들에는 다음과 같은 구절들을 포함하고 있다. "Robbo, the weirdo journo from Freeo ended up on a dero and metho(로보, 프리맨틀에서 온 그 기이한 언론인은 결국 낙오자와 알코올 중독자가 되었다)." 혹은 "I took some speccie piccies of us opening our Chrissie pressies at brekkie(나는 아침식사 시간에 크리스마스 선물을 열어 보면서 몇 가지 특별한 것들을 가졌다)." 그녀도 인정하지만 과장일 수도 있다. 그러나 아마도 실제적으로 이런 문장들을 쓸 때가 곧 오게 될지도 모른다. 이것은 마치 풍토병 같아서 오스트레일리아 영어가 자신만의 고유한 언어가 되기 위한 하나의 방법이기 때문이다. 하지만 흥미롭게도 그 결정은 오스트레일리아 법규나 제도에 의해 추진되는 것은 아니다. 내가 이 글을 쓰고 있을 때조차, 오스트레일리아 법규는 런던의 엘리자베스 2세 여왕에게 충성을 하고 있으며, 오스트레일리아 영어의 개구음 발음을 하고 싶어 하지 않는다. 그러나 오스트레일리아 영어야말로 지금 모든 일들이 벌어지고 있는 현장이며 아마 미래에도 그러할 것이다.

오스트레일리아 영어의 또 다른 특징 중에서 다른 많은 외국인들에게 가장 놀랄 만한 것은 억양이다. 오랫동안 억양은 오스트레일리아 내에서조차도 골칫거리였고 곤혹스러운 것이었다. 1911년 『끔찍한 오스트레일리아어*The Awful Australian*』의 저자 발레리 데스몬드는 이렇게 썼다. "방문객들의 귀를 해치는 것은 기발한 발음 때문이 아니다. 그것은 구절을 나눌 때 오스트레일리아인들이 사용하는 아주 특별한 억양 때문이다. 이 땅에는 교양 있는 침착한 대화라는 것은 없는 것처럼 보인다. 모든 사람들은 마치 불완전한 웅변가의 태도처럼 무언의 후렴구를 낭송하듯이 자신의 말을 노래한다."

1926년까지도 이런 상황은 나아지지 않았는데 이때 뉴사우스웨일스의 교육부 장관은 이렇게 썼다. "다른 사람들은 말만 듣고도 오스트레일리아 사람을 알아볼 수 있다고 한다."

지금도 그는 그렇게 말할 배짱이 있을까? 드라마와 운동선수들, 작가들을 통해 이제 오스트레일리아 영어는 전 세계를 상대로 전혀 의식하지 않은 채 자랑스럽고 자신감 있게 말하고 있다. 오스트레일리아 영어는 젊게 들리고 활력이 있으며 표현에는 짜릿한 맛이 있다. 하지만 아직 자신만의 목소리를 발견했다고 할 수는 없다. 그러나 일찍부터 독특한 조건 속에서 자신만의 목소리를 찾으려고 노력했고 지금은 영국의 방언들, 즉 런던 영어, 아일랜드 영어, 스코틀랜드 영어 등 많은 방언들의 생생한 구절들이 거리의 표현들과 혼합되면서 그 생명의 일부를 이루고 있다. 내 생각에는 지난 두 세대 동안 거대한 에너지를 갖고 지금까지 해온 것처럼, 오스트레일리아 영어는 오래된 속박은 벗어 던져버리고 오스트레일리아 특유의 방식으로 언어의 핵심에 굳건히 매달려 있어야 한다는 것이다.

22

영어는 어떻게 세계를 정복했는가

위인들이 어떻게 기억되는지 궁금할 때가 많다. 올리버 크롬웰은 국왕 시해자, 초대 호민관, 영국 공화정의 창시자, 웅장한 성의 파괴자, 그리고 일부에게는 우리의 최고 지도자로 생각되는 사람이지만 어쩌면 이와 마찬가지로 'warts and all(숨김없이 전부)'이라는 말을 한 사람으로도 기억될 것이다. 그는 자기 초상화를 어떻게 그려야 하는지 의논할 때 이 말을 사용했다. 크롬웰의 용모와 마찬가지로 영어도 많은 흉터와 결점을 갖고 있음을, 빛뿐만 아니라 그늘까지 보여주기 위해 이 장에서는 영어의 결점을 다룰 것이다.

이 이야기를 해야만 하는 이유가 또 있다. 한 모임에서 영어에 대해 이야기하고 있을 때 한 학생이 일어나, 영어는 위대하지만 그의 출신 지역에서는 영어가 〈인종 차별과 인종 학대에 능했다〉고 지적했다. 그의 말이 옳았다. 영어가 여러 영역에서 우리 안팎의 경험을 묘사하고 확장하는 데 있어서는 간담이 서늘할 정도다. 물론 여기에는 욕설이나 신성모독, 외설, 사악한 모욕이나 인종 차별주의 역시 포함된다.

인종 차별주의는 부분적으로는 무서울 정도로 급속히 영어가 성장한 결과다. 이 작은 섬들(영국)이 몇 세대도 안 되어 아메리카, 캐나다, 서인도제도, 남아프리카공화국, 시에라리온, 가나, 감비아, 나이지리아, 카메룬, 케냐, 탄자니아, 우간다, 말라위, 잠비아, 태평양제도, 싱가포르, 홍콩, 오스트레일리아, 뉴질랜드, 태즈메이니아, 인도의 각 지역 등, 마지못해 이미 영어를 필수적인 제2언어로 사용하고 있는 나라들은 언급하지 않더라도, 수많은 나라에 민족적 정체성의 핵심인 언어를 심어놓았다는 사실은 위험스럽고 심지어 위태로우며, 분명히 어지럽게 느껴졌음에 틀림없었다.

그러나 그렇다고 해서 이야기가 다 끝난 것은 아니다. 인종 차별주의는 자신 외에 다른 그룹들을 열등하게 만들어야만 한다. 인종적 명예 훼손은 늘 그렇듯이 권력의 증거요, 절대적 통제의 시도이며, 공포를 모면하기 위한 언어의 사용이며, 편견을 가지고 무지를 강화하는 것이다. 이런 점에서 아마도 가장 좋게 표현한다면 영어는 결단코 첫 번째 언어도 아니고 유일한 언어도 아니고, 다만 슬프게도 인종 차별주의적 단어들을 찾기에는 마지막 언어이고 싶어 한다는 것이다.

모욕하고, 경멸하고, 차별하는 영어

—

이 장의 요점은 흔히 최초의 영어 소설로 일컬어지는 『로빈슨 크루소』에서 찾을 수 있을지도 모른다. 다니엘 디포가 쓴 이 소설에서 난

파를 당한 크루소는 형벌로 섬에 보내져 죽을 운명에 처해 있는 한 흑인 원주민을 만난다. 크루소는 이렇게 말한다.

여러 가지 점에서 나는 그를 이해할 수 있었다. 그리고 나는 그에게 내가 참 기뻐하고 있다는 것을 알려주었다. 얼마 되지 않는 시간 동안 나는 그에게 이야기를 하기 시작했고 내게 말을 하도록 가르쳤다. 우선 그에게 그의 이름을 프라이데이Friday로 해야 한다는 것을 알려주었는데 그날은 내가 그의 생명을 구한 날이었기 때문이다. 나는 이름을 통해 시간을 기억할 수 있도록 했다. 마찬가지로 나를 부를 때는 '주인님Master'이라고 부르도록 했는데 그에게는 그것이 내 이름이라고 알려주었다. 또 '네'와 '아니오'를 답할 수 있게 그 의미를 가르쳐주었다.

이 문단은 특별히 건질 것이 많다. 이 문단에는 목숨을 구하는 일, 힘의 사용이 아니라 언어의 사용, 즉 통제의 수단으로 간주되는 언어의 사용에 대한 내용이 들어 있다. 흑인 원주민이 처음으로 배운 단어는 Master였고 이 단어가 수많은 노예들을 괴롭혀 왔던 것은 사실이다. 그러나 1719년 당시에는 Master가 사용되고 있었고, 어떤 점에서는 이 단어 하나가 향후 200년의 상황을 설정하기도 한다.

Friday는 쉽게 발음되는 단어다. nigger(깜둥이)는 지금은 많은 곳에서 절대 사용해서는 안 될 가장 끔찍한 단어라고 생각한다. 이 단어가 라틴어와 프랑스어에서 검정색을 뜻하는 단어에서 유래하여 영어가 차용했다는 중립적인 역사를 갖고 있다 할지라도 nigger라는 단어는 플랜테이션 농장에서 채찍질하는 회초리를 연상시킨다. 중세에 이루어진 종교적인 맹세만큼이나 이 단어의 불쾌한 이미지는 지금도 생생하다. 그러나 지금은 nigger라는 단어를 자부심을 갖고 사용하는 아프리카계 미국인들African Americans과 그 외 다른 사람들도 있다. 이는 거듭 발생하는 영어의 특성이다. 즉 많은 경우에 사람들이 전에는 문맥에서 모욕적으로 받아들였던 단어들을 나중에는 자부심을 갖고 받아들이게 된다는 것이다. 컴퓨터 프로그램을 망가뜨린다는 뜻의 hack이라는 단어가 그 중 하나이고 Old Contemptibles(비열한 늙은이)라는 단어가 또 하나의 예다. 그러나 오랜 세월 동안 그리고 지금도 수많은 곳에서 nigger라는 단어는 모욕적이고 용납할 수 없는, 싸움을 불러 일으키는 말이다.

wog라는 단어도 마찬가지다. wog는 'worthy(또는 wily) oriental gentleman'(훌륭한 또는 간교한 동양인 신사라는 뜻이지만 경멸적인 뜻으로 외국인을 말한다.)에서 각 단어의 첫 글자를 따서 만든 두문자어인 것으로 추측된다. 스페인어인 zambo에서 나온 sambo는 인디언과 아프리카 후손의 피가 섞인 혼혈을 말한다. 중국이나 인도의 하급 노동자를 의미하는 coolie는 타밀어로 고용인을 말하고, kaffir는 infidel(이교도)이라는 뜻의 아랍어에서 왔는데 이교도에 대한 경멸이 담긴 말이다. dago는 스페인어 Diego에서 왔는데 타지인을 낮추어 부르는 말이다. frog(개구리, 프랑스인을 경멸적으로 부르는 말)는 처음에는 네덜란드인들을 지칭했다가 나중에는 프랑스인을 지칭했다. savage는 야만인이라는 뜻으로 닥치는 대로 사용되었다. barbarian(미개인) 또한 savage와 마찬가지로 널리 쓰이는데, 이 단어의 유래는 말을 더듬는다는 뜻의 그리스어로 거슬러 올라가는데 그리스인들이 자신들의 언어가 아닌 다른 언어에 대해 비웃으며 묘사할 때 이 단어가 사용될 수 있었다.

용의 이빨처럼 경멸적인 의미를 지닌 단어 몇 개가 수십 개로 늘어났다. spic(스페인계 미국인에 대한 경멸적인 호칭), yid(유대인에 대한 경멸적인 호칭), paddy(아일랜드 사람에 대한 경멸적인 호칭), chink(중국인에 대한 경멸적인 호칭), black(흑인), spade(흑인, 검둥이), jock(스코틀랜드 출신), taffy(웨일스 출신), pom(오스트레일리아 출신, 작은 개를 뜻함), yank(미국인에 대한 호칭인 yankee의 줄임말로 경멸적인 뜻이 담겨 있다.) 등의 단어들이 아마도 이 목록에 포함될 수 있을 것이며, 내 생각에는 이 세계가 가는 방향을 보면 앞으로 English(영국인)나 American(미국인)이라는 단어도 곧 이 목록에 포함될 것 같다.

　흑인들에 대한 모욕은, 특히 미국에서는, 사람들을 가장 격앙시키며 그들의 고통과 상처는 아직도 남아 있다. 검다는 뜻의 negro, nigger, niggra 외에도 thicklips(두꺼운 입술), Uncle Tom(톰 아저씨), cottonpicker(면화 따는 사람), coon(너구리의 일종), hardhead(돌대가리), boy(미숙한 사람) 등이 모두 흑인을 경멸하여 부르는 단어들이다.

　boy라는 단어는 겉보기에는 전혀 아무렇지도 않지만 어떤 사람들이 어떤 시대에 어떤 상황에서 사용하느냐에 따라 참을 수 없을 정도의 치욕을 가져다주고 견딜 수 없는 모욕을 주기도 한다. 이런 boy!(여기서의 boy는 감탄사로 쓰였는데 '이런, 참, 물론'이라는 뜻이다.) 언어의 특징 중 하나는 어떤 단어도 안전하지 못하다는 것이다. 어떤 단어도 완벽하게 깨끗하지 못하다. mother라는 단어를 보자. 지금도 누군가는 그렇게 쓰고 있지만 네 음절로 된 모욕적인 단어를 의도적으로 첫 두 음절만 써서 같은 의미로 사용하는 경우도 있다.[53] 다른 사람들에게는 세상에서

53　여기서 말하는 단어는 전체 네 음절로 된 미국 속어 motherfucker(여자 같은 남자 혹은 동성애자, 비속어로 사용되어 '망할 자식'이라는 뜻도 있다.)를 말하는데, 심한 욕설인 이 단어의 뒷부분 두 음절 fucker

가장 정다운 단어인데 말이다. 또 다른 단어로는 bugger(남자 동성연애자나 짐승을 상대로 성행위를 하는 자를 가리키는 말로 '자식, 놈'이라는 경멸적인 뜻을 갖고 있다.)가 있다. 이 단어는 한때 모욕적인 뜻을 갖고 있었지만 지금은 좋은 뜻을 표현하는 방법으로 젊은 사람들이 사용하고 있다. Where've you been, you old bugger?(그동안 어디 있었던 거야. 이 자식아?) 이처럼 단어들은 의미의 변화를 보면 북동쪽에서 와서 남서쪽으로 한 바퀴 돌아갈 수도 있지만 종이에 써진 모습은 옛날이나 지금이나 똑같다. 내가 젊었을 때 wicked(사악한)는 거의 악마에 가까운 단어였다. 그런데 그 단어는 내가 어렸을 때는 거의 병적이라고 할 수 있을 만큼 웃기는 말이었다. 이런 급격한 변화는 이 단어들이 가지고 있는 비범하기만 한 미묘함에도 불구하고 결국에 가서는 정확한 어휘의 통제에서 벗어나 당대의 느낌, 열정, 감각을 표현하게 된다는 것, 그리고 이러한 요동치는 감정들은 마치 미친 사람이 살인을 저지르는 것처럼 더 이상 억누를 수 없어 밖으로 표현하거나 행동하게 만드는 어떤 대상에 닿을 수 있다는 사실을 우리에게 상기시켜 준다. 따라서 전적으로 부적절한 단어인 wrong이라는 단어조차도 boy와 마찬가지로 극단적으로 사용하면 무기가 될 수 있다는 것이다.

  이러한 모욕적인 단어들이 영어에만 있는 것은 아니다. 그 단어들은 부분적으로는 공포심에서 비롯한 것으로, 결국 지난 10만 년 동안 낯선 민족들과의 만남에 대해, 그들과 어떤 일들이 있었는지에 대해 우리에게 말해 주고 있다. 친구로 판정되기 전까지 인근의 민족은 일종의 적이어야만 하고 적들보다 더 강인해져 안전하다고 느끼기 위

를 없애고 나머지 두 음절인 mother만 쓰는 경우에도 같은 의미를 갖게 된다는 것을 설명하고 있다.

해 그들은 상대방을 평가절하했던 것이다. 똑같은 공포와 똑같은 분노를 가지고 똑같은 무지에 기초해 그런 일이 우리들의 시대, 이 정교하고 지적으로 복잡하고 진보적인 21세기에도 여전히 발생한다. 우리 모두가 아프리카에서 살아남은 몇 백 명의 생존자들에게서 나왔을 수도 있다는 사실을, 그리고 문자 그대로 피부색을 걷어내면 우리는 모두 정확하게 똑같다는 사실을 알게 된 21세기에도 말이다. 심오한 우월감을 주장하기 위해 피상적인 차이를 이용하는 것도 중단되지 않고 있다. 그 우월감은 영어가 자신을 풍부하고 다양하고 강력하며 성공한 언어일 뿐만 아니라 내면적으로 우월한 언어라고 생각하는 모습에서 볼 수 있다.

세계어를 향한 아슬아슬한 전쟁에서 영어는 어떻게 패권을 잡을 수 있었을까

엄격하고 학문적인 런던의 정기 간행물인 《아테나이움*Athenaeum*》의 한 필자는 1848년에 영어에 대해 이렇게 썼다.

"문법적인 구조의 편리성 속에서, 적은 수의 굴절 형태 속에서, 자연성을 제외한 성의 구별이 거의 폐기된 특성 속에서, 접미사와 조동사의 단순함과 정확성 속에서, 우리의 모국어는 당당하고 활기차고 풍부한 표현으로 〈세계의 언어〉가 되기 위해 구조적으로 잘 적응하고 있는 것 같다."

마지막 구절에서 한 그의 주장은 옳다. 나머지 부분에서는 아마 그보다는 낮은 수준에서 그의 의견에 동의하는 사람들이 있을 것이다.

『세계어로서의 영어 English as a Global Language』를 저술한 데이비드 크리스털 교수는 《아테나이움》의 주장을 받아들이기는 하되 이렇게 분석하고 있다. 한 언어는 〈힘의 지원〉이 있을 때 세계적 언어가 될 수 있다는 것이다. 라틴어가 국제적인 언어가 된 것은 로마인들이 자신들의 제국에 사는 사람들보다 절대로 많은 숫자가 아니었음에도 불구하고 더 힘센 사람들이었기 때문이다. 그들에게는 육군이 있었고 영국인에게는 해군이 있었다. 크리스털 교수는 이렇게 쓰고 있다. "한 언어는 단 한 가지 주된 이유로 국제적 언어가 된다. 그것은 그 언어를 사용하는 사람들의 정치적인 힘, 특히 군사적인 힘 때문이다." 라틴어는 로마가톨릭교회를 통해 1,500년 동안 제2의 전성기를 맞았다. 영국영어(로마제국)와 미국영어(로마가톨릭교회) 사이에는 이와 유사한 관계가 성립된다.

크리스털 교수는 영어의 내면적인 미학이나 구조적인 자질 면에서는 아무런 힘도 찾아내지 못한다. 다양한 시기마다 이 점은, 즉 언어의 미학이나 구조적인 장점은 히브리어, 그리스어, 라틴어, 아랍어, 이탈리아어, 스페인어, 중국어 그리고 프랑스어 등에서도 주장되어 왔다. 크리스털 교수는 말하기를, 이러한 주장은 우리들로 하여금 막다른 길로 인도한다는 것이다. 《아테나이움》의 주장을 자세히 보여주면서 그는 이렇게 지적한다.

"라틴어는 수많은 굴절어미 형태와 문법성의 차이에도 불구하고 한동안 중요한 국제어였다. 프랑스어 역시 국제어였으며 … 마찬가지로 굴절형이 많은 그리스어, 아랍어, 스페인어, 러시아어도 한동안 잘 나갔었다고 말할 수 있다."

그러나 크리스털 교수는 영어가 몇 가지 독특한 장점을 갖고 있음을 인정한다. 이 장점들은 영어가 패권을 향한 아슬아슬한 경쟁에서 이길 수 있었던 그 무언가를 설명해 왔고 아직도 설명할 수 있는 것들이다. 영어는 다른 많은 언어들에게 매우 친숙하다고 그는 말한다. 왜냐하면 수세기 동안 너무나 많은 언어들로부터 수천 개의 새로운 단어들을 가져왔고 그것들을 빨아들였기 때문이다. (가령 프랑스어와 비교해 보면 프랑스어는 다른 언어들에서 온 어휘들을 없애려고 애쓴다.) 영어는 아주 일찍부터 범세계적인 언어였다. 크리스털 교수는 말하기를, 게르만어의 뿌리에서 나왔음에도 불구하고 첫 1,000년을 보내면서 영어는 오히려 로망스어(Romance language, 라틴어에서 파생되어 발전된 언어로 이탈리아어, 프랑스어 등이 있다.)적 특성을 더 많이 갖게 되었고 결국 언어에서 가장 강력한 두 힘, 즉 게르만어와 로망스어를 합치는 결과를 낳았다는 것이다. 또한 그는 "영어에는 사회 계급의 차이를 나타내는 문법체계가 없는데, 이는 영어라는 언어가 좀 더 민주적으로 보이게 만든다."는 점을 인정한다. 그럼에도 결론 내리기를 이 장점들은 우연히 얻어지게 된 것이라고 말한다. 그리고 가장 큰 단점으로 철자체계의 비규칙성을 지적한다.

그는 영어가 전파된 것은 무기와 해상력을 통해 권력을 쟁취한 후 교역을 통해 그것을 계속 유지했기 때문이라고 주장한다. 여기서 또한 우리는 영어가 19세기 산업혁명의 혜택을 받았으며 20세기의 기술혁명, 특히 전보, 전화, 라디오 등의 새로운 통신기술과, 영화와 텔레비전이라는 엔터테인먼트 산업 기술혁명의 혜택을 받은 언어라는 것을 알고 있다. 언어는 한 나라의 국기 밑에서 이루어지는 상거래를 따라가기 때문에 미국에 영어의 씨앗이 뿌려진 것이 오늘날 영어가 성공을 거둔 가장 중요한 요소이며 더 나아가 근대사에서 가장 중요한 결정적 요인이 되었다. 19세기의 위대한 독일 총리였던 비스마르크는 "근대사에서 가장 중요한 진실은 북아메리카 대륙 사람들이 영어를 사용한다는 사실이다."라고 말했다.

그렇다고 미국영어가 완전히 지배하고 있다는 것은 아니다. 이미 기술한 대로 세계 여러 지역에서 쓰이는 영어들이 제각각 공헌하고 있듯이, 우리가 앞으로 살펴보겠지만, 영국영어는 아직도 놀랄 만큼 많은 공헌을 하고 있다. 크리스털 교수는 영어 그 자체에 무언가가 담겨 있다는 신비주의적인 혹은 로맨틱한 접근을 정확히 지적하고 싶어 한다. 즉 영어에는 프리지아어에서 시작해 셰익스피어까지, 셰익스피어에서 조이스까지, 조이스에서 촘스키에 이르기까지, 독특하고 인내심 많고 복잡한 성장 과정을 거치는 동안 특별한 무언가가 있다는 것이다. 언어학자가 아닌 사람이 크리스털 교수의 주장에 동의하지 않기는 매우 어렵다.

또 다른 견해도 있다. 이 견해는 150년 전에 명백하게 표현되었는데 한 천재가 말한 내용이다. 독일의 야코프 그림Jakob Grimm은 『그림동화Grimm's Fairy Tales』를 쓴 두 형제 중의 한 사람이었을 뿐만 아니라 뛰어난 언어학자이자 문헌학자였다. 그가 쓴 이 글은 1851년 당시에도 받아들여졌고 내 생각에는 지금도 여전히 흥미를 끌고 있다.

> 모든 근대 언어들 중에서 그 어떤 언어도 영어만큼 위대한 힘과 활기를 지니고 있지 못하다. 그 힘과 활기는 고대로부터 내려오던 음성 규칙에서 벗어나고 거의 모든 굴절 형태를 벗어던짐으로써 얻게 된 것이다. 반면에 중간 단계의 음, 학습되는 것이 아니라 단지 후천적으로 습득하게 되는 성조를 회피함으로써, 영어는 다른 어떤 인간의 언어도 갖지 못했던 자질인 표

현력이라는 특성을 파생해 냈다. 영어의 고도로 정신적인 천재성이나 놀랄 정도로 행복한 전개는 현대 유럽에서 가장 오래된 게르만어와 로망스어라는 두 언어와의 놀랄 만큼 친밀한 동맹에서 비롯되었다 … 살아 있는 어떤 언어도 영어의 풍요로움과 합리성, 면밀한 구조에 비교될 수 없다.

모든 전쟁에는 사상자가 생겨나기 마련이다. 다른 많은 상투적인 문구들처럼 이 문구 또한 귀에 거슬린다 해도 사실이다. 영어는 지금까지 여러 전쟁에 개입해 왔고 아직도 개입되어 있다. 이러한 충돌 속에서 패배하거나 부상당한, 때로는 치명적인 상해를 입은 언어들에 대해 기념비를 세운다면 아마도 엄청나게 커다란 기념비가 될 것이다. 미국 인디언의 언어나 카리브제도에서 시작해서 태평양제도에 이르기까지 원주민들의 언어는 이 전쟁에서 항복했거나 아예 전쟁터를 떠났다. 이런 일들을 저지른 것은 영어만이 아니다. 영어 이전에 그리스어, 라틴어, 아랍어, 스페인어가 마찬가지의 역사를 갖고 있었고, 그 규모가 영어만큼 크지 않았던 것은 그만한 규모로 언어가 팽창하지 않았기 때문일 뿐이다. 언어들은 소멸해 간다는 것 또한 사실이다. 영어가 나타나기 전에 이미 죽은 언어들도 있었고 영어의 도움 없이도 150년 전에 죽은 언어들도 있으며 의심할 여지없이 미래에도 어떤 언어들은 죽을 것이다. 그리고 피진에서 크리올에 이르기까지 새로운 언어들이 등장할 것이다. 그러나 영어는 이미 자신을 에워싸고 있는 풀숲을 베어냈다.

영어의 첫 번째 사상자, 웨일스어

영어의 본고장에서 가장 가깝게 찾아볼 수 있는 예는 웨일스어다. 웨일스어는 영국에서 널리 쓰이고 있던 켈트족의 언어에서 나왔다. 이 언어는 침략자인 게르만족에 의해 섬의 끝자락까지 밀려나갔다. 이 책의 시작 부분에서 언급했듯이 이 언어는 영어에 아주 약간의 흔적만을 남겼다. 사실 웨일스어는 패배한 언어고 풍성하게 전진하는 영어의 모험, 즉 확인하고 인내하고 흡수하고 공격하는 모험에는 전혀 중요하지 않은, 회피되고 무시되는 언어다. 켈트어는 영국에서는 글자 그대로 변방의 언어로, 스코틀랜드 북부의 게일어 지역과 콘월 그리고 웨일스 지역에만 국한되었다. 켈트어는 영원히 문자로만 남아 있는, 거의 매장되어 있는 것처럼 보였고 몇 세기 동안 가망이 없어 보이면서도 어떤 점에서는 특별하게 살아남은 본보기가 된 운 좋은 언어로 간주되어 왔다.

켈트족이 이 언어에 성공적으로 매달려 왔던 1,000년을 건너뛰면, 우리는 1536년과 1542년에 있었던 합병조약에 도달하게 된다. 이 조례는 외면상으로는 튜더 왕조 시기에 웨일스어와 영어에 똑같은 권리를 보장했다. 조례에 의하면 웨일스인들은 하고 싶은 대로 말을 할 수 있었는데, 다만 "모든 법관들은 … 영어로 금지령을 내리고 모든 법정을 영어로 운영해야 할 것이고 … 모든 선서는 영어로 행해져야 할 것이며 … 웨일스어를 사용하는 사람들은 영어를 사용하지 않는 한 … 영국 땅과 웨일스 그리고 영국의 왕이 지배하는 모든 곳에서 어떤 공직도 갖지 못할 것이다."

이처럼 엄격한 지배가 웨일스 왕족 출신의 튜더 왕조 아래에서 이루어진 개선책이라면, 튜더 왕조 이전의 웨일스인들의 복종은 얼마나 가혹했을지 은연중에 알 수 있다. 영어가 통치자였다. 그러나 웨일스어는 버티고 있었고 시와 노래로 계속 사용되면서 결코 항복하지 않았다.

탄압 또한 수그러들지 않았다. 1847년 영국왕립위원회는 다음과 같이 선포했다.

> 웨일스어는 웨일스에게는 막대한 약점이며 국민의 도덕적 진보와 경제 번영에 여러 가지 복잡한 장애물이 되고 있다. 언어 때문에 웨일스의 대중은 영국인들에 비해 모든 실용 학문 분야와 기술 면에서 열등한 위치에 있다 … 새 조국에서나 옛 조국에서나 똑같이 그들의 언어는 그들로 하여금 계속 갇혀 지내게 하며 필요한 정보를 얻을 수도, 소통할 수도 없게 만든다. 웨일스어는 구식 농경과 신학과 소박한 목가적 생활의 언어인 데 비해 그들을 둘러싸고 있는 모든 세계는 영어로 이루어지고 있다. 웨일스인들은 자신들만의 지하세계에 홀로 남겨지고 사회는 그들을 완전히 넘어서서 저 만치 가고 있다.

왕립위원회는 파란색 표지로 된 두 권의 책을 출판했다. 『파란색 책의 반역 *Treachery of the Blue Books*』으로 웨일스에 알려진 이 책은 19세기에 웨일스어를 더 변방으로 내몰고 영어를 선호하게끔 만드는 정책을 수립시켰다.

이러한 정책은 19세기 말 교육조례에 의해 강화되었다. 이 조례에 의하면 모든 웨일스의 어린이들은 어느 정도의 영어 구사 능력을 가져야만 했다. 교사들이 그 책임을 맡았는데, 그들 가운데 많은 교사들이 지금까지도 특히 엄격했던 것으로 기억된다. 심지어는 웨일스어를 어떤 경우에도 학교에서 사용하지 못하도록 했던 교사들도 있었다. 어린이가 이 규칙을 어겨 모국어인 웨일스어를 쓰다 발각되면 'WELSH NOT'(웨일스어 금지)이라고 적힌 푯말을 목에 거는 처벌을 받았다. WELSH NOT이라는 문구는 나중에 저항의 상징이 되었다.

  웨일스어는 저항했다. 궁극적으로는 정치와 테러 그리고 공식적인 태도를 표명하면서 웨일스어는 사회적 계급을 조금씩 높여 갔다. 여전히 혼자 힘으로 싸우고 있지만 지금은 웨일스어로 방송하는 라디오와 텔레비전이 있다. 물론 웨일스어로 된 문학은 오랜 역사를 갖고 있다. 웨일스어로 된 도로 표지와 거리 표지판도 있다. 웨일스어는 프리지아인들의 공격에도 살아남았고 노르만인들의 공격에도 살아남았으며 마침내 영어의 지배로부터도 살아남았다. 물론 웨일스어는 영어를 모른다면 찾아오지 않았을 그런 기회들을 제공해 주는 지나치게 힘이 센 이웃을 문제로 갖고 있다. 아직도 전진보다는 유지를 위한 싸움에 모든 자원을 낭비하고 있다는, 웨일스어가 절대적으로 필요한 언어라기보다는 선조에게서 물려받은 언어에 불과하게 될지도 모른다는 두려움이 있다. 그리고 점점 더 많은 웨일스인들이 영어를 사용하고 있다. 1921년에는 웨일스인의 37퍼센트가 웨일스어를 쓰고 있었으나 1981년에는 19퍼센트에 불과했다. 그러나 여러 세기 동안 끈질기게 살아남은 강인함과 부활은 이전에도 그랬고 지금도 놀라울 정도다. 그리고 오늘날, 웨일스어를 사용하는 사람들의 숫자는 조금씩 늘고 있다.

영어의 냄비는 다시금 끓고 있다

웨일스어는 첫 번째 희생자이지만 지금은 공존을 보여주는 좋은 예가 되었다. 영어는 웨일스어와 공존하고 있다. 마치 영국의 섬들 맨 위 북부 지역에서는 게일어가 영어와 공존하고 있는 것처럼 말이다. 영어는 다른 많은 언어들과도 공존하고 있다. 어떤 때는 다른 나라들이 그 자리를 대신하기도 한다. 예를 들어 인도에 있는 콜센터에서는 인도인이 완벽한 영어를 말하면서 영국인을 대신해서 일하고 있다. 예전에 섬유 무역에서 영국인들이 인도인들을 대신했던 것처럼 말이다. 오스트레일리아는 앞을 향해 나아가고 있고 과거에 문화적 비굴함이라고 불리던 것을 다 잊어버렸다. 이제 독자적인 노선을 가고 있는 오스트레일리아에 대해 영국의 지명을 따서 명명된 지역만을 바라보며 과거를 고집하는 사람들은 바로 일부 영국인들이다. 그러나 인도와 서인도제도에서처럼, 자메이카에서는 영어라는 공식적인 모선은 그대로 두면서 자신들의 언어인 파트와어를 영어와 똑같이 사회적으로 용인될 수 있게 만들려는 강력한 움직임이 일어나고 있다. 이 나라들에서는 점점 더 두 영어two Englishes 이야기가 많아지고 있다.

낯선 이국땅에 도착한 영어를 묘사하는 방법에는 서로 다른 많은 방법들이 있다. 끔찍한 재난, 억압, 불운, 문화적 학살. 이 단어들과 이보다 더 강한 용어들이 사용되어 왔고 다시 사용될 것이다. 그러나 영어는 영어를 이용해온 많은 사람들에게는 〈기회〉이기도 했다.

영국은 이제 한때 자신이 지배했던 많은 나라들, 집단들, 민족들이 와서 사는 곳이 되었다. 영국의 거리에서 그리고 연극과 시와 영화에서 서인도제도나 아프리카, 인도, 파키스탄에서 온 언어들이 자신들의 자리를 발견하고 있다. 미국영어는 여러 세대 동안 아주 강력한 영향력을 발휘해 왔다. 다른 영어들도 자신들의 길을 가고 있다. 언어의 냄비는 다시금 휘저어져 뒤섞이고 있고 한동안 열등한 언어로 생각되었던 언어들이, 50년 전에는 꿈도 꾸지 못했던 일이지만, 자신들의 어휘와 말투를 영어의 모국으로 가지고 와서 사용하고 있다.

23

홈팀인 영국영어는 상대팀인 미국영어에게 과연 따라잡힐까

인류는 한 종족으로서 하나의 언어를 말하기 시작했던 것이 틀림없다. 우리가 지금 말하고 있는 모든 언어들 뒤에서 씨앗 역할을 했던 한 언어가 결국 발견될 것이라고 믿는 언어학자들도 있다. 일부는 그런 언어를 갈망한다. 그래서 하나의 세계어를 인공적으로 창조해 내려는 시도들도 있었다. 그 중에서 에스페란토Esperanto가 제일 많이 알려진 언어일 것이다. 1887년 폴란드의 안과의사 자멘호프가 만든 에스페란토는 로망스어 어휘를 기반으로 보편적인 제2언어를 제공하려는 의도에서 만들어졌다. 지금은 50개국에 약 10만 명의 사용자가 있다. 가령 It is often argued that the modern world needs a common language with which to communicate(현대 세계는 의사소통을 할 수 있는 하나의 공통된 언어를 필요로 하고 있다는 주장이 자주 제기된다.)라는 문장을 에스페란토로 바꾸면 Oni ofte argumentas ke la moderna mondo bezonas komuna linguon por komunikado가 된다.

　에스페란토 이전에는 독일인 요한 마르틴 슐라이어가 1879년에 만든 폴라퓍Volapuk이 있었고, 1928년에 덴마크 사람인 오토 에스페르센이 만든 노비알Novial이 있다. 게다가 1903년에 이탈리아인 주세페 페아노가 만든 인터링구아Interlingua, 1907년에 프랑스인 루이 드 보포르가 만든 이도Ido도 있다. 오늘날에는 어떤 일이 일어나고 있는가 하면, 중국권의 인구와 아메리카 대륙에서의 스페인어 부활에도 불구하고 영어가, 서기 500년경에 수만 명에 불과한 사람들이 만들어낸 영어가 전 세계 곳곳에서 사용되고 있다. 지난 100여 년에 걸친 세월 동안 영국영어는 놀라운 번식력을 유지해 왔고, 각 대륙의 특성이 담겨 있는 세계 여러 지역의 영어들이 다양한 종류의 영어가 섞여 있는 혼합물에 가미되어 왔으며, 한편으로는 미국영어가 여분의 엔진을 달아 주었다. 그것은 가장 효과 있는 투입이었다. 각 지역의 영어들은 모두 자신들의 고유한 사회를 묘사할 단어들을 만들어 냈고 또 다시 고쳐 만들기도 했다.

영어는
홈그라운드에서의 경기를 끝내가고 있는 걸까
―

미국 어느 도심을 가더라도 미국영어를 만날 수 있다. apartments(아파트)가 있고 penthouse(펜트하우스)가 있고, mass media(대중매체)가 범람하고 있는 거리의 chain store(체인점)에서 cornflakes(콘플레이크)로 아침식사를 하고, hot dog(핫도그)는 피하고, neon(네온) 불빛 아래에서

jaywalking(무단횡단)하지 않고 걸어가는 commuter(통근자)를 볼 수 있다. 그들이 executive(회사의 임원)이거나 go-getters(사업 수완가)라면 그들은 big business(재벌, 대기업)를 추구할 것이다. assembly line(대량생산의 조립 라인)이나 closed shop(노동조합원만을 고용하는 상점)과 많은 관련이 있을 것 같지는 않지만 말이다. traffic jam(교통 혼잡)이 있을 확률이 많아 speeding(과속)할 일은 별로 없으며 아마도 joy-riding(훔친 차로 하는 난폭운전)을 할 공간은 더더욱 없고, underpass(지하도)가 많으면 많을수록 좋을 것이다. 물론 어떤 도심에서나 skyscraper(마천루)에 둘러싸일 것이다. skyscraper는 원래 영국 해군에서 사용하던 용어로, 바다가 평온한 상태에서 미풍을 맞기 위해 높이 올리는 가벼운 돛을 뜻했다. 또한 1788년 경마대회에서 우승한 사람의 이름이기도 했는데 그 이후로 그 사람의 이름을 따서 높은 건물을 skyscraper라 불렀다. 이 단어는 나중에는 모자 이름도 되었고 그 다음에는 키 큰 사람을 뜻하는 속어가 되기도 했다. 미국에는 야구 용어로 들어왔는데 공을 공중으로 아주 높게 쳐올리는 것을 뜻했다. 이제 전 세계에 알려진 이 단어의 뜻은 아주 높은 건물로, 특히 미국의 도시들을 전형적으로 보여주는 건물들을 말한다.

이번에는 당신이 hotel(프랑스어에서 차용)에 들어가면 lobby(영어 단어로 호텔 입구의 넓은 공간)에서 desk clerk(호텔의 접수 직원)과 bell boy(벨보이)를 만날 수 있고 hat-check girl(휴대품 보관소 여직원)에게 고개를 끄덕이고 elevator(엘리베이터)에 탄다. 호텔방에 들어가 텔레비전을 켜서 채널을 돌리다 보면 gangsters(깡패)가 glad rags(좋은 옷)를 입은 floozies(예쁜 매춘부들)와 함께 있는 모습도 볼 수 있다.

침실에는 영국인들에게는 bedclothes(베개나 시트 같은 침구들)이지만 미국인들에게는 covers(침대 이불, 침구)가 있다. dressing gown(실내복) 대신 bathrobe(목욕 가운)가 있고, curtains(커튼)이 아닌 drapes(커튼)가 있으며, wardrobe(옷장) 대신에 closet(벽장)이 있고, 화장실에는 tab(수도꼭지)이 달린 bath(욕조)가 아닌 faucet(수도꼭지)이 달린 tub(욕조)가 있다. (위의 예에서 첫 번째로 나오는 단어는 영국영어고, 두 번째로 나오는 단어는 미국영어다.)

지금까지 오는 동안 내내 미국인들과 영국인들은 서로가 사용하는 언어에 대해 대체로 온화한 비난을 퍼부어 왔다. 이런 일이 정점에 달한 때가 있다. 영국 출신의 시인이자 철학자인 콜리지는 끔찍한 미국영어 talented(재능 있는)라는 단어에 분노했지만 사실 이 단어는 영국영어였다. 미국의 시인이자 평론가인 월트 휘트먼은 미국영어는 영국영어의 전통과 권위에서 떨어져 나와 새롭게 재창조된 영광스러운 새 언어라고 말했다. 영국인들은 미국인들이 자신들의 언어를 망쳐버릴까봐 두려워한다. 영국인들은 미국인들이 the inner child(내면의 어린이)가 필요하고, have a nice day(좋은 하루를 지내기)를 바라며, 책을 authoring(저술)할 필요가 있다고 말한다. 그러면서도 그들은 cave in(굴복하다)이나 flare up(확 타오르다, 화를 불끈 내다), fork over(마지못해 넘겨주다), hold on(계속 버티다), let on(폭로하다), stave off(간신히 모면하다), take on(책임을 지다), fall for(~에게 속다, ~에게 반하다), get the hang of(요령을 터득하다) 등을 사용하는데 이처럼 준수한 영어 표현들도 미국영어에서 유래했을 가능성이 매우 높다.

때로는 미국이 현대적인 삶의 고삐를 쥐고 있는 것 같다. photogenic(사진이 잘 받는), beauty queen(미인대회 우승자), beauty parlour(미용실), beautician(미용사), nutritionist(영양사), sex appeal(성적 매력), sugar daddy(돈 많은 중년 남자 애인), pop songs(팝송), smash hits(굉장한 성공), a record store(음반가게) 등. 여기에 지난 20여 년 동안에 나온 용어들이 있다. 영국에는 anorak(후드가 달린 방한용 파카)과 Big Bang(대폭발이라는 뜻이지만 영국의 증권시장 제도 대개혁을 말한다.)이 있고, 미국에는 Black Monday(암흑의 월요일, 1987년 10월 19일 뉴욕 증권시장 주가 대폭락의 날)가 있었다. 그 외에도 영국에서는 car boot sale(개인이 자기집 차고에서 하는 중고품 세일이라는 garage sale에 대한 영국식 영어), cashback(현금 할인, 현금 서비스), cyberpunk(하이테크 공상과학 소설), desktop publishing(전자 출판), enterprise culture(기업 문화), hacker(해커), World Wide Web(인터넷 정보 검색 서비스), loadsamoney(많은 돈 또는 자신이 얼마나 많은 돈을 버는가를 끊임없이 자랑하는 사람), derivative(파생 금융 상품), PEP(개인 주식 투자 촉진 계획), scratchcard(복권 등 긁어서 내용을 보는 카드), short-termism(주식 단기 공매), subsidiarity(보완 원칙), trustafarian(부유층 젊은이) 등의 단어가 나왔다. 미국에서는 cyberspace(가상공간), olden parachute(조기 퇴직 특별 우대), Internet(인터넷), laptop(휴대용 컴퓨터, 노트북), mattress money(비상금), slacker(책임 회피자, 병역 기피자), trailer trash(트레일러 잡동사니), yuppie(여피족) 등의 단어가 등장했다.

어떤 사람들은, 물론 잘못된 두려움이긴 하지만, 영어가 야구경기로 치자면 자신의 홈그라운드에서 이닝을 거의 끝내가고 있다고 두려워한다. 1995년 웨일스의 왕자(영국의 찰스 황태자)는 많은 동시대 사람들이 갖고 있는 걱정을 영국문화협회에서 이렇게 표현한 적이 있다. "우리는 영어가 … 물론 제 생각에는 영국영어(English English, 특히 잉글랜드 지역에서 사용하는 영어)라야 하기는 합니다만 … 세계어로서의 위치를 다음 세기까지도 유지할 수 있도록 이제는 조치를 취해야 합니다." 분명히 그는 이 게임에서 홈팀이 경쟁자에게 따라잡힐 것이고 심지어는 크게 패배할지도 모른다고 두려워했다. 당신이 어떻게 공을 쳐 내든 간에 웨일스의 왕자는 우리들이 불리한 위치에 있다고 보고 있다. 우리는 올바른 단어를 사용하는 것에 너무나 열광적으로 매달리게 되면서 한때는 언어의 표지였던 화려함을 추방했지만 그래도 우리는 언어가 올바른 방향으로 나아가도록 했다.

그 어떤 것도 영어의 식욕에 맞지 않는 단어는 없었다. 제1차 세계대전 당시 영국영어는 shell-shocked(전쟁의 충격으로 정신병에 걸린), barrage(일제 엄호 사격), no man's land(완충지대, 황무지. 14세기의 표현을 재장전한 것), blimp(정찰용 소형 비행선) 등을 가지고 왔다. 공중전에서 온 표현으로는 air ace(최고 조종사), dogfight(전투기의 공중전), nose dive(항공기의 수직 강하), shot down in flames(화염에 휩싸여 추락하다) 등이 있다. The balloon goes up은 포병에게 발포를 시작하라는 신호를 뜻한다. over the top(돌격하다)이라는 표현은 참호에서 나와 공격을 하는 그 순간에 만들어진 단어다. 축음기에 달린 나팔에 putting a sock in it(양말을 쑤셔 넣기)을 해서 소리를 죽인다. 그리고 at the eleventh hour(마지막 순간에)라는 구절은 성경에서 나온 것으로 제1차 세계대전이 끝난 바로 그 순간으로 거슬러 올라가는 표현이다.

흑인영어,
전 세계 젊은이들을 사로잡다
—

미국에서는 급속히 발전하는 공장들이 인력을 보충하기 위해 전국을 휩쓸고 갈 때 흑인들과 함께 남부의 흑인영어가 북쪽으로 이동했다. (19세기 후반 30년 동안 미국에서는 강철 생산이 11,000퍼센트나 증가했다.) 1890년대에는 아프리카계 미국인들의 90퍼센트가 남부 농촌 지역에 살고 있었지만 60년 후인 1950년대가 되면서 95퍼센트가 북부 도시 지역으로 이동했다. 그곳에서 그들은 colour bar(피부색이라는 장애물) 뒤에 자신들이 남겨져 있지 않음을 발견했다. 그들이 정착한 곳은 변함없이 on the wrong side of the tracks(선로에서 잘못된 쪽, 즉 가난한 사람들이 살고 있는 구역)였다. 그러나 그들의 언어는 자신을 위해 일해준 그들을 인수했다. 그들의 언어는 즐거움과 연관된 경우가 많았다. 그들은 cake walk(가장 색다른 방법으로 걷는 것을 시험하는 경기로 이기면 케이크를 상품으로 받는다.)를 추기 시작했고 hootchy-kootchy(벨리 댄스)나 shimmy(어깨나 허리를 흔들며 추는 미국의 재즈 춤)도 추었다. 흑인들은 jive(자이브)를 추기 시작했고 boogie-woogie(부기우기 춤)를 추었다. jazz(재즈)와 blues(블루스)는 20세기 초에 시작되었고 영원히 음악을 바꾸어 놓았다. hip이라는 단어는 아프리카 단어 hipikat에서 온 것으로 추측되는데, 자신의 환경에 잘 적응하는 사람을 의미했다. jazz는 나중에는 성관계를 갖는다는 의미도 갖게 되었는데 rock'n roll(로큰롤)도 마찬가지였다. jelly roll(젤리롤)과 cherry pie(체리 파이), custard pie(커스터드 파이)는 모두 여성의 성기를 뜻하는 단어들이다. boogie-woogie는 매독에 대한 완곡 표현으로도 쓰이는데 boogie는 매춘부라는 뜻의 남부 사투리였다. shacking up 역시 당시 흑인들의 말에서 나온 것으로 남녀가 사실혼 상태로 동거하는 것을 의미한다.

20세기가 흘러가면서 전 세계에서 영어를 말하는 젊은이들은 자신들의 세대를 상징하는 표시로 미국의 흑인영어를 채택했다. 당신은 cool(근사한)하고 싶고 groovy(매력적인)하고 싶고 mellow(친밀한, 명랑

한)하고 싶지만 분명히 square(융통성 없는)하고 싶지는 않을 것이다. 지금도 젊은이들은 to blow your top(발끈하다, 머리가 돌다), uptight(긴장한, 완고한), right on(정말 옳은, 진짜 믿을 수 있는), hassle(말다툼, 혼란), far out(틀에 박히지 않은, 난해한, 마약에 취해 있는), bread(돈), make it(이루다, 시간에 대다), put down(헐뜯기, 비방), ripped off(이용당한, 빼앗긴), cop out(경찰에 자백하다, 배신하다, 현실 도피자, 밀고자), no way(결코 아니다)를 사용한다. man(저런, 저 것 좀 봐)이라는 단어는 일찍이 1823년에 흑인영어로 처음 기록되었다. out of sight(유례없는, 뛰어난)와 kicks(마약의 효능, 흥분, 성적 쾌감) 또한 19세기부터 사용해 왔다.

  내 생각에는, 경제적 군사적 우월성만이 언어적 지배력을 행사할 수 있다는 일반적인 통념에 항상 잘 들어맞을 수만은 없는 요구들과 충동들에 대해, 언어는 자기만의 힘과 효과를 가지고 있다고 본다. 압력단체들과 개혁론자들도 한 역할을 담당할 수 있다. 아프리카계 미국인의 흑인영어는 대부분 가난하고 많은 박해를 받았으며 모두 영어가 아닌 다른 어족으로부터 물려받은 언어를 사용하고 있던 소수 민족에게서 왔다. 그러나 그들의 표현은 오히려 영어를 지배했으며 젊은이들의 영어만 그렇게 한 것도 아니었다. 닉슨 대통령조차도 right on이라는 표현을 쓰면서 thumbs up(승인, 격려 또는 최고라는 뜻으로 엄지손가락을 치켜올리다.)을 한다.

  처음부터 끝까지 변하지 않는 영어의 특징은 다른 언어들로부터 쉽게 단어를 빌려오거나 훔쳐올 수 있다는 것이다. 16세기 말에는 50개 이상의 언어들에서 단어들이 왔는데 지금 그 단어들은 영어로 사용되고 있다. 미국으로의 이민 물결은 이와 똑같은 결과를 만들어 냈다. 메이플라워호에 승선한 사람들과 그 뒤를 이어 영국에서 온 사람들에 의해 끈질기게 영양을 공급받았던 청교도 영어의 골격 위에 아일랜드 영어와 스코틀랜드 영어가 얹혔고, 특히 서부 변경의 원주민 인디언들로부터 온 단어들과 유럽의 여러 다른 언어들로부터 온 단어들도 있었다. ouch(아야, 갑자기 아픔을 느낄 때 내는 소리)는 100년 전에 독일어 autsch에서 온 것이다. 독일어는 또 hamburger(햄버거)와 frank-furter(프랑크푸르트 소시지), wanderlust(여행에 대한 열정, 방랑벽), seminar(세미나), 그리고 poker(포커 게임) 등의 단어들을 우리에게 주었다. bum(뜨내기)은 별로 도움이 되지 않는 것이란 의미의 독일어 bummler에서 왔으며, hold on(버티다)은 독일어 halt an에서, so long(안녕)은 so lange에서 왔다.

물론 유대인의 이디시어도 있다. 이디시어에서 온 단어들로는 nosh(가벼운 간식), bagels(베이글 빵), pastrami(훈제 소고기), dreck(똥, 잡동사니), glitch(결함, 고장), schmuck(얼간이), schlock(싸구려 물건)과 glitzy(화려한, 야한)가 있다. 구문이나 문장도 있다. Am I hungry!(아, 배고파라), I'm telling you(정말이야), Now he tells me(이제야 제대로 말하네), Could I use a drink(한 잔 할까요)?, I should worry(전혀 상관없어) 등이 이디시어에서 왔다.

단어의 재료들을 공급한 것은 사람들만이 아니었다. 문화 또한 같은 역할을 했다. 갱 조직 문화에서는 racketeer(공갈 협박하는), hoodlum(불량배), goon(얼간이), fink(경찰 끄나풀, 밀고자) 등이 왔다. take the rap(남의 죄를 뒤집어쓰다)하다가 결국 the hot seat(사형 집행용 전기의자)에 앉을 수도 있다. 특히 submachine gun(자동 소총)을 가지고 hijack(비행기 등을 납치하다)에 연루되어 늘 blower(허풍)를 떠는 당신의 bimbo(얼간이) 친구를 깜짝 놀라게 했다면 말이다. 당신 친구는 spill the beans(비밀을 누설하다)할까, 아니면 take for a ride(납치해 살해하다)를 당할 것인가? 똑똑한 처신은 모든 junkies(잡동사니)와 pusher(주제넘게 나서는 사람)들을 다 피하고 hooch(아주 독한 술)를 끊고 gimmick(속임수) 없는 정직한 삶을 사는 것이었으리라.

그리고 talkies(대화가 많은 소설이나 극) 문화가 있었다. 당신은 technicolor(천연색 컬러) 영화 속에 나오는 star(배우)를 close up(근접촬영) 한 것을 보러 movie theater(영화관)에 가서 movies(영화)를 본다. 영화는 weepie(눈물을 자아내는 슬픈 영화)일 수도 있고 tear-jerker(많은 눈물을 흘리게 만드는 슬픈 영화)일 수도 있으며, spine-chiller(등골을 오싹하게 하는 공포영화)일 수도 있고, cliff-hanger(손에 땀을 쥐게 하는 스릴 만점의 영화)일 수도 있으며, ham(아마추어) 배우들이 나오는 그저 평범하고 오래된 slapstick(저질 코미디)일 수도 있다. usherette(극장의 여자 좌석 안내원)들은 아마도 유니폼을 입고 있을 것이다. 그러면 당신은 trailer(예고편)를 보면서 자리에 앉아야만 하고 언젠가는 screen-test(스크린 테스트)를 받는 꿈을 꾸는 것도 무리가 아닐 것이다.

영국으로 달려간 미국영어,
영국인들은 미국영어를 환영할까, 두려워할까
—

미국 영화들이 대서양을 건너 영국으로 왔을 때 수백만의 영국인들은 게걸스럽게 달려들었다. 그들은 영화배우들의 헤어스타일을 따라하려고 안달하는 것만큼이나 어휘와 구문들을 흡수해 먹어치웠고 시험삼아 미국식 억양을 따라했다. 민주적으로 이루어지는 문화 투표는 압도적으로 미국영어를 찬성하는 편이었다. 영국인들은 모방을 함으로써 미국영어에 아첨했다. 그러나 그렇다고 해서 반대파들을 단념시키지는 못했다. "20년 전에는 영국에서 그 누구도 start in(착수하다), start out(시작하다), 또는 cracked up(마구 웃기 시작하다) 등의 표현을 사용하지 않았다. 그때 우리는 stand for(입후보하다)하거나 fall for(속다 혹은 반하다)하지 않았으나 지금은 하고 있다."(《새로운 정치가와 국가 New Statesman & Nation》, 1935년) "대서양을 건너온 정말로 메스꺼운 수입품들인 to help make(가능하도록 도와주다), worthwhile(값어치가 있는, 훌륭한), nearby(가까이), colourful(다채로운) 등이 마치 전염병처럼 널리 퍼지고 있다."(《데일리 텔레그래프 Daily Telegraph》, 1935년) "단어들과 억양은 지독하게 혐오스러우며 이러한 영화들이 우리 사회에 나쁜 영향을 미칠 것임은 의심할 여지가 없다."(보수당 국회의원 알프레드 녹스 경의 기자회견 발언)

영국인들이 미국인들을 대하는 것보다 미국인들이 영국인들에게 더 친절했다. 영국인들은 자신들의 영어를 그들에게 빼앗길까봐 두려워했다. 새 주인들(미국인들)이 영어를 충분히 돌봐주지 못하고 있다고 걱정했다. 그리고 그보다 더 깊은 두려움은 자신들이 이제 칼날 끝에 서 있다는 것이다. 영어의 모험에 추진력을 줄 수 있는 것은 이제 더 이상 영국인들이 아니었다. 그러나 오늘날 앞서 나가는 지성인들이 증명하고 있듯이 영어의 모국은 실제로는 기세가 꺾인 것이 아니다. 영국의 드라마 및 시나리오 작가들, 작곡가들, 극작가들, 소설가들, 시인들은 예나 지금이나 일반적으로 기꺼이 미국 단어들을 사용하고 있으며, 그 단어들을 빼앗아 와서 영국식 영어로 만들어 놓기도 하고 그 단어들에 끊임없이 자신들만의 새로운 이미지를 첨가하기도 했다. 농담을 이해하는 것은 때로는 어렵다.

누구보다도 영국적인 작가 우드하우스(P. G. Wodehouse, 영국 태생의 미국 작가)는 50년 동안 미국에서 살았다. 그가 쓴 희곡, 뮤지컬, 노래, 소설에는 미국인 등장인물이 많지만 우드하우스의 독특한 용법들이 대서양을 사이에 두고 이쪽에서 왔는지 아니면 저쪽에서 왔는지 그 누가 말할 수 있을까? 여름휴가 대신 vac(vacation의 준말)을 쓰고 식당 대신 caf(cafeteria의 준말)를 쓰는 것은 영국식일 수도 있고 미국식일 수도 있다. disgruntled(투덜거리는)의 반대말을 gruntled(부정접두사 dis를 뺀 형태이나 이런 단어는 없다.)라고 한 것은 순수하게 우드하우스가 만들어낸 것이긴 하지만 이것은 영국영어의 영향이었을까 아니면 미국영어의 영향이었을까? 다음과 같은 문장에서는 더욱 분명하게 드러난다. "In the matter of shimmering into rooms the chappie (Jeeves) is rummy to a degree(방으로 들어오는 아른거리는 물체 속에서 녀석(지브스)은 어느 정도 취해 있다)." 여기에 나오는 shimmering, chappie, rummy는 모두 영국 속어다.

우드하우스는 미국에서 태어난 레이먼드 챈들러(미국의 추리 소설가, 1895년에 영국으로 이주했다가 1912년 미국으로 돌아갔다.)가 그랬듯이 남부 런던에 있는 덜위치 대학을 다녔다. 챈들러는 자신의 주요 등장인물을 말로 Marlowe라고 이름 붙였는데 이는 덜위치 대학에 있는 자신이 살던 집의 이름을 딴 것이었다. 많은 독자들과 작가들에게는 챈들러의 간결한 산문이 바람직한 근대 스타일을 집약하고 있다. 1949년에 그는 이렇게 적었다. "아마도 라틴어와 그리스어를 배우면서 자랐기 때문인 것 같긴 하지만, 나는 우연히 미국 속어를 좋아하게 된 지성적 속물이다. 나는 미국영어를 마치 외국어처럼 배워야만 했다." 챈들러에게 최고의 네 가지 언어로 불릴 만한 것은 그리스어, 라틴어, 영국영어 그리고 미국영어다.

미국의 거대한 크기와 다른 언어들로부터의 유입을 고려한다면, 평범하고 다소간 단음절적인 고대영어가 아직도 강력하고 감동적인 울림을 줄 수 있다는 사실을 알면 놀랄 것이다. 그러나 윈스턴 처칠의 연설문에서도 볼 수 있듯이 그것은 가능했다.

> We shall go on to the end ⋯ we shall fight on the seas and oceans ⋯ we shall fight with growing confidence and growing strength in the air ⋯ we shall fight on the beaches, we shall fight on the landing grounds, we shall fight in the fields and in the streets, we shall fight in the hills; we shall never surrender.

> 우리는 이제 종전을 향해 갈 것입니다 ⋯ 우리는 바다에서 대양에서 싸울 것입니다 ⋯ 우리는 점점 더 깊어가는 자신감과 점점 더 커가는 강력함을 가지고 공중에서 싸울 것입니다 ⋯ 우리는 해안에서도 싸울 것입니다. 우리는 착륙장에서 싸울 것입니다. 우리는 들판에서 그리고 거리에서 싸울 것입니다. 우리는 언덕에서 싸울 것입니다. 우리는 절대로 항복하지 않을 것입니다.

제2차 세계대전으로 인해 최초로 미국의 대규모 영국 침략이 이루어졌다. 미군 병사들이 영국에 도착했을 때 그들에게는 영국인들과 대화를 좀 더 쉽게 나누기 위한 작은 안내책자가 한 권씩 배부되었다. 그리고는 kipper(경멸적인 의미로 영국인이라는 뜻도 있다.)는 훈제 청어라는 얘기를 들었다. 그곳에는 열 개의 핀이 서 있는 볼링장bowling alleys이 아니라 9개의 핀이 서 있는 영국식 skittle alley(스키틀을 할 수 있는 곳)

가 있었다. 그들은 또한 five-and-ten store(싸구려 잡화점)를 영국에서는 bazaar(바자)라고 부르고, 당시에 이미 세계에서 가장 유명한 단어가 되어 가고 있었던 OK 대신에 righto(좋아)라고 해야 한다고 들었다. 또한 "영국인들은 거칠며 … 영어는 전 세계의 대양을 넘어서, 산을 넘어서, 그리고 정글과 늪지대를 넘어서 널리 전파되지 않았는데 그 이유는 영국인들이 어린애같이 연약panty-waist하기 때문이었다."라는 말도 들었다. 이 문장에서 panty-waist라는 단어는 sissy(여자 같은 남자, 무기력한)라는 뜻의 미국영어였다.

1944년경, 150만 명이 넘는 미국인들이 영국 주변 지역에 배치되었다. 그리고 제2차 세계대전은 다른 모든 전쟁들과 마찬가지로 새로운 단어들을 기록하기 시작했다. jitterbug(지르박, 4분의 4박자의 빠른 사교춤)에서 doodle-bug(개미귀신, 정찰용 소형 자동차를 말한다.)까지, smooch(키스, 애무)에서 stakeout(잠복근무)까지, passion-wagon(정열의 마차, 즉 단기 휴가 기간에 사병들을 환락가로 태워다주는 트럭)에서 teenager(13세에서 18세까지의 청소년), ballsy(대담한, 정력 좋은), genocide(대량학살), anti-gravity(반중력), jet plane(제트기), 겁쟁이를 뜻하는 chicken 그리고 laundromat(빨래방), squillions(셀 수 없을 만큼 많은 수)의 단어들이 기록되었다.

영어의 가격은
6,171조 4,241억 원!

―

19세기 중반부터 2000년경까지 영어는 전 세계에 넘쳐났고, 라틴어를 하는 바티칸의 수장으로서 폴란드어를 사용하는 교황이 히브리어를 사용하는 나라에 도착해 영어로 다음과 같은 말을 한다고 해도 그 누구도 전혀 놀라지 않았다. "May this be God's gift to the land that He chose as His own-Shalom(주님께서 그분의 소유로 택하신 이 땅에 그분의 선물인 평화가 오기를 바랍니다)." 내가 이 책을 쓰고 있는 중에도 유엔의 수많은 외교관들과 국가 지도자들이 세계 언론에 영어로 말을 하고 있어도 그 누구도 놀라워하지 않는다. 일본 같은 나라들은 영어 교육을 필수로 하고 있다. 일본인들은 일종의 일본영어Japanese-English 형태를 만들었는데 일본에서 맥주는 biiru, 아이스크림은 isukrimu이다. 그리고 미군 병사들은 일본 단어들을 미국으로 가져왔다. 일본어의 hancho에서 honcho(상사, 보스)를 가져왔고 그 외에도 kamikaze(자살특공부대), hari-kiri(할복자살), tsunami(쓰나미) 등이 있다.

1945년 조지 오웰은 영어에 새로운 용어인 cold war(냉전)를 더했는데 냉전은 새로운 단어들을 만들어낸 또 다른 전쟁이었다. big brother(독재자), gulag(강제 노동 수용소), newthink(새로운 사고), double speak(애매한 말), fallout(방사능 낙진, 낙오자), overkill(과잉살상), megadeath(100만 명 이상의 대량 사망) 등. 스파이, 즉 간첩의 세계에서 온 단어들도 있었다. moles(두더지, 이중간첩), sleepers(대기 스파이), brain-washing(세뇌), bug(도청), safe house(은신처, 안전가옥) 등이 모두 조지 오웰이 새로 만들어낸 단어들이다.

20세기 후반에 일어난 일은, 약간 경멸적이긴 하지만, 코카콜라의 세계 식민지화라고 묘사되어 왔다. 미국의 브랜드, 미국의 대중가요, 미국의 영화, 미국의 텔레비전 프로그램들이 전 세계에 폭풍우처럼 몰아쳤고 한동안 미국 노래가 나오는 주크박스는 젊음의 성전이 되었다. 사고팔기 위해, 즐기고 참여하기 위해, 노래를 부르고 그 노래를 사람들이 듣게 하기 위해 우리는 모든 곳에서 점점 더 많이 미국영어를 필요로 했다.

그러나 영어는 가장 많은 핵심 사용자들, 즉 모국어 화자들core-speaking population을 갖고 있는 언어가 아니다. 만다린 중국어(북경어)의 모국어 화자는 10억 명이 넘는다. 이에 비해 영어는 3억 8천만 명의 모국어 화자를 갖고 있어 보잘것없어 보인다. 그러나 더 주목할 만한 것은 영어가 세계 각지에서 널리 사용되고 있다는 점이다. 모국어 화자 다음에 자리하고 있는, 영어를 제2언어나 제3언어로 사용하고 있는 화자 수를 보면 인도와 싱가포르에서처럼 사회의 주류로 진입하기 위해 영어를 사용하는 사람들을 포함해 3억 명이 넘는다. 그러나 모국어 화자와 제2언어 화자 외에도 영어를 사용하는 사람들이 있는데, 이들은 의사소통의 수단으로 영어를 선호하는 사람들이다. 여러 다른 언어를 사용하는 사람들, 가령 한 사람은 말레이어를 하고 다른 사람은 러시아어를 한다면 이들은 자신들의 언어로 의사소통을 하기보다는 영어로 서로에게 말을 건다. 이러한 사람들의 숫자는 10억 명이 넘는 것으로 보이며 또한 급격히 늘어나고 있다.[54]

이 같은 현상을 여러 측면으로 나누어 볼 때 그 중 하나는 여러 다른 언어들의 〈경제적 가치〉를 측정하는 것이다. 영국의 파운드화를

---

54 여기서 모국어 사용자는 핵심 사용자core speaker로 표현되고 있는데 이는 영어의 화자들을 분류한 카츠루(Braj Kachru, 1988)의 원형 모델을 따른 것이다. 이것은 세계어로서의 영어의 위치를 논할 때 가장 설득력 있게 받아들여지고 있는 분류 방법으로, 영어를 모국어로 사용하는 화자들이 내원the inner circle에 위치하고 제2언어로 사용하는 화자들은 외원the outer circle에, 그리고 영어를 중요한 외국어로 사용하는 화자들은 확장원the expanding circle에 위치한다. 따라서 이 이론은 영어가 모국어 화자수는 3억 8천만 명으로 중국어 화자수보다 훨씬 적음에도 불구하고 전체 사용자는 적어도 15억 명 이상으로 확장된다는 것을 잘 보여주고 있다.

기준으로 평가하면 중국어는 4,480억 파운드(647조 4,496억 원)이고, 러시아어는 8,010억 파운드(1,157조 6,052억 원), 독일어는 1조 9,000억 파운드(2,745조 8,800억 원), 일본어는 1조 2,770억 파운드(1,845조 5,204억 원), 영어는 4조 2,710억 파운드(6,171조 4,241억 원)[55]의 가치를 가진다. 영어는 구매자와 판매자의 언어이며 시장의 기본 언어다.

영어는 유엔과 북대서양조약기구, 세계은행, 국제통화기금에서 사용되는 공식어들 중 첫 번째 언어다. 또한 OPEC에서 사용하는 유일한 공식어이며 유럽자유무역연합, 발트해해양생물학자협회, 아시아아마추어선수협회, 아프리카하키연맹 등 수많은 기구들에서 통용되는 유일한 공식 언어다. 그리고 다양한 언어들이 있는 안데스법률위원회와 아랍항공협회에서도 제2언어로 사용되고 있다.

그러나 그것으로 끝이 아니다.

---

[55] 2019년 1월 환율 기준으로 1파운드당 1,420.57원을 적용하여 계산하였으며, 각 언어의 수치는 저자가 2000년대 초반을 기준으로 삼은 것이다(편집자 주).

24

미래에도 영어는
승승장구할 수 있을까

여러 세기 동안 영어는 놀라울 정도로 성공적으로 다른 언어들을 양식으로 삼아 살아 왔으며, 때로는 영원히 늙지 않을 것처럼 보이게 만드는 특별한 자질을 그 언어들에 부여하면서 그들을 영어로 바꾸어 놓았다. 이제 영어가 다른 언어들을 먹여 살리고 있다.

가령 러시아어에는 futbol(football, 축구), chempion(champion, 챔피언), kemping(camping, 캠핑), khobbi(hobby, 취미), klub(club, 클럽), striptiz(striptease, 스트립쇼), ralli(rally, 집회), boykot(boycott, 불매운동), lider(leader, 지도자), pamflet(pamphlet, 작은 책자), bifshteks(beef steaks, 소고기 스테이크), grog(groggy, 휘청거리는), keks(cake, 케이크), puding(pudding, 푸딩), myuzikl(musical, 뮤지컬), kompyuter(computer, 컴퓨터), mobilny telefon(mobile telephone, 이동전화), faks(fax, 팩스), konsultant(consultant, 컨설턴트), broker(broker, 중개인), sponsor(sponsor, 후원자), kornfleks(cornflakes,

콘플레이크), parlament(parliament, 국회), prezident(president, 대통령), spiker(speaker, 대변인), elektorat(electronics, 전자제품), konsensus(consensus, 합의), ofis(office, 사무실), supermarket(supermarket, 슈퍼마켓), loozer(loser, 실패자) 등의 영어 단어들이 있다. 일본에서 사용되는 단어들에 대해서는 지금까지 한두 개만 언급했지만 보다 더 살펴보면 raiba intenshibu(labour intensive, 노동집약적인), rajio(radio, 라디오), konpyuta(computer, 컴퓨터), kare raisu(curry rice, 카레라이스), supootsu(sports, 스포츠), autodoasupo-tsu(outdoor sports, 실외운동), sutoresu(stress, 스트레스), insentibu(incentive, 격려), akauntabiriti(accountability, 책임), ranchi(lunch, 점심), kissu(kiss, 키스) 등이 있다. 반면 브라질은 점점 늘어나는 영어 단어와 표현들을 금지하고 있다. 가령 sale(세일), 50 percent off(50퍼센트 할인), spring(봄), summer(여름), shopsoiled(오랫동안 진열되어 신선함을 잃은), exuberant(넘치는, 화려한), overtime(시계 상점), New Garden(새로운 정원) 등을 못 쓰게 했다. 상파울루의 쇼핑센터에 있는 252개 상점 가운데 93개가 가게의 이름을 영어로 쓰고 있다. 카르도소 대통령이 연설에서 fast track이라는 용어를 쓰자 사람들은 이를 비판했다. 간디가 극단적으로 생각했던 것처럼, 어떤 정부는 영어를 사용한다는 것은 노예화되는 것이며 따라서 모국어에 위험하다고 생각할 수도 있다는 것은 의심할 여지가 없다.

영어에 수천 개의 단어로 기여했던 프랑스어보다 영어에 더 많이 저항한 언어도 없을 것이다. 20세기 중반까지만 해도 영어와 프랑스어 사이는 거의 한방향으로만 일방통행해 왔는데 그 이후에는 방향이 역전되었다.[56] 프랑스인들은 이를 너무나 싫어했다. 그러나 이미 대세는 거스를 수 없는 것처럼 보인다. 프랑스인들은 le weekend(주말), le twin set(트윈 세트), le look(외모, 표정), un holiday(공휴일), le midwife(산파), le parking(주차), le garden party(가든 파티), les drinks(음료수), le score(점수), le front desk(프런트 데스크), le building(건물), le mixed grill(모듬구이 요리), un pullover(풀오버, 머리부터 입는 스웨터), le babysitter(보모), le barmaid(술집 여종업원), le camping(캠핑), le cowboy(카우보이), le cocktail(칵테일), le hold up(지연, 정체), le jogging(조깅), le jukebox(주크박스), le jumpjet(점프제트, 수직 이착륙 제트기), le know-how(노하우, 비결), le manager(지배인), le name-dropping(이름 부르지 않기), le rip off(사기), le sandwich(샌드위치), le self-made-man(자수성가한 사람), le showbiz(쇼비즈니스), le stress(스트레스), le supermodel(슈퍼모델)을 사용하고 있다.[57] 이 외에도 더 많이 있다.

1994년 프랑스 정부는 좋은 프랑스어 대응 단어가 있는 경우 영어를 사용하는 것을 금지하는 법안을 통과시켰다. 이 법을 어기면 무거운 벌금을 물도록 되어 있었다. 프랑스 학술원에서 나온 가장 최신판 사전은 6천 개의 새로운 단어들을 프랑스어에 받아들이고 있는데 그 중에는 le cover girl(표지에 나온 여성 모델), le bestseller(베스트셀러), le blue jeans(청바지) 등이 있다. 그러나 바로 위에서 언급했던 단어들, 즉 le weekend에서부터 le supermodel에 이르는 단어들은 하나도 포함되어 있지 않다. 누가 이길지, 거리의 언어가 이길지 아니면 정부의 검열 정책이 이길지 우리는 지켜볼 것이다. 프랑스의 자기 언어에 대한

---

56 20세기 중반까지는 영어가 프랑스어를 차용했으나 이후에는 프랑스어에서 영어가 사용되고 있는 현상을 말한다.
57 프랑스에서 사용되는 영어는 영어 단어 앞에 프랑스어 관사(정관사 le와 부정관사 un)를 붙여 사용하고 있다는 점이 특이하다.

우려는 아마도 유럽연합 내에서 프랑스어보다는 영어를 더 많이 사용하는 현상 때문에 더 커지고 있다. 유럽인들 중 영어를 말할 수 있는 사람은 프랑스어를 말할 수 있는 사람보다 3배 정도 더 많으며 그 차이는 점점 더 커지고 있다.

**세계는
새로운 영어를 맞이하고 있는 중**
—

영어의 미래에 대한 수많은 전망들 가운데 시간이 갈수록 우리가 아는 모국어, 즉 잉글랜드에서 시작해서 영국에서 그리고 미국, 오스트레일리아, 인도, 캐나다, 뉴질랜드, 남아프리카공화국에서 검증되고 아름답게 꾸며진 영어는 영어 화자들 중 단지 소수에 의해서만 사용되리라는 예측도 있다. 언제나 다른 영어들이 형성되고 있기 때문이다.

싱가포르에서 사용되는 싱글리시Singlish가 아주 좋은 예다. 영어는 싱가포르에서 150년 동안 사용되어 왔는데 싱가포르는 1958년 영국으로부터 독립하게 되면서 영어를 비즈니스와 정부에서 사용하는 공식어로 만들었다. 왜냐하면 영어가 중국인들과 말레이인들, 인도인들이 모인 싱가포르의 다양한 인구 구성원들을 결속시켜 주기 때문이고 또 영어가 갖는 비즈니스와 재무, 금융에서의 중요성 때문이기도 했다. 그러나 공식어인 영어와 함께 싱글리시도 싱가포르에서 들을 수 있는데, 싱글리시를 근절하려는 정부의 노력에도 불구하고 싱글리시는 점점 더 자라고 있고 발전하고 있다. 어떤 학자들은 싱글리시가 미래의 영어들이 어떻게 발전할지 그 길을 보여주고 있다고 믿고 있다. 싱글리시는 싱가포르 사람들이 갖고 있는 언어와 전통과 리듬에 있어서 공식 영어보다 더욱 적합하며 그래서 공식어인 영어의 지위를 대체하려고 위협할지도 모른다. 그리고 아직까지도 싱글리시는 영어의 또 다른 방언 아닌가?

어떤 단어들은 보기만 해도 영어에서 온 것임을 알 수 있다. '역으로 하다, 되돌리다'라는 뜻의 go stun(go to stern, 바다에서 배의 방향을 바꾸기 위해 고물을 돌리는 데서 나왔다.)이나 blur(혼란스러운) 등이 그렇다. 그러나 말레이어나 호쿤어에서 온 단어들도 있다. 그 예로 habis(끝낸 또는 완성된), makan(먹다, 식사), cheem(어려운), ang mo(호쿤어에서는 빨간 머리라는 뜻으로 백인을 말한다.), kiasu(아주 예민한 사람 특히 학생을 말한다.) 등이 있다. 이들 중 몇몇 단어들은 싱가포르 표준영어에서 일부 사용되기도 하는데 앞으로 표준영어의 모습을 상당히 바꿔놓을 것이다. 복수와 과거 시제는 이제 단지 선택의 문제일 뿐이다. 따라서 What happen yesterday?(어제 무슨 일이 있었니?)라고 말할 수도 있고 You go where?(어디 갔다고?), Got so many car!(그렇게 많은 차를 갖고 있다니!), The house sell already(집은 이미 팔렸는데요)라고 말할 수도 있다. be 동사 또한 선택 사항이다. She so pretty(그녀는 아주 예뻐요)의 경우 be 동사인 is가 빠져 있다. 또한 That one like us(저건 우리랑 같아), Why you so stupid?(넌 왜 그렇게 멍청하니?)라고 말할 수 있다. 이런 표현들은 좀 더 전통적인 영어를 사용하는 사람들에게도 쉽게 이해될 수 있는데 신랄함과 재치와 에너지로 가득차 있는 경우가 많다. 비슷한 일이 남아프리카공화국에서도 일어나고 있다. 여기서는 현지 단어들이 표준영어와 함께 자리잡고 있는데, 이는 이 단어들을 전적으로 용인한다는 것을 의미하며 또 다른 〈새로운 영어의 탄생〉이라는 신호를 보내고 있는 것이다.

유럽에서조차 점점 더 다른 영어들을 받아들이고 있다. 모든 것이 정확한 영어로만 말해져야 하는 것은 아니다. 영어학자 데이비드 그래돌은 유럽에서는 영어처럼 보이는 단어들이 프랑스어에서 유래된 뜻을 갖고 있는 경우가 많다는 점을 지적한다. 그는 federal(연방정부의, 연합의), subsidiarity(보완 원칙), community(공동체)의 세 단어를 예로 들고 있다. 독일인들은 이동전화를 handy라고 하는데 독일 항공사 루프트한자Lufthansa 비행기를 탄 사람들은 'Turn your handies off(이동전화를 꺼주시기 바랍니다).'라는 안내문을 들을 수 있을 것이다.

영어는 점점 더 퍼질수록 점점 더 다양해지며 점점 더 분화되는 경향이 있을 수도 있다. 하나의 거대한 언어 제국을 지배했던 라틴어가 프랑스어와 이탈리아어, 스페인어, 포르투갈어, 루마니아어로 나뉜 것처럼, 영어의 미래는 하나의 언어가 아니라 많은 언어들을 하나로 묶는 어족의 모어母語가 될지도 모른다.

노아 웹스터는 200년 전에 이미 이를 예견했다. 물론 웹스터는 자신의 고향인 미국 내에서 이런 일이 일어날 거라고 생각하긴 했지만 그가 제시했던 근거는 오늘날 세계에서 사용되는 영어의 조건에 정확하게 적용된다. 『영어에 관한 연구 논문Dissertations in the English Language』(1789년)에서 그는 이렇게 썼다.

> 새로운 나라, 새로운 연합 모임들, 예술과 과학에서 새로운 생각들의 결합, 그리고 유럽에 전혀 알려지지 않은 부족들과의 교류 같은 수많은 지역적인 원인들로 인해 미국어에는 새로운 단어들이 소개될 것이다. 시간이 지나면서 독일어에서 나온 현대 네덜란드어, 덴마크어, 스웨덴어가 서로 다른 것처럼 북아메리카의 언어 또한 영국의 언어와는 다르게 될 것이다.

200년 전 웹스터의 북아메리카를 오늘날 〈세계〉로 바꾸어 보자. 영어의 선조였던 고대 게르만어 방언 또한 네덜란드어와 덴마크어, 스웨덴어, 독일어 등의 언어들로 분화되었다. 마찬가지로 영어 또한 다양해지고 있다. 스웨덴어가 독일어와 다른 만큼이나 북아메리카의 언어도 영국의 언어와 달라질 것이라는 웹스터의 예견은 아직까지는 이루어지지 않았다. 웹스터가 예견했던 것보다는 더 오랜 시간이 걸릴 거라는 의심이 들긴 한다. 만약에 이루어진다면 말이다. 그러나 웹스터의 이론을 지지하는 사람들이 있고 또 다양화가 점점 더 가속화되고 있는 것도 사실이다.

영어의 미래는 더 이상 선조들이 아니라 L2, 즉 영어를 제2언어로 사용하는 사람들에 의해 그 모양이 만들어질 것이라고 믿는 학자들이 있다. 제2언어 사용자들은 핵심 사용자들, 즉 영어를 모국어로 사용하는 사람들의 수를 능가하고 있다. 그들에게 영어는 제2언어, 즉 두 번째 언어Language Two다. 제니퍼 젠킨스 박사는 이 이론에서 그럴듯해 보이는 점들을 다음과 같이 지적하고 있다. 전통적인 영어는 talk about과 discuss(토론하다. 타동사이므로 전치사를 필요로 하지 않고 직접목적어가 바로 온다.)라고 말하는 반면에, 거의 대부분의 L2 사용자들은 discuss about(~에 대해 토론하다)이라고 말한다. 젠킨스 박사는 문장 끝에 붙는 how can I say?(뭐라고 얘기하면 좋지요?)나 다른 많은 표현들이 그랬던 것처럼 discuss about도 살아남아서 거꾸로 표준영어로 전파될 것이라고 믿고 있다. 심지어는 잘못 발음되고 있다고 생각하는 단어들조차도 『옥스퍼드 영어 사전』에 자리를 차지하게 될 것이다. 영어의 복잡한 부가의문문의 체계, 즉 have you?, haven't you?, could you?, couldn't you?, won't you?, didn't you? 등도 확실히 단순해질 수 있을 거라고 데이비드 크리스털 교수는 생각한다. 그는 nesspa?[58]라는 구문이 위에서 언급한 부가의문문들 중 상당수를 대체할 것이라는 점에 내기를 건다. 정말 그럴까?

I love you 대신 i luv u

현재 1,500가지 언어가 인터넷상에 존재하고 있긴 하지만 그래도 아직 70퍼센트는 영어로 되어 있다. 이제 또 하나의 새로운 형태의 영어가 시작점에 등장했다. 그것은 바로 텍스트 영어Text English, 즉 휴대폰 문자 영어다. 그 예를 볼 수 있었던 것은 일찍이 2003년 《가디언》에 실린 〈English as a Foreign Language(외국어로서의 영어)〉라는 기사였다.

> Dnt u sumX rekn eng lang v lngwindd? 2 mny wds & ltrs? ?nt we b usng lss time & papr? ? we b 4wd tnking + txt? 13 yr grl frim w scot 2ndry schl sd ok. Sh rote GCSE eng as (abt hr smmr hols in NY) in txt spk. (NO!) Sh sd sh 4t txt spk was 'easr thn standard eng'. Sh 4t hr tcher wd b :) Hr tcher 4t it was nt so gr8! Sh was :(& talkd 2 newspprs (but askd 2 b anon). 'I cdnt bleve wot I was cing! :o' -! -! -! OW2TE. Sh hd NI@A wot grl was on abut. Sh 4t her pupl was ritng

---

[58] 프랑스어 n'est ce pas를 발음 나는 대로 철자화한 것이다. 영어로 바꾸면 'isn't it?(그렇지 않아요?)'이 된다.

in 'hieroglyphics'.[59]

당신은 장황한 영어를 가끔 보고 있지 않나요? 단어도 너무 많고 문자들도 많다고요? 시간도 덜 쓰고 종이도 덜 사용하고 있지 않나요? 우리는 생각하면서 동시에 문자를 보내고 있지 않나요? 서부 스코틀랜드의 중학교에 다니는 13세의 소녀는 괜찮다고 말합니다. 안 돼! 그녀는 영어 시험에서 휴대폰 문자를 썼습니다. 그녀는 휴대폰 문자가 표준영어보다 쉽다고 생각한다고 말하네요. 선생님도 좋아할 거라고 생각했습니다. 선생님은 그렇게 좋다고는 생각하지 않네요. 선생님은 슬퍼서 신문에 이야기했지요. 하지만 익명을 요구했습니다. "난 내가 보고 있는 걸 믿을 수가 없어요." 오, 이런! 아니면 그와 비슷한 말을 합니다. 선생님은 학생이 무슨 얘기를 하는지 전혀 모릅니다. 선생님은 학생이 판독하기 어려운 〈상형문자〉를 쓰고 있다고 생각합니다.

이것은 또 다른 영어지만 이 영어를 사용하는 사람들은 모두 이해하며 그들은 대부분 젊은 세대이고 그들이야말로 이 언어의 미래에

---

59 일반 영어로 고치면 다음과 같다.
Don't you something recognize English language of longwinded? Too many words and letters? Aren't we using less time and paper? We are(be) forward thinking plus text? 13 year girl from West Scottish secondary school said O.K. She wrote GCSE English as (about her summer holidays in New York) in text speak, No! She said she thought text speak was 'easier than standard English.' She thought her teacher would be happy. Her teacher thought it was not so great. She was unhappy and talked to newspapers (but asked to be anonymous). "I couldn't believe what I was seeing!" "Oh!" Or Words To That Effect. She had no idea at all what girl was on about. She thought her pupil was writing in 'hieroglyphics.'
여기서 텍스트 문자와 함께 쓰이고 있는 것은 이모티콘 부호이며, 마지막에 나오는 hieroglyphics는 고대 이집트에서 사용되던 물체를 형상화한 상형문자를 말한다.

영향을 미칠 사람들이다.

I love you는 가장 흔히 사용되는 휴대폰 문자어로는 〈i luv u〉다. 휴대폰 문자어 사전은 이미 길가에 널려 있다. 2003년 밸런타인데이 때 영국에서는 7,000만 통의 문자 메시지가 전송되었는데, 이는 밸런타인데이 카드 숫자보다 다섯 배가 많은 숫자였다. i luv u가 지배하는 세상이 되었다.

2003년에 『옥스퍼드 영어 사전』에 새롭게 등재된 단어 몇 개를 살펴보면 ass-backwards(거꾸로, 뒤죽박죽으로), bigorexia(큰 욕망), blog(블로그), clientelism(고객 우선주의), clocker(입장객 등의 숫자를 세는 직원), dischuffed(즐겁지 않은), dragon lady(악랄한 요부), emotional intelligence(감성지능), lookism(외모 차별), rent-a-quote(인용문 빌려오기), rumpy-pumpy(엉덩이를 실룩샐룩), sizeist(엉뚱한 사람을 차별하는 사람), sussed(잘 알고 있는), unplugged(플러그를 뽑은, 연결되어 있지 않은), weblogger(웹블로거) 등이 있다. 아직도 단어들은 계속 밀려들어 오고 있다. 영어는 자신의 레이더망에 걸리는 이 세상의 모든 사물에 대해 이름을 붙이고 그것을 자신의 것으로 주장해야 하는 것처럼 보인다.

다시 말하지만 5세기 이래로 너무나 많은 수십만 개의 단어들이 영어로 들어왔다. 그러나 이 단어들, 우리의 삶을 묘사하고 가능하게 만드는 이 단어들을 만들어낸 단 하나의 중요한 창조자를 발견해 낸다는 것은 거의 불가능하다. 아마도 이 단어들은 우리가 숨쉬면서 마술처럼 저절로 입 밖으로 내뱉는 것 같기도 하다. 그리고 우리의 말을 통해 공기 속으로 다시 보내져 바람 속에서 날리는 꽃가루처럼 이리저리 떠다닌다.

모험은 끝이 나야 한다. 하지만 영어의 경탄할 만하고 감동적인 여행에는 끝이 없다. 아주 작은 샘물에서 시작해 관념과 시와 과학의 강으로, 또한 종교와 정치, 산업, 경제와 기술의 대양으로 흘러들어 간다. 원하든 원하지 않든 간에 누구에게나 똑같이 폭풍우처럼 영어를 퍼부어 대양으로 휩쓸어 간다. 마치 영어가 섬나라에서의 느리지만 격렬한 전진을 통해 다른 많은 언어들에서 단어를 가져오고 시험해 보고 빨아들인 것처럼, 이제는 다른 언어들이 영어를 가져다가 구부리고 적절하게 만들면서 영어를 통해 성장한다. 아직도 영어는 성장하고 있다. 사전 편집자들에게 심사를 받고 채택을 받기 위해 매년 수천 개씩 새로운 단어들이 줄을 서서 기다리고 있다. 사전의 인생을 결정하는 편집자들이 이들에게 고개를 끄덕이면 그들은 어휘고로 들어오게 되고 그때부터 그들의 재주와 모든 언어에서 단어들을 가져오는 민주적인 구매, 다양성, 풍부함, 심지어 천재성의 역사가 시작되는데, 이 모든 것은 상상을 초월한다.

감사의 말

이 책을 쓸 때 나는 아무것도 없는 상태에서 시작했지만 일부는 라디오와 TV에서 내가 맡았던 프로그램에 기초를 두고 있다. 그러나 책을 쓰는 것은 TV 프로그램들과는 여러 면에서 다른 작업이었는데, 정보의 양과 의도하는 바에 있어서는 결코 부족하지 않다고 할 수 있다. 더 길게 쓸 수 있기 때문에 더 많은 자료를 충분히 포함시킬 수 있었고, 더 많은 분야에 대해 언급할 수 있었으며, 더 많은 의견들을 제시할 수 있었다.

책을 쓰는 것과 달리 TV 프로그램을 만든다는 것은 한 팀의 일원으로서만 가능하다는 것을 방송에서 일해본 사람들은 알고 있다. 몇 년 전에 내가 처음으로 제안했던 「영어의 모험The Adventure of English」은 마침내 런던 위크엔트 텔레비전London Weekend Television 제작팀에 의해 만들어졌다. 그들과 함께 일한 것은 나의 기쁨이었다.

「영어의 모험」은 내가 TV에서 진행한 프로그램들 중에서 가장 힘든 작업이었다. 그 이유는 내가 작가이면서 동시에 시리즈물의 프로듀서이기도 했기 때문이다. 이 두 가지 역할은 가끔 서로 충돌하여 잘못된 길로 가게 하기도 했다. 대본의 일부는 열 번 또는 더 여러 번 고쳐졌다. 감독들은 촬영하기에 가장 좋은 시간은 항상 새벽이라는 점을 스스로에게 확신시키는 습관을 갖게 되었다.

이 TV 프로그램 이전에 BBC 라디오 4에서 「영어의 여정」이라는 25부작 라디오 프로그램을 만들었다. 이 프로그램은 사이먼 엘머스가 제작했는데, 그는 영어에 조예가 깊어 덕분에 TV 시리즈처럼 라디오 프로그램 또한 청취자와 비평가 모두가 좋아하게 되는 흔치 않은 기회를 얻게끔 해주었다. 나는 라디오 프로그램을 만드는 과정에서 케이트 버리지, 린다 머글스톤, 데이비드 그래돌 등 여러 언어학자를 만났다. 그들의 사상과 업적은 나를 엄청나게 흥분시켜 결국 결과는 운에 맡기기로 하고 여덟 시간짜리 TV 프로그램에 1,500년간의 영어의 역사를 쥐어짜 넣어 구체화하는 시도를 하게 되었다. 우리는 스스로 몇 가지 규칙을 세웠는데, 가능하면 언제나 적합한 장소를 찾으려고 노력했고 화면이 단어로 꽉 차도록 만들었으며 고대영어, 중세영어 그리고 다른 모든 영어의 변이형들을 가장 실제에 가까운 발음으로 녹음하려고 했고 어디를 가든지 공동 작업을 했다.

TV 프로그램에 참여하는 데 동의해 주신 모든 분들께 고마움을 전하고 싶다. 그리고 전화할 때마다 친절하게 답해주신 여러 학자들과 전문가들에게도 감사의 말을 전하고 싶다. 글래스고 대학의 캐트린 로우 박사는 내가 이 책을 끝냈을 때 감수를 의뢰한 분이기도 하다. 너무도 적극적으로 그리고 꼼꼼하게 이 작업을 해준 것에 대해 로우 박사에게 큰 빚을 졌다. 그녀는 수많은 제안을 했는데 그 중 대부분은 수용되었다. 그러나 잘못된 부분이 있다면 그것은 전적으로 나의 책임이다.

나의 마지막 감사는 내가 읽었던 많은 책들의 작가들과 나와 대화를 나누었던 많은 분들에게 하고 싶다. 그들은 모두 영어라는 언어의 창조와 그 이후의 삶이 대단히 매력적이라고 믿는 분들이다.

나는 세 번 운이 좋았다. 영어에 대한 프로그램을 만들 수 있는 기회를 가진 것, 내가 존경하는 많은 사람들과 함께 그 일을 할 수 있었던 것, 그리고 평생 동안 나를 매혹시킨 주제에 대해 이 책을 시작하고 쓸 수 있도록 기회가 주어졌다는 것. 이 세 가지다.

내 고향 위그턴에서 나는 지난 1940~50년대에 그 지역의 방언으로 이야기를 썼던 윌리 캐릭을 알게 되었다. 그는 시청 서기였으며 향토 사학자였고 그 작은 마을 안에서는 위대한 인물이었다. 그는 나로 하여금 우리가 말하는 방언이 빛바랜 언어가 아니라 풍요롭고 유서 깊은, 우리가 자랑스러워할 만한 것이라는 사실을 이해하게끔 해주었다.

또한 학교 다닐 때 영어를 가르치시던 블래커 선생님은 우리 학생들에게 영시를 크게 읽게끔 하곤 하셨는데, 중요한 단어와 구문이 나올 때마다 읽기를 중단시키고는 그 표현들이 얼마나 풍요로운지, 얼마나 깊은 뜻을 품고 있는지를 강조하곤 하셨다.

두 분 모두 돌아가셨지만 이 책 어딘가에 영어라는 언어에 대한 그 분들의 목소리와 헌신이 들어 있기를 바란다.

옮긴이

김명숙

이화여자대학교 영어영문학과를 졸업하고 위스콘신대학교(매디슨)에서 박사 학위를 받았다. 현재 숭실대학교 영어영문학과 교수로 재직 중이다. 주로 영어의 역사적 변화 과정과 함께 현대영어의 음체계를 연구하고 있다. 대표 저서로는 『영어의 음 변화』(2001), 『영어의 변화』(2008, 공저), 『영어의 비강세 모음 슈와』(2018)가 있다.

문안나

서울대학교 영어영문학과를 졸업하고 뉴욕대학교에서 박사 학위를 받았다. 현재 인하대학교 영어교육과 교수로 재직 중이다. 영어의 공시적, 통시적 변화 및 영어사 교육을 주요 관심 영역으로 연구하고 있다. 대표 저서와 역서로 『고대영어 입문』(2005), 『영어의 변화』(2008, 공저), 『영어 철자의 세계』(2014, 공저)가 있다.

영어의 힘

1판 1쇄 펴냄 2019년 2월 28일
1판 7쇄 펴냄 2022년 11월 30일

지은이   멜빈 브래그
옮긴이   김명숙, 문안나
펴낸이   권선희
펴낸곳   사이
출판등록 제313-2004-00205호
주소 03938 서울시 마포구 월드컵로 36길 14 516호
전화 02-3143-3770
팩스 02-3143-3774
이메일 saibook@naver.com

ⓒ 사이, 2019, Printed in Seoul, Korea

ISBN 978-89-93178-86-9 03900

값 23,000원

• 잘못된 책은 구입하신 서점에서 교환해 드립니다.